Studien zum Privatrecht

Band 44

Andreas Conow

Vertragsbindung als Freiheitsvoraussetzung

Grundlagen privater Vertragshaftung und Anwendung auf das Gesellschafterdarlehensrecht sowie die Kapitalausstattungspflicht in der GmbH

Mohr Siebeck

Andreas Conow, geboren 1979; Studium der Rechtswissenschaft in Mannheim und Barcelona; Referendariat in Mosbach, Mannheim und Bari; Wissenschaftlicher Mitarbeiter der Universität Augsburg; 2013 Promotion; seit Juli 2013 Rechtsanwalt in Augsburg.

Gedruckt mit Unterstützung der Johanna und Fritz Buch Gedächtnis-Stiftung

ISBN 978-3-16-153065-4
ISSN 1867-4275 (Studien zum Privatrecht)

Die Deutsche Nationalbibliothek verzeichnet diese Publikation in der Deutschen Nationalbibliographie; detaillierte bibliographische Daten sind im Internet über *http://dnb.dnb.de* abrufbar.

Das Buch wurde von Gulde Druck in Tübingen auf alterungsbeständiges Werkdruckpapier gedruckt und von der Buchbinderei Spinner in Ottersweier gebunden.

Meinen Eltern und meiner Schwester

Vorwort

Die vorliegende Arbeit entstand während meiner Tätigkeit als wissenschaftlicher Mitarbeiter an der Juristischen Fakultät der Universität Augsburg und wurde dort im Sommersemester 2013 als Dissertation angenommen. Berücksichtigt habe ich Literatur und Rechtsprechung bis zur Fertigstellung des Manuskripts im Dezember 2012.

Mein Dank gilt all jenen, die zur erfolgreichen Erstellung dieser Arbeit in vielfältiger Weise beigetragen haben. Ganz besonders danken möchte ich meinem verehrten Doktorvater Herrn Prof. Dr. Peter Kindler für die umfassende Unterstützung während und auch nach meiner Tätigkeit an seinem Augsburger Lehrstuhl. Er gab die Anregung für die Untersuchung und hat mit seiner Förderung auch geistiger Umwege die Entstehung der Arbeit in der vorliegenden Form erst ermöglicht. Herrn Prof. Dr. Michael Kort danke ich für die zügige Erstellung des Zweitgutachtens.

Für zahlreiche wertvolle Diskussionen und die Unterstützung auch abseits der eigentlichen Arbeit danke ich meinen Freunden Dr. Pedro Aleixo, Prof. Dr. Paul Schrader, Dr. Julia Menges, Dr. Frank Schaer LL.M. und Stud. iur Laura Anne Schleif. Danken möchte ich ferner Herrn Prof. Dr. Phillip Hellwege, Herrn Dr. Steffen Schlinker und Herrn Prof. Dr. Thomas Riehm für die hilfreichen Anregungen. Herrn Stud. iur Lukas Peltsarszky und Frau Eva Schneider danke ich für das Korrekturlesen, Frau Eva Schneider außerdem für die Unterstützung bei der abschließenden Formatierung. Für die großzügige Förderung der Drucklegung bedanke ich mich bei der Johanna und Fritz Buch Gedächtnis-Stiftung in Hamburg.

Nicht zuletzt danke ich meinen Eltern und meiner Schwester für die stete Förderung, Ihnen ist dieses Buch gewidmet.

Augsburg, 15. April 2014 Andreas Conow

Vorwort

Inhaltsübersicht

Inhaltsverzeichnis

A.

Gesellschafterdarlehen in der GmbH

§ 1 Einführung

I. Gesellschafterdarlehen als Gegenstand der Untersuchung

Die Zahl der Unternehmensinsolvenzen in Deutschland befindet sich auf konstant hohem Niveau[1]. Den Gläubigern einer Kapitalgesellschaft haftet in diesem Fall grundsätzlich allein das Gesellschaftsvermögen, §§ 13 Abs. 2 GmbHG, 1 Abs. 1 AktG. Jene Vermögensmasse reicht für die Befriedigung aller Gläubiger regelmäßig nicht aus. Teilweise wird das Verfahren mangels Masse gar nicht erst eröffnet. Selbst im eröffneten Insolvenzverfahren können ungesicherte Gläubiger regelmäßig nur bis zu 10% des Forderungswerts realisieren.[2] Vor diesem Hintergrund stellt sich die Frage, ob die gesetzlichen Regelungen zum Gläubigerschutz ausreichen.

Gestärkt wurde der Gläubigerschutz seit einer Entscheidung des Reichsgerichts[3] im Jahr 1938 durch das Kapitalersatzrecht. Das Gericht sah die Hingabe von Gesellschafterdarlehen als mißbräuchlich an, wenn hierdurch nur eine im Konkursfall möglichst günstige Haftungsorganisation erreicht werden sollte:

> „Wer mit einer GmbH in Geschäftsverkehr trete, [...] müsse sich [...] darauf verlassen können, daß die Gründer das Stammkapital nicht so niedrig bemessen hätten, daß es in auffälligem Mißverhältnis zum Umfang des Unternehmens stehe und damit das Geschäftsrisiko auf andere abgewälzt sei“.[4]

Der BGH entwickelte diese Rechtsprechung weiter, stellte aber nicht auf die angemessene, sondern die gesetzlich vorgeschriebene Kapitalaufbringung ab. Demzufolge mussten sich solche „Gelder [...] als haftendes Kapital behandeln lassen, [die] der Gesellschafter einer unterkapitalisierten GmbH [...] der Gesellschaft zur Abwendung der Konkursantragspflicht

---

[1] *Statistisches Bundesamt*, Fachserie 2 Reihe 4.1, 03/2012, 4.

[2] *Institut für Mittelstandsforschung Bonn*, Gründungen, Liquidationen, Insolvenzen 2010 in Deutschland, 122.

[3] RG JW 1938, 862.

[4] RG JW 1938, 862, 863, der Gesellschafter durfte nach § 826 BGB seine Forderung im Gesellschaftskonkurs nicht zulasten der anderen Gläubiger geltend machen.

[...] darlehensweise zur Verfügung gestellt hat, [...] solange dieser Zweck noch nicht nachhaltig erreicht ist."[5]

1980 sollte diese Rechtsprechung im Rahmen einer Gesetzesnovelle[6] ersetzt werden durch die §§ 32a und 32b GmbHG. Hiernach wurden solche Darlehen in der Gesellschaftsinsolvenz nachrangig befriedigt, die während einer Unternehmenskrise gewährt worden waren. Den BGH[7] und die Wissenschaft[8] vermochte die Normierung nicht vollends zu überzeugen. Die folgenden drei Jahrzehnte waren daher geprägt vom Nebeneinander von Rechtsprechungsregeln und Novellenregeln.[9]

Mit dem MoMiG[10] nahm der Gesetzgeber erhebliche Veränderungen vor. Insbesondere gestaltete er die neuen Vorschriften rechtsformunabhängig aus, § 39 IV 1 InsO. Anlass der Regelung war jedoch eine GmbH-spezifische Entwicklung. Im Zuge der EuGH-Rechtsprechung zur Niederlassungsfreiheit entstand die Möglichkeit, ein in Deutschland tätiges Unternehmen als ausländische Kapitalgesellschaft zu betreiben. Das führte zum sprunghaften Anstieg der Gründungen britischer Limited-Gesellschaften. Zwar räumte der EuGH ausdrücklich die Möglichkeit ein,[11] das fehlende Stammkapital der ausländischen Gesellschaft bei ihrer Tätigkeit im Inland durch eine verpflichtende Sicherheitsleistung zu kompensieren. Diese Option kam im Gesetzgebungsverfahren aber nicht zur Sprache, insofern ist der vielbeschworene Wettbewerb der Rechtsordnungen mehr fantasiert denn Ausdruck der realen Verhältnisse. Der Gesetzgeber sah den besten Weg in einer Liberalisierung der Kapitalaufbringungsregeln.

Herabgesetzt wurde insbesondere das zur Gründung einer GmbH erforderliche Mindestkapital. Bereits vor dem MoMiG durfte die gläubigerschützende Funktion des Stammkapitals bezweifelt werden. Die 25.000 € galten aber wenigstens als Seriositätsschwelle[12] für den Erhalt des Haftungsprivilegs aus § 13 Abs. 2 GmbHG. Die Einführung einer kleinen

---

[5] BGHZ 31, 258 (‚Lufttaxi').

[6] GmbH-Novelle = Gesetz zur Änderung des GmbHG und anderer handelsrechtlicher Vorschriften vom 4.7.1980 (BGBl. I, 836).

[7] Grundsatzurteil von 1984 in BGHZ 90, 370, 376 ff. (‚Nutzfahrzeug').

[8] Nachweise bei *Scholz/K. Schmidt*, GmbHG I[10], §§ 32a, 32b, Rn. 15.

[9] Zusammenfassend *Hommelhoff*, ZGR 1988, 460 ff.; allgemeiner zur Entwicklung des GmbH-Rechts *Fleischer*, GmbHR 2009, 1.

[10] MoMiG = Gesetz zur Modernisierung des GmbH-Rechts und zur Bekämpfung von Missbräuchen vom 23.10.2008 (BGBl. I, 2026).

[11] EuGH Slg. 1999, I-1459 Nr. 37 = NJW 1999, 2027, 2029 (Centros), näher dazu MüKo/*Kindler*, BGB 11[5], Internationales Handels- und Gesellschaftsrecht, Rn. 116 sowie *Kindler*, NJW 2003, 1073, 1078.

[12] *Michalski/Fleischer*, GmbHG I[2], Die Finanzierung der GmbH, Rn. 62; ebenso im Bezug auf das Grundkapital der AG *Pentz/Priester/Schwanna*, Bar- und Sachkapitalaufbringung, 42, 51.

GmbH in Form der UG[13] erweitert nochmals die Möglichkeit, das Geschäftsrisiko auf die Gläubiger abzuwälzen, § 5a GmbHG.

Abgeschafft wurden durch das MoMiG die stammkapitalschützenden Rechtsprechungsregeln aus § 30 GmbH ab, § 30 Abs. 1 Satz 3 GmbHG.[14] Die Novellenregeln finden sich in modifizierter Form im Insolvenzrecht wieder, insbesondere in § 39 Abs. 1 Nr. 5 und § 135 InsO. Mit der systematischen Verschiebung geht eine Begriffsänderung einher. Aus dem Kapitalersatzrecht wurde das Gesellschafterdarlehensrecht. Aufgegeben wurde damit die Differenzierung zwischen kapitalersetzenden und sonstigen Gesellschafterdarlehen. Die erwünschte Klarheit brachte das nicht, der Tatbestand der Regelungen ist weiterhin stark umstritten.

Der zentrale Konflikt besteht zwischen Gesellschafter und Gesellschaftsgläubiger. Beide haben ein Interesse an der Begrenzung ihres nicht voll beherrschbaren wirtschaftlichen Risikos. Beide Interessen sind im Rahmen unserer Rechtsordnung schutzwürdig, weshalb eine einzig richtige Lösung kaum denkbar ist. Ziel der vorliegenden Arbeit ist es deshalb, den gesetzgeberischen Entscheidungsspielraum auszuloten. Hierfür muss beantwortet werden, wann und warum welches der schutzwürdigen Interessen als gewichtiger einzuordnen ist als das jeweils andere. So lässt sich die gesetzgeberische Entscheidung entweder stützen oder kritisieren.

Die Untersuchung wird sich auf den gläubigerschützenden § 39 Abs. 1 Nr. 5 InsO konzentrieren. Die Norm ordnet an, dass der darleihende Gesellschafter in der Gesellschaftsinsolvenz erst nach den übrigen Insolvenzgläubigern befriedigt wird. Sein Darlehen wird dadurch faktisch zu Haftkapital. Bereits im alten Kapitalersatzrecht lag hier das Kernproblem der Legitimationsüberlegungen, erst aus diesem Streit um die Wurzeln ergab sich die weite Verzweigung des Tatbestands. Der BGH sprach zuletzt von einer Finanzierungsfolgenverantwortung des Gesellschafters. Durch das MoMiG ist die fast erloschene Diskussion nun wieder aufgeflammt. Mit dem Stichwort des BGH lässt sich die Fragestellung prägnant in Worte kleiden: Inwiefern ist der Gesellschafter verantwortlich für die Folgen seiner Finanzierungsmaßnahme? Vor der Suche nach einer Antwort sollen einige wichtige Motive der Darlehensfinanzierung genannt werden:

---

[13] Näher zur UG *Veil*, ZGR 2009, 623 ff.

[14] Zur Fortgeltung in Altfällen BGH, GmbHR 2009, 427, 429, der allerdings weder die Zulässigkeitskriterien für die rückwirkende Abschaffung von Rechtsprechung erörtert noch das in diesem Zusammenhang wohl nicht völlig irrelevante verfassungsrechtliche Rückwirkungsverbot.

II. Gründe für die Gewährung von Gesellschafterdarlehen

Gesellschafterdarlehen sind ein zentraler Bestandteil der Unternehmensfinanzierung.[15] Sie bieten gegenüber der Zeichnung neuer Anteile im Rahmen einer Kapitalerhöhung einige Vorteile:

1. Unbürokratische Finanzierungsmöglichkeit

Der offensichtlichste Vorteil ist der Fremdkapitalcharakter des Darlehens. Zwar führt es nicht zu einer Gewinnbeteiligung, § 29 GmbHG, steht dafür aber den Gesellschaftsgläubigern grundsätzlich nicht als Haftkapital zur Verfügung. Der darleihende Gesellschafter erhält im Gegensatz zum Eigenkapitalgeber eine Rückforderung. Gerade unter schwierigen Bedingungen ist das Gesellschafterdarlehen oft die einzige Finanzierungsmöglichkeit, denn es ist leichter zu erlangen als etwa ein Bankdarlehen. Für den darleihenden Gesellschafter ergibt sich daneben die Möglichkeit eines Zinsgewinns.

2. Kein Einfluss auf die Geschäftsanteile

Ein anderer Vorteil liegt im Erhalt der Machtverhältnisse. Oft will nur ein Gesellschafter Kapital zur Verfügung stellen. Denkbar ist dann die Zeichnung neuer Anteile im Rahmen einer Kapitalerhöhung, § 55 GmbHG. Das führt zu einer stärkeren internen Position des Kapitalgebers, § 47 Abs. 2 GmbHG. Damit sind die übrigen Gesellschafter nicht immer einverstanden. Die für die Kapitalerhöhung nach § 53 Abs. 2 GmbHG notwendige Beschlussmehrheit kann also scheitern. Das Gesellschafterdarlehen ist hingegen nicht mit einer Anteilszeichnung verbunden. Es hat keinen Einfluss auf die Stimmrechte und ist intern regelmäßig konsensfähig.

3. Steuerrechtliche Anreize

Weitere Vorzüge können sich aus dem Steuerrecht ergeben, die Rechtslage hat sich allerdings mit dem Jahressteuergesetz 2008 erheblich gewandelt.[16]

---

[15] Die betriebswirtschaftliche Zweckmäßigkeit betont BGHZ 76, 326, 330.

[16] Ausführlich zur aktuellen Steuerrechtslage im Zusammenhang mit Gesellschafterdarlehen *Tillmann/Schiffers/Wälzholz*, Die GmbH im Gesellschafts- und Steuerrecht, 465 ff.; ausgeschlossen ist vor allem der steuerliche Abzug von Wertverlusten gem. § 8b Abs. 3 Satz 4 KStG, dazu *Hahne/Lenz*, BC 2008, 98 ff.; zur gewerbesteuerlichen Doppelbelastung betrieblich veranlasster Gesellschafterdarlehen bei Betriebsaufspaltung *Heinhold/Hüsing/Kühnel/Streif*, Besteuerung der Gesellschaften, 311 ff.; zu den steuerrechtlichen Auswirkungen des MoMiG *Bäuml*, GmbHR-Sonderheft Oktober 2008, 93 ff.; insgesamt kritisch zur wenig kalkulierbaren GmbH-Besteuerung *Seer*, GmbHR 2009, 1036, 1047; vgl. zur alten Steuerrechtslage *Wiedemann*, FS Beusch[1993], 893, 899 m.w.N. in Fn. 17.

Die steuerrechtlichen Regelungen kommen als Legitimationsgrundlage des Gesellschafterdarlehensrechts nicht in Betracht und werden deshalb im Folgenden ausgeblendet.

III. Verfassungsrechtlicher Freiheitsbegriff als Ausgangspunk der Untersuchung

1. Überpositiver Sinnzusammenhang als Grundlage der Rechtsordnung

Die Geltung von Gesetzen erfordert ein Mindestmaß an Akzeptanz in der Bevölkerung. Hierfür bedürfen sie eines überpositiven Sinnzusammenhangs, der in gewissem Maß allgemein konsensfähig ist. Gerade bei sehr kontroversen Diskussionen lohnt es sich daher, den Blick von der konkreten Frage zu lösen und die Perspektive zu erweitern.

Vorliegend soll dementsprechend der § 39 Abs. 1 Nr. 5 InsO zunächst in den Hintergrund treten. Gefragt werden soll allgemeiner, aus welchem Grund ein Gesellschafter Verantwortung gegenüber den Gesellschaftsgläubigern trägt. Dafür soll noch allgemeiner gefragt werden, warum überhaupt eine Person der anderen gegenüber verantwortlich ist. Die Rechtfertigung persönlicher Verantwortung variierte im Lauf der Geschichte. Teilweise wurden außerpersönliche Grundlagen herangezogen, etwa in Form religiöser Dogmen. Spätestens seit der Aufklärung setzt individuelle Verantwortung individuelle Freiheit voraus.[17]

Der Freiheitsbegriff soll deshalb Ausgangspunkt der Untersuchung sein. Nun gibt es nicht nur einen Freiheitsbegriff, fraglich ist also, welcher Begriff vorliegend maßgeblich sein soll. Gegenstand der Untersuchung ist ein deutsches Gesetz, so dass der Freiheitsbegriff des deutschen Gesetzgebers gewählt wird. Der Gesetzgeber wiederum ist an die Grundrechte und die verfassungsmäßige Ordnung gebunden durch Art. 1 Abs. 3 und 20 Abs. 3 GG. Das bindet ihn auch an das verfassungsrechtliche Verständnis von Freiheit. Ausgangspunkt der vorliegenden Untersuchung ist also der verfassungsrechtliche Freiheitsbegriff.

2. Inhalt und Transparenz des Sinnzusammenhangs

Der überpositive Sinnzusammenhang wird bei Erlass der meisten Normen nicht diskutiert, sondern als selbstverständlich vorausgesetzt. Jede Rechtsordnung geht von bestimmten Tatsachen und Wertungen aus, ohne dass diese im Einzelnen Gegenstand stetiger Erörterung wären. Als Tatsachen gesetzt werden vor allem philosophische und einzelwissenschaftliche An-

---

[17] Ausführlich *Holl*, Historische Untersuchungen, Kapitel I.3 und I.4.

nahmen darüber,[18] wie die Welt im Allgemeinen und menschliches Verhalten im Besonderen beschaffen *sind*. Hieraus ergibt sich ein gewisses Welt- und Menschenbild sowie eine dementsprechende Deutung geschichtlicher Prozesse. Daneben treten ethische und normative Grundannahmen hinsichtlich der Fragen, was wir allgemein für wertvoll erachten und wie menschliches Verhalten im Besonderen beschaffen sein *sollte*.

Eine Gesetzesbegründung beinhaltet demnach eigentlich zwei Schritte: Zuerst wird (rechts)philosophisch und (rechts)theoretisch der überpositive Sinnzusammenhang der Rechtsordnung festgelegt. Dann wird im Rahmen dieser sinnbezogenen Rechtsordnung die Einzelnorm begründet. Der erste Schritt wird zunehmend stiefmütterlich behandelt, was bereits zur Befürchtung führt, die Rechtswissenschaft werde „mehr oder weniger unreflektiert zum willigen Vollstrecker mächtiger Zeitströmungen, die sie ihrerseits selbst kaum beeinflusst."[19] Die Kritik ist in dieser Schärfe wohl übertrieben und trifft eher die Politik als die Rechtswissenschaft. Richtig ist aber, dass sich „das Niveau der Rechtswissenschaft nicht zuletzt danach bemisst, inwieweit es ihr gelingt, die rechtsrelevanten Forschungsergebnisse der [...] Nachbarwissenschaften [...] angemessen zu verarbeiten."[20]

Die vorliegende Arbeit soll deshalb nachbarwissenschaftliche Erkenntnisse zur menschlichen Freiheit integrieren. Die Aufgabe wird dadurch vereinfacht, dass diesbezügliche Erkenntnisse im verfassungsrechtlichen Freiheitsverständnis bereits enthalten sind, ohne allerdings stets klar benannt zu sein. Der genannte überpositive Sinnzusammenhang muss daher nicht erst hergestellt, sondern lediglich verdeutlicht werden.

3. *Willensfreiheit und Entfaltungsfreiheit als überpositiver Kern der Verfassung*

Bei genauer Betrachtung beinhaltet das Grundgesetz zwei Freiheitsbegriffe. Eine Freiheit wird dem Menschen als bereits bestehend zugeschrieben, nämlich die Willensfreiheit. Der willensfreie Mensch ist weder der hobbessche Wolf noch das rousseausche Lamm. Er ist in seiner Freiheit ambivalent, also fähig zum Guten und zum Bösen.

Die zweite Freiheit ist eine normative im Sinne nicht naturgegebener Freiheit, die im sozialen Kontext erst hergestellt werden soll, namentlich die Entfaltungsfreiheit. Sie bezeichnet die Fähigkeit, die eigene schöpferische Kraft zur selbstbestimmten Gestaltung des eigenen Lebens zu nutzen. Die Förderung dieser Freiheit ist ureigene und zentrale Aufgabe des Staa-

---

[18] Zu Philosophie und Einzelwissenschaften als verschiedenen Methoden der Erkenntnissuche von der Pfordten, Die Suche nach Einsicht, 42 ff.

[19] *Stürner*, Markt und Wettbewerb über alles?, erste Seite des Vorworts.

[20] *Dreier*, Was ist und wozu Allgemeine Rechtstheorie, 17.

tes. Grundlegende individuelle und soziale Voraussetzungen hierfür werden vom Grundgesetz recht klar benannt. Das Verständnis dieser normativen Freiheit scheint trotzdem nicht in allen Rechtsgebieten dasselbe zu sein:

Die verfassungsrechtlich statuierten Entfaltungsvoraussetzungen spiegeln sich vor allem im BGB, welches vor dem Grundgesetz erlassen wurde. Insofern lässt sich eine dauerhafte und zeitgeistverankerte Konsensfähigkeit des verfassungsrechtlichen Freiheitsbegriffs vermuten. Als zentrale Voraussetzungen positiver Entfaltungsfreiheit werden sich unter anderem Vertragsfreiheit und Vertragsbindung herausstellen. Der damit als freiheitsfördernd geadelte Gläubigerschutz verleiht der persönlichen Haftung für Vertragsverbindlichkeiten eine verfassungsrechtliche Grundlage.

Im Kapitalgesellschaftsrecht herrscht ein älteres Freiheitsverständnis vor. Gemeint ist der negative Freiheitsbegriff,[21] der menschliche Freiheit allein als Freiheit von äußerer Beeinträchtigung verstanden wissen will. Im Verfassungsrecht führt dieses Freiheitsverständnis zur Betonung der Abwehrfunktion der Grundrechte, im Gesellschaftsrecht zur Haftungsbeschränkung des Kapitalgesellschafters über § 13 Abs. 2 i.V.m. § 5 GmbHG.

Persönliche und beschränkte Gesellschafterhaftung entspringen also letztlich verschiedenen Auffassungen davon, wie menschliche Entfaltungsfreiheit beschaffen sein sollte. Der individuellen Freiheit *von* Verantwortung steht die interindividuelle Freiheit *durch* Verantwortung gegenüber. Vor diesem Hintergrund soll die Verantwortung des GmbH-Gesellschafters für ein der Gesellschaft gewährtes Darlehen untersucht werden:

IV. Gang der Untersuchung

1. Kapitel A

Vorliegendes Kapitel A wird zunächst Inhalt und Kontext des § 39 Abs. 1 Nr. 5 InsO beleuchten. § 2 beschreibt die zentralen Regelungen von Gesellschafterdarlehensrechts und altem Kapitalersatzrecht, § 3 beleuchtet flankierende gläubigerschützende Regelungen.

§ 4 statuiert als Untersuchungsziel die Legitimation des § 39 Abs. 1 Nr. 5 InsO. Er beschreibt als wirtschaftlichen Kontext der Regelung die Chancen und Risiken, welche den Gesellschafter und die Gesellschaftsgläubiger ohne das Gesellschafterdarlehensrecht treffen würden. Bei der anschließenden Diskussion des Tatbestands des § 39 Abs. 1 Nr. 5 InsO wird sich herausstellen, dass der Gesellschafter nicht mehr allein für rechtsmissbräuchlich gewährte Krisendarlehen haftet, sondern für alle Dar-

---

[21] Grundlegend zur Unterscheidung negativer und positiver Freiheit *Berlin*, Four Essays on Liberty, Introduction, xxxvii ff.

lehen. Der damit verbundene Widerspruch zur beschränkten Haftung des Kapitalgesellschafters wird durch die Gesetzesbegründung nicht gerechtfertigt. Die Literatur fordert deshalb teilweise die Aufrechterhaltung des Krisenmerkmals oder die Abschaffung der Norm, teilweise wird die Regelung als Laune des Gesetzgebers hingenommen.

Die vorliegende Arbeit schlägt in § 4 eine andere Begründung vor. Sie geht vom Gläubigerschutz als konsensfähigem Normzweck aus. Sodann behauptet sie, der Gläubigerschutz sei so bedeutsam, dass er eine Begrenzung der beschränkten Haftung des Kapitalgesellschafters rechtfertige. Dieser Lösungsvorschlag wird von § 5 der Arbeit in Thesen konkretisiert, deren Untersuchung Gegenstand der Kapitel B bis D ist.

2. Kapitel B

Kapitel B widmet sich dem Gläubigerschutz im Rahmen von Verträgen zwischen natürlichen Personen. Dabei wird sich herausstellen, dass der zivilrechtliche Grundsatz der Vertragsbindung Verfassungsrang besitzt.

§ 6 widmet sich dem formalen Aufbau einer Gesetzesbegründung. Er kennzeichnet die trifunktionale Normbegründung als anzuwendende Methode. Demnach beinhaltet eine Gesetzesbegründung deskriptive, evaluative und präskriptive Sätze. Anders gewendet: Sie trifft Aussagen darüber, was *ist*, was *gut ist* und was *sein soll*.

§ 7 untersucht auf dieser Grundlage den verfassungsrechtlich statuierten Sinnzusammenhang der Rechtsordnung. Hierbei wird sich die menschliche Willensfreiheit als ontologisches Axiom unserer Rechtsordnung herausstellen. Menschliche Würde, menschliches Leben und die besagte Entfaltungsfreiheit werden als Grundwerte der Verfassung herausgearbeitet.

§ 8 konkretisiert Entfaltungsfreiheit als individuelle Gestaltungsmacht, die in einer auf die Entfaltung *aller* angelegten Gesellschaft nicht absolut sein kann. Als Gegenstand verfassungsrechtlich garantierter Gestaltungsmacht werden räumliche, politische und sozioökonomische Teilhabemöglichkeiten erarbeitet. Weitere Freiheitsvoraussetzungen sind dann die Freiheit eigener Entscheidungen von Fremdbestimmung sowie die innere Kompetenz und äußere Gestaltungsmacht zur Nutzung von Teilhabemöglichkeiten. Die drei Grundwerte Würde, Leben und Entfaltungsfreiheit werden anschließend als präskriptive Letztzwecke unserer Rechtsordnung qualifiziert. Insbesondere die grundrechtlichen Gewährleistungsgehalte werden auf jeweils einen dieser Letztzwecke zurückgeführt.

§ 9 konkretisiert diesen Letztzweckbezug für die Privatautonomie. Er stellt insbesondere den Vertrag als Mittel zur selbstbestimmten Entfaltung dar. Untersucht werden die Voraussetzungen, unter denen ein Vertrag diesen Zweck erreichen kann. Hierfür kann auf die in § 8 statuierten Voraussetzungen von Gestaltungsmacht zurückgegriffen werden. Als Garant privatrechtlicher Freiheit von Fremdbestimung wird die Vertragsfreiheit dargelegt, welche als grundrechtliche Gewährleistung bereits anerkannt ist. Als Bedingung interindividueller Gestaltungsmacht wird sich die Bindung des Vertragsschuldners an sein Leistungsversprechen herausstellen. Als Voraussetzung dieser Bindung wird die Kompetenz erarbeitet, das Entstehen der Verbindlichkeit selbstbestimmt zu steuern. Vertragsfreiheit, Vertragsbindung und Selbstbestimmungskompetenz sind damit notwendige Voraussetzungen privatautonomer Entfaltungsfreiheit. Als solche besitzen sie Verfassungsrang. Für Verträge zwischen natürlichen Personen ergibt sich ein verfassungsrechtlich gesicherter Gleichlauf wirtschaftlicher Chancen und Risiken.

3. Kapitel C

In Kapitel C werden die gewonnenen Erkenntnisse ins Gesellschaftsrecht übertragen. Die wirtschaftlichen Chancen der Geschäftstätigkeit der Gesellschaft trägt der Gesellschafter. § 128 HGB erlegt ihm auch die wirtschaftlichen Risiken auf; damit erweitert er die vertragliche Gestaltungsmacht des Gläubigers. § 10 der Arbeit sieht die Norm deshalb als legitimen Ausdruck der Vertragsbindung.

In der GmbH besteht dieser Gleichlauf von Chancen und Risiken nicht. Hier darf der Gesellschafter sein wirtschaftliches Risiko auf die Gläubiger verlagern, §§ 13 Abs. 2, 5 Abs. 1 GmbHG. Dieses Privileg sieht § 11 der Arbeit als Ausnahme vom Grundsatz der Vertragsbindung. Als verfassungsrechtliche Grundlage des § 13 Abs. 2 GmbHG wird die Vereinigungsfreiheit erarbeitet. Fraglich wird dadurch, unter welchen Voraussetzungen Vereinigungsfreiheit und Vertragsbindung miteinander vereinbar sind. Vorläufig wird diese Vereinbarkeit in § 11 jedenfalls dann bejaht, wenn die GmbH mit einem angemessenen Eigenkapital ausgestattet ist.

4. Kapitel D

Kapitel D geht davon aus, dass § 5 GmbHG keine angemessene Kapitalausstattung der Gesellschaft sichert. Deshalb wird zu fragen sein, ob die Norm wie § 13 Abs. 2 GmbHG durch Art. 9 GG legitimiert ist, oder ob ihr Verstoß gegen den Grundsatz der Vertragsbindung verfassungswidrig ist.

§ 12 der Arbeit wird die wirtschaftliche Zielsetzung des Haftungsprivilegs unter die Lupe nehmen. Ergebnis wird ein dreistufiger Normzweck sein, nämlich die Förderung gesellschaftlichen Wohlstands durch die Förderung von Wettbewerb und Wirtschaftswachstum durch die Förderung unternehmerischen Handelns.

§ 13 wird der Frage nachgehen, ob eine niedrige Stammkapitalziffer tatsächlich unternehmerisches Handeln, Wettbewerb und Wachstum beflügelt.

Diese Frage wird weder pauschal bejaht noch verneint, da in allen drei Belangen das niedrige Stammkapital neben förderlichen auch erheblich hindernde Effekte entfaltet. Insbesondere wird sich zeigen, dass die Norm nicht die Konkurrenz, sondern die Verdrängung wirtschaftlicher Konkurrenz fördert. Insofern wird sich die pauschale Normbegründung des § 5 Abs. 1 GmbHG als falsch erweisen.

§ 14 der Arbeit fragt weiter, ob die von § 5 GmbHG beabsichtigte Wettbewerbs- und Wachstumsförderung tatsächlich den gesellschaftlichen Wohlstand mehrt. Als Beurteilungsmaßstab wird der verfassungsrechtliche Gemeinwohlbegriff qualifiziert, insbesondere die als Gemeinwohlvoraussetzungen zu schaffenden Voraussetzungen selbstbestimmter Entfaltung. Betrachtet werden deshalb die Auswirkungen der auch in § 5 Abs. 1 GmbHG verkörperten Wettbewerbs- und Wachstumspolitik auf individuelle Gestaltungsmacht, Handlungskompetenz und Teilhabemöglichkeiten. Diese Auswirkungen werden sich als für die Bevölkerungsmehrheit langfristig nachteilig darstellen. Abschließend beleuchtet § 14 die deskriptiven Grundannahmen der § 5 GmbHG zugrunde liegenden Wirtschaftstheorie. Es wird sich zeigen, dass diese Annahmen weder dem Stand der Wissenschaft noch den verfassungsrechtlichen Grundannahmen entsprechen. Im Ergebnis wird die entsprechende Wirtschaftstheorie aus verfassungsrechtlicher Perspektive abgelehnt und § 5 Abs. 1 GmbHG als verfassungswidrig eingestuft.

§ 15 widmet sich der verfassungskonformen Ausgestaltung der Kapitalaufbringung in der GmbH. Eine praktische Konkordanz von Vertragsbindung und Vereinigungsfreiheit wird unter der Voraussetzung bejaht, dass die GmbH mit einem dem Geschäftsumfang angemessenen Eigenkapital ausgestattet ist. Daher plädiert die vorliegende Arbeit für die Einführung einer entsprechenden Kapitalisierungsverpflichtung der Gesellschafter, welche gewährleistet werden könnte durch erhöhte bilanzorientierte Einlage- und Rücklagepflichten sowie verschärfte solvenzorientierte Ausschüttungssperren. § 39 Abs. 1 Nr. 5 InsO wird als wesensgleiches Minus zur angemessenen Kapitalausstattung und dementsprechend als verfassungsrechtlich legitim charakterisiert. Abschließend wird die erarbeitete Begründung auf drei Einzelprobleme übertragen. Die Anwendbarkeit des § 39 Abs. 1 Nr. 5 InsO auf Aktionäre wird bejaht. Die Anwendbarkeit auf Covenant-besicherte Gläubiger wird hingegen verneint. Die Parallelnorm zur Nutzungsüberlassung in § 135 Abs. 3 InsO wird ebenfalls als verfassungsrechtlich legitim gekennzeichnet.

§ 2 Tatbestände und Rechtsfolgen von Darlehensgewährung und Darlehensrückzahlung

I. Einführung

Zu unterscheiden sind tatbestandlich die Darlehensgewährung von eventuellen Rückzahlungen und auf der Rechtsfolgenseite die gesellschafts- bzw. insolvenzrechtlichen Regelungen von den Nebenbestimmungen des Straf-, Bilanz- und Steuerrechts. Das Hauptinteresse dieser Arbeit gilt den gesellschafts- bzw. insolvenzrechtlichen Normen. Die Nebenbestimmungen sollen insofern berücksichtigt werden, als sie die Zielsetzungen des Gesellschafts- und Insolvenzrechts unterstützen, aber auch kompromittieren können.

Für die Gesellschaftsgläubiger problematisch werden Gesellschafterdarlehen erst in der Insolvenz. Dem Gesetzgeber stellt sich deshalb die Frage, ob eine Normierung im Gesellschaftsrecht oder im Insolvenzrecht sinnvoller ist. Das alte Recht war durch das Nebeneinander zweier gesellschaftsrechtlicher Normkomplexe gekennzeichnet. Namentlich waren dies die Rechtsprechungsregeln, §§ 30, 31 GmbHG a.F. analog, sowie die Novellenregeln, §§ 32a/b GmbHG a.F. Der Gesetzgeber hat die Regelungen für Gesellschafterdarlehen mit dem MoMiG ins Insolvenzrecht verlagert. Zustimmung fand er insbesondere im Hinblick auf die nun mögliche Anwendung auf ausländische Gesellschaften mit Inlandssitz.[1]

Nach altem Recht bestand für die Darlehen teilweise ein insolvenzunabhängiges Rückzahlungsverbot.[2] Im Insolvenzfall wird die Rückforderung nach altem und neuem Recht nur nachrangig befriedigt.[3] Bereits erfolgte Rückzahlungen sind unter bestimmten Bedingungen anfechtbar und zurückzugewähren.[4]

---

[1] *Kindler*, NJW 2008, 3249 ff., 3253 m.w.N.; *Huber/Habersack* BB 2006, 1, 6; *dies.*, Kapitalersetzende Gesellschafterdarlehen, 370, 397; *Gehrlein*, BB 2008, 846, 849; AG Hamburg, NZG 2009, 197; Zweifel an der Vereinbarkeit mit der Niederlassungsfreiheit äußert *Zahrte*, ZInsO 2009, 223, die allerdings dadurch ausgeräumt sein dürften, dass der EuGH den Verweis auf das ausländische Gründungsrecht durch die mögliche Forderung einer Sicherheitsleistung im Inland relativiert hat, vgl. oben § 1 I Fn. 11.

[2] Dazu unter III 2.

[3] Dazu unter III 3.

[4] Dazu unter VI.

II. Tatbestand der Darlehensgewährung

1. Darlehensfinanzierung

Grundtatbestand der hier zu untersuchenden Ansprüche ist das Gesellschafterdarlehen. Gemeint ist die Finanzierung einer GmbH durch einen ihrer Gesellschafter in Form eines Darlehens, §§ 32 a/b GmbHG a.F. sowie § 135 InsO n.F. Der Anwendungsbereich erweitert sich durch die Erfassung von Rechtshandlungen, welche der Darlehensgewährung wirtschaftlich entsprechen, §§ 32 a Abs. 3 GmbHG a.F., § 39 Abs. 1 Nr. 5 InsO n.F.

2. In der noch andauernden Krise

Die Finanzierungshandlung musste im alten Recht in einer Krisensituation erfolgen. Darin lag der Auslöser für die Umqualifizierung des Darlehens in Eigenkapital. Ausschlaggebend waren also die konkreten Umstände, nicht der Finanzierungscharakter. In der Krisensituation hätten nach § 32a Abs.1 GmbHG a.F. „ordentliche Kaufleute Eigenkapital zugeführt". Funktional ließ sich ein Krisendarlehen demnach als Eigenkapital respektive Haftkapital einordnen.[5] Das galt solange, bis die Krise der Gesellschaft nachhaltig beseitigt war.[6]

Die Feststellung von Eintritt und Beendigung der Krise bereitet mitunter große Schwierigkeiten. Unter anderem die dadurch ausgelöste Kritik führte zur Streichung des Tatbestandsmerkmals durch das MoMiG.

3. Funktionelles Stammkapital bei drohender Unterbilanz

Nach h.M. waren die das nominelle[7] Stammkapital schützenden Rechtsprechungsregeln spezieller als die Novellenregeln.[8] Der einschlägige Tatbestand richtete sich daher nach der Stammkapitalrelevanz einer möglichen Rückzahlung. Funktionell als Stammkapital zu betrachten war ein Darlehen, wenn seine Rückzahlung zu einer Unterbilanz führen bzw. diese vertiefen würde.[9] Eine Unterbilanz besteht dann, wenn das Reinvermögen nicht mehr die Stammkapitalziffer erreicht. Das Reinvermögen ergibt sich aus dem Wert der Aktiva abzüglich echter Passiva in Form von Verbindlichkeiten und Rückstellungen.[10] Verkürzt lässt sich dies so darstellen:

---

[5] BGHZ 146, 264, 272.

[6] Großkomm/*Habersack*, GmbHG II^1, §§ 32 a/b Rn. 81.

[7] *Scholz/K. Schmidt*, GmbHG I^{10}, §§ 32a, 32b, Rn. 78.

[8] *Von Gerkan/Hommelhoff/Hommelhoff*, KapitalersatzR^2, Rn. 1.3.

[9] *Von Gerkan/Hommelhoff/Hommelhoff*, KapitalersatzR^2, Rn. 1.9.

[10] *Von Gerkan/Hommelhoff/Hommelhoff*, KapitalersatzR^2, Rn. 2.33.; näher *Scholz/Westermann*, GmbHG I^{10}, § 30 Rn. 15 ff.

Reinvermögen = Aktiva – (Verbindlichkeiten + Rückstellungen)

Reinvermögen < Stammkapital = Unterbilanz

Zugrunde zu legen war allerdings eine funktionale, keine bilanzielle Betrachtungsweise. Denn bilanziell wurden Gesellschafterdarlehen weiterhin dem Fremdkapital zugeordnet. Sie waren nach h.M. sowohl im Jahresabschluss als auch im Überschuldungsstatus zu passivieren.[11] Insofern bestünde gar keine Möglichkeit, durch Rückzahlung eines Darlehens eine Unterbilanz herbeizuführen oder zu vertiefen. Denn sofern Darlehen zu den Verbindlichkeiten gehören, führt ihre Rückzahlung zu einer Verminderung der Verbindlichkeiten wie auch der Aktiva. Diese Bilanzverkürzung berührt das Reinvermögen nicht.

Anders ist das im Rahmen der funktionellen Betrachtung. Dort werden die Gesellschafterdarlehen dem haftenden Eigenkapital zugeordnet. Die Rückzahlung vermindert dann die Aktiva, nicht aber die Verbindlichkeiten. Infolgedessen schmälert sie das Reinvermögen. Die Stammkapitalrelevanz der Auszahlung hängt dann davon ab, ob die notwendige Stammkapitalziffer noch durch Einlagen oder Rücklagen gedeckt ist.

Der Veranschaulichung mag folgende Grafik dienen:

	1. Vor der Auszahlung				2. Buchung DarlehensVB an Bank			
	Aktiva		Passiva		Aktiva		Passiva	
Bilanziell	Anlagevermögen	140	Einlagen	10	AV	140	Einlagen	10
	Bank	**50**	Rücklagen	10	Bank	**10**	Rücklagen	10
	Kasse	10	Verb GGüb Bank	140	Kasse	10	VB Bank	140
			Verb GGüb Gesellschaftern	**40**			VB Gesellschafter	**0**
Reinvermögen				20				20
Funktional	Anlagevermögen	140	Einlagen	10	AV	140	Einlagen	10
	Bank	**50**	Rücklagen	10	Bank	**10**	Rücklagen	15
	Kasse	10	Eigenkapitalersatz	**40**	Kasse	10	Eigenkapitalersatz	**0**
			Verb GGüb Bank	140			VB Bank	140
Reinvermögen				60				20
Bilanzsumme		200		200		160		160

---

[11] *Von Gerkan/Hommelhoff/Kleindiek*, KapitalersatzR^2, Rn. 7.4, 7.20, 7.32. Eine Ausnahme besteht für Darlehen mit Rangrücktrittserklärung der Gesellschafter im Überschuldungsstatus, ebenda Rn. 7.33.

4. Insolvenzeröffnung

Letztes Tatbestandsmerkmal der Novellenregeln und des neuen Rechts ist die Insolvenzeröffnung, genauer die Eröffnung des Insolvenzverfahrens über das Vermögen der GmbH, § 32a Abs. 1 GmbHG a.F. und § 39 Abs. 1 Nr. 5 InsO n.F. Die Rechtsprechungsregeln galten unabhängig hiervon.

III. Rechtsfolgen der Darlehensgewährung

1. Umqualifizierung

Nach altem Recht wurde das Darlehen funktional dem Haftkapital zugeordnet. Die Umqualifizierung betraf das gesamte Darlehen.[12] Die weiteren Rechtsfolgen richteten sich dann nach der Stammkapitalrelevanz von Auszahlungen.[13] Im obigen Beispiel[14] ist das Gesellschafterdarlehen über 40.000 € nur in Höhe von 5.000 € erforderlich, um ein Reinvermögen in Höhe des Stammkapitals zu erhalten. Es ist daher in Höhe von 40.000 € eigenkapitalersetzend, aber nur in Höhe von 5.000 € stammkapitalersetzend.

2. Auszahlungssperre für Stammvermögen unabhängig von der Insolvenzeröffnung

Soweit das Darlehen zum Erhalt eines Reinvermögens in Höhe des Stammkapitals erforderlich war, griff nach altem Recht die Auszahlungssperre des § 30 Abs. 1 GmbHG a.F. Nach ganz h.M. wurde nur der darüber hinaus gehende Darlehensbetrag von den Novellenregeln erfasst. Die Rechtsprechungsregeln waren insofern spezieller, weshalb auch von einem zweistufigen Schutzrecht die Rede ist.[15] Soweit durch die Rückzahlung keine Unterbilanz entstand, war sie bei Fälligkeit vorzunehmen.[16] Im obigen Beispiel[17] wären 35.000 € auszuzahlen gewesen.

Die Entsperrung des stammkapitalrelevanten Betrages erforderte die nachhaltige Beseitigung der Krise.[18] Daneben verlangte der BGH die vorherige Wiederauffüllung des Stammkapitals.[19] Letzteres Erfordernis wurde

---

[12] *Scholz/K. Schmidt*, GmbHG I[10], §§ 32a, 32b, Rn. 79.
[13] Dazu sogleich unter 2.
[14] Soeben unter II 3.
[15] *Von Gerkan/Hommelhoff/Hommelhoff*, KapitalersatzR[2], Rn. 1.2 ff.
[16] *Von Gerkan/Hommelhoff/Hommelhoff*, KapitalersatzR[2], Rn. 1.4.
[17] Soeben unter II 3.
[18] Vgl. oben II 2.
[19] BGH, ZIP 2005, 83, 84.

von der Literatur abgelehnt, da durch eine weiterhin bestehende Unterbilanz[20] nicht zwingend eine Krise indiziert sei.[21]

3. Nachrang der Darlehensrückforderung im Insolvenzfall

Im Insolvenzfall wird die Darlehensrückforderung nur nachrangig befriedigt. Im alten Recht wurde diese Rechtsfolge gesichert, indem das Krisendarlehen tatbestandlich in funktionelles Eigenkapital umqualifizert wurde.[22] Im neuen Recht wird der Nachrang pauschal ohne tatbestandliche Umqualifizierung angeordnet.

a) Richterrechtliche Entwicklung aus dem Grundsatz der Kapitalerhaltung

Bereits das RG[23] wies bestimmten Gesellschafterdarlehen im Konkurs einen Nachrang zu. Der BGH stützte seine Rechtsprechung seit 1959[24] auf eine analoge Anwendung der §§ 30, 31 GmbHG. In einem Grundsatzurteil von 1980[25] wurde diese Praxis gefestigt. Demnach unterlagen stammkapitalersetzende[26] Gesellschafterdarlehen der Auszahlungssperre des § 30 Abs. 1 Satz 1 GmbHG. Sie wurden im Konkurs funktional wie haftendes Eigenkapital behandelt[27]. Als Einlagen der Gesellschafter begründeten sie keine Konkursforderung, waren also nachrangig zu befriedigen.[28]

b) Gesetzliche Regelung

Ausdrücklich geregelt wurde der Nachrang der Darlehensrückforderung bei Einführung der Novellenregeln in § 32a Abs. 1 Satz 1 GmbHG. Rechtsformunabhängig findet er sich in § 39 Abs. 1 Nr. 5 der 1999 in Kraft getretenen Insolvenzordnung[29]. Seit Inkrafttreten des MoMiG ist nun allein § 39 Abs. 1 Nr. 5 InsO maßgeblich.

c) Folgen des Nachrangs

Die darleihenden Gesellschafter stehen auf der Rechtsfolgenseite zwischen den reinen Fremdkapitalgebern und den reinen Eigenkapitalgebern. Sie

---

[20] Dazu oben II 3.
[21] Großkomm/*Habersack*, GmbHG II[1], §§ 32a/b Rn. 82.
[22] Vgl. oben 1.
[23] RGZ 68, 172, 175, begründet wurde der Nachrang hier mit dem Verbot des Selbstkontrahierens bei einer Einmann-GmbH.
[24] BGHZ 31, 258 (‚Lufttaxi').
[25] BGHZ 76, 326.
[26] Vgl. oben 1. und 2.
[27] BGHZ 67, 171, 174 ff.; 75, 334, 336 ff.; 76, 326, 328 ff.
[28] *Mentzel/Kuhn/Uhlenbruck*, KO[9], § 3 Rn. 29.
[29] InsO = Insolvenzordnung vom 5.10.1994 (BGBl. I, 2866).

werden im Gegensatz zu den übrigen Gesellschaftern bei der Erlösverteilung nach §§ 187 ff. InsO berücksichtigt. Die nachrangigen Darlehensrückforderungen sind nach Aufforderung durch das Insolvenzgericht anzumelden, § 174 Abs. 3 InsO. Befriedigt werden sie erst nach allen anderen Gläubigern, § 39 Abs. 1 Nr. 5 InsO. Im Anschluss erfolgt die Überschussverteilung nach § 199 Satz 2 InsO, an der auch die darleihenden Gesellschafter teilnehmen.[30] In der Regel findet eine Verteilung entsprechend den Beteiligungsverhältnissen der Gesellschafter statt, § 72 Satz 1 GmbHG bzw. § 271 I, II AktG.[31] Anschließend erfolgt die Amtslöschung der Gesellschaft wegen Vermögenslosigkeit nach § 141 a Abs. 1 Satz 2 FGG.

Ein Überschuss ist insbesondere im Liquidationsfall sehr selten zu erwarten. Meist reicht die Masse nicht einmal für die Befriedigung der normalen Insolvenzgläubiger. Faktisch geht der Gesellschafter deshalb in aller Regel leer aus.

IV. Tatbestand und Rechtsfolgen der Darlehensrückzahlung

Eine Rückzahlung des Darlehensbetrages begünstigt den Gesellschafter zu Lasten des Gesellschaftsvermögens. In zeitlicher Nähe zur Insolvenz benachteiligt sie die Gläubiger. Darin kann zum einen eine Verletzung des Grundsatzes der Gläubigergleichbehandlung liegen. Zum anderen kompromittiert die Rückzahlung den von § 39 Abs. 1 Nr. 5 InsO angeordneten Nachrang.

Daher kann der Insolvenzverwalter bestimmte Auszahlungen anfechten, § 135 InsO. Den erhaltenen Betrag muss der Gesellschafter zur Insolvenzmasse zurückgewähren, § 143 InsO. Neben Darlehensrückzahlungen sind auch Leistungen auf ‚gleichgestellte' Forderungen anfechtbar, § 135 Abs.1 InsO. Gemeint sind Forderungen aus Rechtshandlungen, die nach § 39 Abs. 1 Nr. 5 InsO[32] einem Gesellschafterdarlehen wirtschaftlich entsprechen.[33] Die anfechtbaren Leistungen sind somit spiegelbildlich zu den Tatbeständen der Darlehensgewährung ausgestaltet.

1. Rechtslage vor dem MoMiG

a) Rechtsprechungsregeln: Rückgewährpflicht nach § 31 Abs. 1 GmbHG

Vor dem MoMiG unterlagen stammkapitalersetzende Darlehen der Auszahlungssperre des § 30 Abs. 1 Satz 1 GmbHG a.F. Ein sperrwidrig ausgezahlter Betrag war ins Gesellschaftsvermögen zurückzuführen, § 31 Abs. 1

---

[30] BGHZ 146, 264, 272.

[31] *Uhlenbruck/Uhlenbruck*, InsO[13], § 199 Rn. 3.

[32] Die Regelung fand sich vor dem MoMiG in § 32a Abs. 3 Satz 1 GmbHG.

[33] *Braun/de Bra*, InsO[4], § 135 Rn. 10.

Satz 1 GmbHG a.F. Nach h.M. galt der Grundsatz der realen Kapitalaufbringung. Der Anspruch erlosch demnach nicht, wenn das Stammkapital zwischenzeitlich anderweitig wieder aufgefüllt wurde.[34] Eine Aufrechnung gegen den Anspruch war dem Gesellschafter entsprechend § 19 Abs. 2 Satz 2 GmbHG nicht gestattet.[35] Die Verjährungsfrist betrug zunächst fünf Jahre nach § 31 Abs. 5 GmbHG a.F. analog.[36] Mit dem Verjährungsanpassungsgesetz[37] wurde die Frist aufgespalten. Der Anspruch gegen den Gesellschafter verjährte nach zehn Jahren, die Solidarhaftung der übrigen Gesellschafter nach fünf Jahren.[38]

Der Rückforderungsanspruch entstand unabhängig von einer Insolvenzeröffnung. Der Geschäftsführer war zur Geltendmachung verpflichtet, § 43 Abs. 1 GmbHG[39]. Im Insolvenzfall gehörte der Anspruch zur Masse und das Durchsetzungsrecht lag beim Insolvenzverwalter[40].

b) Novellenregeln: Rückgewähr nach Anfechtung

Mit der Gesetzesnovelle von 1980[41] wurden in das GmbHG die §§ 32a und 32b eingefügt. Auf die Ergänzungen in der KO und der VerglO[42] soll hier nicht eingegangen werden. Von Bedeutung sind hingegen die seit Inkrafttreten der InsO am 1.1.1999 geltenden §§ 39, 135 und 143 InsO.

In § 32a GmbHG wurde der Nachrang der Darlehensrückforderung gesetzlich festgelegt. Die Anfechtbarkeit von Auszahlungen an den Gesellschafter wurde zunächst in § 32a KO geregelt. Die Regelung des ursprünglichen § 135 InsO statuierte in Nr. 1 und 2 zwei Anfechtungstatbestände, namentlich die Sicherung/Befriedigung in den zehn Jahren /einem Jahr vor dem Eröffnungsantrag oder danach. Für Befriedigungshandlungen in den zehn Jahren vor dem Eröffnungsantrag kam darüber hinaus die Anfechtung wegen vorsätzlicher Benachteiligung in Betracht, § 133 Abs. 1 InsO.

Die erhaltenen Beträge waren vom Gesellschafter zur Insolvenzmasse zurückzugewären, § 143 Abs.1 Satz 1 InsO. Zu beachten war § 143 Abs. 1

---

[34] BGHZ 144, 336, 341 f.; Großkomm/*Habersack*, GmbHG II[1], § 31 Rn. 28 f.; a.A. *Scholz/K. Schmidt*, GmbHG I[10], §§ 32a, 32b Rn. 88.

[35] BGH, NJW 2001, 830, 831.

[36] BGH, NJW 1984, 1891, 1892; *von Gerkan/Hommelhoff/Hommelhoff*, KapitalersatzR[2], Rn. 1.12.

[37] Verjährungsanpassungsgesetz = Gesetz zur Anpassung von Verjährungsvorschriften an das Gesetz zur Modernisierung des Schuldrechts vom 9.12.2004, BGBl. I, 3214, in Kraft seit dem 15.12.2004.

[38] *Thiessen*, ZHR 2004, 503, 529, 537; *Bork/Schäfer/Thiessen*, GmbHG, § 30 Rn. 140; *Lutter/Hommelhoff/Hommelhoff*, GmbHG[17], § 31 Rn. 29.

[39] *Lutter/Hommelhoff*, GmbHG[15], §§ 32a, 32b Rn. 106.

[40] *Scholz/K. Schmidt*, GmbHG I[10], §§ 32a, 32b, Rn. 85.

[41] Vgl. oben § 1 Fn. 6.

[42] Dazu *Scholz/K. Schmidt*, GmbHG I[10], §§ 32a, 32b Rn. 15.

Satz 2 InsO, welcher über § 819 Abs. 1 BGB auf § 818 Abs. 4 BGB verweist. Die Berufung auf eine etwaige Entreicherung nach § 818 Abs. 3 war also ausgeschlossen.[43] Der Anfechtungsanspruch verjährte nach § 146 InsO nach den allgemeinen Regeln, also in drei Jahren nach §§ 195, 199 BGB.[44]

2. Rechtslage nach dem MoMiG

Das MoMiG verortet das Gesellschafterdarlehensrecht vollständig neu. Es entkoppelt die Regelungen vom Grundsatz der Kapitalerhaltung, § 30 Abs. 1 Satz 3 GmbHG n.F. und § 57 Abs. 1 Satz 4 AktG. Die Rechtsprechungsregeln werden dadurch aufgehoben, der insolvenzunabhängige Rückgewähranspruch aus § 31 Abs. 1 GmbHG entfällt.[45]

Welche Rückzahlung anfechtbar ist, regeln weiterhin § 135 InsO und § 133 InsO.[46] Die Tatbestände in § 135 I Nr. 1, Nr. 2 InsO n.F.[47] entsprechen denen des eben genannten § 135 Nr.1, 2 InsO a.F. Der Anfechtungsanspruch aus §§ 135 InsO bezieht sich nunmehr auf Gesellschafterdarlehen, nicht mehr auf kapitalersetzende Darlehen. Erfasst ist nach dem Wegfall der Rechtsprechungsregeln der volle Darlehensbetrag. Es spielt also keine Rolle mehr, ob die Auszahlung zu einer Unterbilanz führte. Die Ausführungen zu §§ 143, 146 InsO, 818 f. BGB [48] gelten weiterhin.

V. Zusammenfassung: Rückgewährpflicht und Nachrang

Grundtatbestand des alten § 32a Abs. 1 GmbHG a.F. war das kapitalersetzende Darlehen. Als kapitalersetzend wurden nur Krisendarlehen qualifiziert. Nach neuem Recht ist das Krisenmerkmal entfallen, Grundtatbestand des neuen § 39 Abs. 1 Nr. 5 InsO ist das Gesellschafterdarlehen. Nach altem und neuem Recht umfasst der Tatbestand wirtschaftlich vergleichbare Sachverhalte, § 32a Abs. 3 Satz 1 GmbHG a.F. und § 39 Abs. 1 Nr. 5 InsO. In der Insolvenz war und ist die Darlehensrückforderung nachrangig, § 32a Abs. 1 GmbHG a.F. und § 39 Abs. 1 Nr. 5 InsO. Bereits erfolgte Auszahlungen waren und sind weiterhin anfechtbar, § 135 Abs. 1 InsO. Der Betrag ist zur Insolvenzmasse zurückzuführen, § 143 Abs. 1 InsO.

---

[43] MüKo/*Kirchhof*, InsO 2², § 143 Rn. 59.

[44] *Uhlenbruck*/*Hirte*, InsO¹³, § 146 Rn. 1.

[45] Zur Fortgeltung in Altfällen oben § 1 Fn. 14.

[46] Zum Verhältnis beider Tatbestände *Bangha-Szabo*, ZIP 2013, 1058 ff.

[47] Die Frist des § 135 Abs. 1 Nr. 2 InsO ist entsprechend anzuwenden, wenn ein Gesellschafter bereits ein Jahr vor Insolvenzeröffnung ausgeschieden ist, da mit dem Wegfall der persönlichen Voraussetzung ein über die § Frist des 39 Abs. 1 Nr. 5 hinausgehender Nachrang nicht zu rechtfertigen ist, BGH, NZG 2012, 194 Leitsatz 3 und Nr. 15 der Gründe mit zustimmender Besprechung durch *Kindler*, KTS 2012, 228, 229.

[48] Vgl. soeben unter 1 b.

Entfallen ist mit dem MoMiG der stammkapitalsichernde insolvenzunabhängige Rückzahlungsanspruch aus § 31 Abs. 1 GmbHG.

§ 3 Flankierende Instrumente des Gläubigerschutzes

I. Einführung

Das Gesellschafterdarlehensrecht dient dem Gläubigerschutz.[1] Zu beleuchten sind daher die bereits bestehenden Schutzregelungen. Ausgangspunkt der Überlegungen ist stets die Haftungsbeschränkung der Kapitalgesellschaft. Den Gläubigern haftet allein das Gesellschaftsvermögen, § 13 Abs. 2 GmbHG.

Gläubigerschützend wirken daher alle Regelungen zum Erhalt bzw. zur Mehrung dieser Vermögensmasse. Adressat der Schutznormen sind Organe und Mitglieder der Gesellschaft. Nachfolgend sind (II.) die Möglichkeiten eines Zugriffs auf das Gesellschaftervermögen darzustellen. Sodann ist (III.) auf die Haftung der Geschäftsführer einzugehen. Dem Gläubigerschutz kann auch die Offenlegung der Finanzierungsverhältnisse dienen. Daher wird im Anschluss (IV.) die bilanzielle Einordnung der Gesellschafterdarlehen aufgezeigt.

II. Gesellschafterhaftung

1. Kapitalaufbringung und Haftungsbeschränkung

Die Vorschriften zur Kapitalaufbringung finden sich in §§ 5, 7 Abs. 2, 14, 19 ff. GmbHG. Sie sichern die Leistung der Einlagen zum Gesellschaftsvermögen. Die gläubigerschützende Wirkung der Normen ist vernachlässigbar.[2] Das sah wohl auch der Gesetzgeber so, der durch § 5a Abs. 1 GmbHG das Mindestkapital als Gründungsvoraussetzung abschaffte.

Im Regelfall haftet den Gläubigern der GmbH allein das Gesellschaftsvermögen, § 13 Abs. 2 GmbHG. Die Gesellschafter haften im Innenverhältnis nur in Höhe der zu leistenden Einlage. Eine darüber hinaus gehende persönliche Haftung kommt nur in Ausnahmefällen in Betracht.[3] Nach dem BGH erfordert sie einen Verstoß gegen die Grundsätze der Vermögenstrennung oder der Vermögensbindung. In diesen Fällen könne sich der Gesellschafter nicht auf § 13 Abs. 2 GmbHG berufen.[4]

---

[1] Vgl. oben § 1 I.

[2] Vgl. oben § 1 I.

[3] Zur Geltung der folgenden Durchgriffstatbestände im Licht des Europarechts vgl. *Kindler*, FS Säcker[2011], 393, 397 ff.

[4] BGHZ 151, 181, 186 f.; *Kindler*, Grundkurs[5], § 14 Rn. 88 ff.

Die Vermögenstrennung wird vereitelt durch die Vermischung von Gesellschafter- und Gesellschaftsvermögen.[5] Die Reichweite der gläubigerschützenden Zweckbindung des Gesellschaftsvermögens wird nicht einheitlich beurteilt.[6]

2. Vermögensvermischung

Im Fall der Vermögensvermischung ist keine klare Güterzuordnung möglich, die Zugehörigkeit eines Gegenstands zum Gesellschafter- oder Gesellschaftsvermögen nicht nachvollziehbar.[7] Ursache sind vor allem ungenaue Buchführung und sonstige Verschleierungen. Haftbar ist daher nur der für die Verfehlungen tatsächlich verantwortliche Gesellschafter. Ansprüche der Gläubiger ergeben sich dann aus § 128 HGB analog.[8]

3. Materielle Unterkapitalisierung

Das Gesellschaftsvermögen dient primär der Befriedigung der Gesellschaftsgläubiger, erst diese Zweckbindung rechtfertigt den Ausschluss der persönlichen Haftung der Gesellschafter.[9] Fraglich ist also, wie sich ein für die Gläubigerbefriedigung völlig unzureichendes Gesellschaftsvermögen auswirkt.

Vertreten wird eine persönliche Gesellschafterhaftung wegen materieller Unterkapitalisierung der Gesellschaft. Bei materieller Unterkapitalisierung wird die Gesellschaft weder durch Eigen- noch durch Fremdkapital hinreichend finanziert.[10] Die entsprechende Gefahr besteht nicht nur in der Gründungsphase. Denn mit der Expansion der Gesellschaft wächst auch ihr Finanzbedarf.[11]

Ein Ausgleich unzureichender Eigenmittel durch Gesellschafterdarlehen führt hingegen zur bloß nominellen Unterkapitalisierung.[12] In diesem Fall ist das Gesellschafterdarlehensrecht stets vorrangig.[13]

Tatbestand und Voraussetzungen der materiellen Unterkapitalisierung sind umstritten.[14] In der Literatur wird meist auf objektive Merkmale abge-

---

[5] Dazu sogleich unter 2.

[6] Dazu unter 3. und 4.

[7] Vgl. BGH, NJW 1985, 740 f.

[8] Näher *Kindler*, Grundkurs[5], § 14 Rn. 89, der als dogmatische Grundlage die Kapitalerhaltungsvorschriften ansieht. Diese beziehen sich allein auf das Stammkapital, weswegen vorliegend als Legitimationsbasis der allgemeinere § 13 GmbH angesehen wird.

[9] BGHZ 151, 181, 186 f.

[10] *Von Gerkan/Hommelhoff/Hommelhoff*, KapitalersatzR[2], Rn. 2.31.

[11] Vgl. *Lutter/Hommelhoff/Lutter*, GmbHG[17], § 13 Rn. 16.

[12] *Von Gerkan/Hommelhoff/Hommelhoff*, KapitalersatzR[2], Rn. 2.30.

[13] BGHZ 90, 381, 388f.

stellt. Voraussetzung sei „eine eindeutig und für Insider klar erkennbar unzureichende Eigenkapitalausstattung der Gesellschaft, die einen Misserfolg zu Lasten der Gläubiger bei normalem Geschäftsverlauf mit hoher, das gewöhnliche Geschäftsrisiko deutlich übersteigender Wahrscheinlichkeit erwarten lässt“.[15] Danach genügt bereits eine offensichtliche Unterfinanzierung.[16] Die Gesellschafter haften im Außenverhältnis analog § 128 HGB.[17] Teilweise wird auch eine Innenhaftung befürwortet.[18]

Die Rechtsprechung ist insgesamt zurückhaltender. Sie prüft eine Gesellschafterinnenhaftung anhand von § 826 BGB.[19] In unterlassenen Finanzierungsmaßnahmen lässt sich aber schwerlich ein vorsätzlich sittenwidriges Handeln erblicken. Nach geltendem Recht ist der Gesellschafter gerade nicht zur angemessenen Kapitalzufuhr verpflichtet, § 5 Abs. 1 GmbHG.[20] Man kann ihm eine unzureichene Finanzierung also kaum zum Vorwurf machen.[21] Im Rahmen des geltenden Rechts spricht dagegen schon das Gebot der Rechtssicherheit.[22]

Daher bejaht der BGH den Durchgriff vor allem bei Schädigung des bereits vorhandenen Gesellschaftsvermögens.[23] Ausschließen will er die Haftung für unterlassene Finanzierungssmaßnahmen zwar nicht.[24] Aber auch in diesem Fall sieht er den Maßstab der Haftung in § 826 BGB.[25] Infolgedessen ist die Haftung für materielle Unterkapitalisierung praktisch bedeutungslos.

4. Existenzvernichtender Eingriff

Praktisch bedeutsam ist die persönliche Gesellschafterhaftung für insolvenzverursachende oder –vertiefende Eingriffe in das Gesellschaftsvermögen.[26] Nach dem BGH handelt es sich um eine Innenhaftung nach

---

[14] Umfassend *Eckhold*, Materielle Unterkapitalisierung; ferner *Möller*, Die materiell unterkapitalisierte GmbH.

[15] *Hachenburg/Ulmer/Ulmer*, GmbHG 1[8], Anh. § 30 Rn. 23, 55 m.w.N.

[16] Großkomm/*Raiser*, GmbHG I[1], § 13 Rn. 153 m.w.N.

[17] *Lutter/Hommelhoff/Lutter*, GmbHG[17], § 13 Rn. 17.

[18] *Eckhold*, Materielle Unterkapitalisierung, 307 ff., 621 ff.

[19] BGH, NZG 2008, 547, 548 Nr. 10 (Gamma).

[20] Vgl. BGH, NZG 2008, 547, 549 Nr. 18 und 19 (Gamma).

[21] *Staudinger/Oechsler*, BGB II-35[2009], § 826 Rn. 317; BGH, NZG 2008, 547, 549, Nr. 23 (Gamma).

[22] BGH, NZG 2008, 547, 549, Nr. 19 (Gamma) unter Berufung auf die Begründung zur GmbH-Novelle 1980, BT-Drucks. 8/1347, 39.

[23] Dazu sogleich unter 4.

[24] Zumindest offen gelassen in BGH, NZG 2008, 547, 550, Nr. 25 (Gamma).

[25] BGH, NZG 2008, 547, 550 Nr. 25 (Gamma), vgl. auch Großkomm/*Raiser*, GmbHG I, § 13 Rn. 160 ff.

[26] Näher *Kindler*, Grundkurs[5], § 14 Rn. 90 ff.

§ 826 BGB.[27] Erforderlich ist daher ein Vermögensschaden der Gesellschaft.[28] Der lässt sich allein aus ihrer Unfähigkeit zur Gläubigerbefriedigung nicht herleiten, denn darin liegt gerade kein eigener Schaden der Gesellschaft.[29] Im Rahmen der Rechtsprechung ist deshalb die Begrenzung des Haftungsdurchgriffs auf existenzvernichtende Eingriffe notwendig.

III. Geschäftsführerhaftung

1. Information der Gesellschafter

Wichtig ist es, frühzeitig auf wirtschaftliche Schieflagen reagieren zu können. Die Geschäftsführer müssen daher bei Verlust des hälftigen Stammkapitals die Gesellschafterversammlung einberufen, § 49 Abs. 2 und 3 GmbHG. Bei Pflichtverletzungen haften sie auf Schadensersatz nach § 43 Abs. 2 GmbHG.[30] Die pflichtwidrig unterlassene Einberufung ist außerdem strafbewehrt, § 84 GmbHG.

2. Haftung für Auszahlungen

a) Auszahlung von Stammvermögen

Gläubigerschützend wirken die Regeln zum Kapitalerhalt, §§ 30, 31 GmbHG. Denn es wird verhindert, dass sich eine prekäre Vermögenslage noch verschlechtert. Schutzgut ist das zum Erhalt des Stammkapitals erforderliche Vermögen. Gemeint ist damit das Stammvermögen in seinem rechnerischen Wert.[31] Hieraus darf keine Zahlung oder anderweitige Leistung[32] an die Gesellschafter erfolgen, § 30 Abs. 1 Satz 1 GmbHG. Gesellschafterdarlehen werden ausdrücklich nicht erfasst, § 30 Abs. 1 Satz 3 GmbHG.[33]

Der verbotswidrig ausgereichte Betrag ist vom Gesellschafter zurückzuerstatten, § 31 Abs. 1 GmbHG. Für etwaige Schäden haften die Geschäftsführer solidarisch, § 43 Abs. 2 und 3 GmbHG.

b) Auszahlungen, welche zur Zahlungsunfähigkeit der Gesellschaft führen

Insolvenzreif ist nach § 15a InsO eine zahlungsunfähige oder überschuldete Gesellschaft. § 64 Satz 3 GmbHG sanktioniert die Herbeiführung der

---

[27] BGHZ 173, 246 (Trihotel); BGH, NZG 2008, 547, 550, Nr. 25 (Gamma), BGHZ 179, 443 (Sanitary).

[28] BGH, NZG 2008, 547, 550, Nr. 25 (Gamma).

[29] *Kindler*, FS Säcker[2011], 393, 400.

[30] *Lutter/Hommelhoff/Bayer*, GmbHG[17], § 49 Rn. 22.

[31] *Lutter/Hommelhoff/Hommelhoff*, GmbHG[17], § 30 Rn. 3.

[32] *Lutter/Hommelhoff/Hommelhoff*, GmbHG[17], § 30 Rn. 8.

[33] Zur Abschaffung der Rechtsprechungsregeln durch d. MoMiG vgl. oben § 1 Fn. 14.

Zahlungsunfähigkeit durch die Geschäftsführung, die Norm dient somit dem Liquiditätsschutz.[34] Erfasst sind nur Auszahlungen an die Gesellschafter, also auch die Rückgewähr von Gesellschafterdarlehen.[35]

Teilweise wird vertreten, bei Beurteilung der Zahlungsunfähigkeit dürfe die Gesellschafterforderung nicht als Verbindlichkeit berücksichtigt werden. Ansonsten liefe § 64 Satz 3 GmbHG leer, denn er sei nur dann anwendbar, wenn die Gesellschaft bereits vor der Auszahlung zahlungsunfähig sei.[36] Dem ist insofern zuzustimmen, als die Darlehensrückzahlung neben dem liquiden Vermögen die fälligen Verbindlichkeiten mindert. Einen rechnerischen Fehlbetrag kann die Auszahlung also nicht begründen, sondern allenfalls aufrechterhalten.[37]

Ändern kann sich durch die Auszahlung jedoch die Relation der Liquiditätslücke zum Gesamtbetrag der fälligen Verbindlichkeiten. Eine bloße Zahlungsstockung[38] kann durch die Darlehensrückzahlung also zur Zahlungsunfähigkeit mutieren.[39]

Eine Nichtberücksichtigung der Gesellschafterforderung bei der Berechnung der Zahlungsunfähigkeit widerspricht ferner dem klaren Wortlaut des § 64 Satz 3 GmbHG, der eine von § 17 InsO abweichende Auslegung der Zahlungsunfähigkeit nicht erkennen lässt. Ohne ausdrückliche gesetzliche Regelung sind derartige Rechenspiele dem Geschäftsführer nicht zuzumuten.[40]

Für eine vom Wortlaut abweichende Lösung spricht nicht die dadurch mögliche Ausweitung des Anwendungsbereichs. Ein weiter Anwendungsbereich wird vom Gesetzgeber ausdrücklich abgelehnt.[41] Vermieden wer-

---

[34] *Lutter/Hommelhoff/Kleindiek*, GmbHG[17], § 64 Rn. 27.

[35] Ebenda.

[36] *Dahl/Schmitz*, NZG 2009, 567, 569, 570; *Spliedt*, ZIP 2009, 149, 159 f.; *Baumbach/Hueck/Haas*, GmbHG[19], § 64 Rn. 99.

[37] Fällige Darlehensverbindlichkeiten sind bei der Prüfung der Zahlungsfähigkeit voll als Verbindlichkeiten anzusetzen, *Uhlenbruck/Uhlenbruck*, InsO[13], § 17 Rn. 10. Bei Zahlungsunfähigkeit vor der Auszahlung unterfällt die Auszahlung § 64 Satz1 GmbHG, *Roth/Altmeppen/Altmeppen*, GmbHG[6], § 64 Rn. 63.

[38] Eine Zahlungsstockung liegt nach dem BGH vor, wenn eine innerhalb von drei Wochen nicht zu beseitigende Liquiditätslücke des Schuldners weniger als 10% seiner fälligen Gesamtverbindlichkeiten beträgt, BGH, NJW 2005, 3062.

[39] Wenn nämlich der Fehlbetrag plötzlich 10% der fälligen Gesamtverbindlichkeiten übersteigt (vgl. *Haas*, GmbHR 2010, 1, 6), was bei Gesellschafterdarlehen oft der Fall sein wird, da sie regelmäßig einen großen Teil des Gesellschaftskapitals ausmachen, ihre Auszahlung den Anteil eines Fehlbetrags an den Gesamtverbindlichkeiten also oftmals über die 10%-Hürde heben wird, vgl. soeben Fn. 38; ferner *Desch/Bunnemann*, BB 2010, 1881.

[40] Der Geschäftsführer soll nach der Gesetzesbegründung durch § 64 Satz 3 GmbHG gerade nicht überfordert werden, BT-Drucks. 16/6140, 107.

[41] BT-Drucks 16/6140, 107.

den soll vor allem die Ausplünderung durch Firmenbestatter und Investoren.[42] Es geht also vorrangig um noch nicht fällige oder gar nicht bestehende Forderungen.

Deshalb ist bei der Berechnung der Zahlungsunfähigkeit die Gesellschafterforderung als Verbindlichkeit anzusetzen. Normzweck des § 64 Satz 3 ist also nicht der Ausgleich der eingeschränkten Gesellschafterhaftung durch eine verschärfte Geschäftsführerhaftung,[43] vielmehr ergänzt die Norm die Gesellschafterhaftung für existenzvernichtende Eingriffe.[44] In jedem Fall muss man dem Geschäftsführer ein Leistungsverweigerungsrecht zuerkennen, anderenfalls würde er unter Umständen für Zahlungen haften, zu denen er gesetzlich verpflichtet ist.[45]

c) Auszahlungen nach Insolvenzreife

Im Insolvenzverfahren gilt der Grundsatz der Gläubigergleichbehandlung.[46] Daher sind nach Eintritt der Insolvenzreife Auszahlungen an einzelne Gläubiger untersagt. Anderenfalls haften die Geschäftsführer nach § 64 Satz 1 GmbHG. Die Vorschrift dient dem Schutz der Gläubigergesamtheit.[47] Ein Handeln auf Weisung der Gesellschafter befreit den Geschäftsführer daher nicht von der Ersatzpflicht.[48]

Eine Ausnahme gilt im Hinblick auf die Leistung von Sozialversicherungsbeiträgen. Denn hier droht im Unterlassensfall eine Haftung nach § 823 Abs. 2 BGB i.V.m. §§ 266a Abs. 1, 14 Abs. 1 Nr. 1 StGB. Die Sanktionierung der Auszahlung wäre in diesem Fall widersprüchlich.[49]

3. Insolvenzverschleppungshaftung

In der Unternehmenskrise droht unabhängig von bestimmten Auszahlungen ein Wertverlust des Gesellschaftsvermögens. Bei Insolvenzreife sind die Gläubiger daher an einer möglichst schnellen Verfahrenseröffnung interessiert. Die Geschäftsführer müssen deswegen ohne schuldhaftes Zögern den

---

[42] *Lutter/Hommelhoff/Kleindiek*, GmbHG[17], § 64 Rn. 22.

[43] So aber *Dahl/Schmitz*, NZG 2009, 567, 570 Fn. 49 mit Verweis auf BT-Drucks. 16/6140, 105 ff., wo eine solche Intention jedoch nicht erwähnt wird.

[44] Sie erstreckt sich dadurch auch auf die Geschäftsführer als Gehilfen der Gesellschafter, BT-Drucks. 16/6140, 106.

[45] *Desch/Bunnemann*, BB 2010, 1881; *Spliedt*, ZIP 2009, 149, 159 f.; vgl. zum Haftungsausschluss bei Auszahlung von Sozialversicherungsbeiträgen zur Vermeidung von Strafverfolgung BGH, ZIP 2008, 1275.

[46] *Nerlich/Römermann/Westphal*, InsO[23], § 187 Rn. 3, *Kindler/Nachmann/Nachmann*, Handbuch Insolvenzrecht, D 140.

[47] BGHZ 143, 184, 186; *Roth/Altmeppen/Altmeppen*, GmbHG[6], § 64 Rn. 1.

[48] *Lutter/Hommelhoff/Hommelhoff*, GmbHG[17], § 64 Rn. 33.

[49] *Rodewald*, GmbHR 2009, 1301, 1302 m.w.N.

Insolvenzantrag stellen, § 15a Abs. 1 InsO. Dieselbe Pflicht trifft nach § 15a Abs. 3 InsO die Gesellschafter einer führungslosen Gesellschaft.

Die unterlassene oder verspätete Antragstellung wird strafrechtlich sanktioniert, § 15a Abs. 4 InsO. Im Fall der Weiterführung der Geschäfte droht die Innenhaftung aus § 64 Satz 1 GmbHG.[50] Im Außenverhältnis ist den Gesellschaftsgläubigern der Quotenschaden zu ersetzen, § 823 II BGB i.V.m. § 15a Abs. 1 InsO, sie werden damit so gestellt wie im hypothetischen Fall rechtzeitiger Antragstellung.[51]

IV. Bilanzrecht

1. Handelsbilanz

Gesellschafterdarlehen sind in der Handelsbilanz der Kapitalgesellschaft als Verbindlichkeit auszuweisen, § 246 Abs. 1 HGB. Sie sind als Gesellschafterforderung kenntlich zu machen.[52] Anzusetzen ist jedenfalls bei verzinslichen Darlehen der Nennwert.[53]

2. Überschuldungsbilanz

In der Überschuldungsbilanz sind Gesellschafterdarlehen nur dann nicht zu passivieren, wenn ein Rangrücktritt i.S.d. § 39 Abs. 2 InsO vereinbart wurde,[54] § 19 Abs. 2 Satz 2 InsO.[55]

Fraglich ist, welche zeitliche Reichweite der Rangrücktritt aufweisen muss. Vertreten wird, er müsse sich wie im alten Recht auf die Krisenzeit beziehen, nicht nur auf das bereits eröffnete Insolvenzverfahren.[56] Anderenfalls sei die Forderung in der Krise durchsetzbar, die drohende Gläubigergefährdung werde durch die Überschuldungsbilanz nicht mehr abgebildet.[57]

Der Gesetzesbegründung lässt sich das Erfordernis eines solchen qualifizierten Rangrücktritts nicht entnehmen.[58] Die Bezugnahme auf die alte

---

[50] Dazu soeben 2 c.

[51] *Rodewald*, GmbHR 2009, 1303.

[52] *Scholz/K. Schmidt*, GmbHG III[10], §§ 32a/b a.F. Rn. 38.

[53] Umstritten ist, ob unverzinsliche Darlehen abzuzinsen sind: für eine handelsbilanzielle Abzinsung *Ortmann-Babel/Bolik/Gageur*, BB 2009, 2414; dagegen *Hottmann*, SteuK 2010, 377.

[54] So bereits die Rechtsprechung zum alten Recht vor dem MoMiG, vgl. BGHZ 146, 264.

[55] Ab dem 1.1.2014 § 19 Abs. 2 Satz 3 InsO.

[56] *Haas*, DStR 2009, 326.

[57] *Haas*, DStR 2009, 326, 327.

[58] So aber *Haas*, DStR 2009, 326, 327 mit Verweis auf die Beschlussempfehlung des Rechtsausschusses, BT-Drucks. 16/9737, 104 f.

Rechtslage verdeutlicht lediglich die Notwendigkeit, den Inhalt der Bilanz nunmehr dem neuen Recht anzupassen.[59] Nach neuem Recht ist das Krisenmerkmal abgeschafft,[60] es lässt sich kaum in den neuen § 19 Abs. 2 InsO hineinlesen. Der Rangrücktrittsvereinbarung wird vor allem eine Warnfunktion zugeschrieben, Gläubigerschutz soll sie nicht gewährleisten.[61] Das kann man zwar als Defizit der Neuregelung auffassen.[62] Entscheidend ist jedoch, dass das Erfordernis eines qualifizierten Rangrücktritts das Haftungsrisiko des Geschäftsführers stark erhöhen würde. Der Zeitpunkt der Insolvenzreife wäre nicht mehr allein anhand der gesetzlichen Regelung erkennbar, der Geschäftsführer hätte keine Klarheit über seine Verpflichtung zur Stellung des Insolvenzantrags nach § 15a Abs. 1 InsO. Eine ‚qualifizierte' Rangrücktrittserklärung kann daher nach geltendem Recht nicht gefordert werden.[63]

V. Zusammenfassung

Gläubigerschutz entfalten vor allem die Tatbestände der Gesellschafter- und Geschäftsführerhaftung. Die Gesellschafter sind grundsätzlich nur im Innenverhältnis gegenüber der GmbH gebunden. Sie haben die Einlagen zu erbringen.[64] Eine weitergehende Pflicht zur Kapitalausstattung besteht nicht. Nur für existenzvernichtende Eingriffe in das bestehende Gesellschaftsvermögen haften die Gesellschafter persönlich.[65] Im Außenverhältnis sind sie verantwortlich für Vermögensverschleierungen.[66]

Die Geschäftsführer haben im Krisenfall die Pflicht zur Einberufung der Gesellschafterversammlung.[67] Haftbar sind sie bei Herbeiführung oder Vertiefung der Insolvenzreife der Gesellschaft. Sie müssen also vor allem die erforderliche Liquidität aufrechterhalten.[68] Sanktioniert wird auch die verspätete Stellung des Insolvenzantrags.[69]

Mittelbar gläubigerschützend sind auch die Bilanzierungspflichten. In der Handelsbilanz sind Gesellschafterdarlehen als solche zu passivieren.[70]

---

[59] BT-Drucks. 16/9737, 105.
[60] Vgl. oben § 2 II 2.
[61] BT-Drucks. 16/9737, 104.
[62] *Haas*, DStR 2009, 326, 327.
[63] So im Ergebnis auch *Scholz/K. Schmidt*, GmbHG III[10], §§ 32a/b a.F. Rn. 39.
[64] Oben II 1.
[65] Oben II 4.
[66] Oben II 2.
[67] Oben III 1.
[68] Oben III 2.
[69] Oben III 3.
[70] Oben IV 1.

Dasselbe gilt auch für die Überschuldungsbilanz, ausgenommen sind Darlehen, für die eine Rangrücktrittsvereinbarung getroffen wurde.[71]

[71] Oben IV 2.

§ 4 Untersuchungsziel: Legitimation des § 39 I Nr. 5 InsO

I. Einführung

1. Zielsetzung

Untersucht werden soll in der vorliegenden Arbeit die Legitimationsgrundlage des Gesellschafterdarlehensrechts. Die Notwendigkeit einer solchen Untersuchung belegt die aktuelle Debatte. Das MoMiG führt zwar vordergründig zu einer vereinfachten Rechtslage: Das im alten Kapitalersatzrecht zentrale Tatbestandsmerkmal der Krise wurde abgeschafft, die Regelungen sind nun insgesamt im Insolvenzrecht verortet.[1] Hinsichtlich der dogmatischen Begründung hat sich die Problematik jedoch eher verschärft als entspannt.[2] Die Untersuchung konzentriert sich vorerst auf das Recht der GmbH.

2. Legitimation durch Interessenabwägung

Eine Funktion des Rechts ist der Ausgleich gegenläufiger Interessen.[3] Davon ausgehend lässt sich die Normsetzung als Ergebnis eines Abwägungsprozesses verstehen. Zu Beginn werden die betroffenen Interessen ermittelt. Anschließend wird jedes Interesse für sich gewichtet. Zuletzt werden die gewichteten Belange abgewogen. An dieser Dreiteilung wird sich die Untersuchung orientieren.

3. Betroffene Interessen: Erfüllungsinteresse von Gesellschafter und Drittgläubiger

Das Gesellschafterdarlehensrecht geht von folgender Sachlage aus: Eine insolvente GmbH hat Verbindlichkeiten gegenüber mehreren Gläubigern. Mindestens einer von ihnen ist gleichzeitig Gesellschafter und Darlehensgläubiger der GmbH. Gesellschaftergläubiger und Drittgläubiger sind jeweils an der Erfüllung ihrer Forderung(en) interessiert. Diese Erfüllungsinteressen werden vom Gesellschafterdarlehensrecht ausgeglichen.

---

[1] Vgl. oben § 2 II.

[2] Vgl. einerseits *Goette/Habersack/Habersack*, Das MoMiG in Wissenschaft und Praxis, Kap. 5 Rn. 13 und *Huber*, FS Priester[2007], 259, 278, andererseits *Lutter/Hommelhoff/Kleindiek*, GmbHG[17], Anh. zu § 64 Rn. 113f.

[3] Rüthers/Fischer, Rechtstheorie, 60.

4. Abwägungsergebnis: Schutz des Drittgläubigers durch das Gesellschafterdarlehensrecht

Unproblematisch feststellbar ist das im Gesellschafterdarlehensrecht sich niederschlagende Abwägungsergebnis. Der Gesellschafter muss bereits erhaltene Zahlungen zurückerstatten nach §§ 135 Abs. 1 Nr. 1 und 2, 143 InsO.[4] Schließlich muss er die Befriedigung anderer Insolvenzgläubiger abwarten, § 39 Abs. 1 Nr. 5 InsO. Er steht also insgesamt schlechter als die Drittgläubiger.

Da nur zwei Interessenpositionen betroffen sind, lässt sich dem Abwägungsergebnis die relative gesetzliche Interessengewichtung entnehmen: Das Erfüllungsinteresse des Drittgläubigers wird höher gewichtet als jenes des Gesellschaftergläubigers.

5. Problem: Grundlage der Gewichtung

Fraglich ist, ob und wie sich die festgestellte Gewichtung dogmatisch rechtfertigen lässt. Ausgangspunkt für die Beantwortung soll ein Blick auf grundgesetzlich verankerte Wertungen sein. Nach Art. 20 Abs. 3 GG ist der Gesetzgeber an die verfassungsmäßige Ordnung gebunden. Das Gesellschafterdarlehensrecht darf also verfassungsrechtlichen Grundsätzen nicht widersprechen. Berührt sind hier zwei solche Grundsätze, und zwar die Privatautonomie und der allgemeine Gleichbehandlungsgrundsatz:

In der GmbH gilt der Grundsatz der Finanzierungsfreiheit. Die Gesellschafter können frei entscheiden, ob und in welcher Form sie der Gesellschaft über das Stammkapital hinaus weiteres Kapital zur Verfügung stellen. Die Finanzierungsfreiheit wird üblicherweise als gesellschaftsrechtliche Ausprägung der Privatautonomie gesehen.[5] Das Gesellschafterdarlehensrecht behandelt Fremdkapital faktisch als Haftkapital, es beschränkt dadurch die Finanzierungsfreiheit der Gesellschafter. Damit widerspricht es möglicherweise dem Grundsatz der Privatautonomie.[6]

Die Gesellschafter werden in der Gesellschaftsinsolvenz gegenüber Drittgläubigern benachteiligt. Problematisch ist das aufgrund des insolvenzrechtlichen Gebots der Gläubigergleichbehandlung (par condicio creditorum),[7] welches wiederum auf dem allgemeinen Gleichbehandlungsgrundsatz des Art. 3 Abs. 1 GG beruht.[8]

---

[4] Vgl. oben § 2 IV 2.

[5] Zur Finanzierungsfreiheit *Hommelhoff/Kleindiek*, FS GmbHG[1992], 421, 430, 438; BGHZ 75, 334, 336; 127, 17, 23.

[6] Zu diesem Schluss gelangt etwa *Kallmeyer*, GmbHR 2003, R 93.

[7] Dazu sogleich unter 1 b.

[8] *Adam*, DZWIR 2009, 441, 442.

Auf die Vereinbarkeit mit diesen Prinzipien sind die Kernregelungen zu den Gesellschafterdarlehen nachfolgend zu überprüfen, und zwar die Rückgewährpflicht i.S.d. §§ 135 Abs.1, 143 InsO[9] und der Nachrang i.S.d. § 39 Abs. 1 Nr. 5 InsO[10].

II. Eingrenzung der Fragestellung

1. Auszublenden: Legitimation der Rückgewährpflicht, §§ 135 Abs. 1, 143 InsO

a) Keine Einschränkung der Finanzierungsfreiheit des Gesellschafters

Durch die Rückgewährpflicht erfolgt keine Umqualifizierung des Darlehens. Es bleibt auf dieser Stufe Fremdkapital. Durch die §§ 135, 143 InsO wird also die Finanzierungsfreiheit des Gesellschafters nicht beeinträchtigt.

b) Sicherung der par condicio creditorum

Der Gesellschafter muss im Jahr vor Insolvenzeröffnung erhaltene Rückzahlungen zur Insolvenzmasse zurückgewähren.[11] Damit steht er zunächst genauso wie die übrigen unbefriedigten Gläubiger. Das lässt sich vor allem mit dem Informationsvorsprung des Gesellschafters rechtfertigen. Er kennt die finanzielle Lage des Unternehmens besser als der Drittgläubiger, § 51a GmbHG. Diese Kenntnis soll er nicht dazu ausnutzen, im Vorfeld der Insolvenz die potentielle Insolvenzmasse zu schmälern.[12] Hierin lässt sich kein Verstoß gegen den Grundsatz der Gläubigergleichbehandlung erblicken. Vielmehr dienen die §§ 135, 143 InsO gerade der Sicherung der par condicio creditorum.

Diese Rechtfertigung der §§ 135, 143 InsO ist weitgehend anerkannt.[13] Die weitere Untersuchung konzentriert sich daher auf die fragliche Legitimation des § 39 Abs. 1 Nr. 5 InsO. Die Ausblendung der §§ 135, 143 InsO ist auch aus einem weiteren Grund unschädlich: Ist der Nachrang gerechtfertigt, so ist es erst recht die Rückgewährpflicht.

---

[9] Dazu sogleich unter II 1.

[10] Dazu sogleich unter II 2.

[11] Vgl. oben § 2 IV 2.

[12] Diese Möglichkeit ergibt sich aus § 37 Abs. 1 GmbHG

[13] MüKo/*Stürner*, InsO 1[2], Einleitung, Rn. 77 m.w.N.

2. Untersuchungsgegenstand: Legitimation des Nachrangs, § 39 Abs. 1 Nr. 5 InsO

a) Einschränkung der Finanzierungsfreiheit des Gesellschafters

Im Insolvenzfall wird der darleihende Gesellschafter nachrangig befriedigt, § 39 Abs. 1 Nr. 5 InsO. Damit wird das Darlehen anders als vom Gesellschafter gewollt nicht als Fremdkapital, sondern als Eigenkapital behandelt. Faktisch geht der Gesellschafter in aller Regel leer aus. Einigkeit besteht darin, dass dieser Eingriff in die Finanzierungsfreiheit des Gesellschafters der Rechtfertigung bedarf.[14]

b) Ausnahme von der par condicio creditorum

§ 39 Abs. 1 Nr. 5 InsO stellt den darleihenden Gesellschafter schlechter als andere unbefriedigte Gläubiger. Damit weicht die Regelung von der par condicio creditorum ab. Auch diesbezüglich ist eine Rechtfertigung erforderlich. Grundlage der par condicio creditorum ist das verfassungsrechtliche Prinzip der Gleichbehandlung aus Art. 3 GG.[15] Differenzierungen zwischen bestimmten Gruppen von Normadressaten sind dem Gesetzgeber dann erlaubt, wenn zwischen diesen „Unterschiede von solcher Art und solchem Gewicht bestehen, dass sie die ungleiche Behandlung rechtfertigen können."[16] Hier könnte die Legitimation des § 39 Abs. 1 Nr. 5 InsO möglicherweise anknüpfen.

c) Ungesicherte Gläubiger als Vergleichsmaßstab

Gemäß § 39 Abs. 1 Nr. 5 InsO wird die Forderung des Gesellschafters nach den übrigen Forderungen der Insolvenzgläubiger berichtigt. Primär zu rechtfertigen ist also die Ungleichbehandlung des Gesellschafters und der übrigen Insolvenzgläubiger i.S.d. § 38 InsO. Dazu gehören nicht die Aussonderungsberechtigten i.S.d. § 47 InsO, Massegläubiger i.S.d. § 53 InsO sowie die gesicherten Gläubiger i.S.d. §§ 49, 50 InsO. Vergleichsmaßstab sind deshalb nachfolgend die ungesicherten Gläubiger.

d) Weiteres Vorgehen

Gefunden werden müssten Unterschiede zwischen den Normadressaten. Isoliert betrachtet erscheint die Darlehensrückforderung kaum weniger

---

[14] *Lüneborg*, Gesellschafterdarlehen, 48; *Scholz/K. Schmidt*, GmbHG I[10], §§ 32a, 32b Rn. 4; *von Gerkan/Hommelhoff/Hommelhoff*, KapitalersatzR[2], Rn. 2.1.

[15] Vgl. oben Fn. 8.

[16] BVerfGE 103, 271, 289 und ständige Rspr.: BVerfGE 55, 72, 88; 83, 395, 401; 96, 315, 325; 100, 195, 205; 103, 225, 235.

schutzwürdig als Ansprüche Dritter. Das verdeutlicht ein Vergleich zu § 39 Abs. 1 Nr. 1–4:

Zinsen und Verfahrenskosten der Nr. 1 und 2 entstehen erst nach Insolvenzeröffnung und bilden nur einen Bruchteil der Hauptforderung. Daher kann man dem Gläubiger einen Verzicht auch leichter zumuten. Die Fiskusforderungen nach Nr. 3 haben pönalen Charakter,[17] ein unmittelbarer Nachteil für Drittinteressen ist mit ihrem Ausfall nicht verbunden. Für den Gläubiger einer unentgeltlichen Forderung ist der Ausfall ebenfalls weniger nachteilig als für den Gläubiger einer entgeltlichen Forderung.[18]

Die Legitimation des § 39 Abs. 1 Nr. 5 InsO ist weniger offensichtlich als in Nr. 1–4. Daher werden nachfolgend (III.) die Positionen von Gesellschafter und Drittgläubiger umfassend beleuchtet. Abgestellt wird dabei auf die mit der jeweiligen Gläubigerposition verbundenen Chancen und Risiken. Anschließend (IV.) wird die grundsätzliche Zuordnung von Chancen und Risiken in Schuldrecht und Gesellschaftsrecht analysiert. Auf dieser Grundlage entsteht (V.) eine Arbeitshypothese zur Legitimation des § 39 Abs. 1 Nr. 5 InsO.

3. Eingrenzung der Untersuchung auf Vertragsgläubiger

Die ungesicherten Gläubiger können wiederum unterteilt werden in Vertrags- und Deliktsgläubiger. Aus Gründen der Vereinfachung bleiben die Deliktsgläubiger im Folgenden zunächst außer Betracht. Auf ihre Position ist später zurückzukommen.[19] Zu vergleichen sind also die Positionen des Gesellschafters und der ungesicherten Vertragsgläubiger.

III. Positionen von Gesellschafter und vertraglichem Drittgläubiger

1. Umfassende Betrachtung der Vor- und Nachteile

Der vorliegende Abschnitt untersucht die Rahmenbedingungen der in Frage stehenden Verbindlichkeiten. Um einen wertenden Vergleich zu ermöglichen, sind alle möglicherweise auftretenden Vor- und Nachteile der jeweiligen Gläubigerposition zu analysieren. Dazu gehören die wirtschaftlichen Entwicklungsmöglichkeiten sowie die rechtlichen Rahmenbedingungen mit Ausnahme des zu legitimierenden Gesellschafterdarlehensrechts.

Konkret untersucht werden nachfolgend (2.) die mit den Verträgen verbundenen wirtschaftlichen Chancen, (3.) die jeweiligen Ausfallrisiken, (4.) die Freiwilligkeit der Risikoübernahme, (5.) die Möglichkeiten der Risiko-

---

[17] MüKo/*Ehricke*, InsO 1², § 39 Rn. 19.
[18] *Nerlich/Römermann/Andres*, InsO²², § 39 Rn. 2.
[19] Unten § 15 III 3 b.

abwendung, (6. und 7.) die unterschiedliche Informationslage sowie (8.) die Auswirkungen unterschiedlicher unternehmerischer Fähigkeiten.

Die pauschal unterschiedliche Bewertung durch § 39 Abs. 1 Nr. 5 InsO ist nur zu rechtfertigen, wenn pauschale Unterschiede in den jeweiligen Positionen von Gesellschafter und Drittgläubiger gefunden werden.

2. Mit den jeweiligen Verträgen verbundene Chancen

a) Chancen des Gesellschafters aufgrund der eigenen Leistung

Der darleihende Gesellschafter strebt mit dem Darlehen vor allem den andauernden Erfolg der Gesellschaft an, dessen hauptsächliche Nutznießer wiederum er selbst und seine Mitgesellschafter sind. Daneben kann er die Einnahme von Zinsen beabsichtigen.

Die Gesellschaft kann den Darlehensbetrag ab Eingang der Zahlung für ihre Zwecke einsetzen.[20] Er kann zu Investitionen und in der Folge zur Generierung von Umsätzen sowie der Erzielung von Gewinnen genutzt werden. Die mit der Darlehenshingabe verbundenen Chancen des Gesellschafters gehen also weit über das Einzelgeschäft hinaus. Sie können sich zeitlich bereits vor Erhalt der Gegenleistung, also der Zinsen, realisieren.

Die Insolvenz beeinträchtigt die Rückforderung und die Zinsforderung des Gesellschafters. Insofern würde er ohne das Gesellschafterdarlehensrecht quotal befriedigt. Bereits realisierte Chancen werden durch die Insolvenz aber nicht berührt: Gewinnausschüttungen, Gehaltszahlungen und anderweitig erhaltene Beträge verbleiben beim Gesellschafter.

b) Chancen des Drittgläubigers aufgrund der eigenen Leistung

Der Drittgläubiger hat die Chance auf den Erhalt der Gegenleistung. Seine weiteren wirtschaftlichen Chancen sind durch die Erfüllung seiner Forderung bedingt. Die Insolvenz beeinträchtigt diese Chancen.

c) Vergleich

Im Insolvenzfall zieht der Drittgläubiger praktisch gar keine Vorteile aus dem Geschäft. Der Gesellschafter hingegen hat möglicherweise vor der Insolvenz von der Darlehenshingabe profitiert. Ob und wie lange das der Fall war, kann nicht pauschal beantwortet werden. Das Spektrum der Möglichkeiten reicht vom völligen Scheitern der Finanzierungsmaßnahme bis zu jahrelang prosperierender Geschäftstätigkeit. Der Gesellschafter steht

[20] Die Rückforderung und damit auch die diesbezügliche Gläubigerstellung des Gesellschafters setzt notwendigerweise voraus, dass der Gesellschaft das Darlehen bereits zur Verfügung gestellt wurde, vgl. nur MüKo/*Berger*, BGB 3^5, § 488 Rn. 44.

insofern nie schlechter als der Drittgläubiger. Er steht aber auch nicht mit Sicherheit besser, sondern nur potentiell. Denn es ist nicht sicher, ob sich die höheren Chancen tatsächlich realisieren.

d) Chancen des Gesellschafters aufgrund der Leistung des Drittgläubigers

Tritt der Drittgläubiger in Vorleistung, kann die Gesellschaft diese Leistung nutzen. Dadurch werden möglicherweise vor der Insolvenz Gewinne generiert. Davon profitiert wiederum der Gesellschafter. Diese Konstellation ist im Insolvenzvorfeld nicht die Regel, aber sie ist möglich.

e) Chancen des Drittgläubigers aufgrund der Leistung des Gesellschafters

Der Drittgläubiger hat wie erwähnt die Chance auf den Erhalt der Gegenleistung. Durch das Gesellschafterdarlehen wird diese Chance wirtschaftlich gesehen möglicherweise erhöht.

f) Vergleich

Teilweise wird § 39 Abs. 1 Nr. 5 InsO für ungerechtfertigt gehalten. Der Drittgläubiger befinde sich im Vorteil, da er als Trittbrettfahrer vom Sanierungsversuch profitiere.[21] Dieser Ansicht wird hier aus mehreren Gründen nicht gefolgt:

Zum einen geht sie davon aus, dass die Forderung des Drittgläubigers vor der Darlehenshingabe entstanden ist. Die Drittforderung kann jedoch auch später entstehen. Dann determiniert das Darlehen die Chancen des Drittgläubigers von Beginn an. Es wirkt sich später aber nicht mehr chancenerhöhend aus. Der Vorteil des Drittgläubigers wäre dann allenfalls folgender: Die Gesellschaft ist aufgrund der Sanierung nicht insolvent und er kann überhaupt mit ihr kontrahieren. Das ist allerdings kein Vorteil, der es rechtfertigt, den Dritten pauschal als Trittbrettfahrer der Sanierung zu bezeichnen. Denn er könnte sich möglicherweise auch einen anderen Gläubiger suchen.

Zum zweiten vergisst die genannte Ansicht, dass dem Drittgläubiger die Gegenleistung vertraglich zusteht. Der vorleistende Drittgläubiger eröffnet dem Gesellschafter Chancen über das Einzelgeschäft hinaus. Der Gesellschafter erhält also möglicherweise mehr, als ihm vertraglich zusteht. Darin liegt ein positiver Chancenzuwachs. Der Drittgläubiger hingegen erhält von der Gesellschaft maximal die vertraglich vereinbarte Gegenleistung. Er erhält also durch die Gesellschafterfinanzierung keinen positiven Chancenzuwachs, sondern lediglich die Chance auf weniger negative Ein-

---

[21] *Azara*, Eigenkapitalersatzrecht, 122; in diese Richtung auch *T. Bezzenberger*, FS G. Bezzenberger[2000], 23, 39.

bußen. Mit anderen Worten: Die Chancen des Gesellschafters werden durch den Drittgläubiger potentiell erhöht, die Chancen des Dritten werden durch die Sanierung allenfalls gewahrt.

Zuletzt ist zu beachten, dass § 39 Abs. 1 Nr. 5 InsO die Gesellschaftsinsolvenz voraussetzt. Der Drittgläubiger hat dann von der Finanzierungsmaßnahme ganz sicher nicht profitiert. Insgesamt ist seine Bezeichnung als Trittbrettfahrer daher nicht nachvollziehbar. Auf der anderen Seite ist auch kein Vorteil des Gesellschafters erkennbar. Denn die durch den Dritten eröffneten Chancen sind wiederum rein potentiell, ihre Realisierung unsicher.

3. Ausfallrisiko

„Die Quelle aller Konkurse ist der Kredit", schrieb *Levy* 1926.[22] Die simple Feststellung verdeutlicht die Risikobehaftetheit nicht sofort erfüllter Forderungen. Die Gefahr des Scheiterns der Unternehmung ist stets vorhanden, wodurch sich die Befriedigungsaussichten der Gläubiger verschlechtern.[23] Verdeutlichen lässt sich das mit einem Blick auf die bilanziellen Auswirkungen einer Außenfinanzierung: Sie führt zunächst zu einer Bilanzverlängerung. Es erhöhen sich auf der Passivseite die Verbindlichkeiten und auf der Aktivseite das Vermögen. Das gilt für das Gesellschafterdarlehen ebenso wie für den Vertrag mit dem Drittgläubiger. Die neu erworbenen Produktionsfaktoren dienen der Leistungserstellung. Selbst eine noch nicht erfüllte Forderung gegen den Drittgläubiger kann die Gesellschaft nutzen, etwa im Wege der Abtretung. Die Chancen auf einen Wertzuwachs im Unternehmen oder auf die Erzielung von Gewinnen am Markt steigen dementsprechend.

Gleichzeitig erhöhen sich die Risiken für alle Beteiligten: Kommt es infolge wirtschaftlicher Schwierigkeiten zu Verlusten, die nicht durch Rücklagen ausgeglichen werden können, sinkt der Wert des Vermögens auf der Aktivseite der Bilanz. Auf der Passivseite verzehren die Verluste zunächst das Eigenkapital. Über die Einlage hinaus haften die Eigenkapitalgeber nur ausnahmsweise persönlich.[24] Verzehren die Verluste mehr als das eigenkapitalfinanzierte Vermögen, so deckt das Gesamtvermögen also nicht mehr die Verbindlichkeiten, es tritt Überschuldung ein.

Nach §§ 19, 15a InsO müssen die Geschäftsführer in diesem Fall die Insolvenzeröffnung beantragen.[25]

---

[22] *Levy*, Konkursrecht, 2; vgl. auch *Haas*, NZI 2001, 1, 2.; ferner *K. Schmidt*, WM 1983, 490.

[23] *Haas*, NZI 2001, 1, 2.

[24] Vgl. oben § 3 III.

[25] Freilich vorbehaltlich einer positiven Fortführungsprognose i.S.d. § 19 Abs. 2 InsO.

Im Insolvenzverfahren wird sodann das Schuldnervermögen verwertet und an die Insolvenzgläubiger in Relation zur Höhe ihrer Forderung ausgeschüttet, § 195 Abs. 1 InsO.[26] Ihre Chancen reduzieren sich dann auf den Erhalt der Quote. Die beträgt meist unter 10%,[27] faktisch kann man von einem Totalausfall sprechen.

Dieses Ausfallrisiko trifft den Gesellschafter und den Drittgläubiger gleichermaßen, in der Gruppe der Drittgläubiger ist weiter zu differenzieren:

a) Position des Gesellschafters

Der Gesellschafter hat seine vertragliche Leistung im Insolvenzfall bereits erfüllt. Mit der Rückforderung und der Zinsforderung wäre er ohne das Gesellschafterdarlehensrecht auf die Quote verwiesen.

b) Position des vorleistenden Drittgläubigers

Lieferanten und Dienstleister verlieren eine erbrachte Leistung vollständig. Die Rückforderung des dritten Kreditgebers wird in der Insolvenz nur anteilig befriedigt, dasselbe gilt für die jedem Drittgläubiger zustehende Gegenleistung.

c) Position des Drittgläubigers, der noch nicht geleistet hat

Möglich ist, dass der Drittgläubiger bei Insolvenzeintritt noch nicht geleistet hat. Zum einen ist es denkbar, dass er zur Erfüllung nicht gewillt oder in der Lage ist. Neben der Einrede aus § 320 BGB haben die Gesellschaft bzw. der Insolvenzverwalter in diesem Fall ein Rücktrittsrecht nach § 323 Abs. 1 BGB ,[28] sofern ihre Leistungspflicht nicht ohnehin ausgeschlossen ist nach § 326 Abs. 1 BGB. Es besteht dann gegenüber dem betreffenden Gläubiger keine Verbindlichkeit mehr.[29] Er gehört folglich nicht zu den hier zu vergleichenden Rechtssubjekten.

Übrig bleiben Vertragsgläubiger, die noch nicht erfüllt haben, aber dazu gewillt und in der Lage sind. In diesem Fall hat der Insolvenzverwalter nach § 103 InsO ein Wahlrecht. Wählt er nach § 103 Abs. 1 InsO die Erfüllung, so entfällt nach § 362 Abs. 1 BGB die Forderung und damit auch die

---

[26] *Paulus*, Insolvenzrecht, 133.

[27] Vgl. oben § 1 Fn. 2.

[28] Vor der Geltendmachtung muss der Insolvenzverwalter allerdings erneut die Nacherfüllungsfrist setzen, *Uhlenbruck/Wegener*, InsO[13], § 103 Rn. 86 ff., 88.

[29] Hat der Gläubiger – wie hier vorausgesetzt – noch keine Leistung erbracht, so scheiden Ansprüche gegen die Gesellschaft nach §§ 323, 346 BGB aus.

Gläubigerstellung des Dritten. Auch in diesem Fall ist er in die vorliegende Betrachtung nicht einzubeziehen.

Wählt der Insolvenzverwalter nach § 103 Abs. 2 InsO nicht die Erfüllung, so erhält der Gläubiger einen Anspruch auf Schadensersatz wegen Nichterfüllung nach den §§ 280 Abs. 1 und 3, 281 – 283 BGB.[30] Diesen kann er dann als Insolvenzforderung geltend machen.

d) Vergleich

Die Position des Gesellschafters und des vorleistenden Drittgläubigers sind sich sehr ähnlich. Man könnte einen Vorteil des Drittgläubigers sehen, der bei Insolvenzeröffnung noch nicht geleistet hat. Denn zumindest hat er noch keine Vermögenswerte aufgewendet, die er in der Insolvenz verlieren wird. Allerdings wird durch § 103 InsO dieser Vorteil zugunsten der Insolvenzmasse aufgehoben. Ein Vorteil für den Gesellschafter ergibt sich daraus jedoch nicht.

4. Freiwilligkeit der Risikoübernahme

Unterschiede ergeben sich hinsichtlich der Freiwilligkeit der Risikoübernahme. Der Gesellschafter übernimmt das Ausfallrisiko freiwillig. Denn über die Einlage hinaus ist er zur Finanzierung der Gesellschaft nicht verpflichtet. Entschließt er sich zur Finanzierung, so kann er zwischen der Zufuhr von Eigen- und Fremdkapital frei wählen.

Auf der Seite der Drittgläubiger ist die Lage nicht eindeutig, vielmehr gibt es ein ganzes Spektrum an Möglichkeiten. Die beiden Extrempole wurden aus der Untersuchung ausgeklammert, namentlich das freiwillig agierende abgesicherte Kreditinstitut und der völlig unfreiwillige Deliktsgläubiger.[31]

Insbesondere „Lieferanten sind durch die Marktbedingungen weitgehend gezwungen, ihre Lieferungen zu kreditieren, und ihre Gewinnspanne läßt Kreditwürdigkeitsprüfungen und ihre laufende Aktualisierung nicht unbedingt zu."[32] Sie können sich zwar durch den Eigentumsvorbehalt tendenziell leichter absichern als andere Gläubiger,[33] aber eben nicht immer. Auf der anderen Seite entstehen gerade in Lieferbeziehungen oftmals langfristige Abhängigkeiten.

---

[30] *Uhlenbruck/Wegener*, InsO[13], § 103 Rn. 167 m.w.N.
[31] Vgl. oben.
[32] *Meyer*, Haftungsbeschränkung im Recht der Handelsgesellschaften, 970.
[33] *Meyer*, Haftungsbeschränkung im Recht der Handelsgesellschaften, 972.

„Dienstleistungsunternehmen können auch nicht immer Vorkasse verlangen, und eine dingliche Besicherung ist kaum möglich, so dass noch weniger von einer freiwilligen Risikoübernahme die Rede sein kann.“[34]

Arbeitnehmer sind ebenfalls in einer schwachen Position: Ein kurzfristiger Wechsel des Arbeitgebers ist regelmäßig unmöglich, das Insolvenzgeld nicht ausreichend und Risikoaufschläge in der Krise eher unrealistisch.[35]

Die Rechtsform des Vertragspartners können sich viele Drittgläubiger ohnehin nicht aussuchen: In einer spezialisierten Wirtschaft findet kein Produkt beliebig viele Anbieter oder Abnehmer.

Insgesamt steht der Gesellschafter nicht schlechter als die Drittgläubiger. Er steht aber auch nicht mit Sicherheit besser. Denn im genannten Spektrum finden sich auch gänzlich freiwillig agierende Drittgläubiger. Pauschale Unterschiede lassen sich nicht ausmachen, nur eine Tendenz zugunsten des Gesellschafters.

5. Möglichkeiten der Risikoabwendung

Fraglich ist, inwiefern Gesellschafter und Drittgläubiger ihr Ausfallrisiko steuern können. Der Drittgläubiger kann das in aller Regel gar nicht, denn er hat keinen Einfluss auf die Gesellschaft. Der Gesellschafter hingegen hat die Möglichkeit, im Vorfeld der Insolvenz intern die Rückzahlung seines Darlehens zu veranlassen. Der abgezogene Betrag steht in der Insolvenz nicht mehr zur Verfügung, die an die übrigen Insolvenzgläubiger auszuschüttende Quote verringert sich dementsprechend. Eine Einflussnahme des Gesellschafters erhöht so das Ausfallrisiko des Drittgläubigers.

In dieser Möglichkeit gesellschaftsinterner Einflussnahme liegt ein klarer Vorteil des Gesellschafters. Der Vorteil ist auch pauschal gegenüber allen vertraglichen Drittgläubigern vorhanden. Trotzdem ist er als Legitimationsbasis für § 39 Abs. 1 Nr. 5 InsO ungeeignet, denn verletzt wird durch die interne Einflussnahme nur die par condicio creditorum. Durch ein Anfechtungsrecht des Drittgläubigers wäre die Gläubigergleichbehandlung wieder hergestellt, der Vorteil des Gesellschafters aufgehoben. Die auszuschüttende Quote wäre wieder so hoch wie ohne die Einflussnahme. Eines Nachrangs der Darlehensrückforderung bedürfte es insofern nicht.

6. Informationen über den Vertragspartner

Im Gegensatz zum Gesellschafter hat der Drittgläubiger nur begrenzte Informationen über die finanzielle Lage der Gesellschaft. Der für Drittgläubiger einsehbare Jahresabschluss bezieht sich auf Daten aus der Ver-

[34] *Meyer*, Haftungsbeschränkung im Recht der Handelsgesellschaften, 970.
[35] *Meyer*, Haftungsbeschränkung im Recht der Handelsgesellschaften, 971.

gangenheit, die sich mittlerweile erheblich verändert haben können. Über das rechtsverbindliche Maß an Publizität hinaus darf man lebensnah betrachtet kaum erwarten, dass die Gesellschaft eine Krise, sofern sie diese überhaupt frühzeitig genug erkennt, offen kommuniziert. Im Wirtschaftsleben ist der Verstoß gegen die Insolvenzantragspflicht aus § 15a InsO bekanntlich an der Tagesordnung.[36]

Im Ergebnis besteht eine Informationsasymmetrie[37] zwischen Drittgläubiger und darleihendem Gesellschafter. Dadurch erhöht sich im Vergleich der beiden das Risiko des Drittgläubigers, in der Person der Gesellschaft einen Vertragspartner zu erhalten, der wirtschaftlich schlechter dasteht als erwartet bzw. als erkennbar. Das könnte man als Vorteil des Gesellschafters werten, der allerdings zu relativieren ist. Denn häufig finanziert der Gesellschafter die GmbH gerade wegen deren schlechter wirtschaftlicher Verfassung. Dadurch verringert sich das mit seiner Information verbundene Potential der Risikosteuerung. Es erhöht sich allenfalls durch eine richtige Kenntnis und Bewertung der Marktbedingungen.[38] Ferner hat die Information dem Gesellschafter im hier vorausgesetzten Insolvenzfall offenbar wenig genützt. Ex post betrachtet hat sich der Informationsvorsprung also nicht ausgezahlt.

Insgesamt steht der Drittgläubiger aufgrund seines Informationsdefizits nur potentiell schlechter als der Gesellschafter. Ein pauschaler Vorteil lässt sich für keinen der beiden ausmachen.

7. Informationen über die Marktbedingungen

Ein pauschal erhöhtes Risiko aufgrund fehlender Informationen wird teilweise deshalb bestritten,[39] weil der Drittgläubiger unter Umständen eine bessere Kenntnis der Marktbedingungen habe als der Gesellschafter. Nach dem eben Gesagten ist zu differenzieren zwischen Informationen über den Vertragspartner und solchen über die Marktbedingungen. Hinsichtlich des Vertragspartners besteht eine Informationsasymmetrie zu Lasten des Drittgläubigers.[40]

Die Marktsituation hingegen ist in der Regel für alle Gläubiger ebenso gut oder schlecht erkennbar. Die dadurch entstehenden objektiven Risiken können beide Parteien in gleichem Maße treffen. Nicht durchschaubare

---

[36] Parallel zu dieser Problematik versagt auch das kapitalmarktrechtliche Gebot (§ 15 WpHG) zur ad-hoc-Publizität kursrelevanter Tatsachen sehr häufig.

[37] Grundlegend hierzu *Fleischer*, Informationsasymmetrie im Vertragsrecht.

[38] Dazu sogleich näher unter 7. und 8.

[39] *Lüneborg*, Gesellschafterdarlehen, 50.

[40] Dazu soeben unter 6.

Marktbedingungen stellen weder für den Gesellschafter noch für den Drittgläubiger einen pauschalen Nachteil dar.

8. Auswirkungen unterschiedlicher unternehmerischer Fähigkeiten

Untersucht wurde der Einfluss der verfügbaren objektiven Daten über die GmbH und den Markt.[41] Fraglich sind nun die Auswirkungen der subjektiven Befähigung zur Informationsverarbeitung.

a) Vernünftige Entscheidungen des Gesellschafters

Der darleihende Gesellschafter erhöht durch eine vernünftige Finanzierungsmaßnahme die Chancen der Gesellschaft und somit auch die eigenen. Die Chancen des Drittgläubigers werden dadurch allerdings nicht erweitert, sondern allenfalls gewahrt. Denn auch eine noch so gute Finanzierungsentscheidung kann nur sicherstellen, dass der Drittgläubiger erhält, was ihm vertraglich bereits zusteht. Der Gesellschafter steht keinesfalls schlechter als der Drittgläubiger, aber nur potentiell besser. Ein pauschaler Vorteil besteht nicht.

b) Unvernünftige Entscheidungen des Gesellschafters

Unvernünftige Finanzierungsentscheidungen des Gesellschafters erhöhen das Risiko einer Insolvenz der Gesellschaft.[42] Das Ausfallrisiko betrifft Gesellschafter und Drittgläubiger gleichermaßen. Ein Nachteil des Drittgläubigers könnte sich aus folgendem Grund ergeben:

Die Konstellation der Darlehensgewährung erhöht möglicherweise die Wahrscheinlichkeit objektiv unvernünftiger Entscheidungen des Gesellschafters. Die Finanzierung durch Drittdarlehen erfordert meist eine Kreditsicherung. Ferner ist sie nur möglich, wenn die Marktbedingungen und die bilanzielle oder sonst erkennbare Lage des Unternehmens einen gewissen Erfolg versprechen. Beim Gesellschafterdarlehen entfällt diese Außenkontrolle des Kreditmarkts.[43] Denn der in einer Doppelrolle[44] auf beiden Seiten des Geschäfts befindliche Gesellschafter verhandelt lediglich mit seinen Mitgesellschaftern, die strukturell dieselben Ziele verfolgen. Sie werden also in der Regel im Hinblick auf Risiken für Dritte in der Regel weniger kritisch urteilen als diese selbst. Es gibt durchaus Gesellschafter,

---

[41] Vgl. soeben unter 6. und 7.

[42] Vgl. oben 3.

[43] Als Legitimationsgrundlage des Nachrangs sah das im alten Recht *Fastrich*, FS Zöllner[1998], 143, 149.

[44] *Schaumann*, Reform des Eigenkapitalersatzrechts, 152 ff.

die „schlechtem Geld gutes hinterherwerfen“,[45] die eigenen Fähigkeiten werden psychologisch nachweisbar eher überschätzt als die fremder Personen.[46] Das gilt insbesondere in der Unternehmenskrise, welche auch die Lebensgrundlage des Unternehmers bedroht.[47] Die fehlende Außenkontrolle kann somit als risikoerhöhend angeführt werden.[48]

Das heisst nicht, dass der Gesellschafter nicht doch vernünftig entscheiden kann. Die Doppelstellung führt nicht automatisch zu schlechteren Entscheidungen des Gesellschafters. Sie behindert aber die Fehlerkorrektur, vier Augen sehen mehr als zwei. Ein pauschaler Nachteil für den Drittgläubiger ergibt sich daraus dennoch nicht.

c) Entscheidungen des Drittgläubigers

Auf die Position des Gesellschafters hat die Entscheidung des Dritten keinen eindeutigen Einfluss. Denn anders als der Gesellschafter steht der Dritte nicht auf beiden Seiten des Geschäfts. Die Fähigkeiten des Gesellschafters sind für die Lage der Gesellschaft stets mitursächlich, die des Drittgläubigers in den wenigsten Fällen. Die Fähigkeiten des Dritten haben daher regelmäßig keine Auswirkungen auf die Forderungen anderer Gesellschaftsgläubiger, sie schlagen sich lediglich in der wirtschaftlichen Vorteilhaftigkeit seines Vertrages mit der Gesellschaft nieder. Selbst vernünftige Entscheidungen bringen dem Drittgläubiger nur begrenzte Vorteile, denn letztendlich erhält er von der Gesellschaft nie mehr als vertraglich vereinbart.

d) Vergleich

Die Fähigkeiten von Gesellschafter und Drittgläubiger wirken sich auf ihre Position wiederum nur potentiell aus, indem sie die bereits festgestellten Chancen und Risiken verstärken. Ein manifester pauschaler Vorteil ist für keinen Beteiligten feststellbar.

---

[45] *T. Bezzenberger*, FS G. Bezzenberger[2000], 23, 37; im Gegensatz dazu *Buck*, Die Kritik am Eigenkapitalersatzgedanken, 90, von ihm stammt das Zitat.

[46] Ähnlich *Schaumann*, Reform des Eigenkapitalersatzrechts, 203.

[47] Vgl. T. *Bezzenberger*, FS G. Bezzenberger[2000], 23, 37.

[48] Im Bezug auf den zu legitimierenden Nachrang lässt sich anmerken, dass auch eine Eigenkapitalfinanzierung die Außenkontrolle unterläuft. Am Sinn der Umqualifizierung zweifelte mit diesem Argument bereits im alten Recht *T. Bezzenberger*, FS G. Bezzenberger[2000], 23, 38.

9. Zwischenergebnis: Unterschiedliches Verhältnis von Chancen und Risiken

Untersucht wurden die Gläubigerpositionen des Gesellschafters und der vertraglichen Drittgläubiger. Der Gesellschafter befindet sich hierbei tendenziell im Vorteil:

Seine Chancen gehen weit über das Einzelgeschäft hinaus. Sie werden durch Leistungen des Drittgläubigers noch erhöht. Der Dritte hat nur die Chance auf den Erhalt der vertraglich vereinbarten Gegenleistung. Die Finanzierungsmaßnahme des Gesellschafters kann diese Chance allenfalls wahren, nicht aber erhöhen. Alle weiteren Chancen des Dritten sind von der Erfüllung seiner Forderung abhängig.[49]

Der Gesellschafter finanziert die Gesellschaft freiwillig. Drittgläubiger hingegen agieren in einem breiten Spektrum zwischen Freiwilligkeit und Unfreiwilligkeit.[50] Ferner verfügt der Gesellschafter über weitaus bessere Informationen hinsichtlich seines Vertragspartners.[51] Unterschiedliche Fähigkeiten von Gesellschafter und Vertragspartner verschieben die festgestellte Tendenz nicht, vielmehr verstärken sie diese.[52]

Zusammenfassend besteht ein zentraler Unterschied zwischen dem Gesellschafter und vertraglichen Drittgläubigern: Für den Gesellschafter verbinden sich mit der Finanzierungsmaßnahme höhere Chancen bei ähnlichen Risiken. Die oben[53] gestellte Frage lässt sich nun weiter konkretisieren: Rechtfertigen die höheren Chancen des Gesellschafters die Erhöhung seines Risikos durch § 39 Abs. 1 Nr. 5 InsO? Nachfolgend (IV.) wird die gesetzliche Risikoverteilung im Schuldrecht und Gesellschaftsrecht näher beleuchtet. Anschließend wird (V.) eine Arbeitshypothese entwickelt.

IV. Grundsätzliche rechtliche Zuordnung von Chancen und Risiken

1. Einleitung

Fraglich ist die rechtliche Zuweisung wirtschaftlicher Chancen und Risiken. Nach dem Gesagten konzentriert sich die Fragestellung auf vertragliche Gläubiger.[54] Fraglich ist also die Zuweisung von Chancen und Risiken im Vertragsrecht.

Die Zuweisung der wirtschaftlichen Chancen obliegt in erster Linie den Vertragsparteien. Sie können frei vereinbaren, welche Leistungen ausge-

---

[49] Dazu oben 2.
[50] Dazu oben 4.
[51] Dazu oben 6.
[52] Dazu oben 8.
[53] Vgl. oben I 5.
[54] Vgl. oben II 3.

tauscht werden sollen. Das gilt allerdings nur, soweit die „Rechtsordnung die gestaltende Kraft des Parteiwillens als rechtsgeschäftserheblich, [...] bindend und pflichterzeugend anerkennt.“[55]

Die Rechtsordnung erkennt die subjektiven Rechte und Pflichten aus dem Vertrag grundsätzlich an,[56] ferner regelt sie die Folgen der Erfüllung oder Nichterfüllung von Vertragspflichten.[57] Insbesondere bestimmt sie den Träger des Erfüllungsrisikos. Ausschlaggebend ist hierfür der Grundsatz ‚pacta sunt servanda', auch bekannt als Vertragstreue.[58]

2. Vertragstreue: Vertragsbindung, Leistungstreue, Naturalerfüllungsgrundsatz

Der Inhalt der Vertragstreue ist rechtsfolgenbezogen: „Verträge sind einzuhalten.“[59] Der Grundsatz ist nicht explizit im Gesetz verankert, beherrscht jedoch das gesamte Schuldrecht.[60] Er lässt sich weiter unterteilen in die Vertragsbindung, die Leistungstreue und den Naturalerfüllungsgrundsatz.[61]

Die Vertragsbindung bezieht sich auf die Rechtsverbindlichkeit des Vertrages.[62] Sie bezeichnet „die ohne rechtlichen Grund nicht einseitig lösbare Unterwerfung einer Partei unter alle einem Vertrag entspringenden Rechtsgebote“.[63] Die Leistungstreue wiederum „verpflichtet [...] jede Partei, alles zu unterlassen, was die Realisierung des Vertragszwecks [...] beeinträchtigen könnte. [...] Ferner verpflichtet sie jede Partei zu einer eventuell notwendigen Mitwirkung im Hinblick auf die Realisierung des Vertragszwecks“.[64] Von der vertraglichen Verpflichtung kann sich der Schuldner nur durch die Vertragserfüllung befreien. Formen der Vertragserfüllung sind die Natural- und die Pekuniarerfüllung.[65] Hier greift nun die dritte Komponente der Vertragstreue, nämlich der Naturalerfüllungsgrundsatz. Er meint den „Primat der Naturalerfüllung vor der Pekuniarerfüllung“.[66]

Der Schuldner ist primär zur Naturalerfüllung der Forderungen des Gläubigers verpflichtet. Im Vertragsstörungsfall kommt es zur Substituie-

---

55 *Weller*, Die Vertragstreue, 166.
56 Z.B. in § 433 I BGB.
57 Z.B. in § 362 bzw. §§ 280 ff. BGB.
58 *Weller*, Die Vertragstreue, 37.
59 *Weller*, Die Vertragstreue, 38 m.w.N.
60 *Staudinger/Olzen*, BGB II-1^{2009}, Einleitung zum Schuldrecht Rn. 65.
61 *Weller*, Die Vertragstreue, 37, 38.
62 Vgl. nur *Bork*, BGB AT^{2}, § 2 Rn. 106.
63 *Weller*, Die Vertragstreue, 301.
64 *Weller*, Die Vertragstreue, 315.
65 *Weller*, Die Vertragstreue, 216 ff., 217; Vgl. auch *Unberath*, Die Vertragsverletzung, 187 f., 194, 201 ff., 205, 207, 283 ff.
66 *Weller*, Die Vertragstreue, 316.

rung des Naturalleistungsgegenstandes durch Geld.[67] Bleibt die Leistung aus, darf der Gläubiger die Vollstreckung ins Schuldnervermögen betreiben.[68] Das Erfüllungsrisiko trägt also stets der Schuldner der jeweiligen Forderung. Er muss mit seinem Vermögen für die Erfüllung einstehen. Insofern besteht kein Unterschied zwischen natürlichen Personen, Personengesellschaften und Kapitalgesellschaften. Alle haften ihren Gläubigern mit dem eigenen Vermögen. Chancen und Risiken sind dabei aber nicht immer gleich verteilt, wie nachfolgend (3.–5.) gezeigt wird.

3. Schuldrecht: Gleichlauf von Chancen und Risiko

Ist der Schuldner eine natürliche Person, so entsteht ein formeller Gleichlauf von Chancen und Risiken. Formell deshalb, weil die Chancen und Risiken nicht zwangsläufig gleich groß sind. Gemeint ist vielmehr die Verortung von Chance und Risiko bei derselben Person. Der eigenen wirtschaftlichen Erwartung entspricht die Pflicht zur Erfüllung der gegnerischen Forderung. Die natürliche Person trägt also das Erfüllungsrisiko hinsichtlich der eigenen Leistung.

4. Personengesellschaftsrecht: Gleichlauf von Chancen und Risiken über § 128 HGB

Ist der Schuldner eine Personengesellschaft, so liegen die wirtschaftlichen Erwartungen bei den Gesellschaftern.[69] Auch hier kommt es über § 128 HGB[70] zum Gleichlauf von Chancen und Risiken, die Personengesellschafter haften den Gläubigern der Gesellschaft mit ihrem Privatvermögen.

5. Kapitalgesellschaftsrecht: Risikoverlagerung auf die Gesellschaftsgläubiger

a) Grundsatz: Risikoverlagerung

Ist der Schuldner eine Kapitalgesellschaft, so liegen die wirtschaftlichen Erwartungen wiederum auf Seiten der Gesellschafter. Hier kommt es aber nicht zu einem Gleichlauf von Chancen und Risiken. Das Erfüllungsrisiko

---

[67] *Weller*, Die Vertragstreue, 217 f. m.w.N.; zur Entstehungsgeschichte *Dedek*, Negative Haftung, 217 ff.

[68] Das ergibt sich insbesondere aus §§ 804, 829, 864 und 883 ZPO. Auf das Verhältnis von Erfüllung, Nacherfüllung und Schadensersatz ist an dieser Stelle nicht einzugehen. Relevant ist allein der gesetzlich geregelte Zugriff auf das Schuldnervermögen.

[69] Auf die Diskussion zur Rechtsfähigkeit der GbR braucht hier nicht eingegangen zu werden. Seit BGHZ 146, 341 (Weißes Ross) kann die Außen-GbR Träger von Rechten und Pflichten und somit Vertragspartner sein, näher *Kindler*, Grundkurs[5], § 10 Rn. 56 ff.

[70] In der GbR gilt § 128 HGB analog, näher *Kindler*, Grundkurs[5], § 10 Rn. 113.

liegt vielmehr allein bei der Gesellschaft. Denn grundsätzlich haftet den Gesellschaftsgläubigern nach §§ 13 Abs. 2 GmbHG, 1 Abs. 1 Satz 2 AktG nur das Gesellschaftsvermögen. Es besteht weiter keine gesetzliche Verpflichtung der Gesellschafter, die Gesellschaft vermögensmäßig so auszustatten, dass sie all ihre Verbindlichkeiten bedienen kann. Vielmehr müssen die Gesellschafter lediglich das gesetzlich festgelegte Stammkapital aufbringen, §§ 5, 7, 14, 19 ff. GmbHG, §§ 1 Abs. 2, 6 bis 8 AktG.

Der Gläubiger der Kapitalgesellschaft hat also grundsätzlich keinen Zugriff auf das Privatvermögen des auf der Schuldnerseite wirtschaftlich am Geschäft interessierten Gesellschafters. Mit anderen Worten: Durch Gründung einer Kapitalgesellschaft lassen sich wirtschaftliche Risiken auf die Gläubiger verlagern. Rechtspolitischer Zweck dieser Risikoverlagerung ist die Förderung unternehmerischen Handelns.[71]

b) Ausnahme: Durchgriff bei Missbrauch der Haftungsbeschränkung

Nur ausnahmsweise kommt es zur persönlichen Haftung der Kapitalgesellschafter für Gesellschaftsverbindlichkeiten. Erforderlich für einen solchen Durchgriff ist ein Verhalten des Gesellschafters, welches das legal verlagerte Risiko noch erhöht. Der Gesellschafter muss die Gläubiger unmittelbar schädigen oder ihre Befriedigung zumindest vereiteln. Unmittelbare Schädigungen führen zur Haftung für existenzvernichtende Eingriffe.[72] Vereitelt wird die Gläubigerbefriedigung im Fall der Vermögensvermischung.[73] Kaum von der erlaubten Risikoverlagerung abgrenzen lässt sich die Haftung für materielle Unterkapitalisierung. Das führt wie gesehen zur praktischen Bedeutungslosigkeit dieses Durchgriffstatbestands.[74]

V. Legitimationsüberlegungen vor und nach dem MoMiG

1. Einleitung

Rechtfertigungsbedürftig ist die Ungleichbehandlung von vertraglichem Drittgläubiger und Gesellschaftergläubiger in der Insolvenz der GmbH.[75] Als Ausgangspunkt einer möglichen Rechtfertigung wurden die unterschiedlich verteilten Chancen und Risiken der jeweiligen Gläubigerposition herausgearbeitet.[76] Die Fragestellung war dementsprechend: Rechtfertigen die höheren Chancen des Gesellschafters die Erhöhung seines Risikos

---

[71] Vgl. statt aller *Lutter/Hommelhoff/Lutter*, GmbHG[17], § 13 Rn. 11.
[72] Rechtsfolge ist nach dem BGH die Innenhaftung gegenüber der Gesellschaft, dazu oben § 3 II 4.
[73] Dazu oben § 3 II 2.
[74] Dazu oben § 3 II 3.
[75] Vgl. oben II.
[76] Vgl. oben III.

durch § 39 Abs. 1 Nr. 5 InsO.[77] Hierfür wurde die gesetzliche Risikoverteilung im Schuldrecht und Gesellschaftsrecht näher beleuchtet.[78] Die bisherigen Ergebnisse werden nachfolgend 2. auf das alte Kapitalersatzrecht sowie 3. auf das neue Gesellschafterdarlehensrecht übertragen.

2. Altes Eigenkapitalersatzrecht: Haftung für Missbrauch der Haftungsbeschränkung

In der Rechtsprechung zum Kapitalersatzrecht war die Unternehmenskrise zentrales Tatbestandsmerkmal. Der BGH sah das Krisendarlehen aus folgenden Gründen als nachrangig an:

> „Mit [der Umqualifizierung des Darlehens in funktionelles Eigenkapital] soll verhindert werden, daß ein Gesellschafter, der die notleidende Gesellschaft nicht durch die sonst gebotene Hergabe fehlenden Eigenkapitals, sondern durch Darlehen über Wasser zu halten sucht, das damit verbundene Finanzierungsrisiko auf außenstehende Gläubiger abwälzen kann; ein solcher Gläubiger soll nicht in der Erwartung, sein Geld aufgrund besserer Informationsmöglichkeiten notfalls noch beizeiten in Sicherheit bringen zu können, auf dem Rücken der Gesellschaftsgläubiger spekulieren dürfen. Hat er das Darlehen anstelle der dringend benötigten Eigenmittel gegeben, um der Gesellschaft das Überleben zu ermöglichen, und hat er so den Anschein ausreichender Kapitalausstattung hervorgerufen, so setzt er sich entgegen Treu und Glauben und dem Zweck der gesetzlichen Kapitalerhaltungsvorschriften in Widerspruch zu seinem Verhalten, wenn er der Gesellschaft die Darlehensvaluta wieder entzieht, bevor der mit ihrer Hergabe verfolgte Zweck nachhaltig erreicht ist.“[79]

Diese Begründung war zwar im Ergebnis tragfähig, in einzelnen Punkten aber angreifbar:

a) Kein widersprüchliches Verhalten

Die Rückzahlung von Krisendarlehen ist entgegen der genannten Rechtsprechung keinesfalls widersprüchlich. Denn der Gesellschafter will gerade kein Haftkapital zur Verfügung stellen. Diesen Zweck wies der BGH der Finanzierung erst zu.[80] Als Begründung für die Umqualifizierung taugte diese Unterstellung also nicht. Die nachrangige Befriedigung des Gesellschafters[81] lässt sich damit erst recht nicht erklären. Denn widersprüchlich wäre allein der Abzug des Darlehens. Insofern wäre die Geltendmachung der Insolvenzquote nach dem Scheitern des Finanzierungszwecks völlig legitim gewesen.[82]

---

[77] Vgl. oben III 9.

[78] Soeben unter IV.

[79] BGHZ 90, 381, 388 f.

[80] *Reiner*, FS Boujong[1996], 415, 424.

[81] Ursprünglich geregelt in § 32 Abs. 1 GmbHG, ab 1999 auch in § 39 Abs. 1 Nr. 5 InsO, dazu oben § 2 III 3.

[82] So auch *Buck*, Die Kritik am Eigenkapitalersatzgedanken, 87.

Dieselbe Überlegung gilt für die alten Rechtsprechungsregeln,[83] denn auch hier lag der Vorwurf auf dem Abzug von Geldern im Vorfeld der Insolvenz. Rechtsfolge stammkapitalrelevanter Auszahlungen war daher die Rückforderung der Gesellschaft aus § 31 Abs. 1 GmbHG a.F.

b) Kein Anschein ausreichender Kapitalausstattung

Ein weiteres Argument des BGH[84] deutete auf eine Art Vertrauenshaftung. Denn er sah in der Krisenfinanzierung den Anschein ausreichender Kapitalausstattung. Dem ist ebenfalls zu widersprechen. Die geringe Eigenkapitalquote der meisten Gesellschaften mbH ist kein Geheimnis. Ein abstraktes Vertrauen auf vorhandenes Haftkapital wäre also nicht schutzwürdig.[85]

Ein konkretes Vertrauen erscheint kaum denkbar.[86] Zwar sind Gesellschafterdarlehen im publizitätspflichtigen Jahresabschluss i.S.d. § 325 HGB zu passivieren.[87] Die Gläubiger können sich also informieren. In der Krise rechtfertigen die aktuellen Daten aber gerade kein Vertrauen auf hinreichendes Haftkapital. Im gegenteiligen Fall liegt eine unrichtige Darstellung i.S.d. § 331 HGB nahe. Konkretes Vertrauen kann freilich auf veralteten Daten beruhen. Dass aber zwischen Erstellung, Veröffentlichung und Kenntnisnahme vom Jahresbericht Zeit vergeht, ist seinem Leser bewusst. Ein Vertrauen auf alte Daten ist daher nicht schutzwürdig.

Die Begründung wäre aus einem weiteren Grund keine geeignete Grundlage der Umqualifizierung gewesen. Denn Drittgläubiger in Kenntnis der Krisenlage hätten danach keine Umqualifizierung verlangen dürfen.[88] Das wäre weder überzeugend noch praktikabel gewesen und tauchte auch in den Überlegungen des BGH nicht auf.

c) Keine Spekulation zu Lasten der Drittgläubiger

Auch eine Spekulation zu Lasten der Drittgläubiger[89] lässt die Darlehensfinanzierung nicht erkennen, denn der Gesellschafter wird sich sehr wohl Gedanken über die Maßnahme machen. Ganz aussichtslose Finanzierungsmaßnahmen wird er im Eigeninteresse vermeiden.[90] Der Begriff Spekulation ist jedenfalls übertrieben.

---

83 Dazu oben § 2 III 2.

84 Vgl. oben vor a.

85 *Buck*, Die Kritik am Eigenkapitalersatzgedanken, 89.

86 *Buck*, Die Kritik am Eigenkapitalersatzgedanken, 88.

87 *Lutter/Hommelhoff/Kleindiek*, GmbHG[17], § 42 Rn. 53.

88 *Koppensteiner*, AG 1998, 308, 315.

89 Vgl. oben vor a.

90 *Buck*, Kritik am Eigenkapitalersatzgedanken, 100.

d) Krisenzeitpunkt als einzig risikoerhöhendes Merkmal der Darlehenshingabe

Als pauschal risikoerhöhend verbleibt der Krisenzeitpunkt der Darlehenshingabe. Das zur Verfügung gestellte Kapital erlaubt vorerst die Betriebsfortführung. Gerade in Krisenzeiten erhöht das die Gefahr eines weiteren Vermögensverfalls. Allein darauf lässt sich die Rechtsprechung zum Kapitalersatz denn auch reduzieren:

Nach dem BGH liegt „der tragende Grund für die eigenkapitalähnliche Bindung kapitalersetzender Gesellschafterleistungen in der Verantwortung der Gesellschafter für die Folgen ihrer in der Krise der Gesellschaft getroffenen Entscheidung [...], die liquidationsreife Gesellschaft fortzuführen und über das satzungsmäßige Eigenkapital hinaus weiterzufinanzieren, anstatt die in dieser Situation aus eigener Kraft nicht mehr überlebensfähige Gesellschaft – wie an sich nach den Grundsätzen ordnungsmäßiger Unternehmensführung geboten [...] entweder unmittelbar oder mittelbar durch Verweigerung weiterer oder den Abzug bereits gewährter Gesellschafterhilfen zu liquidieren (sog. Finanzierungs- oder präziser, weil der Gesellschafter nicht positiv zum Nachschuß von Kapital verpflichtet, sondern nur am Abzug von in der Krise gewährtem oder belassenem Kapital gehindert wird, Finanzierungsfolgenverantwortung).“[91]

Es gab nach dem BGH ausdrücklich keine Nachschusspflicht. Das OB der Finanzierung steht vollständig im Belieben des Gesellschafters. WIE er in der Krise zu finanzieren hat, gab ihm die Rechtsprechung vor. Die Darlehensfinanzierung ist damit zwar nicht ausgeschlossen, aber für nachteilige Folgen haftet der Gesellschafter den Drittgläubigern. Die Haftung ist freilich begrenzt auf die Höhe des ausgereichten Darlehens, denn der Vorwurf liegt nicht in der mangelnden, sondern der falschen Finanzierung.

e) Zwischenergebnis: Finanzierungsfolgenverantwortung für Krisendarlehen

Ungeachtet der genannten Kritikpunkte ließ sich das Eigenkapitalersatzrecht sehr gut legitimieren. Es folgte nahtlos der herausgearbeiteten gesellschaftsrechtlichen Risikoverteilung. Der Gesellschafter haftete nicht für eine nach §§ 13 Abs. 2, 5 Abs. 1 GmbHG erlaubte Risikoverlagerung auf die Gläubiger. Er haftete nur für eine darüber hinausgehende Risikoerhöhung. Risikoerhöhend wirkt eine Krisenfinanzierung. Der Gesellschafter haftete mit anderen Worten nicht für den Gebrauch der Haftungsbeschränkung, sondern nur für ihren Missbrauch. Dogmatisch stand diese Lösung also im Einklang mit anderen Ausnahmen vom Haftungsprivileg.[92]

Es bestanden vor allem zwei Probleme: Auf der Tatbestandsebene war fraglich, wie das Krisenmerkmal genau zu definieren sei. Noch schwieriger

---

[91] Vgl. BGHZ 127, 336, 346 f.

[92] Dazu oben § 3 II.

war, das Vorliegen der Krise im konkreten Fall nachzuweisen. Das führte zu einer oft beklagten und verzweigten Kasuistik. Hier sollte das MoMiG Abhilfe schaffen und die Rechtslage vereinfachen.[93]

3. Ansichten zum Normzweck des neuen Gesellschafterdarlehensrechts

Mit dem MoMiG hat sich die Problemlage umgekehrt. Der Tatbestand des Gesellschafterdarlehensrechts wurde durch Streichung des Krisenmerkmals[94] vereinfacht. Konsensfähige Legitimationserwägungen hat der Gesetzgeber jedoch nicht mitgeliefert. Das verdeutlicht die rege Diskussion zum Normzweck insbesondere des § 39 Abs. 1 Nr. 5 InsO. Die Thesen lassen sich in drei Gruppen einteilen: Einer Ansicht nach ist die nachrangige Befriedigung des Gesellschafters gänzlich ungerechtfertigt.[95] Vertreten wird ferner, es handele sich wie im alten Recht um eine Haftung für den Missbrauch der Haftungsbeschränkung.[96] Zuletzt sehen einige Autoren eine Haftung für den Gebrauch der Haftungsbeschränkung.[97]

a) Haftung für Missbrauch der Haftungsbeschränkung

aa) Keine nähere Begründung

Einer Ansicht nach beugt das Gesellschafterdarlehensrecht Missbräuchen der Haftungsbeschränkung vor.[98] Es gleiche institutionelle Schwächen des Privilegs aus.[99] Die Gesellschaftsgläubiger würden durch die Eigenkapitalvorschriften nur unzureichend geschützt.[100] Eine Verschärfung der Eigenkapitalvorschriften sei aber mit dem Prinzip der Haftungsbeschränkung unvereinbar.[101] Die Schwächen des Kapitalschutzes seien daher anderweitig auszugleichen. Und zwar müssten Gesellschafterdarlehen in der Gesellschaftsinsolvenz als Haftkapital behandelt werden.[102]

Eine weitere Begründung erfolgt nicht. Die Vertreter dieser Ansicht gehen davon aus, eine systematische Herleitung des Gesellschafterdarlehens-

---

93 BT-Drucks. 16/6140, 42, zu Nummer 22.

94 Das Krisenmerkmal diente im alten Recht der Umqualifizierung eines normalen Gesellschafterdarlehens in ein ‚kapitalersetzendes Darlehen'. Mit dem MoMiG wurde dieses Merkmal aus dem Wortlaut Gesetz entfernt.

95 Dazu unter b.

96 Dazu unter a.

97 Dazu unter c.

98 Grundlegend *Huber/Habersack*, BB 2006, 1 ff.; ferner *Huber*, FS Priester[2007], 259, 277; *Habersack*, ZIP 2007, 2145, 2147, *ders.*, ZIP 2008, 2385, 2387.

99 *Huber*, FS Priester[2007], 259, 277.

100 *Huber*, FS Priester[2007], 259, 275 f.

101 *Huber*, FS Priester[2007], 259, 276.

102 *Huber*, FS Priester[2007], 259, 277.

rechts aus allgemeineren Regeln sei unmöglich,[103] „mehr Dogmatik könne man nicht verlangen“.[104] „Dogmatische Erfassung“ heiße dementsprechend, „daß die rechtspolitischen Gründe, die Voraussetzungen und die Tragweite dieser Haftung klar herausgearbeitet und das Haftungsprinzip von anderen Haftungsgrundsätzen abgegrenzt wird.“[105] Tatsächlich dargelegt wird diese Abgrenzung nicht. Es wird lediglich behauptet, die Neuregelung sei rechtspolitisch zweckmäßig.[106]

Der Ansicht wird hier nicht gefolgt. Denn sie kann nicht erklären, worin nach der Streichung des Krisenmerkmals der Missbrauch oder die Schwächen der Haftungsbeschränkung liegen. Die Darlehensfinanzierung als solche ist nach geltendem Recht ein legitimer Gebrauch des Haftungsprivilegs. Dass eine fehlende Eigenkapitalausstattung zur Risikoverlagerung auf die Gläubiger führt,[107] ist gerade der Sinn des § 13 Abs. 2 GmbHG.[108] Daher ist der Verweis auf den Gläubigerschutz zu vage, um die gesetzliche Risikoverteilung zu modifzieren.

bb) Unwiderlegbare Krisenvermutung

Teilweise wird die Krise weiterhin als Differenzierungsmerkmal herangezogen. Das Tatbestandsmerkmal sei aber nicht mehr positiv zu prüfen, sondern werde unwiderlegbar vermutet.[109] Der Vorteil wäre die klare Trennung von Gebrauch und Missbrauch der Haftungsbeschränkung.

Gegen eine solche Vermutung spricht aber der Wortlaut des Gesetzes. In § 39 Abs. 1 Nr. 5 InsO findet sich keinerlei Hinweis auf das Krisenmerk-

---

[103] *Huber*, FS Priester^{2007}, 259, 278.

[104] So wörtlich *Huber*, FS Priester^{2007}, 259, 278; vgl. auch *Habersack*, ZIP 2007, 2145, 2147: „Einer darüber hinausgehenden ‚inhaltlichen Begründung‘ bedarf es nicht. [Denn] dem MoMiG [liegt] just der Grundgedanke zugrunde, dass von einem Gesellschafter zur Verfügung gestelltes Fremdkapital eine Sonderbehandlung verdient.“

[105] So *Huber*, FS Priester^{2007}, 259, 278 unter Berufung auf *Caemmerer*, ZfRV 1973, 241, 260 f.

[106] *Huber*, FS Priester^{2007}, 259, 277. Überraschend ist die anschließende Verneinung rechtspolitischer Entscheidungsbefugnis durch *Huber*, FS Priester^{2007}, 259, 278. Damit weist er die Legitimationslast letztlich dem Gesetzgeber des MoMiG zu, der seine Entscheidung gerade auf die Vorarbeiten von *Huber* und *Habersack* stützte. An dieser Stelle verliert auch die Berufung auf *Caemmerer* (soeben Fn. 105) die Überzeugungskraft, da jener die „Herausarbeitung und Klärung der signifikanten Entscheidungsmerkmale“ fordert, aber gerade „keine rechtspolitischen Entscheidungen.“, vgl. *Caemmerer*, ZfRV 1973, 241, 261.

[107] *Huber*, FS Priester^{2007}, 259, 276 argumentiert, dass eine angemessene Eigenkapitalausstattung nicht messbar und daher nicht möglich sei.

[108] Vgl. oben IV 5.

[109] *Bork*, ZGR 2007, 250, 255 f.; *Altmeppen*, NJW 2008, 3601, 3602; *Lüneborg*, Gesellschafterdarlehen, 58 f.

mal. Ein weiteres Argument gegen die genannte Ansicht liefert die Gesetzesbegründung:

„Es gibt also künftig keine Unterscheidung zwischen ‚kapitalersetzenden' und ‚normalen' Gesellschafterdarlehen. In der Insolvenz ist das Darlehen sowieso nachrangig gestellt, und im Jahr vor der Insolvenz soll aus Gründen der Vereinfachung auf eine besondere Qualifizierung verzichtet werden. Im Grunde geht es hier um fragwürdige Auszahlungen an Gesellschafter in einer typischerweise kritischen Zeitspanne, die einem konsequenten Anfechtungsregime zu unterwerfen sind."[110]

Man könnte die angeführte ‚typischerweise kritische Zeitspanne' als Hinweis auf eine Krisenvermutung deuten. Allerdings bezieht sich diese Vermutung auf den § 135 InsO. Hier ist die Vermutung weniger problematisch. Denn mit der Gläubigergleichbehandlung wird ein bereits gesetzlich legitimiertes Ziel verfolgt.[111] Die Krisenvermutung dient dabei der Festlegung des Zeitrahmens, in welchem die Gleichbehandlung sichergestellt werden soll. Die geschilderte Ansicht will mit der Krisenvermutung das gesetzliche Ziel des § 39 Abs. 1 Nr. 5 InsO erst legitimieren. Das lässt sich aus der Gesetzesbegründung nicht ableiten, der zufolge das Darlehen in der Insolvenz ‚sowieso nachrangig gestellt'[112] ist.

Ein weiteres Argument gegen die genannte Ansicht ergibt sich möglicherweise aus Art. 3 GG. Danach ist der Gesetzgeber zur „Differenzierung bei ungleichen Sachverhalten […] verpflichtet, wenn die tatsächliche Ungleichheit so groß ist, dass sie bei einer am Gerechtigkeitsgedanken orientierten Betrachtungsweise nicht unberücksichtigt bleiben darf."[113] Bedenklich wäre eine Krisenvermutung daher, wenn sie auch Darlehensgewährungen außerhalb der Krise erfasst.

Es kann keinesfalls angenommen werden, dass alle in der Insolvenz noch nicht zurückgezahlten Darlehen in der Krise gewährt oder stehen gelassen wurden. Die Gewährung kann lange vor der Krise erfolgen. Das Stehenlassen des Darlehens war bereits nach altem Recht nur dann tatbestandsmäßig, wenn eine bewusste Entscheidung des Gesellschafters vorlag. Das Darlehen musste daher im fraglichen Zeitpunkt fällig sein, teilweise wurde sogar eine zumindest konkludente Stundungsabrede gefordert.[114] Nun ist das Darlehen bei Eintritt der Krise nicht immer fällig. Ferner kann es auch entgegen dem Willen des Gesellschafters den Umständen geschuldet sein. Möglicherweise hat er keine Kenntnis von der Krise. Oder es sind schlicht keine liquiden Mittel vorhanden, um den Betrag auszuzahlen. Gerade aus diesen Gründen war es nach altem Recht so schwer, die Um-

---

110 BT-Drucks. 16/6140, 26.
111 Vgl. oben § 4 II 1 b.
112 BT-Drucks. 16/6140, 26.
113 BVerfGE 98, 365, 385; 1, 264, 275 f.; 67, 70, 85 f.
114 *Von Gerkan/Hommelhoff/Johlke/Schröder*, KapitalersatzR^2, Rn. 5.84 ff., 5.94.

qualifizierung zu beweisen. Mithin würde eine pauschale Vermutung auch Darlehensgewährungen außerhalb der Krise erfassen.[115]

Mit anderen Worten: Das Krisenmerkmal impliziert einen Missbrauch der Haftungsbeschränkung. Eine unwiderlegbare Krisenvermutung beurteilt auch ursprünglich erlaubte Risikoverlagerungen ex post als verboten. Das ist verfassungsrechtlich bedenklich. Eine unwiderlegbare Krisenvermutung ist daher abzulehnen.

cc) Widerlegbare Krisenvermutung

Den verfassungsrechtlichen Bedenken könnte man mit einer Exkulpationsmöglichkeit begegnen.[116] Dagegen lassen sich vor allem verfahrensökonomische Gründe anführen.[117] Eine widerlegbare Vermutung verursacht gerade die Beweisprobleme, die man mit dem MoMiG ausräumen wollte. Nur läge die Beweislast nun beim Gesellschafter, nicht mehr beim Insolvenzverwalter. Eine solche Lösung entspricht nicht dem Willen des Gesetzgebers: „Das Recht der Gesellschaft mit beschränkter Haftung wird [...] wesentlich einfacher und für die mittelständische Zielgruppe verständlicher."[118] Das Beweisproblem würde die angestrebte Rechtsvereinfachung vereiteln. Auch mit dem Wortlaut des § 39 Abs. 1 Nr. 5 InsO wäre die genannte Ansicht nicht vereinbar. Für die Vermutung der Krise findet sich kein Anhaltspunkt in der Norm, eine Exkulpationsmöglichkeit ist ebenfalls nicht erkennbar. Auch dieser Ansicht wird daher vorliegend nicht gefolgt.

dd) Zwischenergebnis

Legitimationsgrundlage des § 39 Abs. 1 Nr. 5 InsO ist nach dem Gesagten kein Missbrauch der Haftungsbeschränkung. Es ist nicht ersichtlich, worin nach Streichung des Krisenmerkmals dieser Missbrauch liegen könnte. Eine Krisenvermutung widerspräche dem Gesetzeswortlaut und dem Willen des Gesetzgebers. Ohne Exkulpationsmöglichkeit wäre die Vermutung verfassungsrechtlich bedenklich. Eine Exkulpationsmöglichkeit würde hingegen die Beweisprobleme des alten Rechts wieder aufleben lassen.

---

[115] So auch *Altmeppen*, NJW 2008, 3601, 3602, der eine unwiderlegbare Krisenvermutung befürwortet und als *„in verfassungsrechtlicher Hinsicht [...] noch akzeptabel."* einordnet, ebenda, 3607.

[116] *Pentz*, FS Hüffer[2010], 25 ff.

[117] *Bork*, ZGR 2007, 250, 256.

[118] RegE MoMiG, BT-Drucks. 16/6140, 26.

b) Keine Legitimation des § 39 Abs. 1 Nr. 5 InsO

aa) Zu unspezifische Rechtsfolge

Einige Autoren sind der Ansicht, § 39 Abs. 1 Nr. 5 InsO sei gar nicht zu rechtfertigen. Zum einen wird vorgebracht, die Rechtsfolge sei zu unspezifisch. Denn Nachteile für Drittgläubiger ergäben sich erst aus der Investitionsentscheidung, nicht bereits aus der Finanzierungsentscheidung.[119] Dem ist zu widersprechen, denn tatsächlich lassen sich beide Entscheidungen kaum trennen. Kein Gesellschafter gewährt ein Darlehen, ohne sich über die Verwendung im Klaren zu sein.

bb) Vorteile des Darlehens für den Drittgläubiger

Gegen den Nachrang wird ferner angeführt, das Darlehen eröffne dem Gläubiger neben den Risiken auch Chancen.[120] Dieselben Chancen bietet dem Gläubiger aber auch die Einlagenfinanzierung.[121] Die Chancen im Fall der Einlagenfinanzierung sind sogar höher. Im Fall der Insolvenz steht nämlich das entsprechende Haftkapital zur Verfügung.

Außerdem erhöht das Gesellschafterdarlehen nicht wirklich die Chancen des Drittgläubigers, sondern wahrt sie lediglich. Er erhält maximal, was ihm vertraglich bereits zusteht. Allein die Chancen des darleihenden Gesellschafters gehen über die vertragliche Gegenleistung hinaus.[122] Insofern sind die Chancen des Drittgläubigers kein zwingendes Argument gegen die nachrangige Befriedigung des Gesellschafters.

cc) Nachteile der Subordination für die Sanierungschancen

Der Nachrang macht die Darlehensgewährung risikoreicher und somit unwahrscheinlicher. Er wurde daher bereits nach alter Rechtslage als sanierungsfeindlich bezeichnet.[123] Allerdings kann eine Sanierung scheitern und den Vermögensverfall verschlimmern. Sanierungsfreundliches Recht entspricht den Interessen der Beteiligten also nicht automatisch besser als sanierungsfeindliches. Allein mit dem genannten Argument lässt sich die Abschaffung von § 39 Abs. 1 Nr. 5 InsO daher nicht fordern.

Ferner wird angeführt, der Nachrang führe zu einer Verzögerung der Krisenbewältigung, weil der Anreiz des Gesellschafters zur Problemlösung

---

[119] *Eidenmüller*, FS Canaris[2007], 49, 58.

[120] *T. Bezzenberger*, FS G. Bezzenberger[2000], 39 f.; vgl. auch oben III 2 f.

[121] *T. Bezzenbergers* (soeben Fn. 120) rechnerischer Vergleich zwischen Darlehensfinanzierung und sofortiger Liquidation geht insoweit ins Leere.

[122] Bereits oben III 2 f wurde festgehalten, dass der Drittgläubiger kein Trittbrettfahrer der Sanierung ist.

[123] *T. Bezzenberger*, FS G. Bezzenberger[2000], 23, 39, 58.

geringer sei. Er habe weniger zu verlieren als im Falle von Ansprüchen gegen die Gesellschaft.[124] Dieser Ansicht ist zu widersprechen. Zwar sind die Befriedigungsaussichten im Fall der Insolvenz äußerst gering, der Anspruch gegen die Gesellschaft hingegen besteht nach wie vor. Bei erfolgreicher Sanierung kann der Gesellschafter diesen Anspruch geltend machen, deshalb wird ihn bei positiven Sanierungsaussichten der Nachrang nicht zwingend von Sanierungsmaßnahmen abhalten. Bei ohnehin schlechten Sanierungsaussichten wird auch die Abschaffung des Nachrangs Sanierungsbemühungen und Sanierungserfolg kaum wesentlich fördern. Gerade in der GmbH ist der Gesellschafter ferner persönlich eingebunden. Das Weiterleben des Unternehmens liegt in seinem ureigenen Interesse. Er hat also auch abseits seines Rückforderungsanspruchs viel zu verlieren.

Im Ergebnis führt der Nachrang nicht automatisch zu größeren Risiken für Gläubiger,[125] die Abschaffung des § 39 Abs. 1 Nr. 5 InsO wäre auch insofern nicht überzeugend.

dd) Nachteile der Subordination in der Liquidation

In der Tat weniger zu verlieren hat der Gesellschafter bei Insolvenzeröffnung und anschließender Liquidation. Hier geht er als nachrangiger Gläubiger praktisch immer leer aus. In diesem Fall verzögert aber nicht erst die Subordination eine Krisenbewältigung. Der Hinweis auf § 19 Abs. 2 Satz 3 InsO[126] ist insofern zu ergänzen. Die Nichtberücksichtigung der Darlehensrückforderung im Überschuldungsstatus verschiebt zwar den zeitlichen Eintritt der Insolvenzreife, das größere Problem liegt aber auf der tatsächlichen Ebene. Gläubigerbenachteiligend wirkt sich vor allem die Darlehensgewährung selbst aus, sie ermöglicht die Betriebsfortführung und erhöht so die Gefahr eines weiteren Vermögensverfalls. Von der Subordination des Darlehens ist diese Gefahr ganz unabhängig. Die Subordination hat hier sogar vorbeugende Wirkung. Sie bewegt den Gesellschafter zu einer erhöhten Achtsamkeit bei der Darlehensgewährung.[127]

Ein erhöhtes Risiko durch eine Einlagenfinanzierung ist dabei ebenfalls nicht ersichtlich.[128] Denn zum einen mindert die Subordination die Wahrscheinlichkeit, dass überhaupt finanziert wird. Sie erhöht also nicht die Wahrscheinlichkeit einer Einlagenleistung. Und selbst bei Leistung einer Einlage erhöht sich der Risikoanreiz des Gesellschafters nicht. Der hat

---

124 *Eidenmüller*, FS Canaris[2007], 49, 57; vgl. auch *T. Bezzenberger*, FS G. Bezzenberger[2000], 39.

125 So im Ergebnis auch *Servatius*, Covenants, 506 f.

126 *Eidenmüller*, FS Canaris[2007], 49, 57.

127 So auch *Eidenmüller*, FS Canaris[2007], 49, 56.

128 So aber *T. Bezzenberger*, FS G. Bezzenberger[2000], 38f.

auch bei drohender Insolvenz ein persönliches Interesse am Weiterleben der Gesellschaft.[129]

Die gedämpfte Finanzierungsbereitschaft ist also kein zwingender Nachteil für die Drittgläubiger.[130] Die Abschaffung des insolvenzrechtlichen Nachrangs ist insofern nicht geboten. Die teilweise geforderte verschärfte Insolvenzverschleppungshaftung[131] ließe sich auch neben der Subordination einführen.

ee) Zwischenergebnis

Die vorstehend genannten Ansichten bezwecken die Abschaffung des § 39 Abs. 1 Nr. 5 InsO. Argumente sind bestimmte angebliche Vor- und Nachteile der Darlehensgewährung. Nicht bedacht wird dabei, dass die jeweiligen Vor- und Nachteile auf beiden Seiten sehr ungleich verteilt sind. Gerade dieser Unterschied könnte möglicherweise den § 39 Abs. 1 Nr. 5 InsO rechtfertigen.[132] Der Forderung nach Abschaffung der Norm wird deshalb vorliegend nicht gefolgt. Legitimiert ist § 39 Abs. 1 Nr. 5 InsO damit freilich noch nicht.

c) Eigene Ansicht: Haftung für den Gebrauch der Haftungsbeschränkung

Bereits festgestellt wurde, dass § 39 Abs. 1 Nr. 5 InsO keine Sanktion für *Mißbräuche* der Haftungsbeschränkung darstellt. Es kann sich also nur um eine Haftung für ihren *Gebrauch* handeln. Faktisch wird das Privileg auf diese Weise eingeschränkt. Sofern nicht die Rechtsprechung tatsächlich das Krisenmerkmal wieder einführt, haften Gesellschafter zukünftig objektiv für ein erlaubtes Risiko.

Näher begründet wurde dieser Ansatz bislang noch nicht. Der Gesetzgeber hat keine Überlegungen in diese Richtung angestellt. Allein *Karsten Schmidt* scheint der These zu folgen. Er diagnostiziert jedoch eine „Banalisierung des Normzwecks".[133] Weitere Legitimationserwägungen lehnt er mit der Begründung ab, man solle die Diskussion „nicht mit neuem Pathos"[134] aufladen.

---

[129] Vgl. soeben cc.

[130] So aber *Eidenmüller*, FS Canaris[2007], 49, 57.

[131] Diese schlägt *Eidenmüller*, FS Canaris[2007], 49, 58 f. anstelle des Nachrangs vor.

[132] Vgl. oben III.

[133] *Scholz/K. Schmidt*, GmbHG[10], Nachtrag §§ 32a/b a.F. Rn. 8 a.E.; ebenfalls keine vollends tragfähige Legitimationsgrundlage sieht *Azara*, Eigenkapitalersatzrecht, 411 ff., 527, der § 39 Abs. 1 Nr. 5 InsO im Ergebnis als zweckmäßiges Mittel des Gläubigerschutzes und der Rechtsvereinfachung befürwortet.

[134] *Scholz/K. Schmidt*, GmbHG[10], Nachtrag §§ 32a/b a.F. Rn. 8 a.E.

Ohne theoretische Grundlage lässt sich das Gesetz jedoch nicht auf Widersprüche prüfen, schon gar nicht widerspruchsfrei anwenden.[135] Nachfolgend (§ 5) wird daher ein eigener Lösungsvorschlag vorgestellt.

VI. Zwischenergebnis: § 39 Abs. 1 Nr. 5 InsO als Haftung für erlaubtes Risiko

Fraglich ist die Legitimation des § 39 Abs. 1 Nr. 5 InsO. Die Norm stellt Gesellschaftergläubiger in der Gesellschaftsinsolvenz schlechter als Drittgläubiger. Ein Unterschied der beiden Gläubigerpositionen liegt in der Verteilung der jeweiligen Chancen und Risiken, welche der Vertrag mit der Gesellschaft eröffnet. Die Frage lautet also, ob dieses abweichende Verhältnis von Chancen und Risiken die Ungleichbehandlung rechtfertigt.

Grundsätzlich besteht im Zivilrecht ein Gleichlauf von Chancen und Risiken. Wer sich vertraglich Chancen eröffnet, haftet mit seinem Vermögen für die Forderungen der Gegenseite. Das gilt über § 128 HGB auch für Personengesellschafter. Dort steht den erhöhten Chancen aus der Finanzierung der Gesellschaft auch ein erhöhtes Risiko gegenüber. Anders ist es nach § 13 Abs. 12 GmbHG, der eine Risikoverlagerung vom Gesellschafter auf die Gläubiger erlaubt.

Begreift man die persönliche Haftung von Gesellschaftern als Regel, so ist die beschränkte Haftung des Kapitalgesellschafters eine Ausnahme von dieser Regel. Das Gesellschafterdarlehensrecht wiederum ist eine Gegenausnahme. Fraglich ist der gesetzgeberische Spielraum für den Erlass solcher Gegenausnahmen.

Im alten Kapitalersatzrecht war der Spielraum unproblematisch gegeben. Denn dort erfasste die Gegenausnahme allein deliktisches Verhalten.[136] Die Risikoverlagerung durch die Krisenfinanzierung ging über das erlaubte Risiko hinaus.[137] Der darin liegende Missbrauch der Haftungsbeschränkung führte zur teleologischen Reduktion[138] des Privilegs.[139]

Nach neuem Recht liegt die Gegenausnahme jedoch innerhalb des Anwendungsbereichs des § 13 Abs. 2 GmbHG. Es geht nicht mehr um zweckwidrigen *Missbrauch* der Haftungsbeschränkung. § 39 Abs. 1 Nr. 5 InsO sanktioniert vielmehr auch die Darlehensfinanzierung abseits der

---

[135] So bereits *Bork*, ZGR 2007, 250, 257.

[136] So *Reiner*, FS Boujong[1996], 454: „[Es geht] bei der Umqualifizierung von Gesellschafterleistungen in ‚Eigenkapitalersatz' funktionell um deliktische Haftung zum Schutze fremder Vermögensinteressen."

[137] Vgl. oben V 2 c.

[138] Auf die teleologische Reduktion des Privilegs als Rechtsfolge zweckwidrigen Verhaltens der Gesellschafter verweist *Lutter/Hommelhoff/Lutter*, GmbHG[17], § 13 GmbHG Rn. 11.

[139] Vgl. oben V 2 c.

Unternehmenskrise, also eine erlaubte Risikoverlagerung bzw. den *Gebrauch* des Haftungsprivilegs.[140] Die unterschiedliche Verteilung von Chancen und Risiken ist also vom Gesetzgeber gewollt.

Die Legitimation muss über diesen rein tatsächlichen Unterschied hinausgehen. Die bisherigen Lösungsvorschläge sind hinsichtlich der verfassungsrechtlichen Anforderungen an die Ungleichbehandlung zu vage. Zum zweiten hat § 13 Abs. 2 GmbHG weitreichende Bedeutung, Einschränkungen sind nur bei genauer Begründung widerspruchsfrei anwendbar.[141] Erst dadurch wäre § 39 Abs. 1 Nr. 5 InsO wie vom Gesetzgeber behauptet „einfacher und für die mittelständische Zielgruppe verständlicher".[142]

---

140 Vgl. oben V 3 c.

141 Vgl. soeben Fn. 135.

142 BT-Drucks. 16/6140, 26.

§ 5 These: Grundsatz der Vertragsbindung als Legitimationsbasis des § 39 Abs. 1 Nr. 5 InsO

I. Darstellung des Lösungsvorschlags

Die Ansicht, § 39 Abs. 1 Nr. 5 InsO sanktioniere einen Missbrauch der Haftungsbeschränkung, wurde bereits abgelehnt.[1] Wenig überzeugend sind die Forderungen, die Norm abzuschaffen.[2] Der Gesellschafter haftet somit bereits für den Gebrauch der Haftungsbeschränkung, faktisch wird durch § 39 Abs. 1 Nr. 5 InsO das nach §§ 13 Abs. 2, 5 GmbHG erlaubte Risiko begrenzt. Fraglich ist die Befugnis des Gesetzgebers, das Haftungsprivileg einzuschränken. Als Grundlage dieser Befugnis wird vorliegend der Grundsatz der Vertragsbindung postuliert. Der Gedankengang sei hypothetisch skizziert:

1. Persönliche Haftung von Gesellschaftern als Ausdruck der Vertragsbindung

Vorausgesetzt werden kann folgender Inhalt der Vertragsbindung: Sie ist nach dem Gesagten Bestandteil des Grundsatzes der Vertragstreue.[3] Vertragsbindung bedeutet dabei „die ohne rechtlichen Grund nicht einseitig lösbare Unterwerfung einer Partei unter alle einem Vertrag entspringenden Rechtsgebote".[4] Hieraus folgt die Verpflichtung des Schuldners, die Forderungen des Gläubigers zu erfüllen. Die persönliche Vermögenshaftung des Schuldners ist unmittelbarer Ausdruck der Vertragsbindung.

Postuliert wird folgender weiterer Inhalt der Vertragsbindung: Ist der Vertragspartner eine Gesellschaft, so ergibt sich aus dem Grundsatz die Schuldnerstellung der Gesellschafter. Insofern wäre § 128 HGB Ausdruck der Vertragsbindung, auch wenn der Gesellschafter selbst kein Vertragspartner ist.

2. Verfassungsrechtliche Verankerung der Vertragsbindung

Postuliert wird vorliegend ferner die verfassungsrechtliche Verankerung des Grundsatzes der Vertragsbindung. Hierbei handelt es sich um einen

---

[1] Vgl. oben § 4 V 3 a dd.
[2] Vgl. oben § 4 V 3 b ee.
[3] Vgl. oben § 4 IV 2.
[4] *Weller*, Die Vertragstreue, 301.

ungeschriebenen Grundsatz des BGB,[5] welches älter ist als das Grundgesetz. Gleichwohl kann die Vertragsbindung Ausdruck verfassungsrechlicher Wertungen sein.

Denn „wie neues Recht im Einklang mit dem grundrechtlichen Wertsystem stehen muss, so wird bestehendes älteres Recht inhaltlich auf dieses Wertsystem ausgerichtet. Von ihm her fließt ihm ein spezifisch verfassungsrechtlicher Gehalt zu, der fortan seine Auslegung bestimmt. [...] Im bürgerlichen Recht entfaltet sich der Rechtsgehalt der Grundrechte mittelbar durch die privatrechtlichen Vorschriften. Er ergreift vor allem Bestimmungen zwingenden Charakters und ist für den Richter besonders realisierbar durch die Generalklauseln."[6]

Postuliert wird vorliegend, der Grundsatz der Vertragstreue sei Inhalt der Privatautonomie. Vertragsfreiheit und Vertragsbindung lassen sich dann direkt aus Art. 1 und 2 GG herleiten. Einen ersten Hinweis auf diese Hypothesen gibt die Definition der Privatautonomie: Sie ist aus dem Prinzip menschlicher Selbstbestimmung abzuleiten, welches nach der Wertung des Grundgesetzes der Rechtsordnung vorgegeben und von ihr zu verwirklichen ist.[7] Konkret verankert ist sie vor allem in der von 2 Abs. 1 GG geschützten allgemeinen Handlungsfreiheit.[8] Die Privatautonomie ermöglicht die „Gestaltung der Rechtsverhältnisse des Einzelnen nach seinem Willen."[9] Sie lässt „aus Freiheit Bindung wachsen".[10]

3. Beschränkte Haftung des Kapitalgesellschafters als Ausnahme vom Grundsatz der Vertragsbindung

Wenn Gesellschafter grundsätzlich für Gesellschaftsverbindlichkeiten haften, so ist die beschränkte Haftung des Kapitalgesellschafters eine Ausnahme von diesem Grundsatz. Diesem Regel-Ausnahme-Verhältnis entspricht die Auffassung des BGH, im „bürgerlichen Recht und [...] Handelsrecht [hafte] derjenige, der als Einzelperson oder in Gemeinschaft mit anderen Geschäfte betreibt, für die daraus entstehenden Verpflichtungen mit seinem gesamten Vermögen, solange sich aus dem Gesetz nichts anderes ergibt oder mit dem Vertragspartner keine Haftungsbeschränkung vereinbart wird".[11]

---

[5] So im Bezug auf die übergeordnete Vertragstreue *Staudinger/Olzen*, BGB II-1^{2009}, Einleitung zum Schuldrecht Rn. 65.

[6] BVerfGE 7, 198, Leitsatz 2 und 205 (Lüth-Entscheidung).

[7] *Flume*, Allgemeiner Teil des Bürgerlichen Rechts II, 1.

[8] *Maunz/Dürig/Di Fabio*, GG^{57}, Art. 2 Rn. 2 und 101, zur Verankerung in spezielleren Grundrechten bei bestimmten Verträgen Rn. 103; *Staudinger/Olzen*, BGB II-1^{2009}, Einleitung zu §§ 241 ff. Rn. 49.

[9] BVerfGE 89, 214, 231; *Maunz/Dürig/Di Fabio*, GG^{57}, Art. 2 Rn. 101; *Larenz/Wolf*, BGB AT^{9}, § 34 Rn. 1; *Bork*, BGB AT^{2}, § 2 Rn. 99.

[10] *Maunz/Dürig/Di Fabio*, GG^{57}, Art. 2 Rn. 101.

[11] BGHZ 142, 315, 319 (‚GbR mbH').

4. Begrenzte verfassungsrechtliche Legitimation der Ausnahme

Nach den aufgestellten Postulaten wäre die persönliche Gesellschafterhaftung für Gesellschaftsverbindlichkeiten Folge des verfassungsrechtlichen Grundsatzes der Vertragsbindung. Die §§ 13 Abs. 2 und 5 Abs. 1 GmbHG wären einfachrechtliche Ausnahmen hiervon. Sie bedürften aufgrund der Verfassungsbindung des parlamentarischen Gesetzgebers einer verfassungsrechtlichen Rechtfertigung.

Postuliert wird nun, dass § 13 Abs. 2 GmbHG durch Art. 9 GG legitimiert sei, sofern die GmbH mit einem angemessenen Eigenkapital ausgestattet ist, was durch § 5 Abs. 1 GmbHG nicht sichergestellt sei. Zu prüfen bleibt dann die Verfassungsmäßigkeit des § 5 Abs. 1 GmbHG. Zur Rechtfertigung des Haftungsprivilegs dienen wirtschaftstheoretische Erwägungen.[12] Der vorliegende Lösungsvorschlag postuliert, dass diesen wirtschaftstheoretischen Erwägungen aus verfassungsrechtlicher Sicht nicht gefolgt werden kann, ferner keine verfassungsrechtliche Legitimationsgrundlage für § 5 Abs. 1 GmbHG bestehe, die Norm dementsprechend verfassungswidrig sei.

5. Verfassungsrechtliche Legitimation der Gegenausnahme

Behauptet wird abschließend, dass zur verfassungskonformen Ausgestaltung des Haftungsprivilegs eine gesetzliche Verpflichtung zur angemessenen Kapitalausstattung der GmbH eingeführt werden müsste. Sodann wird behauptet, § 39 Abs. 1 Nr. 5 InsO sei ein wesensgleiches Minus zur angemessenen Kapitalausstattung. Unter diesen Voraussetzungen wäre die Norm gerechtfertigt, soweit eine angemessene Kapitalausstattung der GmbH gesetzlich nicht vorgeschrieben ist. § 39 Abs. 1 Nr. 5 InsO wäre also legitimer Ausdruck des Grundsatzes der Vertragsbindung. Die angeordnete Haftung ließe sich als Ausweitung der Finanzierungsfolgenverantwortung deuten,[13] mit der die aus verfassungsrechtlicher Sicht mangelhafte einfachrechtliche Finanzierungsverantwortung kompensiert wird.

---

[12] *Lutter/Hommelhoff/Lutter*, GmbHG[17], § 13 GmbHG Rn. 11.
[13] *Scholz/K. Schmidt*, GmbHG III[10], §§ 32a/b a.F. Rn. 7.

II. Zusammenfassung des eigenen Lösungsvorschlags in Thesen

Der eben dargestellte Lösungsvorschlag lässt sich in folgenden Thesen zusammenfassen:

A. § 39 Abs. 1 Nr. 5 InsO ist aus folgenden Gründen legitimer Ausdruck des Grundsatzes der Vertragsbindung:

B. Die Vertragsbindung ist notwendige Voraussetzung der verfassungsrechtlich garantierten Entfaltungsfreiheit und hat deshalb Verfassungsrang.

C. In der Personengesellschaft erfordert die Vertragsbindung die persönliche Gesellschafterhaftung für vertragliche Verbindlichkeiten der Gesellschaft. In der Kapitalgesellschaft ist dem Grundsatz der Vertragsbindung jedenfalls dann genügt, wenn die Kapitalgesellschaft mit einem dem Geschäftsumfang angemessenenen Eigenkapital ausgestattet ist.

D. § 5 GmbHG sichert keine angemessene Kapitalausstattung der GmbH. Eine anderweitig pauschal freiheitsfördernde Wirkung des § 5 GmbHG ist nicht nachweisbar. Die durch § 5 GmbHG erlaubte Risikoverlagerung auf die Gläubiger ist deshalb verfassungswidrig, ihre Einschränkung durch § 39 Abs. 1 Nr. 5 InsO legitim.

Die Prüfung der Thesen B bis D erfolgt der Bezeichnung entsprechend in den Kapiteln B bis D.

B.

Verfassungsrechtliche Herleitung und Einordnung der Vertragsbindung

Einführung und Thesen zu Kapitel B

I. Übergeordnete These B

Die verfassungsrechtliche Verankerung der Vertragsfreiheit ist allgemein anerkannt.[1] Für die Vertragsbindung kann das nicht behauptet werden. Teilweise wird sie zwar als Ausdruck der Privatautonomie angesehen, weil „rechtliche Selbstgestaltung [...] sich gar nicht anders denken [...] lässt als in der Form der Selbstbindung".[2] Diese Erklärung greift nach vorliegender Auffassung jedoch zu kurz.[3] Teilweise wird die Vertragsbindung unabhängig von verfassungsrechtlichen Erwägungen unter Verweis auf ethische Grundlagen aus dem BGB hergeleitet.[4] Das verfassungsrechtliche Feld zwischen vorrechtlicher Ethik und einfachem Recht wird soweit ersichtlich kaum beleuchtet. Hierfür mögen verschiedene Umstände ausschlaggebend sein. Zum einen ist die Verbindlichkeit von Verträgen auf einfachrechtlicher Ebene unbestritten; weitere Legitimationsüberlegungen sind deshalb auf den ersten Blick möglicherweise überflüssig.[5] Zum anderen ist das einfache Recht in dogmatischer Hinsicht aufschlussreicher.

---

[1] *Höfling*, Vertragsfreiheit, 6 ff.; *Ruffert*, Vorrang der Verfassung und Eigenständigkeit des Privatrechts, 359.

[2] *Canaris*, Vertrauenshaftung, 413 f.

[3] Die hier einzuschlagende Richtung einer weitergehenden Legitimation weist Canaris selbst einige Zeilen später (vgl. soeben Fn. 2): „Denn die Privatautonomie hat ihren Grund anerkanntermaßen in der Respektierung der Selbstbestimmung der Person, [...] diese [...] wurzelt im Wert der Freiheit oder möglicherweise auch in dem der Würde des Menschen."

[4] Grundlegend *Weller*, der auf vorrechtlicher Ebene Vertragsfreiheit und Selbstbindung aus der menschlichen Fähigkeit zur Selbstbestimmung ableitet (*Weller*, Die Vertragstreue, 156 ff.). Bezüglich der Vertragsfreiheit verweist er auf deren Anerkennung im Grundgesetz (ebenda, 167), die Vertragstreue verortet er hingegen im BGB (ebenda, 171 ff., 185 ff.).

[5] Deshalb ist der Behauptung von *Canaris*, Vertrauenshaftung, 413, die Verbindlichkeit des mangelfreien Rechtsgeschäfts sei eine ‚bare Selbstverständlichkeit', im Ergebnis nicht zu widersprechen.

Verfassungsrechtliche Bezüge der Vertragsbindung werden andererseits nicht explizit geleugnet. Ihnen steht auch nicht entgegen, dass das BGB älter ist als das Grundgesetz. Denn „bestehendes älteres Recht [wird] inhaltlich auf [das] Wertsystem [des Grundgesetzes] ausgerichtet. Von ihm her fließt ihm ein spezifisch verfassungsrechtlicher Gehalt zu, der fortan seine Auslegung bestimmt.“[6] Das könnte für die Vertragsbindung ebenso gelten wie für die Vertragsfreiheit. Im Rahmen des obigen Lösungsvorschlags[7] wurde dementsprechend folgende These aufgestellt:

B. Die Vertragsbindung ist notwendige Voraussetzung der verfassungsrechtlich garantierten Entfaltungsfreiheit und hat deshalb Verfassungsrang.

II. Unterthesen B1 bis B10

Der Gedankengang wird sich an folgenden Unterthesen orientieren:

B1. Gesetzesbegründungen beinhalten deskriptive, evaluative und präskriptive Sätze. Bestimmte Sätze werden der Rechtsordnung durch die Verfassung axiomatisch vorgegeben.

B2. Als Tatsache gesetzt ist die menschliche Willensfreiheit.

B3. Als Wert gesetzt ist die menschliche Würde, welche den Wert des menschlichen Lebens und den Wert schöpferischer Selbstentfaltung beinhaltet. Präskriptiv gesetzt sind die Bindung aller staatlichen Gewalt an die menschliche Würde und die daraus folgenden Rechte der Rechtsunterworfenen auf Leben und freie Entfaltung ihrer Persönlichkeit.

B4. Staatliches Handeln ist nur im Hinblick auf diese präskriptiven Letztzwecke gerechtfertigt, Aufgabe des Staates ist demzufolge der Schutz von Würde und Leben sowie die Herstellung notwendiger Entfaltungsvoraussetzungen, sofern der Bürger sie nicht selbst herstellen kann. Diese Letztzwecke sind die Grundlage der verfassungsrechtlichen Wertordnung.

B5. Entfaltungsfreiheit bedeutet positive Macht zur Gestaltung des eigenen Lebens und hat drei Voraussetzungen, nämlich a) Ein hinreichendes Maß an Entfaltungsressourcen in Form von Rechtsgütern, b) die Freiheit der eigenen Gütersphäre von Fremdbestimmung und c) die Kompetenz zu selbstbestimmtem Handeln.

---

[6] BVerfGE 7, 198, Leitsatz 2 und 205 (Lüth-Entscheidung); vgl. bereits oben § 5 I 2.

[7] Oben § 5 II.

B6. Als freiheitsfördernd anerkannt ist die Möglichkeit, zur Anpassung der eigenen Ressourcen an die eigenen Bedürfnisse auf fremde Ressourcen zuzugreifen.

B7. Die fremde Gütersphäre muss dabei frei sein von Fremdbestimmung, weshalb eine selbstbestimmte konsensuale Erklärung des betroffenen Rechtsgutsinhabers erforderlich ist.

B8. Das bedeutsamste Mittel zur Konsensherstellung ist die vertragliche Vereinbarung.

B9. Gestaltungsmacht gewährt sie dem Gläubiger erst durch die Verbindlichkeit und gerichtliche Durchsetzbarkeit vertraglicher Pflichten sowie die Vermögenshaftung des Schuldners. Die Vertragsbindung des Schuldners hat deshalb als notwendige Entfaltungsvoraussetzung Verfassungsrang.

B10. Die Vertragsbindung entfällt mangels selbstbestimmt konsensualer Erklärung bei fremdbestimmten Erklärungen und bei beschränkter Selbstbestimmungskompetenz des Erklärenden.

III. Vorgehensweise

Die Prüfung der These B beinhaltet folgende Schritte: § 5 der Arbeit widmet sich den methodischen Grundlagen von Gesetzesbegründungen (Thesen B1 und B2). § 6 erarbeitet Menschenwürde, Leben und Entfaltungsfreiheit als Grundwerte unserer Verfassung (These B3). Hierauf wird in § 7 die sogenannte objektive Wertordnung[8] der Verfassung zurückgeführt (Thesen B4 und B5). In § 8 wird die Vertragsbindung natürlicher Personen als notwendiger Inhalt dieser Wertordnung dargestellt (Thesen B6 bis B10).

Soweit von *dem* Staat und *den* Menschen die Rede ist, sind damit der deutsche Staat sowie dem deutschen Recht unterworfene Bürger gemeint.

---

[8] Grundlegend BVerfGE 7, 198, 205 (Lüth), dazu *Maunz/Dürig/Herdegen*, GG[64], Art. 1 Abs. 3 Rn. 52 ff.; vgl. bereits oben § 5 I 2.

§ 6 Legitimationsmethode: Trifunktionale Normbegründung

I. Einleitung

1. Zwischenziel: Festlegung der juristischen Methode

Gesucht wird eine tragfähige Legitimationsbasis für § 39 Abs. 1 Nr. 5 InsO. Vorliegender § 6 hat die Aufgabe, die methodische Herangehensweise zu klären. Gesetze werden sprachlich vermittelt. Sie lassen sich mit einer Vielzahl von Aussagen begründen oder kritisieren, etwa mit bloßen Behauptungen, statistischen Aussagen, Meinungen, Wertungen, Aussagen von Autoritäten, wissenschaftlichen Hypothesen oder Theorien, religiösen Dogmen usw.

Welche Aussagen legitime Grundlage von Gesetzen sein können, wird selten diskutiert. *Unberaths* Feststellung zum Leistungsstörungsrecht lässt sich auf andere Rechtsbereiche übertragen: „Der angewendete Maßstab für die Qualität von Regeln [bleibt] oft unausgesprochen.“[1] Das wäre kein Problem, wenn ungeteilte Einigkeit hinsichtlich des Maßstabs bestehen würde. Die vorliegende Arbeit geht davon aus, dass das Gegenteil der Fall ist. Bereits innerhalb der Rechtswissenschaft und noch mehr im Dialog der Wissenschaften sind die legitimen Grundlagen gesetzlicher Regelungen sehr umstritten. Werden die konkreten Streitpunkte nicht benannt, können Rechtstheorie und Rechtsdogmatik „wie zwei Schiffe im Nebel unerkannt aneinander vorbei gleiten“.[2]

Festgelegt weden soll daher, welche Arten von Aussagen zur Begründung von Gesetzen verwendet werden dürfen bzw. müssen. Sinn dieser Vorüberlegung ist die Eröffnung einer Metaebene, welche die Elemente der entworfenen Normbegründung fachübergreifend zugänglich macht. Angesprochen sind damit die Unterthesen[3] B1 und B2:

B1. Gesetzesbegründungen beinhalten deskriptive, evaluative und präskriptive Sätze. Bestimmte Sätze werden der Rechtsordnung durch die Verfassung axiomatisch vorgegeben.

B2. Als Tatsache gesetzt ist die menschliche Willensfreiheit.

[1] *Unberath*, Die Vertragsverletzung, 4.

[2] *Unberath*, Die Vertragsverletzung, 7, dort im Bezug auf Vertragstheorie und Vertragsdogmatik.

[3] Vgl. soeben Einführung und Thesen zu Kapitel B unter II.

2. Vorgehensweise

Zunächst werden (II.) ganz allgemein deskriptive, evaluative und präskriptive Sätze als ausschließlicher Inhalt von Gesetzesbegründungen qualifiziert. Sodann wird (III.) die empirische Deskription natürlicher Prozesse dargestellt. Danach wird (IV.) gezeigt, dass die Deskription menschlichen Verhaltens rein empirisch unmöglich ist. Die menschliche Willensfreiheit entzieht sich der empirischen Wahrnehmung, weshalb sie durch die Rechtsordnung als Axiom gesetzt wird. Menschliches Verhalten lässt sich dem Axiom zufolge nicht genau vorhersagen, im Nachhinein lässt es sich lediglich deuten, nicht jedoch umfassend beschreiben. Zuletzt ergibt sich (V.) die Feststellung, dass evaluative und präskriptive Sätze immer einen objektiv nicht fassbaren irrationalen Rest beinhalten. Eine Gesetzesbegründung wird im Ergebnis (VI.) als Antwortprozess auf die drei Fragen aufgefasst, welche Sätze dem Gesetz 1. zugrunde liegen und ob 2. die Deskriptionen richtig sowie 3. die Evaluationen und Präskriptionen gut sind.

II. Normbegründung durch deskriptive, evaluative und präskriptive Sätze

1. Grundlegende Unterscheidung zwischen Sein, Werten und Sollen

Grundlegend für die Gesetzesbegründung ist die Differenzierung von Sein, Werten und Sollen. Ihr entspricht die Unterscheidung dreier Zentralfunktionen der Sprache: Deskription, Evaluation und Präskription.[4] Alle drei Ebenen sind für die Normbegründung von Bedeutung, wenn auch juristische Methodenlehren oftmals einen Aspekt besonders betonen.[5] Ausgegangen wird vorliegend von einem trialistischen Kommunikationsmodell:[6]

Sender/Sprecher/Gesetzgeber
↑
Zeichen → Gegebenheit
↓
Empfänger/Hörer/Normadressat

„Ausgangspunkt jeder Frage nach der Bedeutung sprachlicher Äußerungen muß das trialistische Grundmodell der Bezogenheit der Zeichen auf Sen-

[4] Grundlegend *von der Pfordten*, Deskription, Evaluation, Präskription.

[5] *Von der Pfordten*, Deskription, Evaluation, Präskription, 243 ff.

[6] Die Zeichung ist übernommen aus *von der Pfordten*, Deskription, Evaluation, Präskription, 96; sie entspricht dem Organon-Modell von *Bühler*, Sprachtheorie 1999, 28.

der, Empfänger und Gegebenheiten sein."[7] Die genannten sprachlichen Funktionen beziehen sich vornehmlich auf jeweils einen der Eckpunkte des Dreiecks.[8] Gesetze werden sprachlich vermittelt. Die Sprachfunktionen lassen sich auf die Gesetzesbegründung übertragen:

2. Sein/Deskription: Empirische Tatsachen und Willensfreiheit

a) Empirische Tatsachen

Gesetze beziehen sich notwendigerweise auf reale Gegebenheiten. Teilweise lassen sie sich dem Gesetz konkret entnehmen. § 223 StGB etwa spricht von einer ‚anderen Person'. Jeder weiß, dass damit ein Mensch gemeint ist. Teilweise wird die Gegebenheit auch nur abstrakt umschrieben. In § 223 StGB findet sich der Begriff ‚Gesundheitsschädigung'. Er bedarf einer genaueren Beschreibung und wird üblicherweise definiert als „Hervorrufen oder Steigern eines [...] pathologischen Zustandes".[9] Zur näheren Beschreibung pathologischer Zustände kann auf medizinische Fachliteratur zurückgegriffen werden. Insofern bezieht sich das Gesetz auf Tatsachen, die sinnlich wahrnehmbar und empirisch nachweisbar sind.

b) Willensfreiheit

Eine weitere von der Rechtsordnung vorausgesetzte Tatsache ist die menschliche Willensfreiheit, also die Fähigkeit, über das eigene Handeln selbst zu entscheiden. Die Strafdrohung des § 223 StGB zum Beispiel wäre ohne freien Willen des Täters kaum zu rechtfertigen. Allerdings ist die Willensfreiheit nicht empirisch nachweisbar. Unsere Rechtsordnung beruht insofern auf einer metaphysischen Annahme. Die Problematik wird nachfolgend (III.) näher erörtert.

3. Werten/Evaluation: Bewertung der Tatsachen

Die Beschreibung realer Gegebenheiten ist eine notwendige, aber keine hinreichende Grundlage der Normsetzung. Erforderlich sind ferner Wertungen. Hierdurch werden Gegebenheiten als gut, wertneutral oder schlecht qualifiziert, als förderungs- oder mißbilligenswert usw. Im trialistischen Kommunikationsmodell dominiert dabei die Bezugnahme auf den Sprecher oder Sender.[10] Das ist vorliegend der Gesetzgeber, der letztendlich die ausschlaggebenden Wertungen trifft.

---

[7] *Von der Pfordten*, Deskription, Evaluation, Präskription, 161.

[8] Dazu sogleich unter 2. bis 4.

[9] *Tröndle/Fischer*, StGB[59], § 223 Rn. 6.

[10] *Von der Pfordten*, Deskription, Evaluation, Präskription, 245.

Zur Legitimation der Strafdrohung des § 223 StGB etwa führt nicht allein die Gesundheitsschädigung. Erforderlich ist vielmehr ihre Einordnung als bestrafungswürdig. Diese spezielle Wertung mag offensichtlich sein, so ist es aber nicht in jedem Fall. Selbst § 223 erfasst nicht alle Fälle, die er beschreibt. Rein deskriptiv erfasst er auch Bagatellverletzungen wie kleine harmlose Hautkratzer. Dass diese nicht strafbewehrt sind, erfordert also ein wertendes Verständnis des Normtextes.

Nun bewerten zwei Menschen dieselbe Situation selten einheitlich. Daher erfordert eine einheitliche Anwendung der Norm eine ausführliche Normbegründung, welche die jeweiligen Wertungen des Gesetzgebers verdeutlicht.

4. Sollen/Präskription: Verbindliche Verhaltensvorgaben

a) Einordnung

Bei der Präskription ist der Bezug des sprachlichen Zeichens auf den Hörer dominant.[11] Er ist es, der sein Verhalten am jeweiligen Imperativ ausrichten soll. Gesetzlich erfolgt die Präskription durch Gebote oder Verbote. Im Rahmen des genannten § 223 StGB etwa wird die körperliche Verletzung anderer Personen verboten.

So wie Wertungen sich auf Tatsachen und/oder andere Wertungen beziehen, baut die Präskription auf Tatsachen und Wertungen auf. Nach dem vorliegenden Modell besteht also eine klare Trennung zwischen Evaluation und Präskription. Wertungen sind nicht immer präskriptiv.[12] Sollenssätze beinhalten aber immer entsprechende Wertungen.[13]

Im Rahmen der Gesetzesbegründung ist zu beachten, dass keine Norm isoliert auftritt. Sie steht innerhalb einer gesetzlichen Systematik. Andere Normen beruhen wiederum auf Tatsachen, Wertungen und Präskriptionen. Eine klare Rechtslage erfordert eine Abstimmung der Einzelnormen.

---

[11] *Von der Pfordten*, Deskription, Evaluation, Präskription, 247.

[12] Man kann es z.B. für gut halten, dass morgens die Sonne aufgeht. Ein sinnvoller Imperativ lässt sich daraus nicht konstruieren.

[13] Insofern wohl a.A. *von der Pfordten*, Deskription, Evaluation, Präskription, 229 ff., 239, der davon ausgeht, dass Präskriptionen und individuelles Wertempfinden sich widersprechen können und als Beispiel einen Offizier anführt, welcher einen Befehl für falsch hält, ihn aber aus Pflichtgefühl weitergibt. Nach vorliegender Ansicht beinhaltet auch das Befolgen der Pflicht eine Wertung, der Offizier bewertet die Befolgung der Pflicht als wichtiger gegenüber der persönlichen Befindlichkeit, er trifft also eine Gesamtwertung nach Abwägung innerlich konfligierender Wertvorstellungen. Im Regelfall geht auch *von der Pfordten*, ebenda, 247, von einer der Präskription entsprechenden Wertung aus.

b) Präskription als Instrument zur Steuerung sozialer Prozesse

Die Präskriptionsebene dient nicht allein der Normbegründung. Sie verdeutlicht auch das Ziel des Rechts, nämlich die Steuerung sozialer Prozesse.[14] Mittel hierfür sind die Verhaltenssteuerung und die Staatsorganisation. Durch Verhaltenssteuerung soll formal Ordnung geschaffen werden.[15] Dadurch werden Rechtsbeziehungen vorhersehbar.[16] Im Wege der Staatsorganisation wird hierfür ein gesellschaftlicher Ordnungsrahmen geschaffen. Dieser legitimiert soziale Herrschaft[17] und dient der Konfliktlösung.[18]

5. Trifunktionale Normbegründung durch deskriptive, evaluative und präskriptive Sätze

Ein Gesetz kann deskriptive, evaluative und präskriptive Elemente enthalten. Die Legitimation besteht im „Anschluss [...] an das Netz anderer präskriptiver, evaluativer und deskriptiver Äußerungen" außerhalb der Norm.[19] Die einflussreichsten methodologischen Strömungen lassen sich als Betonungen jeweils einer der Legitimationsebenen beschreiben.[20] Die Begriffsjurisprudenz tendiert zur Normbegründung anhand präskriptiver Begriffe innerhalb einer normativen ‚Begriffspyramide'.[21] Die Interessenjurisprudenz berücksichtigt vornehmlich menschliche Interessen und vernachlässigt darüber andere Tatsachen und ihre Bewertung.[22] In der Wertungsjurisprudenz kommen Tatsachen teilweise nur über Wertungen ins Spiel, ferner besteht oft keine klare Abgrenzung von Evaluationen und Präskriptionen.[23] Die neuere Wertungsjurisprudenz überwindet zunehmend diese einseitige Betonung der Evaluationsebene.[24]

Vorliegend wird dementsprechend eine trifunktionale Begründungsstruktur[25] zugrunde gelegt. Alle drei Ebenen werden berücksichtigt.

---

14 *Rüthers/Fischer,* Rechtstheorie[5], Rn. 72.

15 *Rüthers/Fischer,* Rechtstheorie[5], Rn. 76.

16 *Rüthers/Fischer,* Rechtstheorie[5], Rn. 87.

17 *Rüthers/Fischer,* Rechtstheorie[5], Rn. 80.

18 *Rüthers/Fischer,* Rechtstheorie[5], Rn. 79, 88.

19 *Von der Pfordten*, Deskription, Evaluation, Präskription, 427.

20 *Von der Pfordten*, Deskription, Evaluation, Präskription, 427.

21 *Von der Pfordten*, Deskription, Evaluation, Präskription, 428 mit Verweisen auf *v. Savigny* und *Windscheid*.

22 *Von der Pfordten*, Deskription, Evaluation, Präskription, 428 mit Verweisen auf *Heck* und *Hoerster*.

23 *Von der Pfordten*, Deskription, Evaluation, Präskription, 429 ff. mit Verweisen auf *Larenz, Canaris* und *Alexy*.

24 Von der Pfordten, Deskription, Evaluation, Präskription, 429 ff. mit Verweisen auf Larenz, Fikentscher, Bydlinski, Kaufmann, Alexy, Koch und Rüßmann.

25 Dazu *von der Pfordten*, Deskription, Evaluation, Präskription, 432.

Fraglich ist, wie weit der Begründungsanspruch reicht. Denn nach allem, was wir wissen, ist eine Letztbegründung von Aussagen nicht möglich. Nachfolgend (III. bis V.) sind bestimmte Grundannahmen auf der Deskriptions- und Evaluationsebene darzustellen.

III. Deskription natürlicher Prozesse durch empirische Erkenntnisse

1. Für die Normsetzung notwendiges Vorwissen

Ziel der wissenschaftlichen Arbeit sind Erklärungsmuster auf der Basis von Ursache-Wirkung-Zusammenhängen.[26] Dies gilt auch für die Rechtswissenschaft als empirische Sozialwissenschaft.[27] Allgemeines Ziel des Rechts ist die Steuerung sozialer Prozesse. Damit lassen sich die Tatsachen näher benennen, welche für die Rechtswissenschaft von Bedeutung sind. Sie muss „die tatsächlichen Bedingungen der sozialen Vorgänge kennen, wenn sie die regelungsbedürftigen Bereiche sachgerecht erfassen und gestalten will."[28]

2. Wissenschaft und Irrationales

Aus den geschilderten Voraussetzungen sinnvoller Normen ergibt sich folgendes Problem: Der Gesetzgeber kennt nicht alle Bedingungen der sozialen Vorgänge. Darf er also auf unvollständiges Wissen oder irrationale bzw. unbegründete Annahmen zurückgreifen?

a) Erkenntnistheoretische Grenzen des Wissens

Bei näherer Betrachtung besteht kein zwingender Widerspruch von Wissenschaft und irrationalen Annahmen. Die Wissenschaft vermag einen bestimmten irrationalen Rest niemals völlig aufzulösen. Mit den Worten *Poppers*:

> „Das […] Theoriennetz, mit dem wir die Wirklichkeit zu fangen suchen, […] hat Maschen, und der Raum zwischen den Maschen ist immer so groß, daß uns beliebig viel von der Wirklichkeit entschlüpft. Wie fein wir das Netz auch spinnen, die Wirklichkeit ist immer noch feiner."[29]

---

[26] *Töpfer*, Erfolgreich Forschen, 134.
[27] *Rüthers/Fischer*, Rechtstheorie^5, Rn. 303 ff.
[28] *Rüthers/Fischer*, Rechtstheorie^5, Rn. 331.
[29] *Popper*, Die beiden Grundprobleme der Erkenntnistheorie, 399.

b) Grenzen der Wissenschaft

Die Begrenzung wissenschaftlicher Erkenntnis ergibt sich aus der wissenschaftlichen Methode.[30] Sie kann nur wiederholbare Vorgänge beschreiben.[31] Diese sind nie letztgültig begründbar. Denn dafür müssten tatsächlich alle ihre Bedingungen bekannt sein. Man müsste also bereits alles wissen, auch die letzte Bedingung des Daseins kennen. Ein solcher ‚infiniter Regress'[32] ist unmöglich. Die Wirklichkeit kann stets noch unbekannte Bedingungen enthalten. Mit anderen Worten ist ein tatsächlicher Vorgang stets individuell.[33] Er ist nicht nachweislich wiederholbar und somit nicht vollständig beschreibbar.[34] Man kann noch nicht bekannte Bedingungen experimentell nicht bewusst konstellieren. Wissenschaftlich gewonnene Erkenntnis beschreibt also nie die Wirklichkeit, sondern lediglich ein Modell derselben.[35]

c) Allgemeiner: Grenzen der Erkenntnis

Auch eine Erweiterung des Blickwinkels vermag die Problematik nicht zu lösen. Man kann neben der wissenschaftlichen Arbeit auch andere Erkenntnisquellen anerkennen.[36] Damit verlagert man das Problem von der Wissenschaftstheorie in die Erkenntnistheorie. Gelöst wird es aber nicht. Das gilt sowohl für empirische als auch für individuelle Erkenntnis:

aa) Empirische Erkenntnis

Für jedwede empirische Erfahrung gilt das zur Wissenschaft Gesagte.[37] Sie bezieht sich auf wiederholbare Vorgänge. Deren letzte Bedingungen sind jedoch nicht bekannt. Damit sind auch Erfahrungssachverhalte nicht nachweislich wiederholbar. Das entsprechende Wissen beschreibt also ebenfalls nur ein Modell der Welt.[38]

---

[30] Näher zur erkenntnistheoretischen Auseinandersetzung *Albert*, Die Wissenschaft und die Fehlbarkeit der Vernunft, 12 ff.; *Trigg*, Die Grenzen der Wissenschaft, 69 ff.

[31] *Popper*, Die beiden Grundprobleme der Erkenntnistheorie, 399.

[32] *Albert*, Traktat über kritische Vernunft, 13.

[33] Dieses Problem wird durch die Quantenphysik nicht gelöst. Denn ein quantenphysikalischer Schluss auf eine teilweise indeterminierte Wirklichkeit ist keinesfalls zwingend. Vielmehr erscheint gerade hier die „Unberechenbarkeit […] als eine Folge der Einmaligkeit der Situation.", vgl. *Popper*, Die beiden Grundprobleme der Erkenntnistheorie, 404 ff., 406.

[34] *Popper*, Die beiden Grundprobleme der Erkenntnistheorie, 399.

[35] *Albert*, Traktat über kritische Vernunft, 28, 30.

[36] Vgl. dazu *Feyerabend*, Erkenntnis für freie Menschen, 97 ff.

[37] Vgl. soeben unter b.

[38] Ebenda.

bb) Individuelle Erkenntnis

Eine über empirisch erfassbare Erkenntnisse hinausgehende Einsicht bleibt notwendig individuell. Das liegt an der Unvollständigkeit intersubjektiver Kommunikation. Die Wahrnehmung erfolgt sinnesbasiert. Neben dem ordnenden Denken sind Tast-, Seh-, Hörsinn usw. beteiligt. Die entsprechenden Erkenntnisse sind nicht vollständig intersubjektiv vermittelbar. Denn vermittelt wird nicht die Sinneswahrnehmung, sondern ein Symbol hierfür. Mit dieser meist sprachlichen Abstraktion wird die Erfahrung reduziert. Nur wer sie selbst gemacht hat, weiß, was gemeint ist.[39]

3. Die Wissenschaft ist auf irrationale Voraussetzungen angewiesen

Die Erkenntnismöglichkeiten der Wissenschaft sind begrenzt. Daher kann etwa dem Physikalismus des Wiener Kreises nicht gefolgt werden. Er hält nicht wissenschaftlich nachprüfbare Erkenntnis für gehalt- und sinnlos.[40]

Die Gegenauffassung in Form des Relativismus respektiert zwar auch unwissenschaftliche Erkenntnisse.[41] Sie gewichtet aber widerstreitende Thesen nicht und führt daher entweder zum Nihilismus oder zum Dogmatismus.[42] Sie muss mit anderen Worten jede Erkenntnis für sinnlos halten oder eine bestimmte Erkenntnis unbegründet als richtige ansehen. Beide Extreme lassen sich vermeiden, indem als Dogma die Unvollkommenheit menschlicher Erkenntnis gesetzt wird:

Es kann dann nicht mehr darum gehen, Tatsachen letztgültig zu beschreiben. Es geht allein darum, sie so gut wie möglich zu beschreiben. Ein irrationaler Rest verbleibt. Letzlich kommt also keine Wissenschaft ohne den Glauben an nicht beweisbare Tatsachen aus.[43] Um Tatsachen so gut wie möglich zu beschreiben, lassen sich sinnvollerweise natürliche Vorgänge und menschliches Verhalten trennen:

4. Unterscheidung zwischen natürlichen Vorgängen und menschlichem Handeln

Nach dem Gesagten sind reale Vorgänge individuell bzw. nicht nachweislich wiederholbar. Damit ist jede Hypothese unvollkommen, es verbleibt

[39] Ein Beispiel ist das Gleichgewicht beim Fahrradfahren. Abstrakt vermag jedes Kind seine Bedeutung zu begreifen. Die konkrete Umsetzung gelingt aber regelmäßig erst nach einigen Stürzen.

[40] *Neurath u.a.*, Wissenschaftliche Weltauffassung, 305 ff. Der Begriff der Erfahrung wird vom Wiener Kreis rein materialistisch verstanden und auf wissenschaftliche Empirie verengt, vgl. ebenda, 314 f.

[41] *Feyerabend*, Erkenntnis für freie Menschen, 97 ff.

[42] *Trigg*, Die Grenzen der Wissenschaft, 85.

[43] *Rüthers/Fischer*, Rechtstheorie[5], Rn. 285.

ein nicht erkennbarer irrationaler Rest. Dieser Rest wird durch empirische Erkenntnisse nicht aufgehoben, sondern lediglich verschoben, verkleinert oder auch vergrößert.[44]

a) Beschreibung natürlicher Vorgänge

Natürlich werden im Folgenden Vorgänge ohne menschliche Beteiligung genannt. Der irrationale Rest aller Erkenntnis kann hierbei meist vernachlässigt werden. Ihre empirische Beschreibung führt regelmäßig zu sinnvollen Ergebnissen.[45] Sie lassen sich also als wiederholbare Vorgänge auffassen. Der irrationale Rest lässt sich dann ausblenden und der Vorgang als Hypothese formulieren. Hypothesen lassen sich empirisch stützen oder widerlegen.[46] Die empirischen Stützen stellen zwar keine Letztbegründung dar. Aber sie ermöglichen die wissenschaftliche Verwertung bis zur Formulierung einer neuen Hypothese.

b) Beschreibung menschlichen Verhaltens

Menschliches Verhalten lässt sich nicht vorhersagen, die Zukunft scheint stets offen. Daher ist der irrationale Rest hier keinesfalls vernachlässigbar:

IV. Deskription menschlichen Verhaltens: Willensfreiheit als ontologisches Axiom

1. Axiomatische Annahme der Willensfreiheit

a) Natürliche Willensfreiheit als notwendige Voraussetzung der Rechtsordnung

Die Diskussion um die Willensfreiheit ist äußerst facettenreich. Nachfolgend wird sie allein in ihrer Bedeutung für die Rechtsordnung dargestellt. Eine vertiefte Auseinandersetzung würde den Rahmen dieser Arbeit sprengen, festzuhalten sind daher nur die zentralen Aussagen zur Willensfreiheit.

Als Ziel des Rechts wurde oben die Steuerung sozialer Prozesse genannt. Das setzt die Möglichkeit einer solchen Steuerung voraus. Notwendig ist deshalb die Freiheit des Einzelnen, Verhaltensregeln zu befolgen. Etwas zu sollen, ohne es zu können, wäre sinnlos. Der Einzelne muss sich

---

[44] Als Beispiel lässt sich die Entdeckung des Atoms anführen. Mit dem Atommodell lässt sich vieles erklären, aber es wirft auch neue Fragen auf.

[45] Das empirisch belegte Trägheitsgesetz etwa lässt sich der Bremswegberechnung eines Kraftfahrzeugs zugrunde legen.

[46] Dies entspricht der momentan wohl vorherrschenden Methode des ‚aufgeklärten' kritischen Rationalismus, dazu *Töpfer*, Erfolgreich forschen, 132 ff.

für die Normbefolgung entscheiden können. Ist eine Handlung durch vorgegebene Umstände vollständig determiniert, so liegt keine Entscheidung vor, sondern ein Reflex. Erst durch die Annahme der Willensfreiheit erhalten präskriptive Verhaltensvorgaben einen Sinn. Vorliegend ist die Willensfreiheit vor allem bedeutsam als Voraussetzung der Privatautonomie. Denn privatautonomes Handeln erfordert einen ‚eigenen Willen'[47] des Handelnden.

b) Willensfreiheit als nicht nachweisbare Tatsache

Eine freiwillige Entscheidung ist ein individueller Vorgang. Der freie Wille lässt sich empirisch weder beweisen noch widerlegen.[48] Es handelt sich also um einen metaphysischen Gegenstand.[49] Gemeint ist damit ein der Willensfreiheit anhaftender irrationaler Rest.[50] Das Problem bleibt sehr wohl diskutierbar.[51]

Die Betätigung eines freien Willens ist ein individueller Vorgang. Dieser ist somit nicht empirisch nachweisbar. Er mag individuell erfahrbar sein. Dann ist er aber nicht intersubjektiv vermittelbar. Ein letztgültiger intersubjektiver Nachweis der Willensfreiheit ist somit unmöglich. Fraglich ist, ob die Rechtsordnung sie unbewiesen voraussetzen kann.

Keine Tatsache ist wissenschaftlich letztgültig bewiesen. Daher kommt letzlich keine Wissenschaft ohne den Glauben an nicht beweisbare Tatsachen aus.[52] Wissenschaftstheoretisch steht der axiomatischen Setzung der Willensfreiheit demnach nichts entgegen. Positiv geboten ist das Axiom aus ethischen Gründen:

---

[47] BVerfGE 89, 214, 231; *Maunz/Dürig/Di Fabio*, GG[57], Art. 2 Rn. 101; *Larenz/Wolf*, BGB AT[9], § 34 Rn. 1; *Bork*, BGB AT[2], § 2 Rn. 99.

[48] Dazu *Pothast*, Die Unzulänglichkeit der Freiheitsbeweise, 362: „Die Behauptung eines durchgängigen Determinismus ist, gemessen an den methodischen Kriterien, denen sie sich stellen muß, genauso des Metaphysischen verdächtig wie die Behauptung der kontrakausalen Freiheit.", 367: „...daß kein überzeugender Beweis einer kontrakausalen Freiheit sichbar ist, ebenso wenig wie ein Beweis des allgemeinen Determinismus."; vgl. auch die Parallele zum Gottesbeweis bei *Hartmann*, Ethik, 713: „... die Gottesbeweise haben sich als falsch erwiesen, aber lächerlich wäre es deswegen die Existenz Gottes für widerlegt zu halten. So ist es auch mit der Freiheit."; ferner *Dreher*, Die Willensfreiheit, 143 ff.;

[49] *Hartmann*, Ethik, 712.

[50] *Hartmann*, Ethik, 791.

[51] *Hartmann*, Ethik, 713.

[52] *Rüthers/Fischer*, Rechtstheorie[5], Rn. 285; vgl. oben III 1.

c) Legitimation des Axioms

Die Willensfreiheit ist notwendige Voraussetzung der Selbstbestimmung sowie der gesamten Rechtsordnung.[53] Ohne sie sind Verhaltensregeln sinnlos. Sie ist wissenschaftlich nicht widerlegbar, ethisch notwendig und ontologisch möglich.[54] Daher darf und muss die Rechtsordnung von ihrem Bestehen ausgehen.[55]

Mit den Worten *Hartmanns*:

> „So bleibt der Skepsis zwar die Tür offen. Aber sie bleibt draußen. […] Sie müsste den Schein erklären, wo sie das Sein bestreitet; denn sie ist es, die den Kampf gegen das Gewicht der Phänomene auf sich nimmt. Sie kann die Beweislast nicht tragen, ohne zur positiven Theorie zu werden. Damit hört sie […] auf, die ‚nihilistische Stärke' der skeptischen Position für sich zu haben […] Sie kann den Schritt über die Schwelle von sich aus nicht machen. Und wer ihr nicht, durch ihr Blendwerk verführt, die Hand reicht und sie widerrechtlich hereinzieht, der bleibt im Felde der Ethik von ihr unbehelligt."[56]

Die Willensfreiheit ist also axiomatisch gesetzt.[57]

2. Freier Wille als eine Determinante menschlicher Entscheidungen

Fraglich ist, wie sich die axiomatisch gesetzte Willensfreiheit genauer definieren lässt. Es geht wohlgemerkt nicht um den Beweis des freien Willens. Vielmehr ist die denknotwendige Substanz des Axioms festzuhalten.

a) Bestehen weiterer Entscheidungsdeterminanten

Eine negative Wahlfreiheit bezüglich des Zusammenhangs von Ursache und Wirkung hat der Mensch nicht. Er kann mit anderen Worten bereits gesetzte Bedingungen nicht aus der Welt schaffen.[58] Dies bezieht sich auf innere wie auch auf äußere Bedingungen.[59] Willensfreiheit kann insofern nur als eine positive Freiheit gedacht werden, als zusätzliche Determinante menschlichen Verhaltens.

---

[53] Vgl. oben 1 a.

[54] *Popper*, Die beiden Grundprobleme der Erkenntnistheorie, 799 f.

[55] Vgl. statt aller *von der Pfordten*, Normative Ethik, 42 mit Verweis auf § 1626 BGB; MüKo/*Wagner*, BGB 5^5, § 823 Rn. 305: „Verletzungshandlung in diesem Sinn ist nur ein der Steuerung durch Bewusstsein und Willen unterliegendes und insofern grundsätzlich beherrschbares menschliches Verhalten."

[56] *Hartmann*, Ethik, 800.

[57] Ausdrücklich von einer Setzung spricht auch *Enders*, Die Menschenwürde in der Verfassungsordnung, 449.

[58] Zur ‚Kausalitätsantinomie' *Hartmann*, Ethik, 647 ff.

[59] *Hartmann*, Ethik, 642 f.

b) Die Willensfreiheit als zusätzliche Determinante

Mit *Hartmann*:

„Denkt man sich den Willen von einem ‚Einfluss' befreit, so verfällt er sofort anderen Einflüssen; denkt man sich aber alle ‚Einflüsse' beseitigt, so hat man auch die Bestimmtheit des Willens, also in Wirklichkeit auch den Willen selbst, beseitigt."[60] „Damit aber wird es immer deutlicher, [...] Freiheit kann nicht in negativer Indifferenz bestehen, sondern nur in einer eigenartigen positiven Bestimmtheit, in einer dem Willen selbst eigentümlichen Determination, einer Autonomie des Willens."[61]

Nach dieser Vorstellung kann der Mensch einen bestehenden Kausalverlauf nicht negieren. Er kann aber eine neue Determinante hinzufügen und den Verlauf damit ablenken.[62] Das gibt ihm eine Macht gegenüber der Außenwelt, die ihn „über die Naturzusammenhänge hinaus"[63] hebt.

Die zusätzliche Determinante wirft der Mensch selbst in die „Waagschale der Alternative".[64] Die Freiheit ist damit keine unbedingt absolute, der Mensch ist nicht völlig unabhängig von innerer Veranlagung und äußeren Umständen. Aber er ist auch nicht ihr Sklave.[65] Er kann die Umstände beherrschen und schöpferisch tätig werden.[66] Nur in dieser Form ist Willensfreiheit überhaupt denkbar. Sie ist die „Erhebung der Initiative über das blinde Weltgeschehen".[67] Erst diese Freiheit lässt den Menschen im Wortsinn Subjekt sein.[68]

3. Das Axiom als Voraussetzung der Verwertbarkeit wissenschaftlicher Aussagen

Die Willensfreiheit ist fundamentale Voraussetzung der Rechtsordnung.

---

[60] *Hartmann*, Ethik, 644.

[61] *Hartmann*, Ethik, 645.

[62] *Hartmann*, Ethik, 649 f.

[63] *Hartmann*, Ethik, 352.

[64] *Hartmann*, Ethik, 645.

[65] Die Kritik von *Dreher*, Die Willensfreiheit, 118 ff., 120, geht hier ins Leere. Denn die Überdetermination greift nach *Hartmann* gerade in die ontologische Determination ein. Die Ablehnung der Überdetermination durch *Dreher*, Die Willensfreiheit, 395 ff., mündet wie eben gesehen in Unfreiheit.

[66] *Hartmann*, Ethik, 645.

[67] *Hartmann*, Ethik, 352.

[68] Dazu *Hartmann*, Ethik, 352: „Wie verzweifelt die Problemlage auch sein mag, wie sehr auch alle psychologische Einsicht gegen die Freiheit sprechen mag, der Mensch kann und darf sie sich nicht rauben lassen. Er kämpft mit allen Mitteln, sich den Glauben an sie zu wahren. Er hat eben das tiefe Wertbewusstsein: er will frei sein. Er fühlt, selbst wenn er nicht frei ist, er ‚soll' dennoch frei sein. Denn er soll sittliches Wesen, Person sein. Der Wille zur Unfreiheit, oder selbst der kampflose Verzicht auf das Bewusstsein der Freiheit, wäre der Verzicht auf sich selbst".

Sollen wissenschaftliche Erkenntnisse bei der Gesetzgebung berücksichtigt werden, so müssen sie die Willensfreiheit anerkennen. Eine Theorie, welche die Willensfreiheit als solche negiert, ist unverwertbar. Besonders der Gesetzgeber darf sich nicht auf solche Thesen stützen.

Tatsächlich entsteht kein Widerspruch zur Wissenschaft. Die Willensfreiheit ist nicht widerlegbar.[69] Sie für widerlegt zu halten, wäre eine wissenschaftliche Kompetenzüberschreitung. Solche Überschreitungen muss der Gesetzgeber erkennen und aus seinen Überlegungen ausschliessen.[70]

Das gilt etwa für einige neuere Strömungen der Neurologie. Hirnforscher stellen in den letzten Jahren die Willensfreiheit verstärkt in Frage.[71] Sie gehen davon aus, menschliches Verhalten sei neurobiologisch vollständig erklärbar. Es bestehe zwar eine Autonomie gegenüber den Werten. Eine Entscheidung beruhe jedoch allein auf neuronal gespeicherten Erfahrungen[72] bzw. Gefühlen[73]. Eine als schöpferisch verstandene Willensfreiheit hat in diesem Modell keinen Platz. Das geforderte Mehr an Determination[74] wird gerade verneint.[75] Es handelt sich hier um eine wissenschaftliche Kompetenzüberschreitung.[76] Diese Theorien sind daher abzulehnen, was freilich nicht die Neurologie als solche betrifft.

---

[69] Vgl. oben 1 b.

[70] Vgl. die parallele Aussage für die Theologie bei *Böttigheimer*, Der Mensch im Spannungsfeld von Sünde und Freiheit, Vorwort, VI.

[71] Einführende Darstellung bei *Boetticher*, „Raus aus dem Richterstaat, rein in den Neuro-Staat".

[72] *Roth*, Fühlen, Denken, Handeln, 531 ff.

[73] *Walter*, Neurophilosophie der Willensfreiheit, 353.

[74] Vgl. oben 2b.

[75] Vgl. etwa *Pauen/Roth*, Freiheit, Schuld und Verantwortung, 29: „Freiheit […] läßt sich als Selbstbestimmung deuten. Diese setzt voraus, daß eine Handlung unabhängig ist von Zwang und Zufall, und das wiederum bedeutet, daß sich die Handlung auf die Person zurückführen läßt." Es geht hierbei nicht um ein schöpferisches Element, sondern um andere in der Person angelegte Verhaltensdeterminanten. Mangels positiver Freiheit fiele der Wille auf diese anderen Determinanten zurück, vgl. oben 2. Besonders deutlich wird die Problematik bei *Pauen/Roth*, Freiheit, Schuld und Verantwortung, 38: „Ist unsere Welt determiniert, dann […] kann man niemals sagen, daß etwas anderes hätte eintreten können, als faktisch eingetreten ist." Genau das wäre bei einer als schöpferisch verstandenen Willensfreiheit nicht der Fall. Denn der schöpferische Entschluss ist dann zwar im Nachhinein Determinante des Geschehensverlaufs, das Geschehen hätte aber bei anderem Entschluss auch anders verlaufen können.

[76] Vgl. *Zunke*, Kritik der Hirnforschung, 207: „Die Hirnforschung kann die Freiheit des Willens weder beweisen noch widerlegen, weil sich mit ihrer Methodik gar kein Begriff von Bewusstseit bilden lässt.".

4. Wissenschaftliche Beschreibung von Entscheidungsdeterminanten aus ex-post-Sicht

Notwendiger Inhalt der Willensfreiheit ist eine dem Menschen eigene schöpferische Kraft. Sie ist nicht deduktiv hergeleitet, sondern wird von der Rechtsordnung vorausgesetzt. Für die Formulierung von gesetzlichen Tatbeständen ist das Axiom aber noch zu abstrakt. Denn es sagt nichts darüber aus, wann eine menschliche Entscheidung tatsächlich freiwillig erfolgt.

Die Frage muss durch andere Wissenschaften beantwortet werden. Zwar lässt sich die Freiwilligkeit nach dem Gesagten wissenschaftlich nicht nachweisen. Gerade darin liegt das Irrationale des Axioms. Aber die Wissenschaft kann bestimmen, wann eine Entscheidung unfrei ist.[77] Nicht nachweislich unfreie Entscheidungen muss sie nach dem Gesagten als frei ansehen.[78]

Fraglich ist also, wann die schöpferische Willensfreiheit für eine Entscheidung eine vernachlässigbare Rolle spielt. Hier kann vor allem auf die Erkenntnisse der Psychologie und der Neurologie[79] zurückgegriffen werden. Sie messen in einem relativen Rahmen die Fähigkeit des Einzelnen, sein Verhalten willentlich zu steuern.

Die Psychologie beschreibt die bewussten und unbewussten Determinanten menschlichen Handelns. Sie diagnostiziert, inwiefern bestimmte unbewusste Determinanten für eine Entscheidung bestimmend sind, inwiefern also die schöpferische Komponente dahinter zurücktritt. Daneben zielt die Psychologie darauf ab, die Steuerungsfähigkeit des Einzelnen auf- bzw. auszubauen.[80] Mit den Worten Freuds: „Wo Es war, soll Ich werden."[81] Auch die Neurologie beschreibt bestimmte Gesetzmäßigkeiten menschlichen Entscheidens. Sie umreisst die neuronalen Grenzen der Steuerungsfähigkeit des Einzelnen. Ferner kann sie wie die Psychologie Aussagen darüber treffen, ob Einschränkungen reparabel sind. Von Bedeutung sind diese Erkenntnisse zum Beispiel für §§ 20, 21 StGB[82] und für § 105 Abs.2 BGB.

---

[77] Philosophisch geht es um die „Umreißung des eigentlich metaphysischen Problemkerns der Freiheit." *Hartmann*, Ethik, 791.

[78] Vgl. soeben unter 3.

[79] Zum Beispiel möchte Bundesministerin Aigner beim Ausbau des Verbraucherschutzes auch Erkenntnisse der Hirnforschung berücksichtigen, Bekanntmachung Nr. 05/11/51 des BMELV vom 10.03.2011.

[80] Vgl. dazu etwa *Tress*, Entscheidungsfreiheit und Psychoanalyse.

[81] *Freud*, Neue Folgen der Vorlesungen 50 ff., 68 (= 31. Vorlesung a.E.).

[82] Umfassend zu den strafrechtlichen Implikationen neurowissenschaftlicher Forschung *Siesel*, Das Strafrecht, die Neurophysiologie und die Willensfreiheit.

5. Beschreibung möglicher Entscheidungen aus ex-ante-Sicht

Die Rechtswissenschaft muss die zugrunde gelegten Tatsachen so gut wie möglich beschreiben.[83] Gesetzlichen Verhaltenssteuerungen liegt immer auch eine bestimmte Vorstellung vom unter gegebenen Umständen erwartbaren menschlichen Verhalten zugrunde. Dieses erwartbare Verhalten ist wissenschaftlich nicht sicher vorhersagbar. Empirisch belegen kann man allein Verhaltenspotentiale bzw. Wahrscheinlichkeiten in Abhängigkeit vom sozialen Kontext. Die Rechtswissenschaft kann hierfür auf Erkenntnisse anderer Wissenschaften zurückgreifen. Von Bedeutung sind neben der Psychologie vor allem Soziologie, Volkswirtschaft und Politikwissenschaft. Ob gesetzliche Verhaltensvorgaben die gewünschten Ergebnisse zeitigen werden, lässt sich trotzdem nur annähernd beurteilen. Daher muss die Rechtswissenschaft so viele wissenschaftliche Erkenntnisse wie möglich berücksichtigen.

6. Zwischenergebnis

Die Rechtsordnung setzt die Willensfreiheit voraus. Sie darf nur auf wissenschaftliche Theorien zurückgreifen, die das ebenfalls tun. Ob eine menschliche Entscheidung freiwillig erfolgte oder nicht, lässt sich wissenschaftlich zumindest tendenziell beantworten. Hierfür können Gesetzgeber und Gesetzanwender insbesondere auf psychologisches und neurologisches Fachwissen zurückgreifen. Die zu erwartenden Folgen einer verhaltenssteuernden Regelung sind wissenschaftlich allenfalls annähernd vorhersagbar.

V. Evaluation und Präskription

1. Wertung als subjektive Entscheidung

Was für menschliche Entscheidungen im Allgemeinen gilt, gilt auch für Wertentscheidungen. Auch hier muss der freie Wille als eigene Determinante neben andere Ursachen der Entscheidung treten. Der durch ein allgemeines Wertprinzip vollständig determinierte Wille wäre nicht frei.[84] Die Willensfreiheit impliziert daher eine Wahlmöglichkeit auch gegenüber sittlichen Geboten.[85] Der Mensch kann sich über Letztere hinwegsetzen. Er kann für oder gegen bestimmte Werte eintreten.[86] Neben dieser negativen Wahlfreiheit muss wiederum eine positive schöpferische Freiheit beste-

---

[83] Vgl. oben III 3.

[84] So mit kritischem Bezug auf *Kants* Theorie der praktischen Vernunft *Hartmann*, Ethik, 686 ff.; ferner *Ulrich*, Integrative Wirtschaftsethik, 72.

[85] Zur ‚Sollensantinomie' *Hartmann*, Ethik, 647 ff.

[86] Vgl. *Hartmann*, Ethik, 351; *Weller*, Die Vertragstreue, 156.

hen.[87] Anderenfalls kämen als Entscheidungsdeterminanten nur die willensexternen in Betracht,[88] dann bestünde letztlich keine Willensfreiheit. Es muss also auch hier eine Determinante ‚sui generis'[89] hinzukommen,[90] ein teilweise irrationales und rein subjektives Moment.

2. Keine Begründung von Werten allein durch Tatsachen

Wertungen sind teilweise subjektiv und irrational, sie lassen sich also nicht rein empirisch belegen. Das legitimiert die Trennung von Tatsachen und Wertungen. Freilich können Wertungen sich *auch* auf Tatsachen beziehen. Aber den Versuch, Wertungen *ausschließlich* mit Tatsachen zu begründen, muss eine der Willensfreiheit verpflichtete Rechtsordnung ablehnen.[91] Wird dieser Versuch doch unternommen,[92] so handelt es sich nach der gängigen Terminologie um einen ‚naturalistischen Fehlschluss'.[93]

3. Gesetzliche Grundwertungen als säkuläres Dogma

Gesetze beruhen neben Tatsachen auf letztlich subjektiven Wertungen.[94] Das Bestehen objektiver Werte ist weder widerlegbar noch nachweisbar, der intersubjektiven Erkenntnis sind also keine objektiven Werte zugänglich. Gesetzesbegründungen anhand eines ideellen,[95] ontologischen oder

---

[87] *Hartmann*, Ethik, 689.

[88] *Hartmann*, Ethik, 775.

[89] *Hartmann*, Ethik, 689 f.

[90] *Hartmann*, Ethik, 771 ff.

[91] Vgl. *Röhl/Röhl*, Allgemeine Rechtslehre, 173.

[92] Den Versuch einer wissenschaftlichen Begründung von Werten durch Tatsachen unternahm etwa der Marxismus-Leninismus. Die Notwendigkeit des Kommunismus wurde allerdings nicht als Wertung wahrgenommen, sondern als Folge einer linearen geschichtlichen Entwicklung propagiert. Die unzulässige Wertbegründung ausschließlich durch Tatsachen beruhte also auf einer rationalen Verkürzung der Realität. Vgl. hierzu statt aller die Kritik bei *Bochenski*, Marxismus-Leninismus, insb. 119 ff.; im Bezug auf die Dialektik als rein tatsachengestützte Wertfindungsmethode ferner *Röhl/Röhl*, Allgemeine Rechtslehre, 172.

[93] Vgl. die umfassende Darstellung des Sein-Sollen Problems bei *Fritz*, Der naturalistische Fehlschluss, der im Ergebnis feststellt: „Der Naturalistische Fehlschluss untersag[t] […] das Schließen von rein deskriptiven Sätzen auf Sollensaussagen ohne den Gebrauch eines normativen Brückenprinzips" (ebenda, 387); vgl. auch *Ott*, ZSR 1984, 345 ff.

[94] Vgl. soeben unter 1.

[95] Zu nennen sind hier vor allem *Platon* und in neuerer Zeit die materiale Wertethik von *Scheler* und *Hartmann*, vgl. zur Ablehnung aus rechtstheoretischer Sicht *Röhl/Röhl*, Allgemeine Rechtslehre, 172.

religiösen Naturrechts werden daher vorliegend abgelehnt.[96] Sie widersprechen dem axiomatisch gesetzten subjektiven Gehalt von Wertungen.

Mit anderen Worten: Gesetze beinhalten Wertungen. Werte sind nicht nachweisbar natur- oder gottgegeben. Wertungen und Gesetze lassen sich demzufolge nicht unter dem Verweis auf Natur oder Gott begründen. Verschiedene Personen werten denselben Sachverhalt oft völlig unterschiedlich. Eine ausschließlich diskursive Wertfindung im Rahmen der Normbegründung[97] ist deshalb unmöglich.[98] Jede Rechtsordnung ist auf die axiomatische Setzung zumindest bestimmter Grundwerte angewiesen.[99]

4. Weitere Wertfindung durch Ableitung und Abwägung

Wertungen sind nicht allein durch Tatsachen begründbar. Rechtliche Wertungen müssen also entweder durch Diskurs oder Normgeber axiomatisch gesetzt werden oder aus anderen Wertungen abgeleitet. Jede neue Regelung kann bereits vorhandenen Werten widersprechen. Der Gesetzgeber muss dann begründen, warum er der einen vor der anderen Wertung den Vorzug gibt. Dafür muss er die verschiedenen Werte gewichten und zueinander ins Verhältnis setzen, sprich abwägen.

Gibt es mehrere ‚gute' Entscheidungsmöglichkeiten, so muss der Gesetzgeber einen Entscheidungsspielraum besitzen. Müsste er jeden Einzelfall neu entscheiden oder die Entscheidung den Betroffenen ganz selbst überlassen, wäre das kontraproduktiv, man denke etwa an den Straßenverkehr.[100] Erforderlich ist also ein formaler Ordnungsrahmen mit vorhersehbaren Folgen des eigenen Handelns. Die Schaffung eines solchen Ordnungsrahmens ist Aufgabe des Rechts.[101] Dadurch macht es ethische Wertungen für individuelle Entscheidungen verfügbar.[102]

---

[96] So auch *Röhl/Röhl*, Allgemeine Rechtslehre, 172.

[97] Die Forderung nach der Universalisierung ethischer Normbegründungen stammt von *Habermas*, Moralbewusstsein und kommunikatives Handeln, 67 ff.

[98] So auch *Röhl/Röhl*, Allgemeine Rechtslehre, 172 f.

[99] *Rüthers/Fischer*, Rechtstheorie[5], Rn. 592: „[Wenn] die Verständigung scheitert, […] muß entschieden werden. […] Wahrheitsverheißungen im zeitlich Unendlichen sind dabei wenig hilfreich."

[100] Vgl. *Rüthers/Fischer*, Rechtstheorie[5], Rn. 76.

[101] *Rüthers/Fischer*, Rechtstheorie[5], Rn. 76.

[102] Die implizierte ethische Legitimation des Rechts widerpricht teilweise der soziologischen Systemtheorie, vgl. *Luhmann*, Rechtssoziologie; *Teubner*, Recht als autopoietisches System. Dass das Recht gerade kein geschlossenes System darstellt, zeigt *Windisch*, Jurisprudenz und Ethik, 76 ff., 87 f. m.w.N.

5. Objektiv-rechtliche Wertordnung als Basis von Evaluationen und Präskriptionen

a) Verfassung als Grenze von Evaluationen und Präskriptionen

Fraglich ist, wann gesetzgeberische Wertungen ‚gut' sind.[103] Die grundlegenden Werte unserer Rechtsordnung sind durch die Verfassung als ‚gut' gesetzt.[104] Sie bilden über Art. 1 Abs. 3, 20 Abs. 3 GG die äußere Grenze der möglichen Evaluationen und Präskriptionen, auf welche ein Gesetz gestützt werden kann. Insbesondere die Wesensgehaltsgarantie der Grundrechte setzt dem legislativen Wertungsspielraum Grenzen.[105] ‚Gute' Wertungen des Gesetzgebers müssen sich dementsprechend im Rahmen der verfassungsrechtlichen Wertordnung bewegen.

b) Verbleibende subjektive Komponente von Evaluationen und Präskriptionen

Jede Wertung enthält ein subjektives Element. Evaluationen und Präskriptionen sind also nur teilweise aus vorhandenen Wertungen ableitbar. Damit seine Entscheidungen so gut wie möglich nachvollzogen werden können, muss der Gesetzgeber verdeutlichen, inwiefern er aus inneren subjektiven Erwägungen heraus entscheidet, also Wertungen originär setzt, und inwiefern er sich auf bereits vorhandene Wertungen beruft.

VI. Ergebnis

1. Gesetzesbegründung als Antwortprozess

Gesetze stützen sich auf deskriptive, evaluative und präskriptive Sätze. Eine ontologische Letztbegründung dieser Sätze scheidet jeweils aus, denn die menschlichen Erkenntnismöglichkeiten sind begrenzt. Eine Letztbegründung von Tatsachen ist unmöglich. Die Begründung beschränkt sich insofern auf empirische Belege. Allein die empirisch nicht nachweisbare Willensfreiheit wird von unserer Rechtsordnung unbegründet vorausgesetzt. Die Begründung von Wertungen allein durch Tatsachen ist ebenfalls unmöglich. Daher setzt die Rechtsordnung gewisse Grundwerte voraus, aus welchen andere Werte abgeleitet bzw. an welchen sie gemessen werden können.

---

[103] Zum Wort ‚gut' als Bilanzwort im Rahmen von Evaluationen *von der Pfordten*, Deskription, Evaluation, Präskription, 260 f.

[104] Zur Verfassung als Schnittstelle von Ethik und Recht *Windisch*, Jurisprudenz und Ethik, 21 ff., 327 ff.

[105] BVerfGE 6, 32, 41; 6, 373, 378 f., 34, 238, 245; 80, 367, 373, 109, 279, 313.

Die Legitimation insbesondere von Gesetzen erfordert demnach die Beantwortung von drei Fragen, welche nachfolgend (a. bis c.) aufgeführt werden.

a) Welche Deskriptionen, Evaluationen und Präskriptionen liegen dem Gesetz zugrunde?

Die erste Frage ist, welche deskriptiven, evaluativen und präskriptiven Sätze dem Gesetz zugrunde liegen. Die Antwort auf diese Frage findet sich meist in der Gesetzesbegründung. Teilweise überlässt der Gesetzgeber die Antwort Rechtswissenschaft und Rechtsprechung. Etwas anders verhält es sich bei § 39 Abs. 1 Nr. 5 InsO. Die vom Gesetzgeber gelieferte Begründung ist mehrdeutig.[106] Seitens der Wissenschaft werden nun verschiedene Deutungen angeboten, welche sich dann den Fragen b) und c) stellen müssen.

b) Sind die Deskriptionen richtig?

Sofern Gesetzen Deskriptionen zugrunde liegen, müssen diese richtig sein. Die Beschreibung natürlicher Vorgänge muss empirisch belegt sein.[107] Die Beschreibung menschlichen Verhaltens muss das Axiom der Willensfreiheit beachten und gleichzeitig möglichst viele wissenschaftliche Erkenntnisse berücksichtigen. Das läuft letztlich auf eine Deutung hinaus, die zwar wissenschaftlich nachvollziehbar sein muss, das jeweilige Verhalten andererseits nicht durch Rationalisierung unzulässig verkürzt. Es muss mit anderen Worten immer klar bleiben, dass menschliches Verhalten irrationale und freiwillige Entscheidungen beinhaltet.

c) Sind die Evaluationen und Präskriptionen gut?

Die Beurteilung evaluativer und präskriptiver Sätze unterscheidet sich von der Beurteilung deskriptiver Sätze. Deskriptive Sätze lassen sich im Rahmen der vorliegenden Erkenntnisse als richtig oder falsch einordnen. Evaluative und präskriptive Sätze hingegen sind nicht richtig oder falsch. Sie bewegen sich in einem Kontinuum zwischen gut und schlecht. Wie oben (V.) gesehen, ist eine Herleitung des ‚Guten' oder ‚Schlechten' aus Tatsachen nicht möglich. ‚Gute' Wertungen müssen daher axiomatisch gesetzt oder aus vorhandenen Werten abgeleitet werden. Axiomatisch als ‚gut' gesetzt ist die verfassungsrechtliche Wertordnung. An diesen Wertungsrahmen ist der Gesetzgeber gebunden, Art. 1 Abs. 3, 20 Abs. 3 GG. Innerhalb dieses Rahmens jedoch besitzt er einen Wertungsspielraum.

---

106 Zum Streitstand oben § 4 V 3.

107 Vgl. oben III 4 a.

Die Kritik an gesetzlichen Wertungen ist nicht allein der Wissenschaft vorbehalten. Aber vor allem die Rechtswissenschaft ist verpflichtet, die Wertungen des Gesetzgebers kritisch zu beleuchten. Die verbindliche Feststellung der Verfassungswidrigkeit von Gesetzen obliegt allein dem Bundesverfassungsgericht, Art. 100 Abs. 1 GG.[108]

2. Rechtswissenschaft als wert- und tatsachenbewusste Wissenschaft

Eine Letztbegründung von Gesetzen ist ausgeschlossen. Möglich ist die Benennung der zugrunde liegenden Deskriptionen, Evaluationen und Präskriptionen. Axiomatisch gesetzt sind die Willensfreiheit und bestimmte Grundwerte. Im Übrigen muss der Gesetzgeber werten, abwägen und letztendlich entscheiden.[109]

Ziel der Gesetzesbegründung muss die maximale Transparenz der zugrunde gelegten Deskriptionen, Evaluationen und Präskriptionen sein.[110] Nur so können die Betroffenen eine Regelung nachvollziehen, akzeptieren oder kritisieren.

3. Bestätigung der Unterthesen B1 und B2

Die Unterthesen[111] B1 und B2 lassen sich als bestätigt festhalten:

B1. Gesetzesbegründungen beinhalten deskriptive, evaluative und präskriptive Sätze. Bestimmte Sätze werden der Rechtsordnung durch die Verfassung axiomatisch vorgegeben.

B2. Als Tatsache gesetzt ist die menschliche Willensfreiheit.

---

[108] Ein Beispiel hierfür lieferte etwa der geplante Abschuss gekaperter Verkehrsflugzeuge. Der entsprechende § 14 Abs. 3 Luftsicherheitsgesetz war nach einer verbreiteten Ansicht mit Lebensrecht und Würde der Insassen nicht vereinbar, vgl. hierzu statt aller *Hartleb*, NJW 2005, 1397, 1401. Diese Ansicht wurde vom BVerfG bestätigt, BVerfG, 1 BvR 357/05 vom 15.2.2006.

[109] Es gibt demnach meist keine absolut richtige Entscheidung, aber gut begründete Entscheidungen, so dass ein etwaiger Vorwurf des Dezisionismus fehlginge, vgl. *Riehm*, Abwägungsentscheidungen, 194.

[110] Vgl. *Bröhmer*, Transparenz als Verfassungsprinzip, 97 ff.

[111] Vgl. die Einführung vor § 5.

§ 7 Menschenwürde, menschliches Leben und Entfaltungsfreiheit als Verfassungsgrundwerte

I. Einleitung

1. Zwischenziel: Darstellung der verfassungsrechtlichen Grundwerte

Die Legitimation des § 39 Abs. 1 Nr. 5 InsO soll vorliegend auf der Basis deskriptiver, evaluativer und präskriptiver Sätze erfolgen. Bestimmte Wertungen muss das Recht voraussetzen. Die von unserer Rechtsordnung vorausgesetzten Wertungen sollen im Folgenden dargestellt werden. Angesprochen ist damit die Unterthese[1] B3:

B3. Als Wert gesetzt ist die menschliche Würde, welche den Wert des menschlichen Lebens und den Wert schöpferischer Tätigkeit beinhaltet. Präskriptiv gesetzt sind die Bindung aller staatlichen Gewalt an die menschliche Würde und die daraus folgenden Rechte der Rechtsunterworfenen auf Leben und freie Entfaltung ihrer Persönlichkeit.

2. Vorgehensweise

Zunächst wird (II.) die menschliche Würde als oberster Wert unserer Rechtsordnung benannt. Anschließend (III.) wird das gute Handeln der sozialen Akteure als präskiptives Ziel der Rechtsordnung qualifiziert. Festgestellt wird, dass bei wertender Konretisierung durch die Menschenwürde ein umfassendes gutes Handlen rechtlich unerreichbar ist. Statt des guten Handelns wird als Ziel der Rechtsordnung deshalb gerechtes Handeln erarbeitet, also ein Handeln im Einklang mit den wichtigen Interessen aller Rechtsunterworfenen. Als wichtigste Interessen des Einzelnen ergeben sich wiederum aus der Menschenwürde die Interessen am eigenen Leben und der persönlichen Entfaltung. Diese Interessen werden (IV. und V.) als Grundwerte und präskriptive Vorgaben der Verfassung dargestellt.

II. Menschenwürde als Verfassungsgrundwert, Art. 1 GG

1. Absoluter Schutz menschlicher Subjektqualität durch Art. 1 GG

Die Verfassung ist nicht umsonst der bedeutsamste Exportschlager des deutschen Rechts. Der geschichtliche Auslöser ist bekannt, doch liegt im

---

[1] Vgl. die Einführung vor § 5.

Grundgesetz mehr als eine Reaktion auf die Nazizeit. Es entwirft das positive Bild einer Gesellschaft, in der jeder einzelne Mensch ernst genommen wird. Das zeigt sich am deutlichsten im Begriff der Menschenwürde. Er steht für die Bindung allen Rechts an einen vorstaatlichen Staatszweck,[2] nämlich die personale Freiheitsnatur des Menschen.[3] Die zugrundeliegende Willensfreiheit[4] ist in Art. 1 GG als Axiom gesetzt.[5]

Damit ist die Brücke von der Ethik zum Recht geschlagen. Die Subjektqualität des Menschen ist das höchste Schutzgut unserer Rechtsordnung.[6] Geschützt wird das Dasein um seiner selbst willen.[7] „Der Mensch soll [...] Ausgangspunkt und [...] Maß der Rechtsordnung bilden."[8]

2. Abstrakte Präskription des Art. 1 Abs. 1 Satz 2 GG

Allein aus der Menschenwürde lässt sich noch kein normatives Programm ableiten. Wie bei der Willensfreiheit handelt es sich bei der Würde um eine genuin individuelle Eigenschaft, die sich wissenschaftlich nicht umfassend beschreiben lässt.[9] Daraus erklärt sich die Definition des Würdebegriffs vom Verletzungsvorgang her.[10]

Die Rechtsordnung schützt die Subjektqualität, indem sie den Einzelnen vor der Herabwürdigung zum Objekt bewahrt.[11] Die Verbindlichkeit der Gesetze[12] offenbart keinesfalls eine Schwäche der Objektformel[13]. Die Objektformel verdeutlicht lediglich, dass die Menschenwürde stets über verbindlich durchsetzbare Interessen hinausgeht. Die Würde selbst ist nicht

---

[2] Vgl. *Enders*, Die Menschenwürde in der Verfassungsordnung, 492: „[...] enorme ideologische Durchschlagskraft".

[3] *Enders*, Die Menschenwürde in der Verfassungsordnung, 11, 152.

[4] Die Auffassung, es sei allein die Handlungsfreiheit geschützt, ist also entschieden abzulehnen. So aber *Heun*, Die grundgesetzliche Autonomie des Einzelnen im Lichte der Neurowissenschaften, 297, zur normativen Unverwertbarkeit der These *Heuns* bereits oben § 6 IV 3.

[5] So auch *Enders*, Die Menschenwürde in der Verfassungsordnung, 449, vgl. bereits oben § 6 IV.

[6] Vgl. *Enders*, Die Menschenwürde in der Verfassungsordnung, 492 f.

[7] BVerfGE 88, 203, 252.

[8] So *Enders*, Die Menschenwürde in der Verfassungsordnung, 492.

[9] Vgl. oben § 6 IV 1 b.

[10] *Maunz/Dürig/Herdegen*, GG[63], Art. 1 Rn. 36.

[11] *Maunz/Dürig/Herdegen*, GG[63], Art. 1 Rn. 36.

[12] Dazu BVerfGE 30, 1, 25 f.

[13] So aber im Bezug auf die zur Definition der Menschenwürde genutzte Objektformel *Maunz/Dürig/Herdegen*, GG[63], Art. 1 Rn. 36.

konkret einlösbar.[14] Vielmehr ist das von ihr symbolisierte Potential Schutzgut aller subjektiven Rechte.[15]

Im Folgenden ist zu zeigen, dass der überwiegende Teil der Verfassungsnormen eine Konkretisierung der Würdeformel darstellt. Die erste Konkretisierung liegt (III.) in der ethischen Forderung nach dem Schutz menschlichen Lebens und der Ermöglichung selbstbestimmter Persönlichkeitsentfaltung. Diese Wertungen schlagen sich (IV. und V.) in Art. 2 Abs. 1 GG als abstrakte Grundrechte nieder. Insbesondere auf das Recht zur freien Entfaltung ist die übrige Verfassungsordnung (§ 8) final bezogen.

III. Herleitung konkreterer Wertvorgaben aus der Menschenwürde – Verbindung von Art. 1 und Art. 2 GG

1. Gutes Handeln als präskriptives Ziel der Rechtsordnung

Das Recht dient der Steuerung sozialer Prozesse. Mittel hierfür sind Verhaltensvorgaben an soziale Akteure.[16] Welches Verhalten gewünscht ist, bedarf einer Wertung. Die Wertung lässt sich mit den Worten ‚gut‘ bzw. ‚schlecht‘ bilanzieren.[17] Als abstrakte Vorgabe des Rechts kann man daher den Imperativ ‚guten‘ Handelns bezeichnen.

2. Menschenwürdeorientierte Wertausfüllung des ‚guten‘ Handelns

Der Begriff des ‚guten Handelns‘ ist als Verhaltensmaßstab zu abstrakt. Welches Verhalten ‚gut‘ ist, bedarf einer wertenden Beurteilung. Gutes Handeln lässt sich also definieren als Handeln der sozialen Akteure im Einklang mit dem Wertvollen.

Grundwert unserer Rechtsordnung ist die Menschenwürde als ‚absoluter Eigenwert‘[18]. Gutes Handeln im Sinne der Verfassung muss diesem Wert gerecht werden. Gut ist dann ein Handeln der sozialen Akteure im Einklang mit dem als absolut gesetzten Eigenwert eines jeden Einzelnen. Diese Definition ist als Präskription noch zu abstrakt. Aber sie ist konkret genug, um (3.) das rechtsethische Fundament des Grundgesetzes zu beschreiben. Auf dieser Basis lässt sich (4.) auch das ‚gute Handeln‘ weiter konkretisieren.

---

[14] Vgl. *Enders*, Die Menschenwürde in der Verfassungsordnung, 448

[15] Vgl. *Enders*, Die Menschenwürde in der Verfassungsordnung, 451.

[16] Vgl. oben § 6 II 4 b.

[17] Näher zur Qualifikation des Wortes ‚gut‘ als Bilanzwort auf der Evaluationsebene *von der Pfordten*, Deskription, Evaluation, Präskription, 260 f.

[18] *Neuner*, Privatrecht und Sozialstaat, 64.

3. Normativer Individualismus als Rechtsethik des Grundgesetzes

a) Normativer Individualismus: Das Subjekt als letzter Zweck von Recht und Politik

Der normative Individualismus ist mit *von der Pfordten* folgendermaßen zu definieren:

> „Alle politischen und rechtlichen Entscheidungen finden ihre letzte Rechtfertigung ausschließlich im Bezug auf alle von der jeweiligen Entscheidung betroffenen Individuen, d.h. – wenn man andere Lebewesen aus Gründen der Vereinfachung außer Betracht lässt – aller betroffenen Menschen. [...] Jegliche Herrschaft ist [...] nur durch letzten Rekurs auf alle betroffenen Menschen zu legitimieren und muß ausschließlich diese zum ultimativen Zweck haben."[19]

Individualismus ist nicht zu verwechseln mit Egoismus.[20] Mit der Theorie sind auch altruistische Motivationen vereinbar.[21] Der normative Individualismus impliziert kein psychologisch isoliertes Individuum. Er dient vielmehr der Abgrenzung zu einer normativ-kollektivistischen Ethik:

aa) Abgrenzung zum normativen Kollektivismus

Den Gegensatz zum normativen Individualismus bildet das Prinzip des normativen Kollektivismus: Danach können „politische und rechtliche Entscheidungen [...] ihre letzte Rechtfertigung in einem politische und rechtliche Legitimität verleihenden Kollektiv, d.h. dem Staat, der Nation, [...] etc. finden."[22] Der normative Individualismus schließt zwar kollektive Ziele nicht aus.[23] „Aber alle kollektiven Ziele müssen sich letztlich an den Belangen aller betroffenen Einzelnen messen lassen. Sie dürfen keinen ultimativen Selbstzweck haben."[24]

---

[19] *Von der Pfordten*, JZ 2005, 1069.

[20] *Ulrich*, Integrative Wirtschaftsethik, 103, geht von folgender Definition des normativen Individualismus aus: „Die Individuen sollen ihren je privaten Eigennutzen maximieren (dürfen). Jede Möglichkeit, die [...] Präferenzen [...] ethisch-kritisch zu hinterfragen, ist normativ ausgeschlossen." Das widerspricht dem vorliegend angenommenen Inhalt des normativen Individualismus diametral. Es handelt sich hierbei allerdings um eine begriffliche Problematik. Inhaltlich sind *Ulrichs* Thesen mit dem normativen Individualismus *von der Pfordtens* vereinbar.

[21] *Von der Pfordten*, Normative Ethik, 33.

[22] *Von der Pfordten*, JZ 2005, 1069.

[23] *Von der Pfordten*, Normative Ethik, 35.

[24] *Von der Pfordten*, Normative Ethik, 36; *ders.*, JZ 2005, 1069, 1071.

bb) Normativer Individualismus in Art. 1 GG

Nach Art. 1 GG ist der Mensch „Ausgangspunkt und […] Maß der Rechtsordnung."[25] Die einzelnen Menschen sind somit letzter Zweck rechtlicher Entscheidungen. Art. 1 GG ist eine Ausprägung des normativen Individualismus.[26]

cc) Bedeutung für die vorliegende Arbeit

Die Rechtsordnung als Ganze lässt sich mit dem normativen Individualismus möglicherweise nicht abschließend erklären.[27] Das ist vorliegend jedoch vernachlässigbar. Entscheidend ist, ob die Wertordnung des Grundgesetzes Ausdruck des normativen Individualismus ist.

Von Bedeutung ist die Feststellung vorliegend, weil sie das Trennungsprinzip[28] des § 13 GmbHG möglicherweise auf Verfassungsebene relativiert.

Denn „der Bestand eines Unternehmens ist kein Selbstzweck, sondern nur Mittel zum Zweck derjenigen, die es für ihre Zwecke gegründet haben bzw. es weiterführen und unterstützen, also der Aktionäre bzw. Inhaber, der Arbeitnehmer und der regional und überregional betroffenen Bevölkerung."[29]

In der Kapitalgesellschaft fallen Vermögenszuordnung und Individualinteressen auseinander. Vor dem Hintergrund einer normativ-individualistischen Verfassung wäre diese Trennung jedenfalls nicht zwingend.

dd) Normativer Individualismus als Grundlage der verfassungsrechtlichen Wertordnung

In der Verfassung lassen sich weitere Konkretisierungen des normativen Individualismus ausmachen. Das gilt zum einen für die individualschützenden Grundrechte.[30] Die Rechtsprechung des Bundesverfassungsgerichts entwickelte den Individualschutz auf dieser Grundlage weiter,[31] so etwa im Rahmen der mittelbaren Drittwirkung[32] und der Schutzpflichtdimension[33] der Grundrechte sowie des Verhältnismäßigkeitsprinzips[34].

---

[25] So *Enders*, Die Menschenwürde in der Verfassungsordnung, 492.

[26] *Von der Pfordten*, JZ 2005, 1069, 1072 m.w.N.

[27] *Von der Pfordten*, JZ 2005, 1069, 1071.

[28] Zur Verankerung des Prinzips in § 13 Abs. 1 und 2 GmbHG *Lutter/Hommelhoff/Lutter*, GmbHG[17], § 13 Rn. 1.

[29] *Von der Pfordten*, Normative Ethik, 89.

[30] *Von der Pfordten*, JZ 2005, 1069, 1072.

[31] Näher *von der Pfordten*, JZ 2005, 1069, 1072 m.w.N.

[32] BVerfGE 7, 198, 205 ff., dazu bereits oben § 5 I 2.

[33] BVerfGE 39, 1, 42 ff.

[34] BVerfGE 3, 183, 19.

Zum anderen lässt sich das Demokratieprinzip als normativ individualistisch kategorisieren. Art. 20 Abs. 2 GG bezieht sich auf das Volk im Sinne der „einzelnen, zur politischen Gemeinschaft verbundenen Bürger.“[35] Tatsächlich entscheiden fast nie alle tatsächlich von der Entscheidung Betroffenen. Politische Akteure mit Entscheidungsgewalt müssen aber wegen Art. 1 Abs. 1 Satz 2 GG alle Betroffenen berücksichtigen.[36] Dementsprechend ist auch „keine Gemeinschaft [...] nach dem Grundgesetz wie der einzelne Mensch letzter Selbstzweck“ staatlichen Handelns.[37] Das gilt für Ehe und Familie, Religionsgemeinschaften und nicht zuletzt auch für Vereine und Gesellschaften.[38]

Man könnte einwenden, das Grundgesetz schütze neben den einzelnen Menschen auch Pflanzen und Tiere. Art. 20a GG verweist allerdings auf die zukünftigen Generationen, der Schutz von Pflanzen und Tieren ist letztlich auf die zukünftig lebenden Menschen bezogen. Diese anthropozentrische Sicht auf nicht-menschliches Leben kann man mit guten Argumenten kritisieren.[39] Für die vorliegende Arbeit ist die Diskussion aber vernachlässigbar. De lege lata ist Art. 20a normativ individualistisch geprägt.

Der normative Individualismus ist also die rechtsethische Grundlage der Verfassung.[40] Er ist nicht allein vorrechtlich-ethisches Prinzip, sondern verfassungsrechtlich verankert.[41]

b) Zur normativ-ethischen Legitimation des Prinzips

Die vorrechtliche Legitimation des normativen Individualismus wird hier nicht angestrebt.[42] Es soll nur insofern zu seiner Verteidigung beigetragen werden, als das mit dem bereits Gesagten möglich ist:

---

[35] *Von der Pfordten*, JZ 2005, 1069. 1072 mit Verweis auf BVerfGE 83, 37, 51.

[36] *Von der Pfordten*, JZ 2005, 1073.

[37] *Von der Pfordten*, JZ 2005, 1069, 1073.

[38] *Von der Pfordten*, JZ 2005, 1069, 1073.

[39] Wenn auch nicht als Verfassungsgrundwert, so wird in Art. 120 der Schweizer Bundesverfassung die Würdde der Kreatur ausdrücklich anerkannt. In der anthropozentrischen Menschenwürde liegt demnach die Gefahr eines vorrangig instrumentellen Begreifens der Umwelt, während die Würde der Kreatur eine demütigere Selbsteinschätzung des Menschen gebieten würde, näher *Teutsch*, Die Würde der Kreatur, 14; *Schweitzer*, Die Ehrfurcht vor dem Leben, 32 ff.

[40] Vgl. *von der Pfordten*, JZ 2005, 1069, 1073 Fn. 36 m.w.N.

[41] Eine detailliertere Darstellung des normativ-individualistischen Gehalts der einzelnen Verfassungsnormen liefert nachfolgender § 8 der Arbeit.

[42] Insofern sei auf die ausführliche Begründung durch *von der Pfordten* verwiesen: *von der Pfordten*, Normative Ethik, 23 ff.; *ders.*, Rechtsethik^2, 305 ff.; *ders.*, Vorüberlegungen zu einer Dreizonentheorie politischer Gerechtigkeit, *ders.*, Rechtsethische Recht-

Kritisiert wird die Begründung des normativen Individualismus, weil sie weder das Bestehen von Individuen noch deren Werthaftigkeit weiter hinterfrage. Die „Diskrepanz zwischen Fragepotential des Menschen und Legitimationsbestreben [ende] immer und zwingend zu Lasten des Legitimationsgelingens."[43] Darin liegt die Forderung nach einer Letztbegründung, welche wissenschaftlich nicht zu leisten ist. Verlangt wird die Herleitung von Werten aus Tatsachen, worin bei Annahme eines freien Willens ein naturalistischer Fehlschluss läge.[44] Der Kritik an der ‚ontologischen Sparsamkeit'[45] *von der Pfordtens* ist deshalb vorliegend nicht zu folgen.

4. Qualifizierung des ‚guten Handelns' im Rahmen des normativen Individualismus

a) Zu berücksichtigende Belange der Einzelnen

‚Gutes Handeln' im Sinne der Verfassung ist ein Handeln der sozialen Akteure im Einklang mit dem als absolut gesetzten Eigenwert eines jeden Einzelnen.[46] Aus der Menschenwürde lassen sich jedoch noch keine konkreten Präskriptionen herleiten. Fraglich ist, welche konkreten Eigenschaften der Einzelnen ethisch zu berücksichtigen sind.[47] Hierfür lassen sich im Rahmen des normativen Individualismus mehrere Bedingungen formulieren. Zum ersten müssen die Eigenschaften positiv beschreibbar sein, also den hohen Abstraktionsgrad der Menschenwürde herunterbrechen. Die Eigenschaften sollen den Wert des Einzelnen achten, sie müssen daher zum zweiten individuell sein, also nicht allein von außen vorgegeben. Die subjektive Haltung zu den Eigenschaften muss also eine wesentliche Rolle spielen.[48] Zum dritten müssen die Eigenschaften normativen Charakter besitzen, damit sie zur Herleitung rechtlicher Präskriptionen geeignet sind.[49]

---

fertigung – material oder prozedural?; *ders.*, Zeitschrift für philosophische Forschung 2004, 321, 330 ff.

[43] *Rath*, JZ 2006, 665, 667.

[44] Vgl. *von der Pfordten*, JZ 2006, 667, dazu bereits oben § 6 V 2.

[45] *Von der Pfordten*, JZ 2006, 667.

[46] Vgl. oben 2.

[47] Der nachfolgende Abschnitt liefert eine grobe Zusammenfassung der Herleitung der entscheidenden Eigenschaften durch *von der Pfordten*, Normative Ethik, 50 ff.

[48] Eine absolute Berücksichtigung der subjektiven Einstellung eines jeden Einzelnen zu jeder Frage ist im Rahmen einer intersubjektiv formulierten Ethik unmöglich. Es geht also darum, dem Individuum soweit gerecht zu werden, wie das intersubjektiv möglich ist, näher dazu *von der Pfordten*, Normative Ethik, 51.

[49] *Von der Pfordten*, Normative Ethik, 52.

Erfüllt werden diese Bedingungen durch die menschlichen Interessen bzw. Belange.

Sie „sind [...] nicht so objektivistisch, dass sie [...] keine Rücksicht auf die Selbstbewertung der Individuen nehmen würden. Und sie weisen einen über die bloße Faktizität hinausgehenden [...] normativen Anteil auf.“[50]

Belange bzw. Interessen sind synonym und als Oberbegriff zu verstehen.[51] Unterteilen lassen sie sich in Strebungen, Bedürfnisse, Wünsche und Ziele.[52] In der genannten Reihenfolge nimmt die körperliche Fundierung der Eigenschaften ab und die mentale Beeinflussbarkeit zu.

Strebungen sind „rein vegetativ-körperlich fundiert [und …] allenfalls schwer [...] mental beeinflussbar“.[53] „Bedürfnisse haben regelmäßig eine körperliche Basis, sind aber in verschiedener Hinsicht [...] mental beeinflussbar.“[54] „Wünsche haben häufig auch eine körperliche, im Gegensatz zu Strebungen und Bedürfnissen primär aber eine mentale Komponente.“[55] Ziele hingegen „sind ausschließlich [...] intentionale Eigenschaften“.[56]

b) Konkretisierung des ‚guten Handelns'

Das Prinzip des normativen Individualismus lässt sich nun konkretisieren:

„Alle Handlungen, die andere betreffen, finden ihre letzte Rechtfertigung ausschließlich in den aktuellen konkreten, generellen abstrakten, früheren, mutmaßlichen oder hypothetischen Zielen, Wünschen, Bedürfnissen und Strebungen [...] aller von der jeweiligen Handlung betroffenen Individuen.“[57]

Konkreter definieren lässt sich damit auch das ‚gute Handeln‘ im Sinne der normativ-individualistischen Verfassung: Gutes Handelns ist ein Handeln der sozialen Akteure im Einklang mit allen Interessen aller betroffenen Individuen. Die Definition knüpft an hinreichend konkretisierte beschreibbare Tatsachen an. Aber sie bietet noch keine Möglichkeit, Interessenkonflikte zu lösen. Die Ableitung von rechtlichen Präskriptionen bedarf daher weiterer Wertungen. Angeknüpft wird hierfür an das Gemeinwohl als Ziel des guten Handelns:

---

[50] *Von der Pfordten*, Normative Ethik, 56.
[51] *Von der Pfordten*, Normative Ethik, 67.
[52] *Von der Pfordten*, Normative Ethik, 50 ff., 57 ff.
[53] *Von der Pfordten*, Normative Ethik, 57.
[54] *Von der Pfordten*, Normative Ethik, 58.
[55] *Von der Pfordten*, Normative Ethik, 59.
[56] *Von der Pfordten*, Normative Ethik, 60.
[57] *Von der Pfordten*, Normative Ethik, 75.

5. Gemeinwohl, Glück, Gerechtigkeit

a) Gemeinwohl als Wohl aller Einzelnen

Das ‚Wohl‘ ist wie das ‚Gute‘ ein wertender Begriff. Über den Inhalt des Gemeinwohls wird dementsprechend gestritten.[58] Im Grundgesetz findet sich ein Hinweis auf das ‚Wohl der Allgemeinheit‘ in Art. 14 Abs. 2 und 3, Art. 56 und Art. 87 e, ohne allerdings eine konkrete Definition zu liefern. Versteht man das Gemeinwohl wie die vorliegende Arbeit als das Ziel guten Handelns, so lässt sich der Begriff verfassungsrechtlich konkretisieren.

Im Rahmen unserer Verfassung muss Gemeinwohl dann das Wohl aller Einzelnen meinen, also ein gutes Leben für alle Menschen. Ein gutes Leben ist dann ein Leben, welches allen Interessen aller Menschen entspricht.[59] Gutes Leben und Gemeinwohl werden im Folgenden synonym verwendet.[60] Sie implizieren einen Einklang von Lebensführung und Interessen, also von (äußerem) Sein und (subjektivem) Sollen.

Ein Leben, welches allen Interessen aller Menschen entspricht, ist nun in der Realität kaum vorstellbar. Schon gar nicht lässt sich jedes subjektive Interesse rechtlich sichern und durchsetzen. Das liegt nicht nur an den vielfältigen Interessenkonflikten. Der Gesetzgeber kann die Gesamtmenge denkbarer Einzelinteressen unmöglich erfassen. Das Gemeinwohl ist deshalb wie die Menschenwürde[61] nicht vollständig herstellbar.

Wie das gute Handeln ist es also zu abstrakt, um Präskriptionen daraus abzuleiten. Allerdings ist es zur Differenzierung möglicher und unmöglicher Präskriptionen besser geeignet als der Begriff des guten Handelns. Dafür wird der Gemeinwohlbegriff nachfolgend in Glück und Gerechtigkeit unterteilt:

---

[58] Vgl. zur aktuellen Diskussion den interdisziplinären Sammenlband von *Münkler/ Fischer* (Hrsg.), Gemeinwohl und Gemeinsinn.

[59] *Von der Pfordten*, Normative Ethik, 378, bezieht in die Definition auch alle anderen Lebewesen mit ein, lässt sie aber im Rahmen der rechtstheoretischen Ausführungen außer Betracht, vgl. auch *von der Pfordten*, JZ 2005, 1069. Die Vereinfachung entspricht dem bereits oben 3 a dd dargestellten Antrhopozentrismus der Verfassung.

[60] Sie sind nach dem vorliegenden Verständnis die Ziele des guten Handelns, die Gleichsetzung entspricht wohl dem alltäglichen Sprachgebrauch, was bei einem derart interdisziplinären Begriff vorteilhaft ist. *Von der Pfordten*, Normative Ethik, 378 setzt das Gemeinwohl hingegen mit dem guten Handeln gleich. Mit der vorliegenden Definition ist im Ergebnis nur ein begrifflicher, aber keinen inhaltlicher Widerspruch verbunden.

[61] Vgl. oben II 2.

b) Untergliederung des Gemeinwohls in Glück und Gerechtigkeit

Gemeinwohl respektive gutes Leben bezeichnen ein Leben, welches allen Interessen aller Menschen entspricht. Der Abstraktionsgrad wird durch die Unterteilung in Glück und Gerechtigkeit[62] verringert:

Der Glücksbegriff bezieht sich stets auf einen einzelnen Menschen. Dementsprechend lässt sich Glück definieren als Zustand, der allen Interessen eines bestimmten Menschen entspricht. Gerechtigkeit hingegen lässt sich definieren als Zustand, der bestimmten Interessen aller Menschen entspricht.

6. Gerechtes Handeln als präskriptives Ziel der Rechtsordnung

Allen Interessen aller Menschen kann die Rechtsordnung unmöglich entsprechen. Sie kann mit anderen Worten nicht alle glücklich machen. Sie kann also ein gutes Leben bzw. das Gemeinwohl als solches nicht vollständig herstellen. Für die Formulierung realistischer Ziele muss wertend entschieden werden, auf welcher Ebene man Abstriche macht. Reduziert man die zu berücksichtigenden Menschen oder die zu berücksichtigenden Interessen?

Die erste Alternative verbietet sich aufgrund der als absolut gesetzten Menschenwürde. Das Glück Einzelner vermag also das Unglück vieler nicht zu rechtfertigen. Es sind vielmehr alle Einzelnen zu berücksichtigen. Reduziert werden müssen also nicht die zu berücksichtigenden Individuen, sondern die zu berücksichtigenden Interessen. Konkretes Ziel der Rechtsordnung kann also nur die Berücksichtigung bestimmter Interessen aller betroffenen Einzelnen sein. Mit anderen Worten: Primäres Ziel der Rechtsordnung ist die Herstellung von Gerechtigkeit.

Es muss folglich wertend entschieden werden, welche Interessen zu berücksichtigen sind. Abstrakt kann man diese Einzelinteressen als wichtige Interessen zusammenfassen. Gerechtigkeit ist somit ein Zustand, der den wichtigen Interessen aller Einzelnen entspricht.

Rechtliche Präskriptionen beziehen sich auf Handlungen. Ihr unmittelbares Ziel ist daher nicht die Gerechtigkeit als Zustand, sondern ein darauf gerichtetes gerechtes Handeln. Es lässt sich definieren als Handeln der sozialen Akteure im Einklang mit den wichtigen Interessen aller betroffenen Menschen.

7. Menschenwürdeorientierte Inhaltsbestimmung gerechten Handelns

Welche Interessen wichtig sind, bedarf weiterer Wertungen. Nach dem Gesagten lassen sich Werte nicht aus Tatsachen herleiten, sondern allen-

---

[62] *Von der Pfordten*, Normative Ethik, 378.

falls aus anderen Wertungen. Bestimmte Grundwerte müssen stets vorausgesetzt werden.[63]

Der von unserer Verfassung als absolut vorausgesetzte Grundwert ist die Menschenwürde. Die Würde selbst ist nach dem Gesagten nicht vollständig rechtlich herstellbar. Aber sie eignet sich als Maßstab für die Wichtigkeit konkreter Interessen.

a) Interesse am eigenen Leben

Das wichtigste aus der Menschenwürde herleitbare Interesse ist jenes am eigenen Leben. Es ist bereits in der Definition der Menschenwürde enthalten. Sie postuliert einen unverfügbaren Eigenwert eines jeden menschlichen Lebens.[64] Leben ist die natürliche biologische Voraussetzung allen Handelns. Gerechtes Handeln muss demzufolge das Lebensinteresse eines jeden Betroffenen achten.

b) Interesse an selbstbestimmter Lebensführung

Eine zentrale menschliche Eigenschaft ist die Fähigkeit zur freien Willensbildung. In ihr manifestiert sich die eigentliche Subjektqualität des Menschen.[65] Er vermag „sich selbst Zwecke zu setzen, wie sich selbst als Zweck zu setzen.“[66] Die Willensfreiheit bildet den Kern menschlicher Selbstbestimmung.[67] Und die Fähigkeit zur Selbstbestimmung ist ein zentraler Inhalt des Würdebegriffs.[68]

Will die Rechtsordnung dem Eigenwert eines Menschen gerecht werden, so muss sie vor allem seine Fähigkeit zur Selbstbestimmung respektieren und fördern. Die individuelle Selbstbestimmung ist ein fundamentales menschliches Interesse. Ein gerechtes Handeln der sozialen Akteure muss deshalb die Selbstbestimmung der Betroffenen achten.

c) Interesse an der Entfaltung der eigenen Persönlichkeit

Der freiwillig Handelnde ist kein Getriebener, sondern kann innerhalb bestehender Bedingungen schöpferisch tätig sein.[69] Das wirft folgende

---

[63] Vgl. oben § 6 V 3.

[64] Vgl. oben 2.

[65] Vgl. oben II 5 d.

[66] *Enders*, Die Menschenwürde in der Verfassungsordnung, 11.

[67] *Enders*, Die Menschenwürde in der Verfassungsordnung, 11 m.w.N. in Fn. 47; angemerkt sei, dass *Hartmann* den Begriff der Selbstbestimmung für genau diese Eigendetermination des Willens verwendet. Er meint also die Willensfreiheit, nicht die Handlungsfreiheit, vgl. *Hartmann*, Ethik, 791.

[68] Vgl. *Maunz/Dürig/Herdegen*, GG[63], Art. 1 Rn. 34.

[69] Vgl. oben § 6 IV 2 b.

Frage auf: Was soll der Mensch mit dieser schöpferischen Kraft anfangen? Die Antwort gibt nicht das Recht, sondern die Ethik. Sie fordert ihn auf, sein Leben und die Welt schöpferisch mitzugestalten.[70]

Für schöpferisches Handeln genügt nicht allein die Eingebung des Augenblicks, es sind vielmehr bestimmte Informationen und Fähigkeiten unabdingbar.[71] Die Gestaltung des eigenen Lebens setzt die Entfaltung sozialer, beruflicher und anderer Potentiale voraus. Als weiteres wichtiges Interesse festhalten lässt sich also die Persönlichkeitsentfaltung. Gerechtes Handeln der sozialen Akteuere muss das Entfaltungsinteresse der Betroffenen achten.

d) Konkretisierung des gerechten Handelns

Die Rechtsordnung bezweckt nach dem Gesagten gerechtes Handeln. Es wurde abstrakt definiert[72] als Handeln der sozialen Akteure im Einklang mit den wichtigen Interessen aller betroffenen Menschen. Unmittelbar aus der menschlichen Würde ergeben sich drei fundamentale Individualinteressen, nämlich am eigenen Leben, an einer selbstbestimmten Lebensführung sowie an der Entfaltung der eigenen Persönlichkeit.

Gerechtes Handeln ist also ein Handeln der sozialen Akteure im Einklang mit dem Interesse aller Menschen an Leben und selbstbestimmter Persönlichkeitsentfaltung. Diese Zielsetzungen schlagen sich nieder in Art. 2 Abs. 1 GG („Jeder hat das Recht auf die freie Entfaltung seiner Persönlichkeit“) und Art. 2 Abs. 2 GG („Jeder hat das Recht auf Leben“).

IV. Leben als Verfassungsgrundwert, Art. 2 Abs. 2 GG

Das Leben ist die Grundvoraussetzung menschlichen Handelns.[73] Die Notwendigkeit des Lebensschutzes ist aufgrund der Anerkennung der menschlichen Würde selbstverständlich und bedarf keiner weiteren Begründung.

V. Entfaltungsfreiheit als Verfassungsgrundwert, Art. 2 Abs. 1 GG

Mit Art. 2 Abs. 1 GG wird die Verfassung konkret.[74] In der freien Entfaltung der Persönlichkeit liegt der wesentliche materielle Gehalt der Menschenwürde.[75] Frei meint dabei nichts Anderes als selbstbestimmt.

---

[70] *Hartmann*, Ethik, 4, 645.
[71] Vgl. *Goleman*, Kreativität entdecken, 17 ff., 25 ff.
[72] Vgl. oben 6.
[73] *Maunz/Dürig/Di Fabio*, GG[63], Art. 2 Abs. 2 Rn. 9.
[74] *Maunz/Dürig/Di Fabio*, GG[63], Art. 2 Rn. 1.
[75] *Maunz/Dürig/Di Fabio*, GG[63], Art. 2 Rn. 1.

1. Keine umfassende staatliche Bevormundung

Die Rechtsordnung kann die selbstbestimmte Entfaltung eines Menschen nicht vollständig herstellen. Denn Selbstbestimmung impliziert freiwillige Entscheidungen. Selbstbestimmte Persönlichkeitsentfaltung bedarf also eines individuellen Beitrags. Den darf der Staat nicht vorwegnehmen, denn das liefe auf die Bevormundung des Einzelnen hinaus. Mit andern Worten darf der Staat den Einzelnen nicht ‚zu seinem Glück zwingen'. Eine absolute Bevormundung der Bürger wäre also grundgesetzwidrig.

2. Staatliche Aufgabe: Herstellung und Sicherung von Entfaltungsvoraussetzungen

Kein Mensch kann sich ohne Hilfe anderer entfalten. Ohne fremde Hilfe lernt der Mensch nicht einmal sprechen, geschweige denn selbstbestimmt handeln. Ob der Einzelne sich frei entfalten kann, darf die Rechtsordnung nicht rein zufälligen familiären, gesellschaftlichen und historischen Umständen überlassen.[76]

Selbstbestimmung und Persönlichkeitsentfaltung sind in Art. 2 Abs. 1 GG zunächst allgemein und unspezifisch gewährleistet, liegen aber gedanklich auch den anderen Grundrechten zugrunde.[77] Art. 2 Abs. 1 GG statuiert sozusagen einen ‚Wesensgehalt der Wesensgehalte'[78] aller Grundrechte und steht für einen vor aller Abwägung geschützten ‚unverzichtbaren Bereich'.[79] Darin verdeutlicht sich die Nähe des Grundrechts zur Menschenwürde.[80]

Tatsächliche Entfaltung ist wie gesehen nicht rechtlich durchsetzbar.[81] Wie die Menschenwürde bleibt die Freiheit in ihrer Unbestimmtheit eine rechtliche Fiktion.[82] Inhaltlich ist das Recht auf Entfaltung dementsprechend tatbestandslos und rein wertbezogen.[83] Die konkrete Umsetzung erfordert weitere Wertungen.[84] Hierfür muss jeweils zwischen bestimmten

---

[76] Die Entfaltungsfreiheit ist deshalb ein subjektives Recht, aus der rechtstechnischen Ausgestaltung als Auffanggrundrecht lassen sich keine Rückschlüsse auf die materielle Bedeutung ziehen, so *Maunz/Dürig/Di Fabio*, GG[64], Art. 2 Rn. 1 ff., 7.

[77] *Enders*, Die Menschenwüre in der Verfassungsordnung, 445 f.

[78] *Enders*, Die Menschenwürde in der Verfassungsordnung, 444 mit Verweis auf *Wintrich*, Zur Problematik der Grundrechte, 29 f., von dem das Zitat stammt.

[79] *Enders*, Die Menschenwürde in der Verfassungsordnung, 444.

[80] *Enders*, Die Menschenwürde in der Verfassungsordnung, 446.

[81] Soeben unter a.

[82] *Enders*, Die Menschenwürde in der Verfassungsordnung, 447.

[83] *Enders*, Die Menschenwürde in der Verfassungsordnung, 446.

[84] *Enders*, Die Menschenwürde in der Verfassungsordnung, 447 f.

Rechtspositionen abgewogen werden. Der Gehalt von Menschenwürde und Persönlichkeitsrecht geht darüber aber stets hinaus.[85]

Zusammenfassend darf der Staat persönliche Entfaltung weder umfassend konkretisieren, noch darf er sie dem Zufall überlassen. Er darf die Menschen weder bevormunden noch vernachlässigen. Als Aufgabe des Staates verbleibt die Schaffung und Sicherung notwendiger Entfaltungsvoraussetzungen. Anders gewendet bezweckt die Rechtsordnung die *Ermöglichung* von Freiheit.[86]

3. Feststellung der Entfaltungsvoraussetzungen im wissenschaftlichen Dialog

Die Frage nach den notwendigen Voraussetzungen der Persönlichkeitsentfaltung ist keine reine Wertungsfrage. Ihre Antwort kann und muss sich auf Erkenntnisse verschiedener Wissenschaften stützen. Zu beachten ist dabei jedoch stets, dass das Recht gerade keine individuelle Erfüllung garantieren kann.

Theorien, welche die schöpferische Kraft des Einzelnen für gesellschaftlich vernachlässigbar halten, sind daher abzulehnen. Als Beispiel genannt sei insofern die marxistisch-leninistische Gesellschaftstheorie. Brachliegende Potentiale wertet sie allein als Folge ungünstiger objektiver Umstände. Als gesellschaftliches Grundübel sieht sie das Privateigentum an Produktionsmitteln.[87] Individuelle Gesellschaftsgestaltung erscheint neben den geforderten Umwälzungen quasi bedeutungslos.[88] Damit ist der Schritt zur ideologischen Bevormundung vollzogen, welche den „Menschen [...] den Fiktionen opfert".[89]

---

[85] *Enders*, Die Menschenwürde in der Verfassungsordnung, 447 f.

[86] Vgl. *Maunz/Dürig/Di Fabio*, GG^{63}, Art. 2 Rn. 2; zur ethischen Herleitung soeben unter III.

[87] *Bochenski*, Marxismus-Leninismus, 24. Insbesondere der wissenschaftliche Anspruch des Marxismus-Leninismus wird von Bochenski prägnant widerlegt.

[88] Der Einwand lässt sich in abgeschwächter Form auch neomarxistischen Theorien entgegenhalten. Genannt sei die Forderung nach einer ‚neuen Gesellschaft' bei *Fromm*, Haben oder Sein, 163. Zwar respektiert und fordert er individuelle Sinnsetzung. Ein Glaube an menschliche Potentiale auch unter widrigen Umständen spricht aus den konkreten Programmvorschlägen nicht. Die Gefahr der Bevormundung bleibt erhalten.

[89] *Bochenski*, Marxismus-Leninismus, 135.

VI. Ergebnis

1. Menschenwürde als Verfassungsgrundwert

Angestrebt ist die verfassungsrechtliche Verankerung der Vertragsbindung. Zwischenziel hierfür ist die systematische Darstellung der verfassungsrechtlichen Wertordnung.[90]

Deren Grundwerte sind folgendermaßen herzuleiten: Die Menschenwürde ist als übergeordneter absoluter Wert axiomatisch gesetzt durch Art. 1 Abs. 1 GG.[91] Auf präskriptiver Ebene ist Art. 1 Abs. 2 GG noch zu abstrakt. Die notwendige Konkretisierung orientiert sich an der Zielsetzung präskriptiver Aussagen:

2. Gutes Handeln sozialer Akteure als abstraktes Ziel der Rechtsordnung

Präskriptionen sind handlungsleitend. Die Rechtsordnung bezweckt mit anderen Worten ein gutes Handeln der sozialen Akteure.[92] Welches Handeln gut ist, bedarf einer wertenden Entscheidung. Der Wertausfüllung dient im Rahmen unserer Verfassung die Menschenwürde. Gutes Handeln ist dann ein Handeln der sozialen Akteure im Einklang mit dem absoluten Eigenwert eines jeden Lebens.[93] Auf präskriptiver Ebene ist die Definition weiterhin zu abstrakt. Sie qualifiziert aber den normativen Individualismus als rechtsethisches Programm der Verfassung:[94]

> „Alle politischen und rechtlichen Entscheidungen finden ihre letzte Rechtfertigung ausschließlich im Bezug auf alle von der jeweiligen Entscheidung betroffenen Individuen."[95]

Die zu berücksichtigenden Eigenschaften der Individuen sind ihre Interessen. Synonym zum Begriff Interessen ist der Begriff der Belange. Gutes Handeln ist dann ein Handeln der sozialen Akteure im Einklang mit allen Interessen aller Betroffenen.[96]

3. Gutes Handeln sozialer Akteure als rechtlich nicht durchsetzbares Ziel

Übergeordnetes Ziel guten Handelns ist ein gutes Leben, also ein Leben im Einklang mit allen Interessen aller Menschen. Synonym zum guten Leben kann der Begriff Gemeinwohl verwendet werden. Ein gutes Leben aller

---

[90] Vgl. oben Einführung und Thesen zu Kapitel B, III.
[91] Vgl. oben II 1.
[92] Vgl. oben III 1.
[93] Vgl. oben III 2.
[94] Vgl. oben III 3 a dd.
[95] *Von der Pfordten*, JZ 2005, 1069.
[96] Vgl. oben III 4 b.

respektive das Gemeinwohl sind allein durch das Recht jedoch nicht herstellbar.

Die Berücksichtigung aller Interessen aller Bürger verunmöglicht die Lösung von denkbaren Interessenkonflikten. Gutes Handeln mit dem Ziel eines guten Lebens ist deshalb als rechtliche Zielsetzung zu umfassend und bedarf der Konkretisierung.[97] Der Staat kann nur bestimmte Voraussetzungen des guten Lebens bzw. des Gemeinwohls garantieren. Im Übrigen ist der Bürger selbst gefragt.

4. Gerechtes Handeln sozialer Akteure als grundlegende Präskription

Das rechtlich geforderte gute Handeln kann sich also nur auf Teilbereiche des Gemeinwohls beziehen. Im Gemeinwohlbegriff enthalten sind die Begriffe Glück und Gerechtigkeit. Glück ist ein Leben im Einklang mit allen Interessen Einzelner. Es ist rechtlich ebensowenig herstellbar wie das Gemeinwohl. Als Ziel der Rechtsordnung wäre es ferner ungeeignet, weil es nicht alle Betroffenen berücksichtigt. Als mögliche Zielsetzung guten Handelns verbleibt allein die Gerechtigkeit. Sie bezeichnet ein Leben im Einklang mit wichtigen Interessen aller Betroffenen. Von der Rechtsordnung gefordert wird also nicht umfassend gutes Handeln, sondern allein gerechtes Handeln.[98]

5. Wertausfüllung gerechten Handelns durch die Menschenwürde

Welche Interessen wichtig sind, bedarf wiederum einer wertenden Beurteilung. Aus dem Grundwert der Menschenwürde lassen sich zwei Interessen mit fundamentaler Bedeutung herleiten, nämlich das Interesse am eigenen Leben sowie das Interesse an der selbstbestimmten Entfaltung der eigenen Persönlichkeit. Beide Interessen sind in Art. 2 GG als verfassungsrechtliche Grundwerte festgelegt. Gerechtigkeit im Sinne des Grundgesetzes ist also ein Leben im Einklang mit der Würde und den Interessen aller Betroffenen am eigenen Leben und an ihrer selbstbestimmten Persönlichkeitsentfaltung.

Übertragen auf den zu konkretisierenden Begriff des guten Handelns bedeutet das: Ziel der Rechtsordnung ist nicht das gute Handeln im Bezug auf ein gutes Leben, sondern gerechtes Handeln. Gerechtes Handeln ist ein Handeln der sozialen Akteure im Einklang mit den verfassungsrechtlichen Grundwerten, namentlich der Würde und den Interessen aller Betroffenen

---

[97] Vgl. oben III 4 und 5.

[98] Vgl. oben III 6.

am eigenen Leben und an der selbstbestimmten Entfaltung der eigenen Persönlichkeit.[99]

6. Aufgaben des Staates

Die präskriptive Forderung gerechten Handelns trifft auch den Staat. Menschliches Leben und die Entfaltungsfreiheit aller sind bindende Wertvorgaben für hoheitliches Handeln. Das menschliche Leben hat der Staat umfassend zu schützen. Selbstbestimmte Entfaltung als solche vermag er nicht herzustellen. Denn sie erfordert einen individuellen Beitrag. Insofern darf der Staat den Menschen nicht bevormunden. Er darf ihn aber auch nicht vernachlässigen. Aufgabe des hoheitlich handelnden Staates ist es daher, notwendige Entfaltungsvoraussetzungen zu schaffen und zu sichern, also Entfaltung zu ermöglichen.[100] Die rechtlichen Mittel hierfür stellt der nachfolgende § 8 dar.

7. Bestätigung der These B3

Als bestätigt festhalten lässt sich die Unterthese[101] B3, welche die genannten Grundwerte und Präskriptionen als Inhalt der Verfassung postulierte:

B3. Als Wert gesetzt ist die menschliche Würde, welche den Wert des menschlichen Lebens und den Wert schöpferischer Selbstentfaltung beinhaltet. Präskriptiv gesetzt sind die Bindung aller staatlichen Gewalt an die menschliche Würde und die daraus folgenden Rechte der Rechtsunterworfenen auf Leben und freie Entfaltung ihrer Persönlichkeit.

---

[99] Vgl. oben III 7.

[100] Vgl. zu den durchaus auch in diese Richtung gehenden Zielsetzungen der verschiedenen Religionen *Ratschow* (Hrsg.), Ethik der Religionen, *Wehr*, Die sieben Weltreligionen.

[101] Vgl. Einführung und Thesen zu Kapitel B, II.

§ 8 Grundwerte als präskriptive Letztzwecke der verfassungsrechtlichen Wertordnung

I. Einleitung

1. Zwischenziel: Systematische Erfassung der verfassungsrechtlichen Wertordnung

Der vorangegangene § 7 erarbeitete Menschenwürde, Leben und Entfaltungsfreiheit als Grundwerte unserer Verfassung. Hieraus soll die verfassungsrechtliche Notwendigkeit der Vertragsbindung hergeleitet werden. Der vorliegende § 8 soll zeigen, dass die Grundwerte die alleinigen Letztzwecke der Rechtsordnung darstellen. Zu prüfen sind genannte Unterthesen[1] B4 und B5.

B4. Staatliches Handeln ist nur im Hinblick auf diese präskriptiven Letztzwecke gerechtfertigt, Aufgabe des Staates ist demzufolge der Schutz von Würde und Leben sowie die Herstellung notwendiger Entfaltungsvoraussetzungen, sofern der Bürger sie nicht selbst herstellen kann. Diese Letztzwecke sind die Grundlage der verfassungsrechtlichen Wertordnung.

B5. Entfaltungsfreiheit bedeutet positive Macht zur Gestaltung des eigenen Lebens und hat drei Voraussetzungen, nämlich a) Ein hinreichendes Maß an Entfaltungsressourcen in Form von Rechtsgütern, b) die Freiheit der eigenen Gütersphäre von Fremdbestimmung und c) die Kompetenz zu selbstbestimmtem Handeln.

2. Vorgehensweise

Zuerst ist (II.) der verfassungsrechtliche Freiheitsbegriff näher zu umreißen. Anschließend (III.) wird aus den genannten drei Grundwerten die objektive Wertordnung[2] des Grundgesetzes hergeleitet. Die Untersuchung ist insofern umfangreicher, als es für die Herleitung der Vertragsbindung notwendig wäre. Eine detaillierte Verfassungstheorie ist damit nicht beabsichtigt. Die Tatbestände der einzelnen Verfassungsnormen werden nicht näher beleuchtet. Die Untersuchung konzentriert sich allein auf die jeweiligen Normzwecke. Aufgezeigt werden die Grundzüge der verfassungsrechtlichen Wertungssystematik. Ziel dieser Darstellung ist es, einen Maß-

---

[1] Vgl. Einführung und Thesen zu Kapitel B, II.

[2] BVerfGE 7, 198, 205 (Lüth), dazu bereits oben § 5 I 2.

stab für Kapitel D zu erarbeiten, wo persönliche und beschränkte Gesellschafterhaftung wertend verglichen werden.

II. Entfaltungspotential als positive Freiheit zur Selbstbestimmung

Ein verfassungsrechtlich gesetzter Grundwert unserer Rechtsordnung ist die Möglichkeit selbstbestimmter Persönlichkeitsentfaltung. Diesen Wert voraussetzend spricht Art. 2 Abs. 1 GG vom subjektiven Recht auf ‚freie Entfaltung'.[3] Nachfolgend wird der vorrechtlich-ethisch notwendige Gehalt der Entfaltungsfreiheit beleuchtet. Auf diese Komponenten der Freiheit kann anschließend Bezug genommen werden.

1. Allgemein: Entfaltungsfreiheit als Gestaltungsmacht

Selbstbestimmte Entfaltung beinhaltet die Fähigkeit, über sein Leben selbst zu *bestimmen*. Bestimmen meint im Wortsinn das Anordnen, Veranlassen bzw. Vorkehrungen treffen.[4] Das erfordert die Macht, das eigene Leben nach eigenem Willen zu beeinflussen und zu gestalten. Diese Fähigkeit soll im Folgenden als Gestaltungsmacht bezeichnet werden. Sie hat mehrere Voraussetzungen, welche von unserer hierauf verpflichteten Rechtsordnung beachtet werden müssen:

2. Innere Gestaltungsmacht durch Handlungskompetenz

Will der Einzelne *selbst* über sein Leben bestimmen, so benötigt er bestimmte Kompetenzen. Er muss in der Lage sein, einen entfaltungsgerichteten Willen zu bilden und dementsprechend zu handeln. Das erfordert in erster Line ein bestimmtes Wissen, um mögliche Handlungsoptionen zu erkennen. Zum zweiten muss der Einzelne die Folgen seiner möglichen Handlungen einschätzen können. Er benötigt ferner bestimmte Fertigkeiten, um seinen Willen in die Tat umzusetzen. All diese Fähigkeiten lassen sich zusammenfassen als Kompetenz zur entfaltungsorientierten Steuerung des eigenen Verhaltens. Diese Kompetenz hat der Mensch bei Geburt nicht und muss sie erlernen.

3. Äußere Gestaltungsmacht durch Ressourcenzuweisung

Individuelles Handeln erfolgt nicht im Vakuum. Es hat Folgen für die natürliche Umwelt und für andere Menschen. Die Gestaltungsmacht des Einzelnen ist in der endlichen Welt unmöglich absolut. Fraglich ist also das notwendige Maß an relativer Gestaltungsmacht, welches dem Einzelnen

---

[3] Vgl. oben § 7 Fn. 76.
[4] *Adolphs*, Wahrig Synonymwörterbuch, 169.

einzuräumen ist. Hierbei ergeben sich potentielle Konfliktsituationen, denn auf denselben Gegenstand können sich verschiedenste Entfaltungsinteressen beziehen. Individuelle Gestaltungsmacht bedingt deshalb die Zuordnung verschiedener Entfaltungsressourcen zu den Machtbereichen der einzelnen Personen. Auch diese ressourcenbezogene Gestaltungsmacht ist dem Menschen von der Natur nicht gegeben. Sie muss im sozialen Kontext erst hergestellt werden. Aufgabe des Staates ist nach dem Gesagten die Herstellung der notwendigen Entfaltungsvoraussetzungen,[5] das umfasst die Zuweisung notwendiger Entfaltungsressourcen. Rechtsverbindlich kann das nur geschehen, indem die Ressource als Rechtsgut des Inhabers qualifiziert wird.

4. Äußere Gestaltungsmacht durch Freiheit von Fremdbestimmung

Tatsächliche Gestaltungsmacht setzt voraus, dass der Einzelne über die Verwendung seiner Entfaltungsressourcen selbst entscheiden kann. Sie müssen dem Zugriff anderer sozialer Akteure entzogen werden. Mit anderen Worten bedarf *Selbst*bestimmung der Freiheit von *Fremd*bestimmung. Fremdbestimmung droht vor allem durch mächtige Institutionen wie Staat und Kirche, aber auch durch andere Bürger. Oft kann der Einzelne seine Freiheit von Fremdbestimmung nicht selbst herstellen oder sichern, er muss also vor Bevormundung und Zwang geschützt werden.

5. Erfordernis rechtlicher Ausgestaltung der Freiheitsvoraussetzungen

Die Voraussetzungen freier Persönlichkeitsentfaltung sind nicht naturgegeben. Sie müssen im sozialen Kontext erst hergestellt werden. Handlungskompetenz kann der Mensch nicht ohne fremde Hilfe erwerben. Die erforderliche Gestaltungsmacht hinge ohne soziale Ordnung weitgehend von physischer Stärke ab. Eine Entfaltung aller Menschen wäre dann undenkbar.[6] Aus diesem Grund besitzt der Staat das Gewaltmonopol.[7] Im Gegenzug ist er verpflichtet, Entfaltungsvoraussetzungen zu schaffen und zu

---

[5] Vgl. oben § 7 V 2.

[6] Hierin liegt ein Argument gegen den Anarchismus, der durch die Betonung negativer Freiheit die positive Freiheit aller letztlich der Willkür aller ausliefert, näher *von der Pfordten*, Rechtsethik^2, 267 ff.

[7] Das Gewaltmonopol ist allgemein anerkannt, allerdings nicht umfassend geregelt, vgl. Schulte, DVBl 1995, 130 ff. m.w.N.

sichern.[8] Hierfür bedarf es einer auch zwangsweise durchsetzbaren normativen Grundlage.[9]

Die staatliche Macht steht vor diesem Hintergrund nicht im Widerspruch zur Idee individueller Gestaltungsmacht: Soweit der Einzelne seine Entfaltung einschließlich ihrer Voraussetzungen selbst in der Hand hat, ist ein Eingreifen des Staates unnötig und untersagt. Hingegen muss der Staat Freiheitsvoraussetzungen insoweit schaffen und sichern, wie es dem einzelnen Menschen nicht möglich oder im Sinne eines friedlichen Zusammenlebens verboten ist.

6. Zusammfassung

Der Mensch kann schöpferisch tätig sein. Ethisch betrachtet soll er diese Fähigkeit nutzen und sein persönliches Potential entfalten. Rechtlich durchsetzbar ist das nicht. Aufgabe der Rechtsordnung ist es ‚allein', Voraussetzungen der Entfaltung herzustellen und zu sichern.[10]

Entfaltungsfreiheit ist die Fähigkeit, das eigene Leben selbstbestimmt zu gestalten. Gemeint ist also eine positive Freiheit *zur* Selbstbestimmung.[11] Sie erfordert Gestaltungsmacht im Verhältnis zur Umwelt. Gestaltungsmacht setzt wiederum voraus, dass dem Einzelnen bestimmte Gestaltungsressourcen zugewiesen werden, über deren Verwendung er selbst entscheiden kann. Insofern erfordert die positive Freiheit zur Selbstbestimmung eine negative Freiheit von Fremdbestimmung. Gestaltungsmacht erfordert ferner die individuelle Kompetenz, diese Ressourcen zu nutzen.

Der Staat muss diese Entfaltungsvoraussetzungen schaffen und sichern, soweit der Einzelne dazu nicht selbst in der Lage ist.

III. Grundwerte als Fundament der verfassungsrechtlichen Wertordnung

Die verfassungsrechtlich gesetzten Wertaxiome unserer Rechtsordung sind menschliche Würde, menschliches Leben und die Möglichkeit persönlicher Entfaltung. Aufgabe des Staates ist demnach der Schutz menschlicher Würde und menschlichen Lebens sowie die Schaffung und Sicherung notwendiger Entfaltungsvoraussetzungen. Im Folgenden soll gezeigt werden, dass im Grundgesetz allein diese Werte Letztzweckcharakter aufwei-

---

[8] Vgl. *Maunz/Dürig/Di Fabio*, GG[63], Art. 2 Rn. 2; dazu bereits oben § 7 V 2; zu den Determinanten positiver Entfaltungsfreiheit ferner *Lampert*, Freiheit als Ziel der Gesellschafts- und Wirtschaftspolitik, 19 ff., 31 ff.

[9] *Rüthers/Fischer,* Rechtstheorie[5], Rn. 79, 80.

[10] Vgl. oben § 7 V 2.

[11] Grundlegend zum negativen und positiven Freiheitsbegriff *Berlin*, Four Essays on Liberty, Introduction, xxxvii ff.; als bekannter Vertreter des positiven Freiheitsbegriffs genannt sei *Fromm*, Die Furcht vor der Freiheit, 115; vgl. auch *Keil*, Willensfreiheit, 1.

sen. Dafür müssten sich alle anderen verfassungsrechtlichen Normzwecke auf diese Grundwerte zurückführen lassen.

1. Staat als Hüter von Würde, Leben und Entfaltungspotential

a) Existenz des Staates als alleinige Hoheitsgewalt

Art. 1 Abs. 1 GG verpflichtet die Staatsmacht zur Achtung und zum Schutz der menschlichen Würde. Sollen sich alle Bürger entfalten können, so bedarf das einer verbindlichen Rahmenordnung. Hieraus legitimiert sich die Existenz des Staates als alleinige Hoheitsgewalt.[12]

Das staatliche Gewaltmonopol ist zwar nicht umfassend geregelt. Allerdings beschränkt Art. 20 Abs. 2 die Hoheitsgewalt der Bevölkerung auf den Bereich von Wahlen und Abstimmungen. Im Übrigen wird sie den gewählten Staatsorganen zugesprochen.

Der Staat schließt andere Hoheitsgewalten mit möglicherweise abweichenden Wertvorstellungen aus. Das gilt insbesondere im Verhältnis zur Kirche, Art. 140 GG i.V.m. Art. 136, 137 WRV.

b) Handlungsfähigkeit des Staates durch Organisation und Kompetenzzuweisung

Um seine Aufgaben zu erfüllen, benötigt der Staat bestimmte Kompetenzen. Dazu zählt insbesondere die Sicherung des Haushalts durch Steuern, Abschnitt X GG. Da der Staat kein Mensch ist, kann er nur durch Organe handeln. Abschnitt II GG teilt die staatlichen Organisationseinheiten in Bund und Länder und regelt ihr Verhältnis untereinander und nach außen. Die einzelnen staatlichen Kompetenzen werden in den Abschnitten III bis IX GG bestimmten Organen zugeteilt. Seine Handlungsfähigkeit schützt der Staat auch im Verhältnis zum einzelnen Bürger, Art. 20 Abs. 4 GG und Abschnitt I bis VI des besonderen Teils des StGB.

c) Äußere Rahmenbedingungen individueller Freiheit

Individuelle Entfaltung erfordert die Erfüllung bestimmter Rahmenbedingungen. Hierzu zählen der zwischenstaatliche und innerstaatliche Frieden sowie intakte Ökosysteme als natürliche Grundlage unseres Lebens. Staatliche Handlungen zum Schutz dieser Entfaltungsvoraussetzungen sind legitim, da sie der einzelne Mensch nicht allein herstellen kann.[13] Dem Schutz des zwischenstaatlichen Friedens dienen die Außenpolitik und das Verbot von Angriffskriegen, Art. 23, 26 und 32 GG. Im Ernstfall obliegt

---

[12] Vgl. soeben II 5.
[13] Vgl. soeben II 5.

dem Staat die Landesverteidigung, Art. 12a, 24,87a GG. Inneren Frieden sichert vor allem das staatliche Gewaltmonopol. Den Schutz der natürlichen Lebensgrundlagen schreibt Art. 20a GG vor.

d) Individuelle und gesellschaftliche Freiheitsvoraussetzungen

Neben den äußeren Rahmenbedingungen bedarf es eines innergesellschaftlichen Fundaments individueller Entfaltung. Es soll nachfolgend unterteilt werden in (2.) individuelle und (3.) gesamtgesellschaftliche Freiheitsvoraussetzungen. Jenen vorgeordnet ist das Erfordernis formaler Gleichheit:

e) Formale Gleichheit

Ebenfalls aus den verfassungsrechtlichen Grundwerten herleiten lässt sich Art. 3 GG. Die Verfassung misst dem Leben eines jeden Einzelnen denselben absoluten Wert bei, Art. 1 Abs. 1 GG.[14] Deshalb muss die Rechtsordnung jeden Menschen gleichermaßen ernst nehmen, ihm ebenso die freie Entfaltung ermöglichen wie allen anderen. Art. 3 GG beruht also zum einen auf der Menschenwürde[15] und dient zum anderen der individuellen Entfaltungsfreiheit.[16]

2. Individuelle Freiheitsvoraussetzungen: Leben und Handlungskompetenz

a) Leben

Selbstverständliche Voraussetzung freier Entfaltung ist zunächst das Leben selbst. Es ist kein Mittel zum Zweck, sondern besitzt Selbstzweckcharakter. Im Hinblick auf die selbstbestimmte Entfaltung eines Menschen ist es jedoch unabdingbare Voraussetzung. Daher wird es vorliegend auch den individuellen Entfaltungsvoraussetzungen zugeordnet. Verfassungsrechtlich geschützt ist das menschliche Leben durch Art. 2 Abs. 1 GG.

b) Individuelle Handlungskompetenz

Als Voraussetzung positiver Entfaltungsfreiheit wurde die individuelle Handlungskompetenz bereits genannt.[17] Nur ein zur freien Willensbildung und Willensausübung fähiger Mensch kann *selbst* über sein Leben bestimmen.

---

[14] Vgl. oben § 7 III 2.
[15] Vgl. *Maunz/Dürig/Dürig/Scholz*, GG[63], Art. 3 Abs. 1 GG Rn. 5 f.
[16] Vgl. *Maunz/Dürig/Dürig/Scholz*, GG[63], Art. 3 Abs.1 GG Rn. 135 f.
[17] Vgl. oben II 2.

aa) Willensbildungskompetenz

Mit seinen Handlungen tritt der Mensch regelmäßig in Kontakt zu seiner Umwelt. Planvolles Handeln setzt die Vertrautheit mit dieser Umwelt voraus. Das erfordert abstraktes Wissen um Naturgesetze und um menschliche Verhaltenspotentiale. Es bedarf konkreter Informationen über aktuelle Geschehnisse und einer gewissen Menschenkenntnis, um die eigenen Handlungsoptionen realistisch einschätzen zu können. Hinzukommen muss die Fähigkeit, Wissen und Informationen intellektuell zu verarbeiten.

All diese Kenntnisse und Fähigkeiten zählt man gemeinhin zum Verfügungswissen.[18] Es muss erarbeitet werden und für den Einzelnen verfügbar sein. Diese Ziele schützt insbesondere Art. 5 GG durch die Wissenschafts-, Forschungs-, Presse- und Rundfunkfreiheit.

Verfügungswissen bedarf der Ergänzung durch Orientierungswissen. Orientierungswissen umfasst die Verinnerlichung bestimmter Werte sowie die Fähigkeit, diese Werte in die eigene Entscheidung einfließen zu lassen.[19] Selbstbestimmte Willensbildung beinhaltet eine selbstbestimmte Wertfindung. Sie erfordert ein Bewusstsein des eigenen Werts, also Selbstbewusstsein und Selbstvertrauen. Umfassende staatliche Bevormundung wäre damit nicht vereinbar.[20] Andererseits muss der Staat auch auf der Wertungsebene Stellung beziehen. Denn die an konkreten Grundwerten ausgerichtete Rechtsordnung ist auf die Akzeptanz dieser Werte angewiesen.[21] Das setzt ein Mindestmaß an Erziehung der Menschen voraus.[22] Mit anderen Worten muss der Staat die Grenzen setzen, innerhalb derer der Einzelne wertend entscheiden darf.

Der Mensch kommt ohne Verfügungs- und Orientierungswissen auf die Welt, ohne fremde Hilfe kann er beides nicht erlangen. Der Staat muss den entsprechenden Lernprozess sichern und fördern. Diesem Ziel dienen auf der einen Seite Art. 6 und 7 GG. Art. 6 schützt Ehe und Familie als Fundament persönlichen Wachstums.[23] Art. 7 sichert eine am verfügbaren Wissen und den verfassungsrechtlichen Grundwerten ausgerichtete Erziehung.[24] Insbesondere in Familie und Schule soll das Kind zu einer selbstbestimmten Persönlichkeit reifen. Mit zunehmendem Alter gewinnen die

---

[18] Vgl. *Mittelstraß*, Bildung und ethische Maße, 151, 164, auf den die begriffliche Unterscheidung von Verfügungswissen und Orientierungswissen zurückgeht.

[19] Vgl. *Mittelstraß*, Bildung und ethische Maße, 151, 164 f.

[20] Vgl. oben § 7 V 1.

[21] Vgl. oben § 1 III 1.

[22] Gemeint ist freilich keine totalitäre innere Transformation zu einem ‚neuen Menschen', sondern die äußere Erziehung zur Anerkennung von Werten als handlungsleitend, eingewirkt werden soll nicht auf die Gesinnung, sondern auf das Handeln.

[23] Vgl. *Maunz/Dürig/Badura*, GG^{64}, Art. 6 Rn. 107 ff.

[24] Vgl. *Maunz/Dürig/Badura*, GG^{64}, Art. 7 Rn. 2.

Grundrechte aus Art. 4 und 5 GG an Bedeutung. Art. 4 schützt und fördert individuelles Sinnempfinden als notwendige Basis jedes Selbst- und Weltverständnisses.[25] Art. 5 Abs. 1 und Art. 8 GG fördern die persönliche Entwicklung auf der Grundlage freier sozialer Interaktion.[26] Als Verfügungs- und Orientierungswissen umfassende und transzendierende menschliche Ausdrucksform ist die Kunst geschützt, Art. 5 Abs. 3 GG.[27]

bb) Willensausübungskompetenz

Die freie Willensausübung erfordert eher praktische Fertigkeiten. Vermittelt werden sie vor allem in Familie und Schule. Insofern sind wiederum Art. 6 und 7 GG einschlägig. Den selbstbestimmten Ausbau vorhandener Talente fördert die Freiheit der Berufswahl, Art. 12 GG.

3. Innergesellschaftliche Voraussetzungen der Entfaltungsfreiheit

Existenz und Handlungsfähigkeit von Staat und Individuum sind notwendige,[28] aber nicht hinreichende Bedingungen individueller Entfaltung. Das konkrete Handeln von Staat und Bürger bedarf zusätzlich gewisser Rahmenbedingungen. Sie sollen hier als gesellschaftliche Entfaltungsvoraussetzungen zusammengefasst werden.

Dazu gehört (a) die negative Freiheit von staatlicher Fremdbestimmung.[29] Gestaltungsmacht im Sinne positiver Freiheit zur Selbstbestimmung ermöglichen (b) verschiedene gesellschaftliche Teilhabemöglichkeiten, welche dem Einzelnen als Entfaltungsressource zugewiesen werden. Erforderlich ist schließlich (c) die Freiheit zur Nutzung dieser Entfaltungsressourcen im Rahmen sozialer Interaktion.

a) Freiheit von staatlicher Fremdbestimmung

Selbstbestimmt handeln kann der Einzelne nur, wenn er nicht hoheitlich bevormundet wird.[30] Daher ist die staatliche Fremdbestimmung individuellen Handelns grundsätzlich ausgeschlossen. Konkretisiert wird dieser Grundsatz durch das Grundrecht der allgemeinen Handlungsfreiheit, Art. 2 Abs. 1 GG.[31]

---

[25] Vgl. *Maunz/Dürig/Herzog*, GG[64], Art. 4 Rn. 12 f.

[26] Vgl. *Maunz/Dürig/Herzog*, GG[64], Art. 5 Abs. 1, 2 Rn. 2 ff.; *Maunz/Dürig/Depenheuer*, GG[64], Art. 8 Rn. 1 ff., 111.

[27] Vgl. *Maunz/Dürig/Scholz*, GG[64], Art. 5 Abs. 3 Rn. 3, 17.

[28] Dazu soeben unter 1. und 2.

[29] Zur negativen Freiheitskomponente vgl. oben II 4.

[30] Vgl. oben § 7 V 1.

[31] Vgl. *Maunz/Dürig/Di Fabio*, GG[64], Art. 2 Rn. 48.

Andererseits lässt sich staatliche Verhaltenslenkung nicht vollständig vermeiden, ohne damit langfristig die Freiheit aller zu gefährden. Aufgaben des Staates sind deshalb die Herstellung und die Sicherung von Würde, Leben und Entfaltungsvoraussetzungen aller Bürger. Die Erfüllung dieser Aufgaben geht notwendigerweise mit Eingriffen in individuelle Interessen einher. Rechtfertigen lassen sich solche Eingriffe nur unter Rückgriff auf andere individuelle Interessen.[32]

Eine derartige Legitimation staatlichen Handelns gewährleisten Art. 1 Abs. 1 und 3, 20 Abs. 3, 19 Abs. 4 und 28 Abs. 1 GG. Über Art. 1 GG und das Rechsstaatsprinzip aus Art. 20 Abs. 3 GG sind die Staatsorgane den individualbezogenen Grundwerten verpflichtet, also auch der individuellen Selbstbestimmung aller Bürger. Dieser evaluative Rückbezug macht die Grenzen staatlicher Macht berechenbar. Art. 19 Abs. 4 GG stellt sicher, dass staatliches Handeln gerichtlicher Kontrolle unterliegt. Damit hat der Einzelne die Möglichkeit, sich gegen staatliche Willkür zu wehren. Art. 28 Abs. 1 GG sichert die Einhaltung derselben Prinzipien auf Ebene der Bundesländer.

b) Freiheit zur Selbstbestimmung durch gesellschaftliche Teilhabemöglichkeiten

Eine weitere Entfaltungsvoraussetzung ist die positive Macht zur selbstbestimmten Lebensgestaltung. Aufgrund der Vielzahl potentiell konträrer Individualinteressen kann der Einzelne nur begrenzte Machtbefugnisse erhalten. Fraglich ist also, wie viel Gestaltungsmacht dem Einzelnen konkret zugestanden wird. Begrifflich werden konkrete Machtpositionen üblicherweise als gesellschaftliche Teilhabemöglichkeiten gekennzeichnet.[33] Unter diesem Terminus werden sie daher nachfolgend zusammengefasst. Unterteilt werden sie in (aa) räumliche, (bb) politische und (cc) sozioökonomische Machtpositionen.

aa) Räumliche Teilhabe

Jeder Mensch benötigt zu seiner Entfaltung im Wortsinn Lebensraum. Selbstbestimmtes Handeln erfordert das Recht, über sich selbst als körperliches Wesen frei zu verfügen. Das schließt die Möglichkeit ein, den eigenen Körper bzw. körpernahen Bereich vor dem Zugriff anderer zu schützen. Regelmäßig besteht auch das Bedürfnis nach einem Dach über dem Kopf. Grundrechtlich geschützt sind Intimsphäre und Privatsphäre als

---

[32] Vgl. oben § 7 III 3 a.

[33] Vgl. etwa BVerfG, BvL 1/09, Orientierungssatz 2b; ferner *Ulrich*, Integrative Wirtschaftsethik, 261 ff., der zwischen politischen Teilnahme- und sozialen wie wirtschaftlichen Teilhaberechten unterscheidet.

Teilgewährleistungen des allgemeinen Persönlichkeitsrechts, Art. 2 Abs. 1 i.V.m. Art. 1 Abs. 1 GG.[34] In engem Zusammenhang hierzu steht die Unverletzlichkeit der Wohnung nach Art. 13 GG.[35] Nicht zuletzt gehören zur räumlichen Teilhabe die Grundrechte auf körperliche Bewegungsfreiheit nach Art. 2 Abs. 2 Satz 2 GG[36] und auf Freizügigkeit nach Art. 11 GG.

bb) Politische Teilhabe

Individuelle Gestaltungsmacht auf gesamtgesellschaftlicher Ebene sichert das Demokratieprinzip, Art. 20 Abs. 2 GG.[37] Konkreter verbürgt ist die politische Teilhabe des Einzelnen durch sein Wahlrecht, Art. 38 GG, das Versammlungsgrundrecht, Art. 8 GG, sowie die Möglichkeit, in einer politischen Partei mitzuwirken, Art. 21 GG.

cc) Wirtschaftliche und soziale Teilhabe

Wirtschaftliche und soziale Teilhaberechte sind eng miteinander verflochten. Besonders deutlich wird das beim Eigentumsrecht, welches dem Einzelnen neben der „materiellen Basis der Freiheitsentfaltung […] einen bestimmenden Anteil an der Sozialgestaltung“[38] gewährleistet, Art. 14 Abs. 1 GG. Gleichzeitig betont das Grundgesetz die Sozialbindung des Eigentums, Art. 14 Abs. 2 und 3 GG. Im Dienst wirtschaftlicher und sozialer Selbstbestimmung steht auch die Berufsfreiheit, Art. 12 GG.[39]

---

[34] Dazu *Maunz/Dürig/Di Fabio*, 62. EL 2011, Art. 2 GG Rn. 149 ff.

[35] *Maunz/Dürig/Papier*, 62. EL 2011, Art. 13 GG Rn. 1.

[36] *Maunz/Dürig/Di Fabio*, 62. EL 2011, Art. 2 Abs. 2 Satz 2 GG Rn. 22.

[37] Zur Legitimation des Demokratieprinzips durch das individuelle Selbstbestimmungsrecht BeckOK/*Huster/Rux*, GG[14]; Art. 20 Rn. 49 ff., 107. Kritisch insofern *Maunz/Dürig/Grzeszick*, GG[63], Art. 20 Rn. 161 f., dem zufolge „eine grundrechtliche Legitimation staatlicher Gewalt aus den Grundgedanken der Autonomie und der individuellen Selbstbestimmung scheitert“, da so die „Grundrechte im Ergebnis zur Rechtfertigung von Eingriffen in die – grundrechtlich geschützte – Freiheit der Bürger instrumentalisiert“ würden. Damit vermischt *Grzeszick* aber die rechtsethische Legitimationsfrage, OB die Individuen politische Gestaltungsmacht erhalten sollen, mit der dogmatischen Ausgestaltungsfrage, WIE weit die Gestaltungsmacht des Einzelnen reichen soll. Auf der Legitimationsebene ergibt sich das Demokratieprinzip aus der grundsätzlichen Zuweisung der staatlichen Hoheitsgewalt an das Volk, Art. 20 II GG. Dass kein Einzelner unbeschränkte Gestaltungsmacht erhält, ist gerade logische Folge der Achtung der Selbstbestimmungsinteressen *aller* Bürger. Man kann also *Grzeszicks* dogmatisch-prozeduralem Demokratieverständnis (das vorliegend nicht näher diskutiert werden muss) zustimmen, ohne die hier genannten Legitimationserwägungen ablehnen zu müssen.

[38] *Maunz/Dürig/Papier*, GG[63], Art. 14 GG Rn. 2 und 4.

[39] Sehr prägnant *Hufen*, NJW 1994, 2913, 2914 m.w.N. in Fn. 20.

Nochmals[40] genannt seien die Grundrechtsgewährleistungen der Art. 4 bis 8 GG. Individuelle Handlungskompetenz ist Voraussetzung der Ausübung von Gestaltungsmacht. Die politische Gestaltungsmacht des Einzelnen ist relativ gering.[41] In kleineren sozialen Einheiten ist Sozialgestaltung direkt erfahrbar, sei es in der Familie, Schulklasse, der säkulären oder religiösen Gemeinde, bei Versammlungen oder auch beim alltäglichen Meinungs- und Informationsaustausch. Art. 4 bis 8 fördern also nicht nur Handlungskompetenzen, sie gewähren auch Gestaltungsmacht.

Wirtschaftliche und soziale Belange vereint auch das Sozialstaatsprinzip, Art. 20 Abs. 1 GG. Es sichert die „Mindestvoraussetzungen für ein menschenwürdiges Dasein".[42] Der Bezug zu Art. 1 Abs. 1 GG liegt auf der Hand.

c) Negative und positive Selbstbestimmungsfreiheit im privaten Bereich

Positive Entfaltungsfreiheit erfordert auch im privaten Bereich die Freiheit von Fremdbestimmung. Ferner muss auch hier gesichert sein, dass der Einzelne über sein Leben positiv selbst *bestimmen* und die erwünschten Folgen seines Handelns durchsetzen kann. Daher ist die Errichtung und Ausgestaltung einer Privatrechtsordnung verfassungsrechtliche Pflicht des Staates.[43] Ein fundamentales Mittel zur Sicherung individueller Entfaltung im privaten Bereich ist das Rechtsinstitut des Vertrages.

IV. Ergebnis: Formal gleiche Lebenschancen als Staatszweck

1. Verfassungsrechtliche Grundwerte als Letztzweck staatlichen Handelns

Alleiniger Letztzweck der verfassungsrechtlichen Normen sind die genannten Grundwerte, namentlich die Menschenwürde, das menschliche Leben und das Potential selbstbestimmter Persönlichkeitsentfaltung, Art. 1 Abs. 1; 2 Abs. 1 und 2 GG. Die übrigen Verfassungsnormen sind lediglich Mittel zum Zweck, nämlich zum Schutz von Menschenwürde und menschlichem Leben sowie zur Herstellung und Wahrung von Entfaltungspotential. Die Grundwerte bilden sozusagen einen roten Faden, an den die verfassungsrechtlichen Normzwecke anknüpfen.

2. Verfassungsrechtliche Wertordnung als Maßstab rechtlicher Wertungen

Erarbeitet werden sollte eine Vergleichsgrundlage für Teil D der Arbeit.

---

[40] Vgl. bereits oben 2b.

[41] Dazu soeben unter bb.

[42] BVerfG NJW 2009, 2267, 2275.

[43] BVerfGE 89, 214, 231; vgl. auch *Maunz/Dürig/Di Fabio*, GG[64], Art. 2 Rn. 105; *Weller*, Die Vertragstreue, 173 ff.

Postuliert wurde hierfür die Eignung der verfassungsrechtlichen Wertordnung als Maßstab.[44] Werte lassen sich nicht allein aus Tatsachen herleiten, als Maßstab für rechtliche Wertungen kommen nur andere Werte in Betracht. Will man verschiedene Wertungen vergleichen, so benötigt man also einen weiteren Wert, auf dem die zu vergleichenden Werte beruhen[45] bzw. zu dem sie eine Verbindung aufweisen.

Staatliches Handeln legitimiert sich allein durch Rückgriff auf die wichtigen Interessen der Rechtsunterworfenen. Grundlegender Maßstab für die Interessengewichtung ist die in Art. 1 gesetzte Menschenwürde, die allerdings weiterer Konkretisierung bedurfte.[46] Damit ist die Grundwertetrias aus Menschenwürde, menschlichem Leben und Entfaltungspotential[47] letzter Maßstab aller in Deutschland erlassenen Gesetze. Die verfassungsrechtliche Wertordnung ist aus diesen Grundwerten abgeleitet.[48] Sie ist als Basis des in Teil D anzustellenden Wertvergleichs geeignet. Die dort zu untersuchende Legitimation des § 39 Abs. 1 Nr. 5 InsO nimmt Bezug auf andere Wissenschaften.[49] Zur Vereinfachung der interdisziplinären Darstellung soll deshalb die Wertordnung in einer Kurzformel zusammengefasst werden:

3. Zusammenfassung der Grundwerte als formal gleiche Lebenschancen

Unsere Rechtsordnung misst jedem menschlichen Leben denselben absoluten Wert bei, Art. 1 Abs. 1 GG.[50] Jeder Einzelne soll die Möglichkeit haben, sein Leben selbstbestimmt zu gestalten und sein menschliches Potential zu entfalten, Art. 2 Abs. 1 GG.[51] Hierfür soll der Staat die Voraussetzungen schaffen. Aus diesem Grund fördert er individuelle Kompetenz und gewährt Gestaltungsmacht durch gesellschaftliche Teilhabe. Zusammenfassend beabsichtigt der Staat also die Eröffnung gleicher Lebenschancen für alle Staatsbürger.[52]

---

[44] Vgl. oben I 2.

[45] Näher *Hubmann*, Wertung und Abwägung im Recht, 34.

[46] Vgl. oben § 7 III.

[47] Vgl. oben § 7 II, IV und V.

[48] Vgl. oben III.

[49] Zum interdisziplinären Bezug gesetzlicher Regelungen vgl. oben § 6 II–IV.

[50] Vgl. oben § 7 III 2.

[51] Vgl. oben § 7 V.

[52] Das Verhältnis des Staates zu Ausländern bleibt vorliegend außer Betracht. Freilich muss der Staat auch die Würde und das Leben von Ausländern achten. Allerdings ist er nicht im selben Maße wie gegenüber seinen Bürgern gehalten, Entfaltungsvoraussetzungen herzustellen. Das gilt selbst für in Deutschland lebende Ausländer, denen zum Beispiel politische Gestaltungsmacht nur auf regionaler Ebene zugesprochen wird.

4. Bestätigung der Unterthesen B4 und B5

Als bestätigt festhalten lassen sich die Unterthesen[53] B4 und B5:

B4. Staatliches Handeln ist nur im Hinblick auf diese präskriptiven Letztzwecke gerechtfertigt, Aufgabe des Staates ist demzufolge der Schutz von Würde und Leben sowie die Herstellung notwendiger Entfaltungsvoraussetzungen, sofern der Bürger sie nicht selbst herstellen kann. Diese Letztzwecke sind die Grundlage der verfassungsrechtlichen Wertordnung.

B5. Entfaltungsfreiheit bedeutet positive Macht zur Gestaltung des eigenen Lebens und hat drei Voraussetzungen, nämlich a) Ein hinreichendes Maß an Entfaltungsressourcen in Form von Rechtsgütern, b) die Freiheit der eigenen Gütersphäre von Fremdbestimmung und c) die Kompetenz zu selbstbestimmtem Handeln.

---

[53] Vgl. oben Einführung und Thesen zu Kapitel B, II.

§ 9 Der Vertrag als Mittel zur freien Entfaltung

I. Einleitung

1. Zwischenziel: Verfassungsbasierte Vertragstheorie

Als rechtlicher Grundsatz ist die Vertragsbindung allgemein anerkannt: ‚pacta sunt servanda'. Diesem Satz zufolge sind vertraglich begründete Pflichten rechtsverbindlich.[1] Ohne explizit im Gesetz verankert zu sein, beherrscht das Prinzip das gesamte Schuldrecht.[2] Nachfolgend wird es als notwendige Komponente der verfassungsrechtlichen Wertordnung qualifiziert.

Die Darstellung ist breiter, als es für die Herleitung der Vertragsbindung unbedingt erforderlich wäre. Das ist aus folgendem Grund notwendig: In Teil D sollen einfachrechtliche Haftungssysteme verglichen werden, und zwar anhand eines verfassungsrechtlichen Wertungsmaßstabs. Notwendig ist deshalb eine breitere Darstellung der verfassungsrechtlichen Grundlagen privater Vertragshaftung, also letztlich der Entwurf einer verfassungsbasierten Vertragstheorie. Deren Grundzüge wurden in den Unterthesen B6 bis B10 bereits hypothetisch formuliert:

B6. Als freiheitsfördernd anerkannt ist die Möglichkeit, zur Anpassung der eigenen Ressourcen an die eigenen Bedürfnisse auf fremde Ressourcen zuzugreifen.

B7. Die fremde Gütersphäre muss dabei frei sein von Fremdbestimmung, weshalb eine selbstbestimmte konsensuale Erklärung des betroffenen Rechtsgutsinhabers erforderlich ist.

B8. Das bedeutsamste Mittel zur Konsensherstellung ist die vertragliche Vereinbarung.

B9. Gestaltungsmacht gewährt sie dem Gläubiger erst durch die Verbindlichkeit und gerichtliche Durchsetzbarkeit vertraglicher Pflichten sowie die Vermögenshaftung des Schuldners. Die Vertragsbindung des Schuldners hat deshalb als notwendige Entfaltungsvoraussetzung Verfassungsrang.

B10. Die Vertragsbindung entfällt mangels selbstbestimmt konsensualer Erklärung bei fremdbestimmten Erklärungen und bei beschränkter Selbstbestimmungskompetenz des Erklärenden.

---

[1] Vgl. nur *Bork*, BGB AT^{2}, § 2 Rn. 106.

[2] *Staudinger/Olzen*, BGB II-1^{2009}, Einleitung zum Schuldrecht Rn. 65.

2. Vorgehensweise

Ausgangspunkt der Überlegungen sind die in §§ 7 und 8 erarbeiteten Grundzüge der verfassungsrechtlichen Wertordnung. Hierauf aufbauend wird nachfolgend (II.) die Privatautonomie als Selbstbestimmungsrecht hinsichtlich disponibler Rechtsgüter definiert. Der dadurch ermöglichte Zugriff auf fremde Ressourcen wird als freiheitsfördernd qualifiziert, sofern der jeweils betroffene Rechtsgutsinhaber sein Einverständnis erklärt hat. Dieses Konsenserfordernis führt (III.) zur Haftung für unkonsensuale Eingriffe in fremde Rechtsgüter. Nachfolgend (IV.) werden die Bedingungen erörtert, unter denen der Vertragsschluss freiheitsfördernde Wirkung entfaltet. Als solche werden auf der Tatbestandsseite eine selbstbestimmte Willenserklärung des Schuldners, auf der Rechtsfolgenseite die Vertragsbindung des Schuldners qualifiziert. Abschließend (V.) wird dieser vertragstheoretische Grundriss anderen Vertragstheorien gegenübergestellt.

II. Privatautonomie als Selbstbestimmungsrecht über disponible Rechtsgüter

Aufgabe des Staates ist der Schutz von menschlicher Würde und menschlichem Leben sowie die Ermöglichung selbstbestimmter Entfaltung seiner Bürger.[3] Erscheint ein menschliches Interesse im Zusammenhang hiermit wertvoll und schützenswert, so wird es durch die Rechtsordnung zum Rechtsgut erhoben.[4] Bestehen und Beachtung der Rechtsgüter durch Staat und Bürger ist nicht selbstverständlich. Der Staat als Inhaber des Gewaltmonopols muss die Güter deshalb soweit notwendig herstellen und aktiv schützen. Er muss Beeinträchtigungen unterlassen, soweit sie nicht durch den Schutz höherwertiger Güter gerechtfertigt sind.[5] Auch im Verhältnis der Bürger untereinander ist der Staat gefragt. Solange keine Beeinträchtigung von Rechtsgütern droht, gilt der Grundsatz der Handlungsfreiheit.[6]

---

[3] Vgl. oben § 7 V 2.

[4] Zur personalen Rechtsgutsbestimmung *Lampe*, FS Welzel[1974], 151 ff.; *Stratenwerth*, Zum Begriff des ‚Rechtsgutes‘, FS Lenckner[1998], 390 f., plädiert für eine Relativierung des personalen Rechtsgutsbegriffes, weil einzelne staatliche Aufgaben „über individuelle Interessen weit hinausgehen“. Im Rahmen der hier dargelegten normativ-individualistischen Position stellen sich diese Kollektivinteressen ebenfalls als Konglomerat individueller Interessen dar. Die Kritik *Stratenwerths* richtet sich vornehmlich gegen eine hier nicht vertretene Konzeption ausschließlich unmittelbar individualisierbarer Rechtsgüter, im Hinblick auf die staatlich zu schützenden Belange ergeben sich deshalb im Ergebnis keine zwingenden Unterschiede zur vorliegenden Arbeit.

[5] Staatliche Eingriffe in rechtlich geschützte Positionen sind ambivalent: Sie schränken Freiheit ein, um Freiheit zu ermöglichen, vgl. bereits oben § 7 Fn. 37.

[6] Diese Begrenzung der allgemeinen Handlungsfreiheit findet Ausdruck in Art. 2 Abs. 1 GG: „[...] soweit er nicht die Rechte anderer verletzt“.

Vor Beeinträchtigungen muss der Staat die Rechtsgüter jedoch schützen.[7] Wie der Schutz im Einzelnen auszusehen hat, bemisst sich nach der Art des Rechtsguts. Zu unterscheiden ist zwischen indisponiblen und disponiblen Rechtsgütern:

1. Keine privatautonome Selbstbestimmung über indisponible Rechtsgüter

a) Eingriffsverbot

Bestimmte Rechtsgüter sind den verfassungsrechtlichen Grundwerten nur dann förderlich, wenn sie in ihrem konkreten Bestand nicht angetastet werden. Sie stehen aus diesem Grund zu niemandes Disposition. Für sie gilt das Unterlassensprinzip, Eingriffe sind verboten. Dieses Verbot markiert sozusagen eine rechtliche Grenze privatautonomen Handelns.[8]

b) Die wichtigsten indisponiblen Rechtsgüter

Über indisponible Rechtsgüter Interessen kann nicht vertraglich verfügt werden, aus diesem Grund bedürfen sie vorliegend keiner vertieften Erörterung. Die wichtigsten Rechtsgüter seien lediglich kurz benannt:

Indisponibel sind alle kollektiven Rechtsgüter. Sie bündeln Interessen aller oder vieler Bürger,[9] weshalb Einzelne und der Staat nicht hierüber verfügen dürfen. Zu nennen sind Existenz und Handlungsfähigkeit des Staates sowie äußere Rahmenbedingungen der Freiheit wie Frieden und intakte natürliche Lebensgrundlagen.[10] Kollektive Rechtsgüter und damit indisponibel sind ferner die Verfassungsprinzipien aus Art. 20 GG, also Demokratie-, Rechtsstaats- und Sozialstaatsprinzip sowie die Gewaltenteilung.

Auch bestimmte Individualrechtsgüter sind regelmäßig indisponibel. Das gilt vor allem für die ‚unantastbare' menschliche Würde, Art. 1 Abs. 1 GG. Unverfügbar sind auch die individuellen Voraussetzungen positiver Entfaltungsfreiheit.[11] Gemeint sind Leben[12] und körperliche

---

[7] Vgl. BVerfGE 5, 85, 205: „Darüber hinaus entnimmt die freiheitliche demokratische Grundordnung dem Gedanken der Würde und Freiheit des Menschen die Aufgabe, auch im Verhältnis der Bürger untereinander für Gerechtigkeit und Menschlichkeit zu sorgen."; dazu *Hillgruber*, Das Prinzip der Selbstverantwortung, 165, 180.

[8] Die Einflussnahme auf indisponible Rechtsgüter ist nur auf politischem Weg möglich, jeder Einzelne hat insofern nur eine bestimmte Macht im Rahmen der ihm zugestandenen politischen Teilhabe, vgl. oben § 8 III 3 b bb.

[9] Zur Zurückführbarkeit kollektiver Interessen auf Individualinteressen oben § 7 III 3.

[10] Dazu oben § 8 III 1.

[11] Dazu oben § III 2.

[12] Zur umstrittenen Selbstbestimmung über das eigene Sterben näher *Geißendörfer*, Die Selbstbestimmung des Entscheidungsunfähigen an den Grenzen des Rechts, 84 ff.;

Unversehrtheit[13] sowie die Fähigkeit zur freien Willensbildung und -ausübung.[14] Im Rahmen der politischen Teilhabe zählt hierzu insbesondere das nicht übertragbare Wahlrecht.[15]

c) Haftung für willentliche Eingriffe

Um indisponible Rechtsgüter effektiv zu schützen, werden Eingriffe durch die Rechtsordnung sanktioniert. Diesem Zweck dient vor allem das Strafrecht. Ausnahmen bestehen jedoch, wenn durch den Eingriff noch höherwertige Rechtsgüter geschützt werden. Im Strafrecht erfüllt etwa eine Körperverletzung, welche eine Tötung verhindert, nicht den Tatbestand des § 223 StGB.[16]

2. Disponible Rechtsgüter als individuelle Entfaltungsressourcen

Privatautonomie meint die selbstbestimmte Gestaltung der eigenen Rechtsverhältnisse.[17] Hinsichtlich indisponibler Rechtsgüter ist diese Möglichkeit nicht vorgesehen.[18] Der privatautonomen Selbstbestimmung verbleiben allein die disponiblen Rechtsgüter. Hierzu zählen nur Individualrechtsgüter, etwa das Eigentum oder die eigene Arbeitskraft. Menschliche Würde und menschliches Leben sind indisponibel,[19] verfassungsrechtlicher Letztzweck privatautonomer Selbstbestimmung ist deshalb allein die Entfaltungsfreiheit.[20]

Der Inhalt der Privatautonomie muss sich an dieser Zielsetzung und somit am verfassungsrechtlichen Freiheitsbegriff orientieren. Notwendiger Bestandteil der Privatautonomie ist daher individuelle Gestaltungsmacht. Diese setzt wiederum individuelle Handlungskompetenz voraus sowie die

---

insbesondere zur Suizidproblematik VG Karlsruhe, JZ 1988, 208 ff. (argumentiert für Vorrang des Lebensrechts) mit ausführlicher Kommentierung durch *Hillgruber*, Der Schutz des Menschen vor sich selbst, Satz 78 ff. (argumentiert für Vorrang des Selbstbestimmungsrechts).

[13] Möglich ist aber die Einwilligung in Eingriffe zum Schutz bedeutender Rechtsgüter, etwa der eigenen Gesundheit (Impfung) oder der eines anderen (Blutspende).

[14] Geschützt wird die Freiheit der Willensbildung und Willensausübung z.B. durch die Schulpflicht (Herstellung/Erweiterung der Kompetenz) und durch § 240 StGB (Schutz der bestehenden Fähigkeit vor Beeinträchtigung durch Dritte).

[15] *Maunz/Dürig/Klein*, GG[65], Art. 38 Rn. 137.

[16] Wird dabei das potentielle Tötungsopfer verletzt, so liegt ein ‚risikoverringerndes Verhalten' vor; wird der potentielle Täter verletzt, so ist das als Nothilfe gerechtfertigt durch § 32 StGB.

[17] Vgl. nur *Maunz/Dürig/Di Fabio*, GG[63], Art. 2 Rn. 101.

[18] Vgl. soeben unter II 1.

[19] Soeben unter II 1 b.

[20] So auch *Maunz/Dürig/Di Fabio*, GG[63], Art. 2 GG Rn. 101 m.w.N. in Fn. 4.

Zuweisung von individuellen Entfaltungsressourcen, deren Verwendung der freien Selbstbestimmung des Inhabers unterliegt. Das schließt notwendigerweise die Freiheit von Fremdbestimmung ein.[21]

Innerhalb dieses Kontexts lassen sich die disponiblen Rechtsgüter als Entfaltungsressourcen einordnen. Sie sollen die Freiheit des Rechtsgutsinhabers gerade dadurch fördern, dass er über ihre Verwendung frei entscheiden kann.[22]

3. Ressourcenerweiterung durch Zugriff auf fremde disponible Rechtsgüter

a) Freiheitserweiterung durch Veränderung des eigenen Rechtsgüterbestands

Das individuelle Entfaltungspotential ist im Rahmen der konkret zugewiesenen Ressourcen beschränkt. Der Einzelne soll deswegen nicht auf die bereits vorhandenen Güter beschränkt sein. Er soll vielmehr neue Rechtsgüter erwerben und vorhandene veräußern können. Es soll möglich sein, den Güterbestand den eigenen Interessen anzupassen. Ohne Veränderung der individuellen Güterbestände wäre keine selbstbestimmte Lebensführung denkbar. Nun sind die gesellschaftlich verfügbaren Entfaltungsressourcen bereits zu großen Teilen den sozialen Akteuren zugewiesen. Daher erfordert eine Veränderung der Güterbestände oft einen Zugriff des einen Bürgers auf Ressourcen des anderen Bürgers.

Als Zugriff sei dabei jedes willentliche Handeln definiert, welches den konkreten Bestand eines fremden Rechtsguts verändert. Ein Zugriff liegt also vor, wenn der Zugriffswillige selbst die Veränderung des fremden Güterbestandes herbeiführt. Als Zugriff soll es auch gelten, wenn der Rechtsgutsinhaber selbst zu Gunsten eines anderen seinen Güterbestand verändert und der andere diese Änderung schlicht hinnimmt.

In beiden Fällen kollidiert das Zugriffsinteresse potentiell mit dem Selbstbestimmungsrecht des Rechtsgutsinhabers. Beide Interessen sind gerichtet auf die selbstbestimmte Entfaltung, der Konflikt wird mit Hilfe des verfassungsrechtlichen Freiheitsparadigmas folgendermaßen gelöst:

b) Konsensprinzip: Grundsätzlich nur konsensualer Zugriff auf fremde Rechtsgüter

Kern der Selbstbestimmung ist die freie Willensentscheidung.[23] Mit dem Selbstbestimmungsinteresse des Rechtsgutsinhabers ist ein Zugriff auf

---

[21] Zu den Freiheitsvoraussetzungen im Einzelnen oben § 7 II.

[22] Zur Notwendigkeit der rechtlichen Ausgestaltung der Entfaltungsvoraussetzungen oben § 8 II 5.

[23] Vgl. oben § 7 III 7 b.

seine Ressourcen nur vereinbar, wenn hierüber kein Fremder entscheidet, sondern er selbst. Will ein Bürger auf Rechtsgüter eines anderen zurückgreifen, so muss das folglich dem Willen des Rechtsgutsinhabers entsprechen. Der Rechtsgutsinhaber muss dem Zugriff zustimmen. Erforderlich ist mit anderen Worten ein Konsens zwischen Zugriffswilligem und Rechtsgutsinhaber.

c) Feststellung des Konsenses anhand von Erklärungen

Ein Konsens ist ein übereinstimmender Wille mehrerer Personen. Der subjektive Wille eines Menschen ist objektiv nicht feststellbar.[24] Daher geht die Rechtsordnung von einem bestimmten Willen nur bei Vorliegen einer entsprechenden Erklärung aus.[25] Das BGB etwa fordert in §§ 145 ff. für einen vertraglichen Konsens entsprechende Willenserklärungen.

d) Der Vertrag als wichtigstes Mittel für die Konsensherstellung

Individuelle Zugriffe auf fremde Rechtsgüter sind als Mittel zur Entfaltungsförderung erwünscht. Sie bedürfen jedoch eines Konsenses mit dem Rechtsgutsinhaber. Das grundlegende Mittel unserer Rechtsordnung für die Herstellung eines Konsenses ist der Vertrag.[26] Mit dem Recht zum Vertragsschluss steht dem Einzelnen also eine weitere Freiheitsressource zur Verfügung.

Nur ausnahmsweise wird ein bestimmter Wille fingiert, wenn ein Rechtsgutsinhaber sich in der konkreten Situation nicht äußern kann und der Zugriff seinen rechtlich geschützten Interessen objektiv entspricht, § 678 BGB.

---

[24] Vgl. dazu oben § 6 IV 1 a und § 6 IV 5.

[25] Die Feststellung des Willens anhand von Erklärungen wird also wie das Konsensprinzip vom BGB vorausgesetzt, näher *Weller*, Die Vertragstreue, 69 ff.

[26] Der Vertrag ist nur ein rechtliches Mittel für konsensuale Rechtsgüterzugriffe. Möglich sind auch konsensuale Zugriffe ohne Vertrag, zum Beispiel im Erbrecht: Die Testierfreiheit aus § 1937 ermöglicht die selbstbestimmte Verfügung über die eigenen Güter über den Tod hinaus, vgl. *Staudinger/Otte*, BGB V-1^{2008}, Einleitung zum Erbrecht Rn. 54 ff. Die selbstbestimmte Annahme einer testamentarisch ermöglichten Erbschaft entspricht also der selbstbestimmten Willenserklärung des Erblassers. Insofern kann man von einem konsensualen Zugriff auf die Rechtsgüter des Erblassers ausgehen. Ein Vertragsschluss liegt darin aber nicht. Möglich ist auch, dass Vertrag und Konsens nicht deckungsgleich sind, etwa wenn der Zugriffswillige Begünstigter eines Vertrags zugunsten Dritter ist nach § 328 BGB.

III. Freiheitsschutz durch Verbot unkonsensualer Eingriffe in fremde Rechtsgüter

1. Freiheit von Fremdbestimmung

a) Grundsätzliche Verpflichtung zur Rücksichtnahme durch Eingriffsverbot

Freiheit von Fremdbestimmung heißt, dass der Bürger die freie Entscheidung über Zugriffe auf seine Rechtsgüter hat. Ein unkonsensualer Zugriff stünde dieser Freiheit entgegen. Er ist deshalb grundsätzlich verboten und wird üblicherweise als Eingriff bezeichnet.[27]

b) Ausnahmsweise gerechtfertigte unkonsensuale Beeinträchtigungen

Manchmal ist ein unkonsensualer Eingriff in ein Rechtsgut zum Schutz anderer Rechtsgüter notwendig. In diesen Fällen erlaubt das Gesetz an einigen Stellen den Eingriff, wenn das zu schützende Rechtsgut hochwertiger ist als das zu beeinträchtigende.

Ein derartiger Rechtfertigungsgrund ist z.B. das Notwehrrecht aus § 32 StGB. Im Zivilrecht erlaubt etwa § 679 BGB unkonsensuale Rechtsgutsbeeinträchtigungen zum Schutz öffentlicher Interessen. [28] Unkonsensuale Eingriffe in das Eigentum sind vom Eigentümer hinzunehmen, wenn der drohende Schaden unverhältnismäßig groß ist gegenüber dem verletzten Eigentumsrecht, § 904 BGB. Hinzunehmen sind auch allgemeinwohldienliche staatliche Eingriffe in das Eigentum, Art. 14 Abs. 3 GG. Anschluss- und Benutzungszwänge für bestimmte kommunale Einrichtungen wie Wasserversorgung, Abfallentsorgung und Straßenreinigung dienen ebenfalls dem effektiven Schutz wichtiger Rechtsgüter, etwa der Gesundheit oder der Umwelt.[29]

In diesen Fällen wird eine konsensuale Regelung als weniger lebens- bzw. entfaltungsförderlich angesehen als der hoheitliche oder hoheitlich erlaubte unkonsensuale Interesseneingriff.

---

[27] Im Gegensatz hierzu stellt bei den indisponiblen Rechsgütern jede Bestandsänderung einen Eingriff dar, vgl. soeben unter 1 c.

[28] Da es auf eine objektive Güterabwägung ankommt, kann § 679 neben dem Willen auch den rechtlich geschützten Interessen des Beeinträchtigten zuwiderlaufen, so auch *Staudinger/Bergmann*, BGB II-27^{2006}, § 679 Rn. 4, der von einer berechtigten Geschäftsführung ohne Auftrag bei Wahrung der Verhältnismäßigkeit ausgeht.

[29] *Bauer* u.a., Kommentar zur BayGO, Art. 24 Nr. 2.3.

2. Haftung des Eingreifenden für Beeinträchtigungen

a) Rechtsgüterschutz des Beeinträchtigten als Haftungsziel

aa) Grundsätzlich: Wiederherstellung des beeinträchtigten Rechtsguts

Um die Achtung fremder Rechtsgüter zu sichern, werden verbotene unkonsensuale Eingriffe strafrechtlich sanktioniert. Das nützt dem Beeinträchtigten allerdings wenig, denn die Beeinträchtigung wird dadurch nicht kompensiert. Will man dessen Freiheitsressourcen effektiv schützen, ist eine Kompensation erforderlich.

Aus diesem Grund verpflichtet die Privatrechtsordnung den Eingreifenden zur Wiedergutmachung. Er haftet je nach Art der Beeinträchtigung auf Herausgabe, Schadensersatz oder Nutzungsersatz etc. Für den Beeinträchtigten ist es dabei am besten, wenn seine Freiheitsressourcen vollständig wiederhergestellt werden. Diesem Zweck dienen etwa der Herausgabeanspruch aus § 985 BGB sowie im Rahmen von Schadensersatzansprüchen die Naturalrestitution i.S.d. § 249.

bb) Ersatzweise Kompensation durch Geldzahlung

Oft ist eine Wiederherstellung nicht möglich. Die Kompensation ist dann am sinnvollsten durch ein universelles Tauschmittel zu leisten, also durch Geld, so z.B. in § 251 Abs. 1 und § 253 Abs. 2 BGB. Der zu ersetzende Wertverlust lässt sich auf diese Weise genau messen, der Beeinträchtigte kann Geld flexibler einsetzen als jeden anderen Wert.

cc) Schutz der Entscheidungsfreiheit durch Anfechtungsrechte

Ausnahmsweise bedarf es für die Kompensation von Rechtsgutsbeeinträchtigungen keiner Haftung. Konkret betrifft das die Fremdbestimmung im Rahmen von Willenserklärungen. Die Beeinträchtiung der Entscheidungsfreiheit wird wie andere Beeinträchtigungen strafrechtlich sanktioniert, z.B. durch § 240 StGB oder § 263 StGB. Durch die Erklärung selbst tritt kein materieller Wertverlust ein. Effektiver Rechtsgüterschutz ist hier gewährleistet, wenn sich keine weiteren nachteiligen Folgen für den Erklärenden ergeben können. Deshalb kann der durch Täuschung oder Drohung fremdbestimmt Erklärende die Erklärung grundsätzlich durch Anfechtung vernichten, §§ 123 Abs. 1, 142 Abs. 1 BGB.[30]

---

[30] Vgl. *Jauernig/Jauernig*, BGB [13], § 123 Rn. 1.

b) Effektiver Rechtsschutz durch Eröffnung des Rechtswegs

Dem Selbstbestimmungsinteresse des Beeinträchtigten ist nur dann wirklich gedient, wenn er die Kompensation selbst herbeiführen kann. Eine eigenmächtige Durchsetzung wäre dem sozialen Frieden abträglich. Die Durchsetzung kommt daher allein dem Staat zu. Diesem Zweck dient die Eröffnung des entsprechenden Rechtsweges.

3. Mittel der Haftung

Wiederherstellung und Kompensation sind die Zwecke der Haftung, fraglich bleiben die anzuwendenden Mittel:

a) Zugriff auf die beim Schuldner verbliebenen Ressourcen des Gläubigers

Sind die beeinträchtigten Ressourcen des Gläubigers noch beim Schuldner vorhanden, so ist die Wiederherstellung bereits durch die Herausgabe realisierbar. Diesem Gedanken entspricht etwa der §§ 883 ZPO. Oftmals ist die ursprüngliche Ressource des Gläubigers aber nicht mehr vorhanden. Dann muss sie auf anderem Weg wiederhergestellt oder kompensiert werden:

b) Zugriff auf die Ressourcen des Schuldners

Haftung meint eine dem Schuldner zugeschriebene Verantwortung, sie muss sich deshalb auf dem Schuldner verfügbare Mittel beziehen. Jeder Bürger kann nur über bestimmte Ressourcen disponieren, die Haftung bezieht sich genau auf diese disponiblen Rechtsgüter des Schuldners. Allein hiermit muss der Schuldner die beeinträchtigten Rechtsgüter wiederherstellen. Fraglich ist, ob alle oder nur bestimmte Rechtsgüter des Schuldners der Wiederherstellung bzw. Kompensation dienen:

aa) Nur beschränkte Personalexekution

Möglich wäre ein Zugriff auf die Person des Schuldners selbst, also ein Eingriff in seine Bewegungsfreiheit oder Handlungsfreiheit. Die Handlungsfreiheit kann Zugriffsobjekt der Durchsetzung sein, wenn ganz konkrete Handlungen geschuldet sind. Die Ingewahrsamnahme hingegen führt nicht unmittelbar zur Kompensation von Beeinträchtigungen. Sie dient im Zivilrecht nur als ultima ratio der Erzwingung bestimmter Handlungen, z.B. in § 888 Abs. 1 ZPO.[31]

---

[31] Durchgesetzt werden kann auf diesem Weg etwa ein Anspruch auf Gegendarstellung durch die Presse, näher *Kübler*, Medien, Menschenrechte und Demokratie, 426 ff., 437 Nr. 5.

Denkbar ist ferner ein Zugriff auf die Arbeitskraft des Schuldners. Historisch geschah das im Wege der Schuldknechtschaft,[32] welche in unserer Rechtsordnung aus guten Gründen nicht mehr vorgesehen ist. Sie ist vor dem Hintergrund der Würdeformel des Art. 1 GG schlicht zu einschneidend. Die Arbeitskraft des Schuldners steht als Haftungsressource aber mittelbar zur Verfügung, und zwar in Form des Arbeitslohns:

bb) Vermögensexekution

Sind Herausgabe oder bestimmte Handlungen zur Kompensation der Beeinträchtigung ungeeignet, so ist der Schuldner zu einer Geldzahlung verpflichtet.[33] Geld als universelles Tauschmittel wird den Interessen der Beteiligten am besten gerecht. Der Schuldner kann seine Vermögenswerte gegen Geld tauschen, der Gläubiger das Geld gegen gewünschte Ressourcen.

Als Haftungsressource können in diesem Fall alle geldwerten Vermögensgegenstände des Schuldners dienen. Dieser Gedanke liegt den §§ 803 ff. ZPO zugrunde. Fraglich ist, in welcher Höhe dieses Vermögen den Interessen des Gläubigers dienen soll. Die Gestaltungsmacht des Gläubigers soll effektiv gesichert werden. Daher muss das Schuldnervermögen so umfänglich wie möglich der Vollstreckung zugänglich sein. Deshalb haftet der Schuldner den Gläubigern grundsätzlich mit seinem gesamten Vermögen. Zahlt der Schuldner nicht freiwillig, kann der Staat kraft Hoheitsgewalt ins schuldnerische Vermögen vollstrecken.

4. Beachtung der Selbstbestimmung des Haftenden

Greift die Haftung in Rechtsgüter des Haftenden ein, müssen die Haftungsvoraussetzungen sein Selbstbestimmungsinteresse berücksichtigen. Erforderlich sind Freiheit von Fremdbestimmung, Selbstbestimmungskompetenz und Gestaltungsmacht.[34]

a) Selbstbestimmte Eingriffshandlung als Voraussetzung der Haftung

Die Entscheidung für das haftungsauslösende Verhalten muss beim Schuldner selbst liegen. Sie muss also frei sein von Fremdbestimmung.[35] Der

---

[32] Ausführlich zur historischen Entwicklung *Spann*, Der Haftungszugriff.

[33] Vgl. oben 2 a bb.

[34] Zu den drei Selbstbestimmungskomponenten vgl. oben § 8 II.

[35] Das Erfordernis der Freiheit von Fremdbestimmung findet sich zum Beispiel in § 35 StGB. Wer aufgrund einer Drohung gegen das eigene Leben einen Diebstahl begeht, wird nicht bestraft. Er ist zwar nach § 985 zur Herausgabe des Gegenstands verpflichtet, was aber seine eigenen Rechtsgüter nicht beeinträchtigt.

Haftende muss ferner überhaupt zu freiwilligen Handlungen fähig gewesen sein.[36]

b) Steuerungsfähigkeit hinsichtlich des Handlungserfolgs

Auch im Bezug auf die Handlungsfolgen muss der Haftende selbstbestimmt agiert haben. Notwendige Voraussetzung ist vor allem die zukunftsgerichtete Gestaltungsmacht. Der Haftende muss in der Lage gewesen sein, das Geschehen zu beeinflussen. Seine Handlung muss Ursache der Rechtsgutsverletzung sein.

Erforderlich ist ferner die Selbstbestimmungskompetenz des Haftenden bezüglich der Rechtsgutsbeeinträchtigung. Er muss also fähig gewesen sein, die Folgen seines Handelns tatsächlich vorherzusehen. Hat er sie vorhergesehen, so handelte er vorsätzlich. Hat er sie nicht vorhergesehen, konnte sie aber vorhersehen, so handelte er fahrlässig. Hat er sie nicht vorhergesehen und konnte sie auch nicht vorhersehen, so ist eine Haftung nicht zu rechtfertigen.[37] Daher setzen Haftungstatbestände regelmäßig Vorsatz oder Fahrlässigkeit voraus. Eine Ausnahme bilden hier Tatbestände der Gefährdungshaftung, etwa § 7 StVG. Dort wird das Haftungsrisiko allerdings vom Schuldner auf eine Versicherung verlagert, so dass ein Konflikt mit dem Selbstbestimmungsrecht des Schuldners nicht vorliegt.

Freiheit des Haftenden von Fremdbestimmung liegt vor, wenn die haftungsrelevante Beeinträchtigung nicht durch andere Personen verursacht wurde, der Haftende also tatsächlich nur für eigenes Verhalten zur Rechenschaft gezogen wird. Notwendig ist die Zurechnung des Erfolges zu einem bestimmten Verhalten des Haftenden. Zu nennen ist an dieser Stelle vor allem die Anrechnung eines Mitverschuldens des Geschädigten nach § 254 BGB.

c) Begrenzte Ressourcen des Haftenden

Zu beachten ist ferner, dass der Einzelne nur über begrenzte Ressourcen verfügt. Das wirkt sich auf Voraussetzungen und Rechtsfolgen der Haftung aus. Fraglich ist zunächst die Reichweite der Verpflichtung zur Unterlassung oder Abwendung einer Rechtsgutsbeeinträchtigung.

aa) Objektiver Sorgfaltsmaßstab bei unmittelbaren Beeinträchtigungen

Wenn ein positives Tun unmittelbar ein Rechtsgut zu verletzen droht, ist der Einzelne gehalten, das entsprechende Verhalten zu unterlassen. Droht

---

[36] Diese Selbstbestimmungskompetenz wird z.B. von § 827 BGB gefordert, welcher die Haftung Bewusstloser und Geisteskranker ausschließt.

[37] Auf diesem Gedanken beruht etwa die Regelung des § 828 BGB.

die Verletzung durch ein Unterlassen, so ließe eine pauschale Verpflichtung zur Erfolgsabwendung die Haftung ausufern. Diese Verpflichtung muss also begrenzt werden. Dementsprechend setzt die Unterlassenshaftung im Zivilrecht eine konkrete Handlungspflicht voraus.[38] Für ganz besonders wichtige Rechtsgüter statuiert § 323 c StGB die Verpflichtung, drohende Verletzungen zu verhindern.

bb) Objektiver Sorgfaltsmaßstab bei mittelbaren Beeinträchtigungen

Droht die Beeinträchtigung nur mittelbar, so läge keine Verletzungshandlung vor, sondern nur eine Gefährdungshandlung. Alle Gefährdungen fremder Rechtsgüter lassen sich unmöglich ausschließen. Gewisse Risiken werden sogar als sozial nützlich angesehen, etwa der Betrieb von Kraftfahrzeugen oder Kraftwerken. Entschieden werden muss also, welche Risiken erlaubt und welche Risiken verboten sind. Bei erlaubten Risiken muss entschieden werden, inwiefern der Handelnde zur Sicherung der Gefahrenquelle verpflichtet ist.

Das Ergebnis dieser Entscheidungen sind die sogenannten Verkehrssicherungspflichten. Wie weit sie im Einzelnen gehen sollten, bedarf hier keiner vertieften Erörterung. Wichtig ist allein ihre Rückführbarkeit auf das Selbstbestimmungsinteresse des Haftenden.

cc) Haftungsbegrenzung durch Zumutbarkeit und Existenzminimum

Auch auf der Rechtsfolgenseite ist das Selbstbestimmungsinteresse des Haftenden zu berücksichtigen. Er darf also in seinen Ressourcen nicht stärker beeinträchtigt werden, als für die Befriedigung des Gläubigers erforderlich ist. Dieser Gedanke findet sich z.B. in § 251 Abs. 2 Satz 1 BGB. Der Haftende soll zwar grundsätzlich die Rechtsgüter des Gläubigers wiederherstellen. Ausnahmsweise darf er aber Geldersatz leisten, wenn die Wiederherstellung mit unverhältnismäßig hohen Aufwendungen verbunden ist.

Aus den Grundwerten der menschlichen Würde und der Entfaltungsfreiheit ergibt sich die Notwendigkeit eines unantastbaren materiellen Existenzminimums, welches der Staat notfalls sichern muss.[39] Dieser Sicherung dienen u.a. die Pfändungsfreigrenzen im Rahmen der Vermögensexekution, §§ 850 ff. ZPO.[40] Ferner müssen bestimmte grundrechtsrelevante Gegenstände dem Haftenden erhalten bleiben, etwa die eigene Kleidung, diesem Zweck dient vor allem § 811 ZPO.

---

[38] Z.B. die elterliche Sorgepflicht nach § 1626 BGB.

[39] Das BVerfG zieht neben Art. 1 Abs. 1 das Sozialstaatsprinzip heran, BVerfGE 45, 187, 228.

[40] Vgl. *Neumann*, NVwZ 1995, 426.

5. Zwischenergebnis

Jeder Bürger soll über die Verwendung seiner Freiheitsressourcen selbst entscheiden können. Von ihm nicht gewünschte Eingriffe in seine Ressourcen sind grundsätzlich verboten. Der Wiederherstellung und/oder Kompensation unkonsensual beeinträchtigter Freiheitsressourcen dienen außervertragliche Haftungstatbestände.

Sofern nicht die beeinträchtigten Ressourcen beim Haftenden noch vorhanden sind, haftet er mit seinen eigenen Ressourcen. Sein Interesse an der Selbstbestimmung über die eigenen Ressourcen muss aber beachtet werden. Erforderlich ist eine freiwillige Handlung, die zu einer vorhersehbaren Beeinträchtigung führte. Die Handlung muss pflichtwidrig gewesen sein. Die Reichweite der Verhaltenspflicht beinhaltet die wertende Entscheidung, wie viel Rücksicht auf seinen Nächsten dem Bürger zugemutet werden kann. Auf der Rechtsfolgenseite ist die Haftung begrenzt durch das Existenzminimum und wiederum die Zumutbarkeit der Haftungsfolge.

IV. Freiheitsförderung durch vertragliche Zugriffe auf fremde Rechtsgüter

Der konsensuale Zugriff auf fremde Rechtsgüter wirkt freiheitsfördernd und ist deshalb erlaubt. Das wichtigste Mittel zur Herstellung eines derartigen Konsenses ist der Vertrag. Vor dem Hintergrund der verfassungsrechtlich garantierten Entfaltungsfreiheit hat der Vertragsschluss folgende notwendige Voraussetzungen und Rechtsfolgen:

1. Freiheit von Fremdbestimmung

a) Vertragsfreiheit

aa) Grundsätzlich: Konsens als Voraussetzung des Vertragsschlusses

Als Mittel zur selbstbestimmten Entfaltung muss der Vertragsschluss frei sein von Fremdbestimmung.[41] Deshalb darf grundsätzlich niemand außer dem Inhaber über Zugriffe auf Rechtsgüter entscheiden. Das garantiert die verfassungsrechtlich verankerte Vertragsfreiheit, Art. 2 Abs. 1 GG. Sie lässt sich unterteilen in Abschlussfreiheit und Gestaltungsfreiheit.[42] Die Abschlussfreiheit betrifft die Entscheidung, OB man dem Eingriff in das eigene Rechtsgut zustimmt.[43] Die Gestaltungsfreiheit hingegen betrifft das

---

[41] Zu dieser Voraussetzung der Entfaltungsfreiheit vgl. oben § 8 II.

[42] Zu dieser Unterteilung statt aller *Maunz/Dürig/Di Fabio*, GG[63], Art. 2 Rn. 101; zur Gestaltungsfreiheit zählt insbesondere die Formfreiheit, Vgl. *Staudinger/Schiemann*, BGB Eckpfeiler[2008], Das Rechtsgeschäft, C II 1.

[43] Daraus ergibt sich das Verbot von Verträgen zu Lasten Dritter, die an dem vertraglichen Konsens gar nicht beteiligt sind.

WIE des Eingriffs. Beide Entscheidungen liegen letztlich beim Rechtsgutsinhaber. Voraussetzung eines jeden Vertrages ist demzufolge ein Konsens zwischen den Beteiligten.[44]

bb) Ausnahmen zum Schutz höherwertiger Rechtsgüter

Aufgabe des Staates ist der Schutz von Würde und Leben sowie die Ermöglichung von Entfaltung für alle Bürger. Die Vertragsfreiheit dient der Ermöglichung individueller Entfaltung. Ausnahmen von der Vertragsfreiheit sind dann geboten, wenn sie einen der Grundwerte beeinträchtigt statt fördert. Wann ein Grundwert durch einen Konsens tatsächlich beeinträchtigt ist, ist im Einzelfall eine Wertungsfrage, die hier nicht beantwortet werden muss. Hervorgehoben werden soll lediglich, dass sich Ausnahmen von der Vertragsfreiheit mit Rückgriff auf die verfassungsrechtlichen Grundwerte rechtfertigen lassen.

Nicht als Vertrag angesehen werden insbesondere Vereinbarungen, die gegen gesetzliche Verbote oder die guten Sitten verstoßen, §§ 134 und 138 BGB. Der Rückbezug zu den verfassungsrechtlichen Grundwerten liegt auf der Hand. Gesetzliche Verbote dienen dem Schutz der Grundwerte. Ein verbotswidriger Konsens läuft diesen Werten regelmäßig zuwider.[45] Zweck des § 138 ist es, „die Geltung von Rechtsgeschäften zu verhindern, die für eine Rechtsgemeinschaft unerträglich sind, weil sie von ihren ethischen Grundlagen abweichen."[46] Ethische Grundlage der Rechtsordnung sind gerade die verfassungsrechtlichen Grundwerte.[47]

b) Erweiterte Rücksichtnahme- und Schutzpflichten

Wer unkonsensual fremde Rechtsgüter beeinträchtigt, haftet hierfür gegenüber dem Rechtsgutsinhaber. Im Rahmen eines Vertrages stimmen die Parteien bestimmten Rechtsgutsbeeinträchtigungen zu. Im Übrigen möchten sie ihre Interessen gewahrt wissen.

Im Rahmen des Vertragsschlusses nähern sich die Personen einander. Hierdurch wächst die Möglichkeit einer Einwirkung auf die Interessen des jeweils anderen. Es erhöht sich damit das Schädigungs-[48] wie auch das Unterstützungspotential. Unkonsensuale Beeinträchtigungen der fremden

---

[44] Vgl. auch *Weller*, Die Vertragstreue, 65 ff.

[45] Ob im Einzelfall eine andere Rechtsfolge als die Nichtigkeit greifen soll, bemisst sich nach dem (grundwertbezogenen) Verbotszweck, vgl. MüKo/*Armbrüster*, BGB ^{6}, § 134 Rn. 103 f.

[46] MüKo/*Armbrüster*, BGB 1^6, § 138 Rn. 1.

[47] Vgl. MüKo/*Armbrüster*, BGB 1^6, § 138 Rn. 2: ‚wertwidrige(s) Rechtsgeschäft'.

[48] *Roth* z.B. spricht von „erhöhten Einwirkungsgefahren des geschäftlichen Kontakts", MüKo/*Roth*, BGB 2^5, § 241 Rn. 39.

Rechtsgüter sind den Parteien untersagt.[49] Beeinträchtigungen können aber auch von außen drohen. Dann ist dem Interesse des Betroffenen am besten gedient, wenn die nicht betroffene Vertragspartei zur Abwehr der Beeinträchtigung verpflichtet ist. Aus dem Selbstbestimmungsgedanken lassen sich also auch die nichtleistungsbezogenen Schutz- und Rücksichtnahmepflichten herleiten. Diese positiven Schutzpflichten kollidieren allerdings wie die Leistungsförderungspflichten mit dem Selbstbestimmungsinteresse des Verpflichteten. Ihre Reichweite ist deshalb wiederum eine Frage der Abwägung und aus verfassungsrechtlicher Perspektive nicht eindeutig zu beantworten.

2. Gestaltungsmacht

Freiheit zur Selbstbestimmung ist eine in die Zukunft gerichtete Gestaltungsmacht. Der Vertrag als Freiheitsressource soll der bestmöglichen Entfaltung der Parteien dienen.[50] Fraglich sind die hierfür notwendigen Rechtsfolgen des Vertragsschlusses. Eine vertiefte dogmatische Auseinandersetzung mit dem einfachen Recht ist hier nicht beabsichtigt. Das vorliegende Ziel ist nur, einen Rückbezug vertraglicher Pflichten zur Entfaltungsfreiheit herzustellen.

a) Gestaltungsmacht des Schuldners durch Vertragsfreiheit

Mit dem Vertrag verspricht der Schuldner dem Gläubiger eine Leistung. Das Versprechen soll der selbstbestimmten Entfaltung beider dienen, wofür es Gestaltungsmacht gewähren muss.[51] Gestaltungsmacht wurde definiert als die Macht, das eigene Leben nach eigenem Willen zu beeinflussen und zu gestalten. Diese Macht hat unabhängig von der Vertragsbindung der Schuldner. Denn die Realisierung der Vereinbarung hängt von seinem Verhalten ab, welches er selbst steuern kann.

b) Gestaltungsmacht des Gläubigers durch Vertragsbindung

Im Gegensatz zum Schuldner gewährt die Vertragsfreiheit dem Gläubiger keine Gestaltungsmacht. Denn solange er die Leistung des Schuldners nicht aus eigener Kraft herbeiführen kann, hat er keinen Einfluss auf die

---

[49] Vgl. oben II 3 b und III 1 a.
[50] Vgl. oben II 3.
[51] Vgl. oben § 8 II.

zukünftige Entwicklung.[52] Er kann die Leistungserbringung insofern noch nicht in seine Planung einbeziehen.

Besonders deutlich wird das, wenn eine Gegenleistung vereinbart wurde. Erbringt der Gläubiger die Gegenleistung, verringert er damit seine Freiheitsressourcen, und sei es nur seine Handlungsfreiheit.[53] Wenn der Schuldner seine Leistung nicht erbringt, wird dieser Ressourcenverlust nicht wie vom Gläubiger gewünscht kompensiert. Einem derartigen Verlauf hätte er aber nicht zugestimmt, von selbstbestimmter Gestaltung seiner Rechtsverhältnisse kann dann keine Rede sein.

Dasselbe gilt auch, wenn keine Gegenleistung vereinbart wurde. Auch dann kann der Gläubiger nur sinnvoll planen, wenn er die Erbringung der Leistung notfalls selbst herbeiführen könnte. Kann sich etwa der Begünstigte eines Schenkungsversprechens nicht auf den Erhalt des versprochenen KFZs verlassen, so ist das Versprechen kein hinreichender Grund, einen notwendigen Kauf zu unterlassen. Der Gestaltungsmacht des Gläubigers dienen nun mehrere Instrumente:

aa) Formal: Gerichtliche Durchsetzbarkeit des Leistungsversprechens

Der Gläubiger soll die ihm versprochene Leistung selbst herbeiführen können. Private Zwangsanwendung ist im Interesse des sozialen Friedens untersagt. Vertragliche Gestaltungsmacht des Gläubigers setzt also die Eröffnung des Gerichtswegs voraus. Erforderlich ist dann aber ein bestimmtes rechtlich geschütztes Interesse, auf welches die staatliche Durchsetzung sich beziehen kann:

bb) Gegenstand der Durchsetzung: Rechtsverbindliche Forderung

Die freiheitsfördernde Funktion der Vertragsbindung ist demnach folgende: Sie transformiert das Leistungsversprechen des Schuldners in eine rechtsverbindliche Forderung des Gläubigers. So erhebt sie dessen Erfüllungsinteresse zu einem Rechtsgut. Erst dadurch kommt der Gläubiger in den Genuss des staatlichen Rechtsschutzes. Und erst vor diesem Hintergrund gewährt der Vertragsschluss dem Gläubiger Gestaltungsmacht.[54]

---

[52] Das gilt zwar nicht für unmittelbar dinglich wirkende Verträge. Aber auch die bedürfen zur Vermittlung kondiktionsfester Gestaltungsmacht eines kausalen Schuldvertrags.

[53] Etwa im Fall des § 241 Abs. 1 Satz 2 BGB.

[54] Insofern abweichend *Weller*, Die Vertragstreue, 372, der die Klagbarkeit als Komponente des Naturalerfüllungsgrundsatzes ansieht. Sieht man wie hier die Vertragsbindung als Antwort auf das OB der Gestaltungsmacht, so ist die Zuordnung der Klagbarkeit zur Vertragsbindung vorzugswürdig. Die Naturalerfüllung als Antwort auf das WIE der

Anders gewendet: Die Vertragsbindung des Schuldners ist notwendige Voraussetzung der privatautonomen Selbstbestimmung des Vertragsgläubigers.[55] Der teilweise behauptete Gegensatz von Gläubigerschutz und Privatautonomie[56] ist deshalb abzulehnen. Ganz im Gegenteil bildet der Gläubigerschutz einen ganz wesentlichen Bestandteil der Privatautonomie.

cc) Inhalt der Verbindlichkeit: Grundsätzlich Naturalerfüllung

Eine weitere Folgerung des Selbstbestimmungsgedankens ist der Naturalerfüllungsgrundsatz.[57] Die Vertragsbindung regelt formal, DASS der Schuldner sein Versprechen halten muss. Der Naturalerfüllungsgrundsatz besagt, WIE er handeln muss, nämlich genau so wie versprochen. Dem Selbstbestimmungsinteresse des Gläubigers ist am besten gedient, wenn er genau das erhält, was ihm versprochen wurde. Die Primärpflicht ist deswegen stets auf Naturalerfüllung gerichtet.[58]

Entfällt die Naturalerfüllung aus bestimmten Gründen, so ist damit ein Rechtsgut des Gläubigers beeinträchtigt, nämlich die Forderung gegen den Schuldner. Diese Beeinträchtigung muss wie andere unkonsensuale Rechtsgutsbeeinträchtigungen kompensiert werden. Vertragliche Schadensersatzansprüche haben vor diesem Hintergrund nicht allein Sanktionscharakter. Sie dienen vielmehr der Kompensation des ausgefallenen Gläubigerinteresses.[59]

Als Kompensationsgegenstand am besten geeignet ist der vielseitigste Tauschwert. Der Schuldner muss statt der ausgefallenen Forderung grundsätzlich eine Geldzahlung leisten.

Gestaltungsmacht ist dann notwendiger Inhalt der (gerichtlich durchsetzbaren) Vertragsbindung.

[55] Insofern wieder übereinstimmend *Weller*, Die Vertragstreue, 157; ebenfalls in diese Richtung Wolf/Neuner, BGB AT[10], § 30 Rn. 8 ff., Rn. 10: „Privatautonomie ohne Verantwortung macht keinen Sinn"; von „Selbstbestimmung durch Selbstbindung" spricht auch *Larenz*, Richtiges Recht, 57; vgl. ferner *Canaris*, Vertrauenshaftung, 422; *Wolf*, Entscheidungsfreiheit, 75; *Hartmann*, Ethik, 353.

[56] Vgl. *Weber*, Privatautonomie und Außeneinfluß, 209: „Gründung, Organisation und Führung einer Gesellschaft sind Ausflüsse der Privatautonomie. Gründe der Rechtssicherheit und des Gläubigerschutzes [...] mögen zwar Eingriffe in das Gesellschaftsrecht rechtfertigen. Dessen Einbettung in die Privatautonomie bleibt aber unangefochten."

[57] Ausführlich dazu *Weller*, Die Vertragstreue, Kapitel 9 – 11, 316 ff.

[58] Die hierzu im Widerspruch stehende ‚breach of contract'-Doktrin ist daher abzulehnen, so auch Weller, 523 ff, 525 ff., 563 ff.

[59] *Weller*, Die Vertragstreue, 436 m.w.N.

dd) Gebundene Rechtsgüter: Person und Vermögen des Schuldners

Fraglich ist letztlich, auf welchem Weg das Leistungsversprechen durchsetzbar ist. Es handelt sich um eine Verpflichtung des Schuldners, weshalb die Durchsetzung auch auf seine Rechtsgüter zurückgreifen muss.[60] Die Personalexekution ist mit unserer Wertordnung nur in Ausnahmefällen vereinbar. Daher verbleibt als Gegenstand des Haftungszugriffs in aller Regel das Vermögen des Schuldners.[61]

c) Gestaltungsmacht beider Parteien durch Verpflichtung zur Leistungstreue

aa) Gestaltungsmacht des Schuldners

Die Gestaltungsmacht des Schuldners ist zwar grundsätzlich durch die Vertragsfreiheit garantiert.[62] Das gilt allerdings nur dann, wenn er die Leistung so wie versprochen erbringen kann. Fraglich ist, was passieren sollte, wenn der Gläubiger die Erfüllung behindert. Möglich wäre es, die Vertragsbindung entfallen zu lassen. Allerdings wäre damit die Gestaltungsmacht des Gläubigers stark beschnitten. Wenn sich die Interessen des Schuldners ohne eine derartige Beeinträchtigung des Gläubigers wahren lassen, ist das vorzugswürdig. Daher ist es besser, die Vertragsbindung grundsätzlich aufrechtzuerhalten.

Dann beeinträchtigt die Vertragsbindung weitere Interessen des an der Leistung gehinderten Schuldners, die er nicht zu Gunsten des Gläubigers opfern wollte, etwa das Eigentum (Fahrtkosten für nochmalige Lieferung) oder allgemein die Handlungsfreiheit (Notwendigkeit nochmaliger Leistungserbringung). Derartige unkonsensuale Rechtsgutsbeeinträchtigungen müssen kompensiert werden,[63] diesem Zweck dient etwa § 304 BGB. Hinzu kommt vor allem die schuldnerbegünstigende Gefahrtragungsregel des § 300 BGB. Die §§ 293 ff. BGB sichern demnach die Gestaltungsmacht des Schuldners, ohne die Gestaltungsmacht des Gläubigers unverhältnismäßig stark zu beschneiden.

bb) Gestaltungsmacht des Gläubigers

Der Gestaltungsmacht des Gläubigers dient die Vertragsbindung des Schuldners.[64] Sie verpflichtet den Schuldner zur Vornahme der Leistung

---

[60] Dazu bereits im Rahmen der außervertraglichen Haftung oben III 3 b.

[61] Zur historischen Entwicklung der Vermögenshaftung aus der persönlichen Haftung *H. Meyer*, FS Gierke[1911], 973 ff.

[62] Vgl. oben a.

[63] Näher *Weller*, 526 ff.

[64] Vgl. oben b.

selbst. Allein damit ist die Leistungserbringung aber nicht gesichert. Mögliche Erfüllungshindernisse sind Handlungen des Schuldners oder Dritter bzw. natürliche Ereignisse. Im Interesse des Gläubigers müssen neben die Leistungspflicht weitere Pflichten des Schuldners treten: Zum einen muss er eigene vertragszweckwidrige Handlungen unterlassen. Zum anderen muss er die Erfüllung insoweit positiv fördern, wie das zur Überwindung äußerer Hindernisse erforderlich ist. Hierbei muss allerdings das Selbstbestimmungsinteresse des Schuldners beachtet werden. Denn er kann unmöglich zu jeder noch so kraftraubenden Unterstützung verpflichtet werden. Ein eindeutiger Maßstab[65] für die Reichweite der Verpflichtung lässt sich dem Selbstbestimmungsgedanken nicht entnehmen. Aus der Verfassung lässt sich aber das Bestehen der Förderungsverpflichtung herleiten.

cc) Zusammenfassung

Das Selbstbestimmungsinteresse der Parteien gebietet es, dass sie die Erfüllung des Vertrages nicht vereiteln,[66] sondern soweit möglich fördern. Daraus ergibt sich eine verfassungsrechtliche Rechtfertigung der leistungsbezogenen Nebenpflichten, welche sich unterteilen lassen in leistungssichernde Pflichten, Mitwirkungspflichten und teilweise auch Auskunftspflichten.[67] Die Pflichten haben einen besonderen Bezug zum Leistungsinteresse. Sie werden üblicherweise als Verpflichtung zur Leistungstreue zusammengefasst.[68]

3. Willensbildungskompetenz als Bindungsvoraussetzung

a) Erklärung der Zustimmung zum fremden Zugriff auf eigene Ressourcen

Die gerichtlich durchsetzbare Vertragsbindung führt zu einer Veränderung im Ressourcenbestand des Schuldners. Derartige Veränderungen dürfen nur selbstbestimmt erfolgen. Voraussetzung des Vertragsschlusses ist deshalb eine Erklärung des Schuldners, mit welcher er dem Zugriff auf seine Ressourcen zustimmt.[69]

Die Willenserklärung kommt in mehreren Schritten zustande: Im Rahmen der Willensbildung werden Informationen gesammelt und verarbeitet.

---

[65] Als Maßstab bieten sich die Verhältnismäßigkeit von Handlung und Erfüllungsinteresse oder die Zumutbarkeit der Handlung an.

[66] In den Worten des BGH haben sie „alles zu unterlassen, was den Vertragszweck gefährden oder vereiteln könnte"; BGH, NJW 1995, 1954, 1955; näher *Weller*, Die Vertragstreue, 302 ff., 309 ff.

[67] Vgl. zur Einteilung vertraglicher Nebenpflichten MüKo/*Roth*, BGB 2^5, § 241 Rn. 38 ff.

[68] Vgl. *Weller*, 302 ff.

[69] Vgl. zum Konsenserfordernis bereits oben II 3 b.

Auf dieser Grundlage wird dann eine Entscheidung getroffen, also ein bestimmter handlungsleitender Wille gebildet. Dieser Wille wird in beliebiger Form sprachlich nach außen erklärt.

b) Allgemeine Willensbildungskompetenz: Geschäftsfähigkeit

Möglicherweise ist eine Vertragspartei unfähig, vorhandene Informationen geistig zu verarbeiten. Sie kann die Daten nicht ordnen oder Handlungsoptionen nicht erkennen oder bewerten. Die Kompetenz zu vernünftigen zielgerichteten Entscheidungen ist dann nicht gegeben. Die Person muss vor selbstschädigendem Verhalten geschützt werden.

Voraussetzung eines selbstbestimmten Handlungsspielraums ist also eine gewisse Selbstbestimmungskompetenz. Darum erhalten Kinder keine volle Handlungsfreiheit. Sie werden vielmehr durch ihre Eltern bevormundet, bis sie selbst zu vernünftigen Entscheidungen in der Lage sind, Art. 6 Abs. 2 GG und § 1626 BGB.

Fehlende Selbstbestimmungskompetenz führt des Weiteren zur Einschränkung der Vertragsbindung. Wer die Folgen seiner Erklärungen gar nicht abschätzen kann, wird sich durch den Vertragsschluss eher schaden. Der Vertrag ist dann gerade nicht freiheitsfördernd. Aus diesem Grund dürfen Kinder und Geisteskranke gar keine oder nur in beschränktem Umfang Verträge schließen, §§ 104 ff. BGB. Für den potentiellen Gläubiger eines Vertrages ist das hinnehmbar, denn er kann die verminderte Steuerungsfähigkeit der Gegenseite ganz regelmäßig erkennen.[70]

c) Situative Willensbildungskompetenz

Denkbar sind relative bzw. begrenzte Einschränkungen der Willensbildungskompetenz. Generell ist die Person zwar zu vernünftigen Entscheidungen in der Lage. Die Entscheidungsfähigkeit ist im konkreten Fall aber trotzdem labil. Denkbar sind hierfür innere oder äußere Ursachen:

aa) Mangelhafte Informationsverarbeitung

Entweder ist die Person innerlich nicht in der Lage, bestimmte Sachverhalte vernünftig einzuschätzen. Dann ist wie bei der Geschäftsunfähigkeit die Kompetenz zur Informationsverarbeitung begrenzt, wenn auch in geringerem Ausmaß. Ist die geistige Verarbeitung des Sachverhalts unproblematisch, kann die Willensbildung auf der emotionalen Ebene gestört sein. Mögliche Ursachen sind eine ausgeprägte Willensschwäche oder bestimmte Zwangslagen, die es dem Einzelnen erschweren oder verunmöglichen,

---

[70] Die reale Anzahl ‚unerkannt Geisteskranker‘ (§ 104 Nr. 2 BGB) darf hier als vernachlässigbar eingestuft werden.

sich zum geistig als vernünftig beurteilten Handeln tatsächlich zu entschließen.[71]

In diesen Fällen läuft die Person kaum Gefahr, völlig abwegige Entschlüsse zu treffen. Die pauschale Einschränkung ihrer Vertragsfreiheit erscheint anders als beim Geschäftsunfähigen nicht geboten. Es droht aber die Gefahr einer ungünstigen Ausgestaltung des Vertrages. Dementsprechend ordnet § 138 BGB Abs. 2 GG die Nichtigkeit bestimmter Geschäfte an, bei denen Leistung und Gegenleistung in auffälligem Missverhältnis stehen. Die Interessen der Gegenseite werden allerdings berücksichtigt. Nur wenn die genannten Mängel bewusst ausgenutzt wurden, kommt es nach § 138 BGB zur Nichtigkeit.

Voraussetzung der Vertragsbindung ist also keine absolute Selbstbestimmungskompetenz. Relative Schwächen entbinden nur dort von vertraglicher Verantwortung, wo sie vom Vertragspartner ausgenutzt werden. Im Übrigen wird die Gestaltungsmacht des Vertragspartners geschützt, dem die Willensmängel häufig nicht einmal auffallen.

bb) Mangelhafte Informationsgrundlage grundsätzlich unbeachtlich

Selbstbestimmungsfreiheit entspricht zukunftsgerichteter Gestaltungsmacht. Dafür bedarf es hinreichender Informationen zum Entscheidungskontext. Nur wer die jetzige Lage kennt, kann sinnvolle Entscheidungen für die Zukunft treffen.

Fraglich ist, welche Informationsmängel eine selbstbestimmte Willensbildung ausschließen. Ob eine Information dem Entscheider tatsächlich bekannt war, kann nicht ausschlaggebend sein, denn niemand verfügt über alle möglichen Informationen. Selbstbestimmungskompetenz muss also an der Möglichkeit gemessen werden, die entscheidungsrelevanten Informationen einzuholen. Selbstbestimmungskompetenz bedeutet insofern Informationsverfügbarkeit.

In aller Regel sind die relevanten Informationen für den Interessierten verfügbar.[72] Holt er verfügbare Informationen nicht ein, geht das deshalb zu seinen eigenen Lasten. Sind Informationen nicht verfügbar, so ist zwar die Selbstbestimmungskompetenz insofern eingeschränkt. Allerdings sind diese Informationsmängel erkennbar und können beim Vertragsschluss

---

[71] So etwa BVerfGE 89, 214 zu einer Bürgschaft Familienangehöriger: Fremdbestimmung liegt demnach vor bei kumulativem Eintreten mehrerer Voraussetzungen: Übernahme eines hohen, schwer abschätzbaren Risikos; kein Eigeninteresse am Zustandekommen des Vertrages sowie ein im Einzelfall zu wertendes Verhalten des Vertragsgegners, welcher seinen Informationspflichten nicht genügt oder die Risiken sogar verschleiert.

[72] Vor dem Hintergrund des Grundrechts auf informationelle Selbstbestimmung ist die gesellschaftlich vorhandene Information dem Einzelnen regelmäßig zugänglich.

berücksichtigt werden.[73] Eine Beschränkung der Vertragsbindung würde den Rechtsverkehr hingegen erheblich beeinträchtigen. Aus diesem Grund berechtigen Irrtümer im Rahmen der Willensbildung (Motivirrtümer) grundsätzlich nicht zur Anfechtung.[74] Sie gehören vielmehr zum allgemeinen Lebensrisiko.

Eine Ausnahme ist allerdings geboten, wenn die relevanten Informationen zwar eingeholt wurden, sich aber nach dem Vertragsschluss unvorhersehbar ändern. Dann ist der Informationsmangel vor dem Vertragsschluss nicht erkennbar, was die Kompetenz zu sinnvollen Entscheidungen erheblich beschränkt. Aus diesem Grund erlaubt § 313 BGB dem durch derartige Informationsmängel Benachteiligten, die Anpassung des Vertrags zu verlangen oder sogar vom Vertrag zurückzutreten.

cc) Beachtliche Informationsmängel hinsichtlich des Vertragsgegenstands

Motivirrtümer sind ferner beachtlich, wenn sie verkehrswesentliche Eigenschaften des Vertragsgegenstands betreffen, § 119 Abs. 2 BGB. Das lässt sich folgendermaßen begründen: Irrt ein Vertragspartner über verkehrswesentliche Eigenschaften, so wird die versprochene Leistung seinen Interessen gar nicht entsprechen. Der Vertrag wirkt dann nicht freiheitsfördernd, sondern freiheitsmindernd. Darum soll ihn der Irrende aus der Welt schaffen können. Die Freiheit der Gegenseite wird geschützt durch den Schadensersatzanspruch aus § 122 BGB.

Mit dem Selbstbestimmungsgedanken vereinbar wäre auch die Anfechtbarkeit aller Motivirrtümer. Denn in der einen oder anderen Weise sind sie den Interessen des Irrenden stets abträglich. Der Schutz der Gegenseite ließe sich über § 122 BGB aufrechterhalten. Ebenso könnte man umgekehrt die Anfechtbarkeit des Eigenschaftsirrtums ausschließen. Denn die verkehrswesentlichen Eigenschaften sind in aller Regel leicht herauszufinden. Es wäre also keineswegs unzumutbar, sie in Erfahrung zu bringen. Ab wann die Selbstbestimmungskompetenz als gestört anzusehen ist, ist insofern eine Wertungsfrage. Die Regelung des § 119 Abs. 2 BGB ist vor dem Hintergrund des Selbstbestimmungsgedankens also nicht zwingend, aber gut begründbar.

dd) Beachtliche Informationsmängel hinsichtlich des Vertragspartners

Entscheidungsrelevant können auch Informationen hinsichtlich des Vertragspartners sein, insbesondere zur wirtschaftlichen Leistungsfähigkeit.

---

[73] Ein Landwirt weiß zwar nicht, wie das Wetter im nächsten Jahr sein wird. Diese Unsicherheit kann er aber beim Ankauf von Saatgut und Maschinen berücksichtigen.

[74] *Jauernig/Jauernig*, BGB [13], § 119 Rn. 17.

Diese Informationen sind regelmäßig nicht frei verfügbar. Aus diesem Grund ist die Veröffentlichung bestimmter Informationen verpflichtend, wenn sie für die selbstbestimmte Entscheidung potentieller Vertragspartner von Bedeutung ist.[75] Das geforderte Maß an Transparenz ist dabei eine Wertungsfrage.[76] Im Gegenzug kann Transparenz auch unerwünscht sein, wenn sie die Selbstbestimmung Dritter zu beeinträchtigen droht.[77]

d) Vertragsparität als Kräftegleichgewicht

In verschiedener Hinsicht kann die Kompetenz der Parteien voneinander abweichen. Das kann auch abseits von Täuschungen oder Drohungen[78] dazu führen, dass die Vertragsbedingungen maßgeblich von der überlegenen Partei diktiert werden. Der unterlegenen Partei fehlt anders gewendet die Kompetenz, die eigenen Interessen gegenüber dem konkreten Vertragspartner durchzusetzen.

Das notwendige Kräftegleichgewicht wird üblicherweise als Vertragsparität bezeichnet. Der Begriff ist aber bislang nicht eindeutig definiert.[79] Wann von einem die Selbstbestimmung beeinträchtigenden Ungleichgewicht ausgegangen werden kann, ist letztlich eine Wertungsfrage. Die §§ 312 ff. BGB sehen z.B. ein Informationsungleichgewicht zwischen Verbraucher und Unternehmer.

Festzuhalten bleibt, dass die Vertragsparität als Bindungsvoraussetzung darauf abstellt, inwiefern die Parteien zu einer selbstbestimmten Willenserklärung in der Lage waren.

4. Selbstbestimmte Willensäußerung als Bindungsvoraussetzung

a) Irrtumsanfechtung

Der innere Wille einer Person ist als solcher nicht für andere erkennbar. Daher geht die Rechtsordnung nur von einem bestimmten Willen aus, wenn er geäußert wurde. Voraussetzung vertraglicher Bindung ist infolgedessen eine Willenserklärung. Der Erklärende verwendet hierfür sprachliche oder andere Zeichen, welche seinen Willen symbolisieren. Andere Per-

---

[75] Zu nennen sind z.B. der verpflichtende Jahresabschlusses der Kapitalgesellschaften nach §§ 264 ff. HGB sowie die Verbraucherinformationspflichten nach §§ 312 Abs. 2, 312c, 312e Abs. 1 Satz 1 Nr. 2 BGB.

[76] Vgl. auch *Hönn*, Kompensation gestörter Vertragsparität, 257.

[77] Allerdings ist sehr fraglich, ob der sog. Geheimwettbewerb tatsächlich freiheitsfördernd ist, oder ob nicht eine allgemein erhöhte Transparenz im Wirtschaftsleben letztlich sinnvoller wäre, näher dazu *Benisch*, FS Steindorff[1990], 937 ff.

[78] Dazu bereits oben III 2 a cc.

[79] *Hönn*, Kompensation gestörter Vertragsparität, 15.

sonen können das Symbol deuten und so auf den inneren Willen des Erklärenden schließen.

Die Willenserklärung soll selbstbestimmt zustande kommen, also dem Willen des Erklärenden entsprechen. Daher liegt keine selbstbestimmte Bindung vor, wenn subjektiver Wille und objektiver Inhalt der Erklärung auseinanderfallen. Es können zwei Probleme auftreten: Entweder verwendet der Erklärende unwillentlich ein falsches Erklärungszeichen. Oder er verwendet willentlich ein bestimmtes Erklärungszeichen, welches aber im sozialen Kontext nicht das Gewollte symbolisiert, sondern etwas anderes.[80] Eine Bindung an den objektiven Inhalt solcher Erklärungen würde dem Selbstbestimmungsgedanken widersprechen, daher erlaubt § 119 BGB die Anfechtung der genannten Erklärungs- und Inhaltsirrtümer.

Die Anfechtung beschränkt die Gestaltungsmacht der Gegenseite, die nun keine vertragliche Forderung erhält. Möglicherweise steht der Erklärungsempfänger schlechter als vor dem Empfang der Erkärung, wenn er nämlich bestimmte Dispositionen nur in Anbetracht der Erklärung tätigte. Hierzu zählen etwa Aufwendungen im Hinblick auf den Vertragsgegenstand oder das Unterlassen einer anderweitigen Gewinnerzielung. Diese Dispositionen erfolgten zwar als solche selbstbestimmt, verleihen aber wegen der angefochtenen Erklärung keine Gestaltungsmacht mehr. Der Verlauf ist dann insgesamt nicht mehr Ausdruck der Selbstbestimmung des Erklärungsempfängers.

Aus diesem Grund verpflichtet § 122 BGB den Anfechtenden zum Schadensersatz. Er muss diejenigen Rechtsgüter ersetzen, die der Empfänger allein im Vertrauen auf die Erklärung aufgegeben hat. Damit die Ersatzpflicht nicht ausufert, ist der zu ersetzende Vertrauensschaden[81] begrenzt durch den Wert der vernichteten Forderung, § 122 Abs. 1 BGB a.E. Der Erklärende soll nicht mehr leisten müssen als bei ordnungsgemäßer Erfüllung.

Letztlich treffen die Regelungen der Irrtumsanfechtung einen wertenden Ausgleich konfligierender Selbstbestimmungsinteressen. Irren ist menschlich, weshalb der Erklärende bei irrtümlicher Zeichenwahl nicht an die Deutung des Zeichens durch den Empfänger gebunden ist. Er haftet dem Empfänger also nicht auf das positive Interesse. Dem Empfänger soll aus seiner objektiv richtigen Deutung des Zeichens kein Nachteil entstehen. Daher haftet der Erklärende für aufgrund seiner irrtümlichen Zeichenwahl entstandene Schäden.

---

[80] Klassisches Beispiel ist der Trierer Weinversteigerungsfall, in dem das Handheben einen Gruß symbolisieren soll, im Versteigerungskontext aber ein Angebot symbolisiert.

[81] Ausführlich behandelt bei *Canaris*, Vertrauenshaftung, 5 f., 266 f., 526 ff.

b) Formvorschriften

Wann Willensbildung und Erklärung selbstbestimmt erfolgt sind, ist nicht immer leicht feststellbar. Aus diesem Grund ordnet das Gesetz für bestimmte Geschäfte eine konkrete Form an, in welcher die jeweiligen Erklärungen abzugeben sind. Insbesondere Schriftform und notarielle Form schützen die Selbstbestimmung des Erklärenden, indem sie ihn zu einer größeren Erklärungssorgfalt verpflichten. Formvorschriften schützen ferner vor der Zurechnung von Erklärungen, die man gar nicht abgegeben hat.

5. Erfüllungskompetenz als Bindungsvoraussetzung

Die Vertragsbindung des Schuldners verleiht dem Gläubiger keine Gestaltungsmacht, wenn der Schuldner zur Erfüllung nicht in der Lage ist. Daher ist in diesen Fällen die Leistungspflicht ausgeschlossen nach § 275 Abs. 1 BGB. Möglicherweise stehen Erfüllungsaufwand des Schuldners und Erfüllungsinteresse des Gläubigers außer Verhältnis. In extremen Fällen wären die Ressourcen des Schuldners größtenteils sinnlos aufgewendet, weshalb er die Leistung verweigern darf nach § 275 Abs. 2 oder 3 BGB.

6. Erfüllungskompetenz als Voraussetzung sekundärer Vertragshaftung

Die Forderung des Gläubigers gegen den Schuldner ist ein Rechtsgut des Gläubigers. Erfüllt der Schuldner die Forderung nicht wie vereinbart, so verletzt er damit dieses Rechtsgut. Die Beeinträchtigung widerspricht dem Willlen des Gläubigers und ist somit als fremdbestimmt einzuordnen. Aus diesem Grund haftet der Schuldner für Beeinträchtigungen.

a) Pflichtverletzung als selbstbestimmte Handlung

Die Haftung wiederum beeinträchtigt Ressourcen des Schuldners. Sie setzt voraus, dass die Verletzung vertraglicher Pflichten selbstbestimmt erfolgte. Daher erfordern z.B. die §§ 280 ff. BGB eine Handlung des Schuldners, nämlich die Pflichtverletzung.[82]

b) Steuerungsfähigkeit hinsichtlich des Handlungserfolgs

Der Schuldner muss die Schäden ersetzen, die aus der Pflichtverletzung entstanden sind. Allerdings muss er im Bezug auf die Handlungsfolgen selbstbestimmt agiert haben. Das erfordert die Gestaltungsmacht bzw. Steuerungsfähigkeit hinsichtlich des Schadens.

---

[82] Vgl. das parallele Erfordernis der Eingriffshandlung bei der außervertraglichen Haftung oben III 4 a.

Voraussetzung der Haftung sind daher Kausalität, Zurechenbarkeit und Verschulden, genauer: die Ursächlichkeit der Pflichtverletzung für den Schaden, die Zurechenbarkeit des Schadens zum Verhalten des Schuldners sowie die Vorwerfbarkeit des Fehlverhaltens.[83]

7. Zusammenfassung

Der selbstbestimmten Entfaltung der Bürger dienen bestimmte ihnen zugewiesene Rechtsgüter. Zur Erweiterung ihrer Freiheit dürfen sie über bestimmte Rechtsgüter frei verfügen.[84] Im verfassungsrechtlichen Sinnzusammenhang beinhaltet die Freiheit drei Komponenten, nämlich Freiheit von Fremdbestimmung, Selbstbestimmungskompetenz und Gestaltungsmacht. Diese Komponenten spiegeln sich in den Voraussetzungen und Rechtsfolgen des Vertragsschlusses:

a) Freiheit von Fremdbestimmung

Der Freiheit von Fremdbestimmung dient das Konsensprinzip. Danach erfordern Zugriffe auf fremde disponible Rechtsgüter einen Konsens mit dem Rechtsgutsinhaber. Unkonsensuale Eingriffe führen zur Haftung des Eingreifenden, der die beeinträchtigten Rechtsgüter zu ersetzen hat. Das wichtigste Mittel zur Herstellung eines Konsenses ist der Vertrag. Verträge sind anders gewendet Mittel zur freien Entfaltung. Das Konsensprinzip führt hier zur Vertragsfreiheit. Jeder Bürger soll selbst entscheiden dürfen, ob und unter welchen Bedingungen er Verträge schließt. Die Entscheidung als solche ist nicht nach außen erkennbar, von einem Vertragsschluss kann daher nur bei entsprechender Erklärung ausgegangen werden.

b) Gestaltungsmacht

Als Mittel zur selbstbestimmten Entfaltung muss der Vertrag den Beteiligten Gestaltungsmacht verleihen. Das ist nur dann der Fall, wenn vertragliche Forderungen aus eigener Kraft durchsetzbar sind. Diesem Zweck dienen der Grundsatz der Vertragsbindung und die gerichtliche Durchsetzbarkeit der Verbindlichkeit.

c) Selbstbestimmungskompetenz

Gegenstand vertraglicher und außervertraglicher Haftung sind die disponiblen Rechtsgüter des Schuldners. Der Zugriff auf diese Freiheitsressourcen unterliegt nach dem Konsensprinzip der selbstbestimmten Entschei-

---

[83] Parallel dazu oben III 4 b.
[84] Vgl. oben II 2 und 3.

dung des Inhabers. Vertragliche und deliktische Pflichten setzen daher grundsätzlich voraus, dass der Einzelne Entstehung und Einhaltung der Pflicht willentlich steuern kann.[85]

Das führt je nach Haftungsart zu unterschiedlichen Voraussetzungen: Knüpft die Haftung wie die Vertragshaftung allein an ein menschliches Verhalten, so muss dieses Verhalten selbstbestimmt gewesen sein. Erforderlich ist deshalb eine selbstbestimmte Willenserklärung einschließlich selbstbestimmter Willensbildung. Ferner muss der Haftende zur Erfüllung seines Leistungsversprechens in der Lage sein.

Knüpft die Haftung an einen bestimmten Handlungserfolg in Form einer Rechtsgütereinbuße, so muss diese Einbuße auf einer selbstbestimmten Handlung des Haftenden beruhen. Erforderlich ist ferner, dass der Haftende die Einbuße durch sein Handeln hätte verhindern können.

d) Fazit

Die verfassungsrechtliche Privatautonomie dient der Selbstbestimmung hinsichtlich der privaten Rechtsverhältnisse. Sie muss aufgrund dieser verfassungsrechtlichen Zwecksetzung drei Freiheitskomponenten gewährleisten, nämlich die Freiheit von Fremdbestimmung, Gestaltungsmacht und Selbstbestimmungskompetenz. Die Freiheit von Fremdbestimmung ist in Form der Vertragsfreiheit als Verfassungsgrundsatz anerkannt. Dasselbe muss auch für die Gestaltungsmacht und demzufolge insbesondere für die Vertragsbindung gelten. Es muss ferner für die Selbstbestimmungskompetenz als Voraussetzung privatrechtlicher Haftung gelten. Die Haftung kann nur denjenigen treffen, der fähig ist, sich wie vorgeschrieben zu verhalten. Wann die Selbstbestimmungskompetenz gestört ist, ist eine Wertungsfrage und im Rahmen der verfassungsrechtlichen Wertordnung nicht letztgültig zu beantworten. Die Selbstbestimmungskompetenz als Leitgedanke dieser Wertungsentscheidung ist allerdings verfassungsrechtlich vorgegeben.

V. Vergleich mit anderen Vertragstheorien

Die vorliegende Arbeit sieht die Vertragsbindung als Mittel zur Ermöglichung individueller Entfaltung. Die verfassungsrechtliche Legitimation des Prinzips ist damit abgeschlossen. Nachfolgend wird die hier gewählte Begründung anderen Vertragstheorien gegenübergestellt. Eine umfassende Diskussion ist nicht beabsichtigt, hingewiesen werden soll allein auf zentrale Unterschiede.

---

[85] Ausnahme ist die Pflicht zum Aufwendungsersatz aus §§ 677, 683 Satz 1, 670 BGB. Hier wird die willentliche Steuerung fingiert. Keine Ausnahme ist die deliktische Gefährdungshaftung. Dort ist es die Eröffnung einer Gefahrenquelle, die der Verpflichtete steuern kann.

1. Deontologisch: Vertragsbindung als Zweck

Eine deontologische Legitimation der Vertragsbindung wird soweit ersichtlich nicht mehr vertreten. Sie verdeutlicht aber den Kontrast der konsequentialistischen Legitimationsansätze, daher soll sie kurz dargestellt werden: In einer deontologischen Ethik wäre die Vertragsbindung Selbstzweck. Verträge wären etwa deshalb verbindlich, weil Versprechen zu halten sind. Die Einhaltung eines Versprechens wäre eine moralische Pflicht, welche das Recht als solche übernimmt.[86]

Nun bedürfen rechtliche Regelungen im Rahmen unserer Rechtsordnung einer weitergehenden Rechtfertigung. Sie müssen auf die Interessen der davon betroffenen Menschen zurückzuführen sein, genauer auf die als wertvoll gesetzten Interessen an der eigenen Würde, dem eigenen Leben und der eigenen Enfaltung. Die Legitimation der Vertragsbindung muss also notwendigerweise konsequentialistisch ausfallen. Eine strikt deontologische Deutung der Vertragsbindung als Selbstzweck scheidet aus.[87]

2. Konsequentialistisch: Vertragsbindung als Mittel zum Zweck

Konsequentialistische Theorien legitimieren die Vertragsbindung durch einen Zweck außerhalb der Bindung selbst. In formaler Hinsicht entspricht das der vorliegend gewählten Vorgehensweise. Inhaltlich können die gewählten Zwecke jedoch sehr weit auseinanderliegen. Innerhalb unserer Rechtsordnung bedürfen rechtliche Regelungen der Legitimation durch verfassungsrechtliche Letztzwecke.[88] Soweit andere Zwecke als Legitimationsgrundlage gewählt werden, ist das aus verfassungsrechtlicher Sicht nicht ausreichend. Es bedarf dann der Prüfung, ob der gewählte Zweck mit den genannten Letztzwecken kompatibel ist.

a) Objektive Nützlichkeit des Vertragsinhalts

Einige Legitimationsansätze versuchen, auf eine wie auch immer geartete objektive Nützlichkeit des Vertragsschlusses abzustellen. Zweck der Vertragsbindung ist dann etwa das gute Leben oder das Glück der Parteien.[89]

---

[86] Vgl. dazu *Fried*, Contract as Promise, 7 ff., 16 f., zit. nach *Unberath*, Die Vertragsverletzung, 72 Fn. 6; *Fried* führt als konsequentialistische Elemente aber den Respekt vor dem anderen und den Schutz dessen Vertrauen ein, vgl. *Fried*, Contract as Promise, 16 f., hierzu *Unberath*, Die Vertragsverletzung, 73.

[87] Vgl. zur notwendigen Unterscheidung von Tugend- und Rechtspflichten auch *Unberath*, Die Vertragsverletzung, 74 f.

[88] Vgl. oben § 8 IV 2.

[89] Vgl. die Nachweise zu entsprechenden teleologischen und utilitaristischen Vertragstheorien bei *Unberath*, Die Vertragsverletzung, 90 ff. und 108 ff.

Damit überschreiten diese Theorien die Grenzen des rechtlich Möglichen. Denn gutes Leben oder Glück sind rechtlich nicht vollständig herstellbar.[90]

Mit dem durch Art. 2 GG gesetzten Recht auf freie Entfaltung sind diese Theorien nicht vereinbar. Denn sie ermöglichen eine weitgehende Bevormundung des Bürgers. Von der hier vertretenen Vertragstheorie unterscheiden sie sich im Kern durch die extreme Reichweite legitimer paternalistischer Eingriffe in den Vertrag. Objektiv unnütz könnte auch ein völlig selbstbestimmter Vertragsschluss sein. Der Staat hätte also das Recht zur umfassenden Inhaltskontrolle eines jeden Vertrages.

Zwar beinhaltet auch der hier gewählte Legitimationsansatz paternalistische Elemente. Ausnahmen von der Vertragsbindung erfordern aber ein Selbstbestimmungsdefizit bei Eingehen der Bindung. Ein objektiv ‚unnützer' Inhalt des Vertrages vermag hierfür allenfalls Indizien zu liefern. Eine staatliche Inhaltskontrolle von Verträgen betrifft deshalb nur Ausnahmefälle, nämlich die Gefährdung fundamentaler freiheitsrelevanter Interessen der Parteien oder Dritter.[91] Im Übrigen ist die paternalistische Vertragskontrolle eine rein formale, die das selbstbestimmte Zustandekommen vertraglicher Verbindlichkeiten sichert.[92]

An einer objektiven Nützlichkeit ausgerichtete Vertragstheorien sind daher abzulehnen. Sie verkehren das Regel-Ausnahmeverhältnis von Selbstbestimmung und Fremdbestimmung. Als Mittel zur Ermöglichung selbstbestimmter Entfaltung sind sie ungeeignet.

b) Schutz des Vertrauens des Gläubigers

Teilweise wird vertreten, die Vertragsbindung beruhe auf dem Vertrauen des Gläubigers.[93] Diese Theorie könnte nicht erklären, warum das BGB ein tatsächliches Vertrauen nicht zur Voraussetzung vertraglicher Verbindlichkeiten macht. Vielmehr wird auch der extrem misstrauische Gläubiger geschützt. Selbst wenn er nicht an die Erfüllung geglaubt hat, wird der Staat seine fällige Forderung anerkennen und ihr zur Durchsetzung verhelfen.

Mit dem Vertrauen ist jedoch eine wesentliche Komponente der Vertragsbindung benannt. Geschützt ist nicht das tatsächliche Vertrauen des Gläubigers, sondern das gesollte Vertrauen-Können. Die Vertragsbindung

---

[90] Vgl. oben § 7 III 6.

[91] Etwa die Beeinträchtigung des Kindeswohls durch Eheverträge, vgl. BGH, FamRZ 1986, 444.

[92] Darum ist nach der hier vertretenen Ansicht der formale Maßstab des § 138 Abs. 2 BGB vorzugswürdig gegenüber der objektiv ausgerichteten Lehre von der laesio enormis, vgl. die Darstellung der Gegenansicht bei *Unberath*, Die Vertragsverletzung, 95.

[93] Nachweise bei *Kramer*, AcP 1971, 422 ff.

setzt Vertrauen nicht voraus, sondern soll es ermöglichen bzw. bei Vorhandensein stützen.[94]

c) Selbstbestimmung des sich bindenden Schuldners

Einige Theorien begründen die Vertragsbindung wie vorliegend mit dem Selbstbestimmungsgedanken. Allerdings stellen sie auf die Selbstbestimmung des Schuldners ab, nicht wie vorliegend auf jene des Gläubigers.[95]

Das gilt soweit ersichtlich für *Hillgruber*, der die Vertragsbindung als verfassungsrechtlich notwendig ansieht:

> „Der grundrechtlich geschuldete Respekt des Staates vor der im Vertrag ausgeübten Freiheit durch Selbstbindung äußert sich in der Anerkennung der Rechtsverbindlichkeit des Vertrages."[96]

So dürfte auch *Weller* zu verstehen sein.[97] Er begründet die Selbstbindung in ethischer Hinsicht mit der sittlichen Qualität der Übereinstimmung von jetzigem und künftigem Willen, welche die Identität des sittlichen Menschen selbst ausmache.[98] Der Entzug der Bindungsfähigkeit liefe laut *Weller* auf die Entmündigung hinaus.[99]

Die Selbstbestimmung des Schuldners vermag die Vertragsbindung jedoch nicht widerspruchsfrei zu erklären. Denn der Mensch kann seinen Willen jederzeit ändern.[100] Allein mit der Selbstbestimmung des Schuldners ist also nicht erklärbar, warum er sein Handeln am vergangenen und nicht am jetzigen Willen ausrichten solle. Die Selbstbindung bedarf deshalb einer Rechtfertigung außerhalb des Willens des sich Bindenden. Diese Rechtfertigung sieht die vorliegende Arbeit in der Selbstbestimmung des Gläubigers. Erst durch die Vertragsbindung des Schuldners verleiht der Vertrag dem Gläubiger Gestaltungsmacht.[101] Ohne Vertragsbindung ist also nicht die Selbstbestimmung des Schuldners in Gefahr, sondern jene des Gläubigers.

---

[94] Vgl. *Kramer*, AcP 1971, 422, 435 f.: Mögliches Vertrauen der Gegenseite ist erst eine Folge der Selbstbindung, nicht aber deren Geltungsgrund; vgl. auch *Canaris*, Vertrauenshaftung, 412 ff.

[95] Vgl. oben IV 2 b.

[96] *Hillgruber*, Das Prinzip der Selbstverantwortung, 165, 169; vgl. im Anschluss an *Hillgruber* auch *Remien*, Zwingendes Vertragsrecht, 157 Fn. 9, 162.

[97] *Weller*, Die Vertragstreue, 159 ff. m.w.N.

[98] *Weller*, Die Vertragstreue, 156 ff., 158, unter Berufung auf *Hartmann*, Ethik, 353 f., 466.

[99] *Weller*, Die Vertragstreue, 159, unter Berufung auf *Hübner*, FS Börner[1992], 717, 722 f.

[100] Dieses Argument findet sich auch bei *Jhering*, Der Zweck im Recht, 265, sowie bei *Röhl/Röhl*, Allgemeine Rechtslehre, 431 unter Berufung auf Radbruch.

[101] Vgl. oben IV 2 b.

Im Ergebnis unterscheiden sich die genannten Ansichten jedoch kaum vom vorliegenden Ansatz. Zum einen rechtfertigen sie Ausnahmen von der Vertragsbindung mit Selbstbestimmungsdefiziten bei Zustandekommen des Vertrages.[102] Zum anderen blenden sie die interindividuelle Dimension der Selbstbindung nicht aus und betonen die individuelle Verantwortung für die Folgen des eigenen Handelns.[103]

VI. Ergebnis

Grundlegendes Axiom unserer Rechtsordnung ist die Willensfreiheit. Sie führt zur Forderung nach menschlicher Entfaltung und Selbstbestimmung. Erforderlich sind dafür ein rechtlicher Ordnungsrahmen und menschliche Mitwirkung. Das Recht schafft nur die Voraussetzungen für schöpferisches Handeln. Sein Potential tatsächlich entfalten kann der Mensch aber nur selbst.

Verfassungsrechtliche Zielsetzung der Privatautonomie ist die Entfaltungsfreiheit aller Bürger. Mit der Privatautonomie wird vor allem das Konzept der Vertragsfreiheit in Verbindung gebracht. Oft werden die Begriffe sogar synonym verwendet.[104] Diese Sichtweise betont die Freiheit von Fremdbestimmung, welche sich im Verständnis der Grundrechte als Abwehrrechte gegen den Staat niederschlägt.[105] Die Entfaltungsfreiheit lässt sich nicht auf diese negative Freiheit reduzieren. Sie muss vielmehr als positive Gestaltungsmacht verstanden werden.

Den Rahmen individueller Freiheit setzt der Staat. Er erhebt bestimmte fundamental freiheitsrelevante Interessen zu indisponiblen Rechtsgütern, etwa die Interessen an Frieden und einer intakten natürlichen Umwelt. Die Beeinträchtigung dieser Interessen würde die Freiheit aller gefährden, sie ist deshalb untersagt.

Individuelle Gestaltungsmacht muss sich innerhalb dieses Rahmens bewegen. Das erfordert Bereiche, in welchen der Einzelne seinen Gestaltungswillen tatsächlich durchsetzen kann. Die Basis hierfür schafft der

---

[102] Vgl. *Weller*, Die Vertragstreue, 187 ff. und *Hillgruber*, Das Prinzip der Selbstverantwortung, 170 ff.

[103] Vgl. etwa *Weller*, Die Vertragstreue, 159; *Hillgruber*, Das Prinzip der Selbstverantwortung, 170; so dürfte auch der von *Weller* zitierte *Hartmann*, Ethik, 353, zu verstehen sein, wenn er sich auf die Folgen des eigenen Handelns bezieht: „Im Eintreten für die eigene Tat […], im Bejahen der Verantwortung, im aufrechten Tragenwollen spricht sich der sittliche Stolz der freien Tat aus […]. Wer den Schuldigen entschuldigt, vergeht sich zuinnerst an ihm. […] Die Zumutung der Schuldabnahme […] ist im Grunde die sittliche Entmündigung und Entwürdigung des Menschen.“.

[104] Dazu *Flume*, Allgemeiner Teil des Bürgerlichen Rechts II, 12; *Staudinger/Olzen*, BGB II-1[2009], Einleitung zum Schuldrecht Rn. 52 ff.; *Weller*, Die Vertragstreue, 154.

[105] Sog. ‚status negativus‘, vgl. *Pieroth/Schlink*, Grundrechte, Rn. 76.

Staat durch die Zuweisung bestimmter Rechtsgüter, über welche der Einzelne seinem Willen entsprechend verfügen kann. Die selbstbestimmte Gestaltung dieser Gütersphäre soll die Privatautonomie ermöglichen.

Die Privatautonomie hat somit vier Voraussetzungen, nämlich 1. ein bestimmtes Maß an individuellen Rechtsgütern als Freiheitsressourcen, 2. die Freiheit der eigenen Gütersphäre von Fremdbestimmung sowie 3. Individuelle Selbstbestimmungskompetenz und 4. Gestaltungsmacht. Die einfachrechtliche Ausgestaltung dieser Voraussetzungen ist verfassungsrechtlich geboten.

1. Rechtsgüter als Freiheitsressourcen

Die wichtigste Voraussetzung individueller Freiheit sind dementsprechende Ressourcen. Weist der Staat dem Einzelnen keine Rechtsgüter zu, indem er bestimmte Interessen als schützenswert anerkennt, so fehlt der Selbstbestimmung der Gegenstand, auf den sie sich beziehen könnte. Persönliche Entfaltung ohne die rechtlich gesicherte Zuweisung von Ressourcen ist langfristig kaum denkbar.

2. Freiheit der eigenen Gütersphäre von Fremdbestimmung

Die Freiheit der eigenen Gütersphäre von Fremdbestimmung sichert das Konsensprinzip. Danach setzt jede Veränderung des Güterbestands grundsätzlich das Einverständnis des Rechtsgutsinhabers voraus. Vor unkonsensualen Zugriffen müssen die Rechtsgüter geschützt werden, deshalb haftet der Beeinträchtigende dem Beeinträchtigten mit seinen eigenen Gütern.

3. Gestaltungsmacht durch vertragliche Pflichten des Vertragspartners

Konsensuale Zugriffe auf fremde Rechtsgüter sind hingegen Ausdruck der jeweiligen Selbstbestimmung und somit erlaubt. Das wichtigste Mittel zur Herstellung eines entsprechenden Konsenses ist der Vertrag. Damit der Vertrag dem Gläubiger Gestaltungsmacht verleiht, ist die Erfüllung verbindlich und gerichtlich durchsetzbar. Der Gestaltungsmacht beider Parteien dienen die leistungsbezogenen Nebenpflichten.

4. Selbstbestimmungskompetenz als Voraussetzung privatrechtlicher Verbindlichkeiten

Privatrechtliche Haftung verpflichtet den Schuldner zur Verfügung über bestimmte Rechtsgüter. Sofern er die tatsächliche Verfügungsmacht über fremde Rechtsgüter erlangt hat, muss er diese Güter herausgeben. Die rechtliche Verfügungsmacht hat er nur bezüglich seiner eigenen Rechtsgüter, weshalb die Haftung abseits der Herausgabehaftung auch nur diese Güter treffen kann.

Verfügungen über die eigenen Rechtsgüter sollen selbstbestimmt erfolgen. Die haftungsauslösende Handlung bzw. der haftungsauslösende Erfolg müssen dementsprechend vom Haftenden willentlich steuerbar sein.

5. Bestätigung der Unterthesen B6 bis B10

Zusammenfassend lassen sich die Thesen B6 bis B10[106] als bestätigt festhalten:

B6. Als freiheitsfördernd anerkannt ist die Möglichkeit, zur Anpassung der eigenen Ressourcen an die eigenen Bedürfnisse auf fremde Ressourcen zuzugreifen.

B7. Die fremde Gütersphäre muss dabei frei sein von Fremdbestimmung, weshalb eine selbstbestimmte konsensuale Erklärung des betroffenen Rechtsgutsinhabers erforderlich ist.

B8. Das bedeutsamste Mittel zur Konsensherstellung ist die vertragliche Vereinbarung.

B9. Gestaltungsmacht gewährt sie dem Gläubiger erst durch die Verbindlichkeit und gerichtliche Durchsetzbarkeit vertraglicher Pflichten sowie die Vermögenshaftung des Schuldners. Die Vertragsbindung des Schuldners hat deshalb als notwendige Entfaltungsvoraussetzung Verfassungsrang.

B10. Die Vertragsbindung entfällt mangels selbstbestimmt konsensualer Erklärung bei fremdbestimmten Erklärungen und bei beschränkter Selbstbestimmungskompetenz des Erklärenden.

---

[106] Vgl. oben Einführung und Thesen zu Kapitel B, II.

Ergebnis des Kapitels B

I. Bestätigung der These B

Die Ergebnisse der §§ 6 bis 9 entsprechen den genannten[1] Unterthesen B1 bis B10. Als bestätigt festgehalten werden kann damit die These B des obigen Lösungsvorschlags:[2]

> B. Die Vertragsbindung ist notwendige Voraussetzung der verfassungsrechtlich garantierten Entfaltungsfreiheit und hat deshalb Verfassungsrang.

Verfassungsrechtliche Grundlage der Vertragsbindung ist demnach Art. 2 Abs. 1 GG. Gemeint ist damit aber nicht die Freiheit von Fremdbestimmung garantierende allgemeine Handlungsfreiheit. Grundlage der Vertragsbindung und der Privatautonomie insgesamt muss das Grundrecht auf freie Entfaltung der Persönlichkeit sein. Die allgemeine Handlungsfreiheit ist in diesem Rahmen aber Legitimationsbasis der Vertragsfreiheit.

II. Grobschema zur vorliegenden Vertragstheorie

<table>
<tr><th>Entfaltungs-voraussetzungen</th><th colspan="4">entsprechende Tatbestandsmerkmale und Rechtsfolgen des Vertragsschlusses</th></tr>
<tr><td>Freiheit von Fremdbestimmung</td><td rowspan="2">TB</td><td rowspan="2">Zwei korrespondierende Willenserklärungen, die</td><td>a)</td><td>frei sind von Fremdbestimmung</td></tr>
<tr><td>Handlungskompetenz</td><td>b)</td><td>auf der Selbstbestimmungskompetenz des Erklärenden beruhen</td></tr>
<tr><td rowspan="4">Gestaltungsmacht</td><td rowspan="4">RF</td><td rowspan="2">1. Bindung des Schuldners an sein Leistungsversprechen</td><td>Grds.</td><td>Naturalerfüllung</td></tr>
<tr><td>Ausn.</td><td>Sekundärpflichten bei fehlender Erfüllungskompetenz</td></tr>
<tr><td>2. gerichtliche Durchsetzbarkeit der Bindung</td><td colspan="2"></td></tr>
<tr><td>3. Vermögenshaftung des Schuldners</td><td colspan="2"></td></tr>
</table>

[1] Oben Einführung und Thesen zu Kapitel B, II.
[2] Oben § 5 II.

C.

Beschränkte Gesellschafterhaftung als Ausnahme vom Grundsatz der Vertragsbindung

Einführung und Thesen zu Kapitel C

I. Übergeordnete These C

Die Haftung von Gesellschaftern für Gesellschaftsverbindlichkeiten ist einfachrechtlich klar geregelt. Der Personengesellschafter haftet akzessorisch für Gesellschaftsverbindlichkeiten nach § 128 HGB. Hingegen haftet der GmbH-Gesellschafter nicht für Gesellschaftsverbindlichkeiten, § 13 Abs. 2 GmbHG. § 39 Abs. 1 Nr. 5 InsO ist insofern eine Ausnahmeregelung, hiernach haftet in der Gesellschaftsinsolvenz der GmbH-Gesellschafter den Gesellschaftsgläubigern persönlich, und zwar in Höhe des an die Gesellschaft ausgereichten Darlehens. Seit dem MoMiG betrifft die Ausnahme nicht mehr nur Krisendarlehen. Damit entfällt die Legitimationsgrundlage in Form eines Missbrauchs des Haftungsprivilegs.[1] Legitimationsbedürftig ist nunmehr also die Begrenzung des Haftungsprivilegs an sich.

Die vorliegende Arbeit will den § 39 Abs. 1 Nr. 5 InsO auf verfassungsrechtliche Wertungen zurückführen. Zwar sind die einfachrechtlichen Haftungsregeln des HGB und des GmbHG älter als das Grundgesetz. Aber wie gesehen wird „bestehendes älteres Recht inhaltlich auf [das] Wertsystem [des Grundgesetzes] ausgerichtet. Von ihm her fließt ihm ein spezifisch verfassungsrechtlicher Gehalt zu, der fortan seine Auslegung bestimmt."[2] In Kapitel B wurden deshalb die verfassungsrechtlichen Grundlagen der Vertragshaftung herausgearbeitet. Die Vertragsbindung natürlicher Personen kann nunmehr als verfassungsrechtlicher Grundsatz vorausgesetzt werden.

Kapitel C wird die gewonnenen Erkenntnisse nun ins Gesellschaftsrecht übertragen. Fraglich ist, inwiefern die Vertragsbindung eine persönliche Haftung von Personen- und Kapitalgesellschaftern für Gesellschaftsver-

[1] Vgl. oben § 4 V 3.
[2] BVerfGE 7, 198, Leits. 2 und 205 (Lüth-Entscheidung); vgl. bereits oben § 5 Fn. 6.

bindlichkeiten legitimiert. Im Rahmen des obigen Lösungsvorschlags[3] wurde hierzu folgende These aufgestellt:

C. In der Personengesellschaft erfordert die Vertragsbindung die persönliche Gesellschafterhaftung für vertragliche Verbindlichkeiten der Gesellschaft. In der Kapitalgesellschaft ist dem Grundsatz der Vertragsbindung jedenfalls dann genügt, wenn die Gesellschaft mit einem dem Geschäftsumfang angemessenenen Eigenkapital ausgestattet ist.

Ob bei unangemessener Eigenkapitalausstattung eine persönliche Haftung des Kapitalgesellschafters notwendig ist, wird in Kapitel D zu erörtern sein.

II. Unterthesen C1 bis C4

Der Gedankengang wird sich an folgenden Unterthesen orientieren:

C1. Bezüglich vertraglicher Verbindlichkeiten der Personengesellschaft ist die akzessorische Gesellschafterhaftung nach § 128 HGB notwendige Folge der Vertragsbindung.
C2. Die beschränkte Haftung des Kapitalgesellschafters ist eine Ausnahme vom Grundsatz der Vertragsbindung.
C3. Diese Ausnahme beruht nicht auf der Fremdbestimmung oder einer gestörten Selbstbestimmungskompetenz des Gesellschafters.
C4. Die Ausnahme ist jedenfalls dann gerechtfertigt, wenn die Kapitalgesellschaft mit einem dem Geschäftsumfang angemessenen Eigenkapital ausgestattet ist.

III. Vorgehensweise

Die Prüfung der These C beinhaltet folgende Schritte: § 10 der Arbeit widmet sich der Vertragsbindung in der Personengesellschaft. Die persönliche Gesellschafterhaftung wird sich hierbei als Ausdruck der Vertragsbindung herausstellen (These C1). § 11 überträgt die Ergebnisse ins Kapitalgesellschaftsrecht. Festgestellt wird ein Abweichen der beschränkten Gesellschafterhaftung vom Grundsatz der Vertragsbindung (Thesen C2 bis C4).

---

[3] Vgl. oben § 5 II.

§ 10 Persönliche Gesellschafterhaftung nach § 128 HGB als Ausdruck der Vertragsbindung

I. Einleitung

1. Zwischenziel: Legitimation des § 128 HGB durch den Grundsatz der Vertragsbindung

Zu prüfen ist im Rahmen des vorliegenden § 10 die obige Unterthese C1:

> C1. Bezüglich vertraglicher Verbindlichkeiten der Personengesellschaft ist die akzessorische Gesellschafterhaftung nach § 128 HGB notwendige Folge der Vertragsbindung.

2. Weiteres Vorgehen

Ausgangspunkt der Überlegungen ist die herausgearbeitete entfaltungsorientierte Vertragstheorie. Als Entfaltungsvoraussetzungen genannt wurden ein gewisses Maß an eigenen Rechtsgütern als Freiheitsressourcen, die Freiheit der eigenen Gütersphäre von Fremdbestimmung, ein bestimmtes Maß an gesellschaftlicher Gestaltungsmacht sowie die individuelle Selbstbestimmungskompetenz. Diese Entfaltungsvoraussetzungen werden im Folgenden als Grundlage des Personengesellschaftsrechts dargestellt:

Die Vereinigungsfreiheit erlaubt den Gesellschaftern (II.) die Bündelung von Freiheitsressourcen zur Verfolgung gemeinsamer Ziele, indem sie eine Gesellschaft gründen. Die Gesellschaft selbst kann im Außenverhältnis Verträge schließen. Die Haftung von Gesellschafter und Gesellschaft dient dabei (III.) der Gestaltungsmacht der Gesellschaftsgläubiger. Die persönliche Haftung des Gesellschafters erfordert (IV.) die Freiheit des Haftungszugriffs von Fremdbestimmung. Haftungsvoraussetzung ist ferner (V.) die Selbstbestimmungskompetenz der Vertragsschließenden.

II. Freiheitsförderung durch Ressourcenbündelung: Art. 9 GG

1. Freiheitsförderung durch staatliche Ressourcenzuweisung

Freiheit im verfassungsrechtlichen Sinn bedeutet gesellschaftliche Gestaltungsmacht. Erforderlich sind hierfür bestimmte Bereiche, in welchen der Einzelne seinen Gestaltungswillen durchsetzen kann. Diese Bereiche eröffnet der Staat durch die Gewähr subjektiver absoluter Rechte, welche der selbstherrlichen Verfügungsgewalt des Inhabers unterliegen.

2. Freiheitsförderung durch Ressourcentausch

Hinzu kommt die Möglichkeit, durch Konsensualverträge den eigenen Machtbereich zu verändern. Setzen die individuellen Gestaltungswünsche also andere oder mehr Ressourcen voraus, als dem Einzelnen verfügbar sind, so hat er grundsätzlich die Möglichkeit, fehlende Ressourcen zu erwerben. Hierfür verpflichtet sich der Vertragsschuldner, die Verfügungsgewalt an eigenen Gütern ganz oder teilweise auf den Vertragsgläubiger zu übertragen. Durch die Erfüllung dieses Versprechens werden die Gestaltungsressourcen des jeweiligen Gläubigers seinen Gestaltungswünschen angepasst. Diese freiheitsfördernde Funktion des Vertrages wurde bereits dargelegt.[1]

3. Freiheitsförderung durch Ressourcenbündelung

Letztlich ist die Menge eigener Ressourcen begrenzt. Gesellschaftliche Gestaltungsmacht erfordert deshalb oftmals die Bündelung der individuellen Ressourcen mehrerer Personen. Das gilt für jeden gesellschaftlichen Teilbereich, welcher der individuellen Gestaltung durch die Bürger offen steht, also für die räumliche, die soziale, die politische und die wirtschaftliche Sphäre gleichermaßen.[2] Neben dem Tausch von Ressourcen erlaubt das Grundgesetz daher die als freiheitsfördernd anerkannte Bündelung von Ressourcen.[3]

4. Bündelung politischer und sozialer Freiheitsressourcen

Besonders bedeutsam ist das in politischer Hinsicht, da individuelle politische Gestaltungsmacht indisponibel ist, also nicht durch Ressourcentausch vermehrt werden kann. Politische Gestaltungsmacht setzt deshalb ganz entscheidend die Möglichkeit der Bildung politischer Vereinigungen voraus. Diese Möglichkeit wird insbesondere durch Art. 21 GG ausdrücklich anerkannt. In sozialer wie auch politischer Hinsicht[4] ist die Vereinigungsfreiheit des Art. 9 Abs. 1 GG von Bedeutung. Sie erlaubt es den Bürgern, sich zu allen möglichen Zwecken zusammenzuschließen. Welche Ressourcen der Einzelne dabei der Förderung eines gemeinsamen Zwecks widmet, unterliegt seiner freien Entscheidung. Primärer Zweck des Art. 9 Abs. 1 GG

---

[1] Vgl. oben § 9 IV.

[2] Zu den verfassungsrechtlich garantierten Bereichen gesellschaftlicher Teilhabe oben § 8 III 3 b.

[3] Auf die Ressourcenbündelung als Inhalt des Gesellschaftsvertrags verweist ausdrücklich *Staudinger/Habermeier*, BGB Eckpfeiler[2008], 775.

[4] Zur politischen Gestaltungsfunktion der Vereinigungsfreiheit *Maunz/Dürig/Scholz*, GG[63], Art. 9 Rn. 35.

ist mit anderen Worten die ‚Selbstverwirklichung in Gruppenform'.[5] Auch die Grenzen der Vereinigungsfreiheit zeugen von der Orientierung des Grundrechts an den verfassungsrechtlichen Grundwerten. Denn nicht erfasst sind von Art. 9 Abs. 1 GG Vereinigungszwecke, die der verfassungsmäßigen Ordnung oder den Strafgesetzen[6] zuwiderlaufen, Art. 9 Abs. 2 GG.

5. Bündelung wirtschaftlicher Freiheitsressourcen

Als wichtiger Gegenstand gesellschaftlicher Teilhabe gilt auch die wirtschaftliche Teilhabe.[7] Art. 9 erfasst aus diesem Grund auch wirtschaftlich motivierte Vereinigungen.[8] Freiheitsfördernd ist das aus folgendem Grund: Mit den Ressourcen eines Menschen lassen sich bestimmte wirtschaftlich verwertbare Leistungen erstellen. Die Ressourcenbündelung kann durch Synergieeffekte ein über die Addition der einzelnen Leistungserstellungspotentiale hinausgehendes Potential eröffnen. Der potentielle wirtschftliche Erfolg gebündelter Ressourcen ist also für jedes Vereinigungsmitglied höher als jener, welchen es allein mit den eigenen Ressourcen erreichen könnte.

III. Gestaltungsmacht: Vertragsbindung von Gesellschaft und Gesellschafter

1. Vertragsbindung der Personengesellschaft

Die Vertragsbindung des Schuldners dient der Gestaltungsmacht des Vertragsgläubigers. Die Personengesellschaft besitzt eine eigene Rechtsfähigkeit und ist im Außenverhältnis selbst Vertragspartner.[9] Nach dem Gesagten haftet den Gläubigern der Schuldner mit seinem Vermögen, hier also die Gesellschaft den Gesellschaftsgläubigern. Nun besitzt zwar die Personengesellschaft regelmäßig eigenes Vermögen.[10] Dass dieses Vermögen für die Befriedigung der Gläubiger ausreicht, ist nicht gesichert. Solange die Gesellschaft nicht zwingend über ein bestimmtes Vermögen verfügen muss, sichert der Haftungszugriff auf das Gesellschaftsvermögen dem Gesellschaftsgläubiger keine Gestaltungsmacht.

---

[5] *Maunz/Dürig/Scholz*, GG[63], Art. 9 Rn. 34.

[6] Zur freiheitssichernden Funktion des Strafrechts bereits oben § 9 III 2 a aa und cc.

[7] Vgl. oben § 8 III 3 b cc.

[8] *Maunz/Dürig/Scholz*, GG[63], Art. 9 Rn. 57.

[9] Vgl. für OHG und KG §§ 124, 161 Abs. 2 HGB, für die GbR BGHZ 146, 341, 343 ff.; dazu *Kindler*, Grundkurs[5], § 10 Rn. 76 f., 109.

[10] Zur Personengesellschaft als Rechtsträger des Gesellschaftsvermögens *Kindler*, Grundkurs[5], § 11 Rn. 93.

2. Vertragsbindung der Gesellschafter, § 128 HGB

a) Gestaltungsmacht durch erweiterten Vermögenszugriff

Größere Gestaltungsmacht verleiht dem Gläubiger die Bindung der Gesellschafter an die Verträge der Gesellschaft. Die Gesellschafterhaftung sichert dem Gläubiger den Zugriff auf weitere Vermögensmassen neben dem möglicherweise nicht vorhandenen Gesellschaftsvermögen. Diesem Gedanken entspricht § 128 HGB.[11] Auch insofern ist die Gestaltungsmacht allerdings oftmals unzulänglich, denn sie ist begrenzt durch die Höhe des vorhandenen Privatvermögens:

b) Faktische Begrenzung durch die Höhe des Privatvermögens

Bei größeren Personengesellschaften deckt das Gesellschafterprivatvermögen regelmäßig nicht die Gesellschaftsverbindlichkeiten. Die persönliche Haftung ist dann lediglich Anreiz für die ordnungsgemäße Geschäftsführung.[12] Oft ist das Privatvermögen dadurch geschmälert, dass der Gesellschafter Vermögensgegenstände auf Dritte übertragen hat. In diesen Fällen hat der Insolvenzverwalter der Gesellschaft die Möglichkeit, einzelne Geschäfte anzufechten nach §§ 129 ff. InsO.

IV. Freiheit von Fremdbestimmung

Die Haftung des Gesellschafters öffnet seine Ressourcen dem Zugriff der Gesellschaftsgläubiger. Derartige Zugriffe bedürfen des Einverständnisses des Ressourceninhabers. Die Entstehung der Verbindichkeit muss daher frei sein von Fremdbestimmung.[13] Sie entsteht in zwei Schritten. Zunächst gründen mehrere Personen eine Gesellschaft. Diese Gesellschaft schließt dann Verträge mit Dritten. Die Freiheit von Fremdbestimmung muss beide Schritte umfassen, also den Gesellschafts- und den Schuldvertrag.

1. Abschluss des Gesellschaftsvertrags

Im Innenverhältnis darf ein jeder frei entscheiden, ob er Mitglied der Personengesellschaft sein möchte, ob er also mit seinen Ressourcen den Gesellschaftszweck fördern will. Im Verhältnis zur Vereinigungsfreiheit aus Art. 9 GG ist die Vertragsfreiheit aus Art. 2 GG insofern subsidiär.[14] Begrenzt ist die Vereinigungsfreiheit durch den numerus clausus der mögli-

---

[11] Bzw. § 128 HGB analog in der GbR, näher *Kindler*, Grundkurs[5], § 10 Rn. 111 ff.
[12] *Wiedemann*, Gesellschaftsrecht I, 539.
[13] Vgl. oben § 8 II 4 und § 9 III 1.
[14] Vgl. *Maunz/Dürig/Di Fabio*, GG[63], Art. 2 Rn. 103.

chen Rechtsformen,[15] worin aber keine Fremdbestimmung des Gesellschafters liegt. Der Rechtsformzusatz macht grundlegende Strukturmerkmale äußerlich sofort erkennbar, diese Information erhöht die Entscheidungskompetenz potentieller Gläubiger.

Tatsächliche Fremdbestimmung im Rahmen des Gesellschaftsvertrages führt nach allgemeinen Regeln zur Anfechtbarkeit der betreffenden Erklärung. Die Anfechtung lässt die Gesellschafterstellung rückwirkend entfallen, § 142 BGB. Eine akzessorische Haftung für Gesellschaftsverbindlichkeiten ist dann nur denkbar, wenn der Gesellschafter die Anfechtung unterlassen hat. In der Unterlassung liegt regelmäßig eine konkludente Bestätigung seiner Beitritts- oder Gründungserklärung nach § 144 BGB.[16] Der Gesellschaftsvertrag darf also mit Blick auf die vorhandenen Gesellschafter als frei von Fremdbestimmung angesehen werden.

2. Abschluss des Schuldvertrags allein durch den haftenden Gesellschafter

Im Außenverhältnis gilt für die Gesellschafter dasselbe wie für natürliche Personen. Der Staat oder Dritte besitzen im Bezug auf ihre gebündelten Ressourcen keine Verfügungsmacht.[17] Fremdbestimmung durch Dritte führt über die Anfechtung zum Wegfall der betreffenden Erklärung.[18]

Fraglich ist aber im Rahmen des Schuldvertrags, ob eine Fremdbestimmung durch die anderen Gesellschafter droht. Wenn ein Gesellschafter alleiniger Geschäftsführer ist, so erklärt er im Außenverhältnis selbst den Willen zum Abschluss des Schuldvertrags. Die Kenntnis von der persönlichen Haftung für Gesellschaftsverbindlichkeiten darf bei Personengesellschaftern vorausgesetzt werden. Ein fremdbestimmter Einsatz seiner Ressourcen ist also für den Gesellschafter-Geschäftsführer nicht denkbar.

3. Abschluss des Schuldvertrags durch mehrere/andere Gesellschafter

Ist der Gesellschafter nicht Geschäftsführer, so stammt die Erklärung im Außenverhältnis nicht von ihm selbst. Ist er nur einer der Geschäftsführer, kann er bei Mehrheitsentscheiden überstimmt werden. Fraglich ist, inwiefern darin eine Fremdbestimmung zu sehen ist.

---

[15] Näher *Kindler*, Grundkurs[5], § 9 Rn. 19 ff.

[16] Vgl. zur konkludenten Bestätigung eines anfechtbaren Rechtsgeschäfts MüKo/ Busche, BGB 1[6], § 144 Rn. 6; Vorliegend kann die konkludente Bestätigung in allen Handlungen gesehen werden, die ein Gesellschafter allein kraft seiner Gesellschafterstellung ganz regelmäßig vornimmt, etwa die Annahme von Leistungen, die Teilnahme an Gesellschafterversammlungen etc.

[17] Vgl. oben § 9 III 1.

[18] Vgl. soeben unter 1.

a) Schuldvertrag im Rahmen der ordnungsgemäßen Geschäftsführung

Der Regelung der Geschäftsführungsbefugnis hat der Gesellschafter im Gesellschaftsvertrag zugestimmt. Bei ordnungsgemäßer Geschäftsführung entspricht also die Erklärung der Geschäftsführer dem erklärten Willen des Gesellschafters. Eine Fremdbestimmung über Ressourcen des Gesellschafters liegt nicht vor. Deshalb ist es gerechtfertigt, dem Gesellschafter die Erklärung der Geschäftsführer zuzurechnen.[19]

Fraglich ist, ob sich aus der Aufgabe der früheren Doppelverpflichtungslehre Argumente gegen die Zurechnung ergeben. Nach der wohl herrschenden Akzessorietätslehre[20] vertritt der Geschäftsführer nicht den Gesellschafter. Allerdings wurde die frühere Doppelverpflichtungslehre nicht aufgegeben, weil man die wirksame Verpflichtung der Gesellschafter durch ordnungsgemäße Geschäftsführungsmaßnahmen verneinte. Das Problem der Doppelverpflichtungslehre lag vielmehr in der dogmatischen Konstruktion der Haftung. Bei Geschäftsführerhandlungen, die ausdrücklich nicht im Namen der Gesellschafter erfolgten, konnten letztere nur aufgrund einer Rechtsscheinkonstruktion haftbar gemacht werden konnten. Der Rechtsschein allerdings musste dann entfallen, wenn die Geschäftsführer die Gesellschafter ausdrücklich von der Haftung ausnahmen. Hierdurch wäre die umstrittene Figur der GbR mbH ‚auf Dauer unvermeidlich'[21] gewesen, was weder dem Willen des historischen Gesetzgebers[22] noch dem der Vertreter der Doppelverpflichtungslehre[23] entsprochen hätte. Deshalb beendete der BGH[24] die Diskussion letztlich zugunsten der Akzessorietätslehre.

Im Bezug auf Vertragsschlüsse im Rahmen der Geschäftsführungsbefugnis spricht also nichts dagegen, die jeweilige Erklärung den Gesellschaftern zuzurechnen. § 128 HGB ist insofern zwar die insgesamt elegantere Lösung und eine Zurechnung über § 164 nicht notwendig, aber auch nicht falsch.

---

[19] Vgl. insofern *Martens*, AcP 1977, 152, allerdings zu Beschlüssen der Gesellschafterversammlung: „Der einzelne Gesellschafter antizipiert schon bei Abschluß des Gesellschaftsvertrages die potentiellen Regelungsfolgen nachfolgender Willensbildung durch die Mehrheit. Er anerkennt deren Befugnisse durch seinen ausdrücklichen Konsens anläßlich der Vereinbarung des Gesellschaftsvertrages." Nichts anderes kann für die Befugnisse des im Gesellschaftsvertrag oder danach ernannten Geschäftsführers gelten.

[20] Näher *Kindler*, Grundkurs[5], § 10 Rn. 13.

[21] *Dauner-Lieb*, DStR 1999, 1992, 1993.

[22] BGH, DStR 1704, 1705 unter B I 1 b, dazu auch *Dauner-Lieb*, DStR 1999, 1992, 1993.

[23] Vgl. die Nachweise bei *Dauner-Lieb*, DStR 1999, 1992, 1993 Fn. 13.

[24] BGH, DStR 1999, 1704.

b) Schuldvertrag außerhalb der ordnungsgemäßen Geschäftsführung

In der Personengesellschaft sind Geschäftsführungsbefugnis und Vertretungsmacht nicht zwingend deckungsgleich.[25] In der GbR sind sie es, wenn nichts anderes vereinbart wurde, §§ 719, 714 BGB. In OHG und KG ist die Vertretungsmacht Dritten gegenüber nicht beschränkbar, §§ 126 Abs. 2 HGB, 161 Abs. 2 HGB. Denkbar ist also eine wirksame Vertretung bei nicht ordnungsgemäßer Geschäftsführung. In diesem Fall führt die persönliche Haftung zum unkonsensualen Zugriff auf Güter des Gesellschafters. Fraglich ist, ob sich diese Fremdbestimmung rechtfertigen lässt. Dafür sprechen folgende Erwägungen:

aa) Kenntnis des Gesellschafters von der Reichweite der Vertretungsmacht

Zum einen kennt der Gesellschafter regelmäßig die Reichweite der Vertretungsmacht oder könnte sie zumindest kennen. Insbesondere im Rahmen wirtschaftlich motivierter Vereinigungen darf eine Kenntnis angenommen werden. Denn hier werden vor Gründung und Beitritt mögliche Rechtsfolgen ausführlich unter die Lupe genommen. Hieraus lässt sich zwar nicht ableiten, der Gesellschafter stimme im Außenverhältnis nicht ordnungsgemäßen Geschäftsführungsmaßnahmen zu. Aber er nimmt sie zumindest willentlich in Kauf.

bb) Reichweite der Vertretungsmacht als Vorteil der Gesellschafter

Ein Einverständnis mit nicht ordnungsgemäßen Geschäftsführungsmaßnahmen lässt sich zwar nicht annehmen. Der Gesellschafter nimmt pflichtwidrige Maßnahmen aber nicht nur als notwendiges Übel in Kauf. Er zieht vielmehr auch einen Vorteil aus der Reichweite der Vertretungsmacht. Potentielle Vertragspartner müssen nicht erst überzeugt werden, dass der Geschäftsführer zum Abschluss des jeweiligen Geschäfts auch befugt sei. Das spart den übrigen Gesellschaftern einigen Aufwand. Der Geschäftsführer selbst erhält einen ausreichenden Spielraum für unternehmerische Entscheidungen, ohne ständig Regressforderungen seitens der Gesellschafter fürchten zu müssen, was ihn von eigentlich sinnvollen Entscheidungen abhalten könnte. Die Reichweite der Vertretungsmacht trägt also zum wirtschaftlichen Vorankommen der Gesellschaft bei. Dieser Gedanke spricht dafür, dem Gesellschafter auch nicht ordnungsgemäße Geschäftsführungsmaßnahmen zuzurechnen.

---

[25] Außerhalb der Vertretungsmacht liegen allerdings Grundlagengeschäfte, näher *Kindler*, Grundkurs[5], § 10 Rn. 70.

cc) Relative Steuerungsfähigkeit der Mitgesellschafter

Die Kompetenz zur Steuerung des Vertreterhandelns liegt bei den Gesellschaftern. Diese Kompetenz ist freilich keine absolute, denn der Geschäftsführer kann stets anders handeln als von den Gesellschaftern beabsichtigt. Die Gesellschafter können aber im Innenverhältnis gezielt Einfluss auf den Geschäftsführer nehmen. Im Fall von Pflichtverletzungen können sie ihm die Geschäftsführungsbefugnis entziehen, §§ 712 BGB, 117 HGB. Wird der Wille eines Gesellschafters missachtet, so bleibt ihm ferner die Möglichkeit, die Gesellschaft zu kündigen. Nicht ordnungsgemäße Geschäftsführungsmaßnahmen werden sich aus diesem Grund nicht zum Nachteil eines Gesellschafters wiederholen.

dd) Keine Steuerungsfähigkeit des Gläubigers

Für die Zurechnung spricht ferner der Verkehrsschutz. Der Gläubiger hat keine Einsicht in das Innenverhältnis, er kann die Reichweite der Geschäftsführungsbefugnis nicht beurteilen. Solange das Geschäft also als zum Betrieb gehörend wahrgenommen werden kann,[26] hat der Dritte keinen Anlass für Misstrauen. Insofern erscheint es ungerechtfertigt, ihm die Risiken einer nicht ordnungsgemäßen Geschäftsführung aufzubürden.

ee) Keine Zurechnung bei fehlender Schutzwürdigkeit des Gläubigers

Nicht gerechtfertigt ist die Zurechnung, wenn der Geschäftsführer seine Befugnisse missbraucht.[27] Äußerlich erkennbar pflichtwidrige Geschäftsführungsmaßnahmen führen deshalb nicht zur Haftung.[28] Ein schutzwürdiges Vertrauen des Gläubigers kann bei offensichtlich pflichtwidrigem Vertreterhandeln nicht entstehen. Eine hierauf bezogene Vertretungsmacht wäre für die Gesellschafter nicht mehr vorteilhaft.[29] In diesen Fällen muss die Zurechnung also unterbleiben, ein Vertrag mit der Gesellschaft kommt nicht zustande.

Ein schutzwürdiges Vertrauen des Gläubigers ist ferner dann abzulehnen, wenn er die im Innenverhältnis beschränkte Geschäftsführungsbe-

---

[26] Von der Geschäftsführungsbefugnis sind grundsätzlich alle Maßnahmen erfasst, die zum gewöhnlichen Betrieb gehören, vgl. für OHG und KG § 116 HGB: „Handlungen, die der gewöhnliche Betrieb […] mit sich bringt", für die GbR MüKo/*Ulmer*/*Schäfer*, BGB 5[5], § 709 Rn. 7: „Als Geschäftsführung ist jede zur Förderung des Gesellschaftszwecks bestimmte, für die Gesamthand wahrgenommene Tätigkeit zu verstehen, mit Ausnahme solcher Maßnahmen, die die Grundlagen der Gesellschaft betreffen."

[27] Zur fehlenden Vertretungsmacht in diesen Fällen BGHZ 127, 239, 241; *Kindler*, Grundkurs[5], § 10 Rn. 70.

[28] *Baumbach*/*Hopt*/*Hopt*, HGB[35], § 126 Rn. 11.

[29] Vgl. die Argumentation soeben unter bb.

fugnis tatsächlich kannte. Das gibt den Gesellschaftern die beschränkte Möglichkeit, unliebsame Vertragsschlüsse zu vermeiden, indem sie die Reichweite der bestehenden Geschäftsführungsbefugnisse potentiellen Geschäftspartnern soweit möglich mitteilen.

ff) Kompensation der Haftung durch Schadensersatzpflicht des Geschäftsführers

Die genannten Argumente sprechen dafür, im Außenverhältnis nicht ordnungsgemäße Geschäftsführungsmaßnahmen dem Gesellschafter zuzurechnen.[30] Er kann die fremdbestimmte Verwendung seiner Ressourcen dann zwar nicht verhindern. Denkbar ist aber eine Kompensation. Unfreiwillige Gütereinbußen führen wie dargelegt zur Haftung des Verursachers.[31] Als Lösung bietet sich ein Schadensersatzanspruch gegen den Geschäftsführer an. Genau diesen Weg sieht die geltende Rechtslage vor. Nicht ordnungsgemäße Geschäftsführungsmaßnahmen führen zu Schadensersatzpflichten des Geschäftsführers.[32] Der Gesellschafter muss unfreiwillige Ressourcenverluste nicht hinnehmen, sondern kann sich beim Geschäftsführer schadlos halten. Auf diese Weise werden die Gläubigerinteressen im Außenverhältnis gewahrt. Der Gesellschafter kann sich den unerwünschten Folgen der Geschäftsführungsmaßnahme im Innenverhältnis entziehen.[33]

---

[30] Vgl. auch *Paulus/Zenker*, JuS 2001, 2 f., die darauf hinweisen, dass die Begrenzung der Privatautonomie einer Person auch gerade im Interesse der Privatautonomie der anderen erfolgen kann. Übertragen auf die vorliegende Fallkonstellation würde das bedeuten, dass die Privatautonomie des Gesellschaftsgläubigers (nämlich die im Außenverhältnis bereits getroffene Disposition) geschützt wird, indem die Privatautonomie des Gesellschafters begrenzt wird (er muss das Geschäft gegen sich gelten lassen und kann nur im Innenverhältnis Regreß nehmen).

[31] Vgl. oben § 9 III 2.

[32] §§ 280 Abs. 1, 713, 665 BGB für die GbR, §§ 280 Abs. 1 BGB , 114, 115, 116, 105 Abs. 3, 161 Abs. 2 HGB für OHG bzw. KG.

[33] Unterstützend anführen lassen sich deshalb folgende Erwägungen zu Beschlüssen der Gesellschafterversammlung bei *Martens*, AcP 1977, 152 f. „Die Unterwerfung unter eine nur global umrissene Mehrheitsherrschaft läßt nicht mehr die konkrete Reichweite der vom Einzelgesellschafter antizipierten Regelungsfolgen erkennen und genügt damit nicht mehr den Voraussetzungen individueller und autonomer Willensbildung. [...] Versagt somit dieses Regelungsprinzip in zahlreichen Fällen [...], so setzt ein komplementäres Prinzip privatautonomer Willensbeteiligung und privatautonomer Zurechenbarkeit ein. Obwohl der Gesellschafter weder antizipativ zugestimmt noch sich der Mehrheit angeschlossen hat, kann ihm deren Beschluß gleichwohl zugerechnet werden, stellt dieser also keinen heteronomen Rechtsakt dar, weil der Einzelgesellschafter über ein ausreichendes Instrumentarium verfügt, sich defensiv der Beschlußwirkungen zu erwehren. Exemplarisch wird diese Synchronisation von Mehrheitsbeschluß und individueller Willensautonomie, wenn dem Einzelgesellschafter ein freies Austrittsrecht zusteht und er sich auf diese Weise den Beschlußwirkungen entziehen kann. Unterläßt er den Austritt,

gg) Zusammenfassung

Der Gesellschafter haftet auch für Verbindlichkeiten der Gesellschaft, die einer nicht ordnungsgemäßen Geschäftsführung entspringen. Zwar hat er dieser Verwendung seiner Ressourcen nicht zugestimmt. Insofern kann von einer Fremdbestimmung gesprochen werden. Es handelt sich aber nicht um eine absolute Fremdbestimmung wie im Deliktsrecht, sondern um eine relative. Denn der Gesellschafter hat durch die Ernennung des Geschäftsführers seine Ressourcen fremder Verfügungsmacht geöffnet, die Fremdbestimmung also mit ermöglicht. Fraglich ist deshalb, ob die nicht ordnungsgemäße Geschäftsführungsmaßnahme dem Gesellschafter zurechenbar ist. Dafür sprechen mehrere Erwägungen:

Im Gegensatz zum Gläubiger können die Gesellschafter auf die Handlungen des Geschäftsführers Einfluss nehmen. Die Vorteile der weitreichenden Vertretungsmacht sind den Gesellschaftern willkommen, sie widerspricht also nicht in jeder Hinsicht ihrem Willen. All dies spricht dafür, ihnen auch die Nachteile der weiten Vertretungsmacht aufzubürden. Abgemildert werden diese Nachteile dadurch, dass sie bei äußerlich erkennbaren Missbräuchen der Vertretungsmacht gerade nicht eintreten. Außerdem werden die Gesellschafterinteressen nicht missachtet. Ihre Durchsetzung muss aber im Innenverhältnis erfolgen, hierfür erhalten die betroffenen Gesellschafter einen Schadensersatzanspruch gegen den Geschäftsführer.

4. Zwischenergebnis

Voraussetzung der Haftung ist die Freiheit des Ressourcenzugriffs von Fremdbestimmung. Die Verbindlichkeit müsste sich also auf das selbstbestimmte Handeln des Gesellschafters zurückführen lassen. Hierfür muss zwischen Gesellschafts- und Schuldvertrag differenziert werden. Fremdbestimmung im Rahmen des Gesellschaftsvertrages ist zwar denkbar, hat aber letztlich keine Haftung für Gesellschaftsverbindlichkeiten zur Folge.[34]

Möglich bleibt die Fremdbestimmung im Rahmen von Schuldverträgen der Gesellschaft. Fremdbestimmung durch Dritte führt im Ergebnis nicht zur persönlichen Haftung.[35] Problematisch ist also allein die Fremdbestimmung durch die Geschäftsführer, die im Außenverhältnis Schuldverträge für die Gesellschaft abschließen. Ist der Gesellschafter Alleingeschäftsführer, so scheidet eine Fremdbestimmung durch die Geschäftsfüh-

---

so liegt darin sein konkludentes Einverständnis mit dem Beschlußinhalt, zumindest eine entsprechende Kompromißentscheidung."

[34] Bei Anfechtung des Gesellschaftsvertrages fehlt die Gesellschafterstellung als Grundlage der persönlichen Haftung für Gesellschaftsverbindlichkeiten, § 142 BGB.

[35] Bei Anfechtung des Schuldvertrages gibt es wegen § 142 BGB keine Gesellschaftsverbindlichkeit.

rung aus. Ordnungsgemäße Geschäftsführungsmaßnahmen sind vom Gesellschaftsvertrag und somit auch vom Willen des Nicht-Geschäftsführer-Gesellschafters gedeckt. Insofern ist eine Fremdbestimmung ausgeschlossen.

Nicht ordnungsgemäße Geschäftsführungsmaßnahmen führen zur Haftung des Gesellschafters, worin ein fremdbestimmter Zugriff auf seine Rechtsgüter zu sehen ist. Der Drittgläubiger verliert hingegen ohne die persönliche Haftung des Gesellschafters seine Gestaltungsmacht, was möglichst vermieden werden muss. Freiheit von Fremdbestimmung und Gestaltungsmacht sind für sich betrachtet jeweils schutzwürdig, hier aber nicht vollständig zu verwirklichen. Für eine gläubigerfreundliche Regelung des Konflikts sprechen mehrere Erwägungen. Nach außen erscheint die Maßnahme regelmäßig als ordnungsgemäß. Der Gesellschafter zieht aus der weitreichenden Vertretungsmacht des Geschäftsführers wirtschaftliche Vorteile. Ferner kann er im Gegensatz zum Gläubiger das Handeln des Geschäftsführers beeinflussen. Im Außenverhältnis ist es deshalb gerechtfertigt, dem Gesellschafter die Geschäftsführungsmaßnahme zuzurechnen. Erst bei offensichtlichem Missbrauch der Vertretungsmacht entfällt das Schutzbedürfnis des Gläubigers. Im Innenverhältnis kann der Gesellschafter vom Geschäftsführer Schadensersatz fordern. Auf diese Weise kann er seine Beeinträchtigung kompensieren, ohne dass der Gläubiger in Mitleidenschaft gezogen wird.

V. Selbstbestimmungskompetenz als Voraussetzung der persönlichen Haftung

Die Vertragshaftung setzt voraus, dass die entsprechenden Erklärungen auf der Selbstbestimmungskompetenz der Erklärenden beruhten.[36] Die Frage muss wiederum für Gesellschafts- und Schuldvertrag gesondert beurteilt werden.

1. Gesellschaftsvertrag

Im Rahmen des Gesellschaftsvertrages ist die Selbstbestimmungskompetenz des sich bindenden Gesellschafters zu fordern. Mängel bei der Willensbildung oder Willenserklärung führen zur Nichtigkeit oder Anfechtbarkeit der Beitrittserklärung.[37] Im Fall der Nichtigkeit bestand zu keinem Zeitpunkt eine Gesellschafterstellung, im Fall der Anfechtung entfällt sie rückwirkend, § 142 Abs. 1 BGB. Die akzessorische Haftung nach § 128

---

[36] Vgl. oben § 9 IV 3 und 4.
[37] Vgl. oben § 9 IV 3 und 4.

HGB trifft nur Gesellschafter, ist also bei fehlender Selbstbestimmungskompetenz im Ergebnis ausgeschlossen.

2. Schuldvertrag

Die Erklärung zur Eingehung des Schuldvertrags stammt von den Geschäftsführern. Sie kann wie gesehen den Gesellschaftern zugerechnet werden.[38] Dann stellt sich die Frage, ob der oder die Geschäftsführer zu einer selbstbestimmten Willensbildung und Willenserklärung in der Lage waren. Entsprechende Mängel führen zu Nichtigkeit oder Anfechtbarkeit des Schuldvertrages. Bei Nichtigkeit oder Anfechtung des Schuldvertrages haften weder Gesellschaft noch Gesellschafter.

VI. Ergebnis

1. Freiheitsförderung durch wirtschaftliche Ressourcenbündelung, Art. 9 GG

Die Vereinigungsfreiheit aus Art. 9 GG dient der Bündelung von Freiheitsressourcen. Die Gründung von Gesellschaften wirkt in dieser Hinsicht potentiell freiheitsfördernd.

2. Gestaltungsmacht der Gesellschaftsgläubiger

Schließt eine Personengesellschaft Verträge, haftet sie dem Grundsatz der Vertragsbindung entsprechend mit ihrem Vermögen. Dadurch ist die Gestaltungsmacht des Gläubigers nicht gesichert, da das Vorhandensein von Vermögenswerten keine Rechtspflicht darstellt. Der Gestaltungsmacht der Gläubiger dient deshalb zusätzlich die akzessorische Haftung der Gesellschafter nach § 128 HGB (analog).

3. Freiheit der Gesellschafterverbindlichkeit von Fremdbestimmung

Der Haftungszugriff auf das Privatvermögen des Personengesellschafters ist regelmäßig frei von Fremdbestimmung. Fremdbestimmung durch nicht ordnungsgemäße Geschäftsführungsmaßnahmen muss der Gesellschafter im Außenverhältnis hinnehmen, wofür er im Innenverhältnis einen Ersatzanspruch gegen den Geschäftsführer erhält.

4. Selbstbestimmungskompetenz als Bindungsvoraussetzung

Wie beim Vertrag zwischen natürlichen Personen ist die Selbstbestimmungskompetenz des Schuldners Bindungsvoraussetzung. Im Rahmen der

---

[38] Dazu oben IV.

Personengesellschaft muss differenziert werden, da sie nicht selbst zur Willensbildung und Willenserklärung in der Lage ist, sondern durch Organe handelt. Im Rahmen des Gesellschaftsvertrages ist die Selbstbestimmungskompetenz der Gesellschafter zu fordern. Im Rahmen von Schuldverträgen bedarf es der Selbstbestimmungskompetenz der Geschäftsführer.

5. Bestätigung von Unterthese C1

Die Personengesellschaft kann Schuldnerin vertraglicher Verbindlichkeiten sein. Der Grundsatz der Vertragsbindung führt dann zur akzessorischen Haftung des Personengesellschafters. Insofern bleibt der Gleichlauf von Chancen und Risiken gewahrt, welcher aus der entfaltungsorientierten Vertragsethik von Grundgesetz und BGB ableitbar war.

Zusammenfassend lässt sich die Unterthese[39] C1 als bestätigt festhalten:

C1. Bezüglich vertraglicher Verbindlichkeiten der Personengesellschaft ist die akzessorische Gesellschafterhaftung nach § 128 HGB notwendige Folge der Vertragsbindung.

---

[39] Vgl. oben Einführung und Thesen zu Kapitel C, II.

§ 11 Beschränkte Kapitalausstattungspflicht nach § 5 Abs. 1 GmbHG als Ausnahme vom Grundsatz der Vertragsbindung

I. Einleitung

1. Zwischenziel: Vertragstheoretische Einordnung der Haftungsbeschränkung

Fraglich ist, ob sich das Haftungsprivileg des GmbH-Gesellschafters mit dem Grundsatz der Vertragsbindung vereinbaren lässt. Sofern es damit nicht vereinbar ist, schließt sich eine weitere Frage an: Ist das Haftungsprivileg durch andere verfassungsrechtliche Wertungen gerechtfertigt? Vorliegender § 11 widmet sich vornehmlich der ersten Frage und dementsprechend den Unterthesen C2 bis C4:

C2. Die beschränkte Haftung des Kapitalgesellschafters ist eine Ausnahme vom Grundsatz der Vertragsbindung.
C3. Diese Ausnahme beruht nicht auf der Fremdbestimmung oder einer gestörten Selbstbestimmungskompetenz des Gesellschafters.
C4. Die Ausnahme ist jedenfalls dann gerechtfertigt, wenn die Kapitalgesellschaft mit einem dem Geschäftsumfang angemessenen Eigenkapital ausgestattet ist.

2. Weiteres Vorgehen

Zu Beginn wird (II.) aufgezeigt, dass die Gestaltungsmacht der GmbH-Gläubiger durch die §§ 13 und 5 GmbHG erheblich eingeschränkt wird. Eine Rechtfertigung innerhalb der erarbeiteten Vertragstheorie wird (III. und IV.) abgelehnt. Zuletzt (V.) wird § 13 Abs. 2 GmbHG durch Art. 9 legitimiert, allerdings nur unter der Bedingung einer dem Geschäftsumfang angemessenen Eigenkapitalausstattung der GmbH. Hieraus ergibt sich abschließend die Frage nach der verfassungsrechtlichen Legitimation des § 5 Abs. 1 GmbHG, welche in §§ 12 bis 14 thematisiert wird.

II. Eingeschränkte Gestaltungsmacht der Gläubiger der GmbH

1. Privileg der Gesellschafter

Die Kapitalgesellschaft haftet den Gesellschaftsgläubigern mit dem gesamten Gesellschaftsvermögen, § 13 Abs. 2 GmbHG. Ihre Gesellschafter haften im Gegensatz zu Personengesellschaftern nicht akzessorisch für Gesellschaftsverbindlichkeiten. Die §§ 13 Abs. 2, 5 Abs. 1 GmbHG statuieren also ein Privileg des Kapitalgesellschafters. [1]

2. Eingeschränkte Gestaltungsmacht des Gesellschaftsgläubigers

Der Gestaltungsmacht des Gläubigers dient die gerichtliche Durchsetzung der Vertragsverbindlichkeit in Verbindung mit der Vermögenshaftung des Schuldners. Für Verträge der GmbH ist diese grundsätzlich die alleinige Schuldnerin, § 13 Abs. 2 GmbHG.

Die gesetzliche Stammkapitalziffer von 25.000 Euro bietet keine sichere Grundlage für die Gestaltungsmacht der Gläubiger. Auch das in der Praxis vorhandene Stammkapital wird seiner ursprünglich gläubigerschützenden Funktion nur sehr begrenzt gerecht. Die GmbH wirtschaftet üblicherweise mit einer Eigenkapitalquote von knapp einem Drittel des Gesamtkapitals.[2] Man stelle sich nun folgendes ebenfalls typisches Szenario vor: Ein weiteres Drittel des Kapitals stamme aus Bankdarlehen, das letzte Drittel aus Verbindlichkeiten gegenüber Lieferanten und Abnehmern usw. Der Großteil der eigenkapitalfinanzierten Vermögenswerte sei mit Pfandrechten der Banken belastet. In der Insolvenz leiden hauptsächlich die ungesicherten Gläubiger. Die Gesellschafter müssen anders als in der Personengesellschaft ihr Privatvermögen nicht angreifen, verlieren aber ihre Einlagen. Die Banken werden vorzugsweise befriedigt nach §§ 50, 51 InsO. Den ungesicherten Gläubigern verbleibt eine Quote von fünf, mit etwas Glück zehn Prozent des Forderungswerts.

Den ungesicherten Gläubigern verleiht der Vertrag also sehr viel weniger Gestaltungsmacht als im vertragstheoretischen Regelfall. Das Vermögen der wirtschaftlich hinter der Gesellschaft stehenden Privatpersonen ist ihrem Zugriff entzogen. Man könnte einwenden, auch die persönliche Haftung schütze den Gläubiger nicht endgültig vor Verlusten, auch die natürliche Person oder Personengesellschaft auf Schuldnerseite sichere dem Gläubiger keine absolute Gestaltungsmacht. Allerdings ist dort die Gestaltungsmacht bereits faktisch begrenzt durch die unzureichende Menge des vorhandenen Privatvermögens. Vorliegend ist sie nur rechtlich begrenzt. Potentiell zugriffsfähiges Privatvermögen ist regelmäßig noch vorhanden. Das Haftungsprivileg verkürzt also die Befriedigungsaussichten der Gesellschaftsgläubiger, sie besitzen nur noch eingeschränkte Gestaltungsmacht. Das Haftungsprivileg statuiert demnach eine Ausnahme vom

[1] Vgl. *Kindler*, Grundkurs[5], § 14 Rn. 1 Fn. 2, Rn. 74; *ders.*, NJW 2003, 1073, 1078; *Immenga*, ZIP 1983, 1405, 1407.

[2] Im Jahr 2009 wiesen deutsche Großunternehmen eine Eigenkapitalquote von 27,9%, KMU eine Quote von nur 20% auf, vgl. *Institut für Mittelstandsforschung Bonn*, Eigenkapitalquoten deutscher Unternehmen.

Grundsatz der Vertragsbindung. Fraglich ist, ob sich die Ausnahme im Rahmen der entworfenen Vertragstheorie rechtfertigen lässt.

3. Keine Änderung, wenn Gläubiger eine Gesellschaft ist

An der Beurteilung ändert sich nichts, wenn der Gläubiger eine Gesellschaft ist. Zwar bezweckt die entworfene Vertragstheorie nicht die Entfaltung der Gesellschaft, die eine rein fiktive Persönlichkeit ist. Das Interesse an willentlicher Gestaltungsmacht liegt vielmehr bei den hinter der Gesellschaft stehenden natürlichen Personen. Reicht das Vermögen der Schuldnergesellschaft zur Befriedigung der Gläubigergesellschaft nicht aus, muss die entsprechende Forderung abgeschrieben werden. Dieser wirtschaftliche Verlust schlägt voll auf die hinter der Gesellschaft stehenden natürlichen Personen durch. Sie haben regelmäßig keinerlei Möglichkeit, auf weitere Vermögensmassen zuzugreifen. Deshalb ist in diesem Fall ihre Gestaltungsmacht eingeschränkt.

4. Keine konkludente Einwilligung der Gläubiger

Man könnte nun argumentieren, die Haftungsbeschränkung sei aufgrund des nach § 4 GmbHG zwingenden Rechtsformzusatzes stets erkennbar. Der Gläubiger willige daher mit dem Vertragsschluss in die beschränkte Haftung ein. Dagegen sprechen folgende Erwägungen:

Eine Vielzahl potentieller Gläubiger kann sich ihre Vertragspartner nicht aussuchen. Hinsichtlich der Haftungsverfassung des Schuldners gilt das fast flächendeckend, denn die Kapitalgesellschaft beherrscht das Wirtschaftsleben in weiten Teilen. Die Risikoverlagerung tendiert zwangsläufig zur Ausbreitung, denn warum sollte man in einem üblicherweise beschränkt haftenden Umfeld die volle persönliche Verantwortung übernehmen? Damit bürdet man sich neben fremden Risiken auch noch die eigenen auf. Wer also keinen beschränkt haftenden Vertragspartner möchte, hat oft nur eine Wahl, nämlich das Geschäft zu unterlassen.

Auch im Übrigen sind viele Gläubiger in einer schwachen Position. In einem spezialisierten Wirtschaftssystem ist die Anbieterzahl eines Produkts oft gering, eine Sicherung der eigenen Ansprüche oft nicht möglich oder zu aufwendig. Oder der entsprechende Aufwand übersteigt den Nutzen.[3] Zu nennen sind hier vor allem Arbeitnehmer, kleine Zulieferer und Subunternehmer. Keine Wahl haben ferner Vertragskunden hinsichtlich des Schuldners ihrer Gewährleistungsansprüche.[4]

---

[3] Vgl. zu den nicht oder schlecht anpassungsfähigen Gläubigern (non-adjusting creditors) *Eidenmüller*, KTS 2009, 141.

[4] Vgl. *Vetter*, ZGR 2005, 791.

Tatsächlich umfassende Wahlmöglichkeiten bestehen im Ergebnis selten. Das Haftungsprivileg findet daher keine Legitimationsbasis in einer fiktiven konkludenten Einwilligung aller Gesellschaftsgläubiger.

5. Keine Gestaltungsmacht durch Informationspflichten

Ein Instrument des Gläubigerschutzes sind die Informationspflichten der Kapitalgesellschaft.[5] Fraglich ist, ob sie die begrenzte Gestaltungsmacht des Gesellschaftsgläubigers zu kompensieren vermögen. Das ist der Fall, wenn sie die faktische Durchsetzbarkeit seiner Ansprüche erhöhen.[6]

Bereits beim Vertragsschluss nützt dem potentiellen Gläubiger die Information wenig. Das gilt zunächst für ihren Inhalt. Zwar werden die Publizitätspflichten in Deutschland mittlerweile effektiver durchgesetzt.[7] Aber in der Regel sind die einsehbaren Daten bereits überholt. Sichere Aufschlüsse über das verfügbare Haftungsvermögen lassen sie also kaum zu.[8] Das gilt umso mehr, als Sicherungsrechte meist publizitätslos sind. Wie gesehen ist die Auswahl potentieller Schuldner oft nicht allzu hoch, unbeschränkt haftende Anbieter oder Abnehmer lassen sich in vielen Bereichen nicht mehr finden. Die Daten eröffnen dem Gläubiger also keinen positiven Freiheitsraum. Er kann lediglich das erkennbar hohe Risiko auf sich nehmen oder den Vertragsschluss unterlassen.

In der Insolvenz erhöhen Informationspflichten nicht die Befriedigungsaussichten; der Gläubiger kann seine Rechte nicht besser durchsetzen als ohne die Information. Eine Kompensation der begrenzten Gestaltungsmacht ist nicht erkennbar.

6. Zwischenergebnis: Haftungsprivileg als Ausnahme vom Grundsatz der Vertragsbindung

Festhalten lässt sich also, dass die §§ 13 Abs. 2, 5 Abs. 1 GmbHG vom Grundsatz der Vertragsbindung abweichen. Das ist weder durch die Einwilligung der Gläubiger noch durch die Informationspflichten der Gesellschaft gerechtfertigt. Die persönliche Haftung des Kapitalgesellschafters wird deshalb nachfolgend hypothetisch vorausgesetzt. Zu fragen ist dann, woraus sich Ausnahmen von diesem Grundsatz ergeben könnten.

---

[5] Vgl. *Fleischer*, Informationsasymmetrie, 545 ff.

[6] Zur entsprechenden Selbstbindung des Personengesellschafters oben § 10 III 2.

[7] Zu entsprechenden Rügen durch den EuGH *Vetter*, ZGR 2005, 798 Fn. 27.

[8] Zu möglichen Verbesserungen des Informationsmodells *Fastrich*, DStR 2006, 656, 662 ff.

III. Keine weitergehende Fremdbestimmung als in der Personengesellschaft

Die persönliche Haftung für Gesellschaftsverbindlichkeiten würde die Ressourcen des Kapitalgesellschafters dem Zugriff der Gesellschaftsgläubiger öffnen. Fraglich ist, ob darin eine Fremdbestimmung läge, die eine Ausnahme vom Grundsatz der Vertragsbindung rechtfertigt.[9] Frei von Fremdbestimmung müsste wiederum zum einen der Gesellschaftsvertrag sein, zum zweiten der betreffende Schuldvertrag.[10]

1. Abschluss des Gesellschaftsvertrags

a) Keine Fremdbestimmung durch Dritte

Der Gesellschaftsvertrag wird konsensual durch alle Gesellschafter geschlossen, § 2 Abs. 1 GmbHG. Daher kann grundsätzlich auf das zur Personengesellschaft Gesagte verwiesen werden.[11] Eine Fremdbestimmung auf dieser Ebene scheidet regelmäßig aus. Problematisch sind allerdings Satzungsänderungen durch Mehrheitsbeschluss nach § 53 Abs. 2 GmbHG. Bei haftungsrelevanten Änderungen wird dem überstimmten Gesellschafter jedoch ein Austrittsrecht aus wichtigem Grund zustehen.[12] Insofern kann er sich unerwünschten Verbindlichkeiten durch Austritt entziehen.

b) Keine Fremdbestimmung durch den Gesetzgeber

Man könnte meinen, der Gesellschafter stimme keinesfalls der persönlichen Haftung als solcher zu. Allerdings wurde festgestellt, dass das Haftungsprivileg eine noch zu rechtfertigende Ausnahme vom Grundsatz der Vertragsbindung sei. Es kann im Rahmen der versuchten Rechtfertigung nicht vorausgesetzt werden. Die Perspektive ist hier nach wie vor jene des Gesetzgebers, der über die Frage der Haftung erst noch entscheiden muss. Verschärft er die persönliche Gesellschafterhaftung, so kann im Rahmen zeitlich nachfolgender Gesellschaftsverträge die Kenntnis der potentiellen Gesellschafter vorausgesetzt werden.[13]

Eine Fremdbestimmung läge also allenfalls im Hinblick auf bestehende Gesellschaftsverträge vor, da die Gesellschafter bestehender Gesellschaften mbH die persönliche Haftung gerade vermeiden wollten. Die nachträgliche Fremdbestimmung durch den Gesetzgeber müsste von ihnen hinge-

---

[9] Zur Freiheit von Fremdbestimmung allgemein oben § 8 II 4, zur Freiheit von Fremdbestimmung bei der Personengesellschaft oben § 10 IV 1.

[10] Vgl. bereits oben § 10 IV.

[11] Vgl. oben § 10 IV 1.

[12] Zum Austrittsrecht *Kindler*, Grundkurs[5], § 15 Rn. 25.

[13] Zum numerus clausus der Gesellschaftsformen bereits oben § 10 IV 1.

nommen werden, wenn sich die Verschärfung der Haftungsbestimmung verfassungsrechtlich rechtfertigen lässt, denn die Ausgestaltung und Änderung der Haftungsverfassung gehört gerade zum Spielraum des parlamentarischen Gesetzgebers.

2. Abschluss des Schuldvertrags

Fremdbestimmung durch Dritte führt wie in der Personengesellschaft über die Anfechtung zum Wegfall der betreffenden Erklärung, § 142 BGB.[14] Dem Gesellschafter droht ferner keine Fremdbestimmung durch den Geschäftsführer, wenn er selbst alleiniger Geschäftsführer ist.

Ist der GmbH-Gesellschafter nicht Geschäftsführer, so stammt die Erklärung im Außenverhältnis nicht von ihm selbst. Ist er nur einer der Geschäftsführer, kann er bei Mehrheitsentscheiden überstimmt werden, § 47 Abs. 1 GmbHG. Fraglich ist, inwiefern darin eine Fremdbestimmung zu sehen ist.

a) Schuldvertrag im Rahmen der ordnungsgemäßen Geschäftsführung

Der Regelung der Geschäftsführungsbefugnis hat der Gesellschafter im Gesellschaftsvertrag zugestimmt. Bei ordnungsgemäßer Geschäftsführung entspricht die Erklärung der Geschäftsführer dem erklärten Willen des Gesellschafters. Eine Fremdbestimmung über Ressourcen des Gesellschafters liegt dann nicht vor.[15] Deshalb ist es gerechtfertigt, ihm die Erklärung der Geschäftsführer zuzurechnen.[16]

b) Schuldvertrag außerhalb der ordnungsgemäßen Geschäftsführung

Die Vertretungsmacht des Geschäftsführers ergibt sich aus § 35 Abs. 1 GmbHG. Dritten gegenüber ist sie nicht beschränkbar, § 37 Abs. 2 GmbHG. Damit ist sie möglicherweise weiter als die Geschäftsführungsbefugnis im Innenverhältnis, § 37 Abs. 1 GmbHG. Denkbar ist wiederum eine wirksame Vertretung bei nicht ordnungsgemäßer Geschäftsführung. In diesem Fall führt die persönliche Haftung zum unkonsensualen Zugriff auf Güter des Gesellschafters. Fraglich ist, ob sich diese Fremdbestimmung rechtfertigen lässt. Dafür sprechen folgende Erwägungen:

---

[14] Vgl. oben § 10 IV 2.

[15] Ganz allgemein einen Gleichlauf von Gläubiger- und Gesellschafterinteressen sieht *Ulmer*, ZHR 1984, 391, 400.

[16] Vgl. zur Personengesellschaft oben § 10 IV 3 a.

aa) Kenntnis des Gesellschafters von der Reichweite der Vertretungsmacht

Die Kenntnis des Einzelgesellschafters von diesen Befugnissen darf vorausgesetzt werden. Dafür spricht vor allem der ausschließlich in notarieller Form mögliche Anteilserwerb, §§ 1 Abs. 2, 15 Abs 3 GmbHG. Hieraus lässt sich wiederum nicht ableiten, der Gesellschafter stimme im Außenverhältnis nicht ordnungsgemäßen Geschäftsführungsmaßnahmen zu. Aber er nimmt sie willentlich in Kauf.[17]

bb) Reichweite der Vertretungsmacht als Vorteil der Gesellschafter

Auch der Kapitalgesellschafter zieht wirtschaftliche Vorteile aus der Reichweite der Vertretungsmacht. Er spart Aufwand und der Geschäftsführer erhält hinreichenden Spielraum für unternehmerische Entscheidungen.[18]

cc) Relative Steuerungsfähigkeit der Mitgesellschafter

Die Kapitalgesellschafter können das Handeln des Vertreters im Gegensatz zum Gläubiger beeinflussen. Sie können seine Bestellung jederzeit widerrufen, § 38 Abs. 1 GmbHG.[19] Auch im Rahmen des § 38 Abs. 2 GmbHG liefern pflichtwidrige Vertragsschlüsse einen Grund zur Abberufung.[20] Ein Kündigungsrecht wie in der Personengesellschaft ist zwar gesetzlich nicht vorgesehen. Wird der Wille eines Gesellschafters zu seinem Nachteil missachtet, wird ihm in der Regel aber ein Austrittsrecht aus wichtigem Grund zustehen.[21] Nicht ordnungsgemäße Geschäftsführungsmaßnahmen werden sich deshalb auch hier nicht wiederholt zum Nachteil eines Gesellschafters auswirken.[22]

dd) Keine Steuerungsfähigkeit des Gläubigers

Für die Zurechnung der Vertretererklärung zum Gesellschafter spricht wiederum der Verkehrsschutz. Der Gläubiger kann die Reichweite der Geschäftsführungsbefugnis nicht beurteilen. Solange das Geschäft als zum

---

[17] Vgl. bereits oben § 10 IV 3 b aa.

[18] Vgl. oben § 10 IV 3 b bb.

[19] Wegen §§ 15 HGB, 39 GmbHG ist zum Schutz vor unerwünschten Verbindlichkeiten die Eintragung ins Handelsregister notwendig.

[20] Pflichtwidriges Verhalten ist kein zwingend notwendiger, aber hinreichender Grund für die Abberufung, *Scholz/Schneider*, GmbHG II[10], § 38 Rn. 43 ff., 49.

[21] Zum Austrittsrecht *Kindler*, Grundkurs[5], § 15 Rn. 25.

[22] Vgl. bereits oben § 10 IV 3 b cc.

normalen Geschäftsbetrieb gehörend wahrgenommen werden kann,[23] ist die Zurechnung der Erklärung zum Gesellschafter gerechtfertigt.[24]

ee) Keine Zurechnung bei fehlender Schutzwürdigkeit des Gläubigers

Eine Ausnahme muss auch hier gemacht werden, wenn der Gläubiger nicht schutzwürdig ist.[25] Das gilt zum einen für erkennbar pflichtwidrige Geschäftsführungsmaßnahmen,[26] zum anderen, wenn der Gläubiger die mangelnde Geschäftsführungsbefugnis tatsächlich kannte.

ff) Kompensation der Haftung durch Schadensersatzpflicht des Gesellschafters

Nach dem Gesagten wäre dieselbe Lösung gerechtfertigt wie im Personengesellschaftsrecht. Der Gesellschafter muss sich im Außenverhältnis die nicht ordnungsgemäße Geschäftsführungsmaßnahme zurechnen lassen. Im Innenverhältnis kann er die unfreiwillige Einbuße seiner Ressourcen kompensieren, er erhält einen Schadensersatzanspruch gegen die Geschäftsführer nach § 43 Abs. 2 GmbHG.

3. Personengesellschaft oder GmbH als Gesellschafter der Schuldnergesellschaft

Fraglich ist, ob sich die Beurteilung ändert, wenn ein Gesellschafter der Schuldnergesellschaft eine Gesellschaft ist. Die persönlichen Gesellschafter dieser Gesellschaft könnten vorbringen, die Verbindlichkeit der Schuldnergesellschaft beruhe nicht mehr auf ihrer selbstbestimmten Entscheidung.

Der Beitritt zur Schuldnergesellschaft betrifft den Gesellschaftszweck der beitretenden Gesellschaft und ist somit ein Grundlagengeschäft. Die Maßnahme ist daher nach außen erkennbar nicht von der Vertretungsmacht der Geschäftsführer gedeckt, insofern ist eine Fremdbestimmung der Gesellschafter der beitretenden Gesellschaft undenkbar.

Dem nicht mit dem Beitritt einverstandenen Gesellschafter verbleibt die Möglichkeit, die Gesellschaft zu kündigen bzw. aus wichtigem Grund auszutreten. Für alle anderen Gesellschafter kann aus der Beitrittserklärung das antizipierte Einverständnis mit den Geschäftsführungsmaßnahmen der

---

[23] Hierzu gehören alle zur Verwirklichung des Unternehmensgegenstands erforderlichen Maßnahmen mit Ausnahme der gesetzlich den Gesellschaftern zugewiesenene Befugnisse, *Lutter/Hommelhoff/Kleindiek*, GmbHG[17], § 37 Rn. 3.

[24] Vgl. bereits oben § 10 IV 3 b dd.

[25] Dazu bereits oben § 10 IV 3 b ee.

[26] BGHZ 127, 239, 241.

Schuldnergesellschaft abgeleitet werden. Sie lassen sich den einzelnen Gesellschaftern der beigetretenen Gesellschaft im aufgezeigten Rahmen zurechnen.

4. Zwischenergebnis: Volenti non fit iniuria

Die persönliche Haftung der GmbH-Gesellschafter für Gesellschaftsverbindlichkeiten hätte keine weitergehende Fremdbestimmung zur Folge als in der Personengesellschaft. Der Gesellschaftsvertrag ist im Außenverhältnis hinreichende Legitimationsbasis für Mehrheitsherrschaft und Entscheidungen der Geschäftsführer. Die Vertragsabschlüsse der Gesellschaft sind den Gesellschaftern deshalb zurechenbar. Das Haftungsprivileg der GmbH-Gesellschafter ist also nicht erforderlich, um eine fremdbestimmte Verwendung der Ressourcen der Gesellschafter zu vermeiden.

IV. Keine fehlende Selbstbestimmungskompetenz

Hinsichtlich der Selbstbestimmungskompetenz kann auf das zur Personengesellschaft Gesagte verwiesen werden. Eine fehlende Kompetenz des Gesellschafters oder des Geschäftsführers würde im Ergebnis die hypothetische persönliche Haftung des Gesellschafters ganz ausschließen.[27] Einer beschränkten Haftung bedürfte es dann nicht. Das Haftungsprivileg lässt sich demnach auch nicht mit kompetenziellen Mängeln rechtfertigen. Insbesondere sind unabwägbare Geschäftsrisiken kein Argument für eine beschränkte Haftung. Denn die Unsicherheit über die zukünftige Entwicklung gehört zum allgemeinen Lebensrisiko, was schon der eng gefasste § 313 BGB verdeutlicht. Etwaige Fehlvorstellungen bei Vertragsschluss berechtigen grundsätzlich nicht zur Anfechtung, sondern gehen als Motivirrtum zu Lasten des Irrenden.[28]

V. Begrenzte Rechtfertigung des Privilegs

1. Keine vertragstheoretische Rechtfertigung des Privilegs

Das Haftungsprivileg des GmbH-Gesellschafters begrenzt die Gestaltungsmacht des Gläubigers. Das als zwingend vorgeschriebene Eigenkapital ändert daran nur wenig. Insbesondere die ungesicherten Gläubiger profitieren faktisch gar nicht von den Kapitalaufbringungs- und erhaltungsregeln. Die Haftungsbeschränkung beruht nicht auf einer bindungsausschließenden willentlichen Fremdbestimmung. Sie ist auch nicht durch eine volle oder

[27] Vgl. oben § 10 V.

[28] Vgl. *Henssler*, Risiko als Vertragsgegenstand, 41, 47; allgemein zum Motivirrtum *Staudinger/Singer*, BGB I-4[2011], § 119 Rn. 1 ff.; vgl. auch oben § 9 IV 3 c bb.

partielle Unfähigkeit zur Abgabe selbstbestimmter Erklärungen legitimiert. Denn kompetenzielle Mängel führen weiterhin zum Ausschluss der Haftung. Einer Kompensation durch das Haftungsprivileg bedarf es insofern nicht.

Zusammenfassend stellen die §§ 13 Abs. 2, 5 Abs. 1 GmbHG eine Ausnahme vom Grundsatz der Vertragsbindung dar. Sie lässt sich im Rahmen der entworfenen Vertragstheorie nicht rechtfertigen. Die Legitimation muss deshalb außerhalb der Vertragstheorie gesucht werden.

2. Notwendigkeit einer verfassungsrechtlichen Legitimationsbasis

Fraglich ist, welche Rechtssätze zur Rechtfertigung des Privilegs herangezogen werden können. Es widerspricht dem Grundsatz der Vertragsbindung, also einem grundrechtlich abgesicherten Rechtsprinzip.[29] Die Rechtfertigung muss wegen Art. 1 Abs. 3, 20 Abs. 3 GG notwendigerweise ebenfalls auf verfassungsrechtlicher Ebene ansetzen. Ein in anderen Regelungen enthaltener und dem einfachen Recht vorgeordneter Rechtsgedanke beschränkter Haftung ist nicht erkennbar.[30] Denkbar ist die Rechtfertigung durch den Grundsatz der Vereinigungsfreiheit:

3. Rechtfertigung des § 13 Abs. 2 GmbHG durch Art. 9 GG

a) Gleiches Verlustrisiko im Innenverhältnis

Für die Haftungsbeschränkung spricht die Erwägung, die Verlustrisiken homogen den jeweiligen Anteilen zuzuweisen. Sie lässt sich zumindest für das Innenverhältnis aus Art. 9 GG herleiten. Denn wenn man den Zusammenschluss der Bürger zu wirtschaftlichen Vereinigungen fördern möchte, so wäre die persönliche Vermögenshaftung für den Wohlhabenden ein starkes Argument gegen den Beitritt. Sein Haftungsrisiko wäre bei gleichen Gewinnchancen höher als das des weniger vermögenden Gesellschafters. Allerdings betrifft die Überlegung allein das Innenverhältnis.[31]

---

[29] Dazu oben § 9 IV.

[30] Pauschale Haftungsbeschränkungen sind außerhalb der Kapitalgesellschaft kaum ersichtlich. In § 11 ProdHaftG wird etwa eine Selbstbeteiligung von 500 € vorgeschrieben. Allerdings ist Sinn und Zweck nicht die Begrenzung der Haftung an sich. Vermieden werden sollen allein schadensübersteigende Transaktionskosten für Justiz und Haftpflichtversicherung, vgl. MüKo/*Wagner*, BGB , 5^5, § 11 ProdHaftG Rn. 1.

[31] Eine Übertragung auf das Außenverhältnis wird soweit ersichtlich nicht gefordert, sie stünde insbesondere im Widerspruch mit der allgemein anerkannten akzessorischen Haftung der Personengesellschafter.

b) Im Außenverhältnis Rechtfertigung durch angemessene Kapitalausstattung

Im Außenverhältnis wäre das Privileg jedenfalls dann gerechtfertigt, wenn das Eigenkapital der Gesellschaft den Gläubigern die gewünschte Gestaltungsmacht gewährt. Eine absolute Gestaltungsmacht ist zwar nicht erreichbar, die relative Gestaltungsmacht ist aber bei persönlicher Haftung der Gesellschafter stets höher als bei der begrenzten Haftung auf die Einlagen. Es widersprechen sich also das Interesse der Gesellschafter an einer gleichmäßigen Risikoverteilung und das Interesse der Gläubiger an vertraglicher Gestaltungsmacht. Die jeweils grundrechtlich gesicherten Positionen sind nach ständiger Rechtsprechung des BVerfG ‚in Konkordanz' zu bringen, also durch einen ‚für alle zumutbaren Kompromiß'[32] auszugleichen.[33]

Vorliegend kann beiden widerstreitenden Interessen dadurch entsprochen werden, dass die Gesellschaft mit einem dem Geschäftsumfang angemessenen Eigenkapital ausgestattet wird. Der Eigenkapitalbetrag müsste dabei so hoch sein, dass die entsprechenden Vermögenswerte zur Befriedigung aller Gläubiger aus ex-ante-Sicht genügen. Erreichen ließe sich das durch eine dynamische Stammkapitalziffer und verstärkte Rücklagepflichten, mit denen die Eigenkapitalquote regelmäßig an den erwarteten Geschäftsverlauf angepasst wird. Ein statisches Gründungskapital von 25.000 € wäre für einige Unternehmen mehr als genug, für andere zu wenig. Denkbar wäre also ein Modell ähnlich der UG, allerdings mit einem Startkapital, welches wenigstens den Gründungsaufwand deckt, damit keine Insolvenz droht, bevor Einnahmen generiert werden.[34] Eine Expansion des Unternehmens wäre nur bei entsprechender wirtschaftlicher Leistungsfähigkeit möglich. Für die Gläubiger wäre eine solch GmbH als Geschäftspartner sehr attraktiv, da weniger Forderungsausfälle zu befürchten wären. Der Lösungsansatz wird unter § 13 ausführlicher diskutiert, vorliegend bildet er nur den Rahmen für die notwendige Diskussion zu § 5 Abs. 1 GmbHG.

4. § 5 GmbHG als nicht durch Art. 9 gerechtfertigte Regelung

§ 5 GmbHG lässt sich mit den obigen Erwägungen nicht rechtfertigen. Er begrenzt die Gestaltungsmacht der Gläubiger so umfassend, dass sie für ungesicherte Gläubiger faktisch entfällt. Ein Ausdruck praktischer Konkordanz von Vertragsbindung und Vereinigungsfreiheit kann in der Norm

---

[32] BVerfGE 41, 29, 51.
[33] St. Rspr., BVerfGE 77, 240, 255; 81, 298, 308.
[34] Vgl. Kindler, NJW 2008, 3249, 3250.

also nicht gesehen werden. Deshalb ist eine Rechtfertigung des § 5 GmbHG durch Art. 9 GG abzulehnen. Fraglich ist, welche anderen verfassungsrechtlichen Erwägungen der Rechtfertigung dienen könnten. Der Klärung dieser Frage widmen sich die folgenden §§ 12 bis 14 der Arbeit. Vorliegend lässt sich zusammenfassend festhalten:

VI. Ergebnis

Das Haftungsprivileg des Kapitalgesellschafters ist im Rahmen der aufgestellten Vertragstheorie nicht umfassend zu rechtfertigen. Eine Rechtfertigung des § 13 Abs. 2 GmbHG durch die Vereinigungsfreiheit ist möglich bei verpflichtender angemessener Kapitalausstattung der Gesellschaft. Als bestätigt festhalten lassen sich die Unterthesen C2 bis C4[35]:

- C2. Die beschränkte Haftung des Kapitalgesellschafters ist eine Ausnahme vom Grundsatz der Vertragsbindung.
- C3. Diese Ausnahme beruht nicht auf der Fremdbestimmung oder einer gestörten Selbstbestimmungskompetenz des Gesellschafters.
- C4. Die Ausnahme ist jedenfalls dann gerechtfertigt, wenn die Kapitalgesellschaft mit einem dem Geschäftsumfang angemessenen Eigenkapital ausgestattet ist.

---

[35] Vgl. oben Einführung und Thesen zu Kapitel C, II.

Ergebnis des Kapitels C

Bestätigt ist damit die These C des obigen[1] Lösungsvorschlags:

C. In der Personengesellschaft erfordert die Vertragsbindung die persönliche Gesellschafterhaftung für vertragliche Verbindlichkeiten der Gesellschaft. In der Kapitalgesellschaft ist dem Grundsatz der Vertragsbindung jedenfalls dann genügt, wenn die Kapitalgesellschaft mit einem dem Geschäftsumfang angemessenen Eigenkapital ausgestattet ist.

---

[1] Vgl. oben § 5 II.

D.

Vertragsbindung als Grenze beschränkter Gesellschafterhaftung

Einführung und Thesen zu Kapitel D

I. Übergeordnete These D

Nach dem Gesagten bedarf § 5 Abs. 1 GmbHG einer verfassungsrechtlichen Legitimationsgrundlage. Gefragt werden soll deshalb, inwiefern sich der Normzweck in die verfassungsrechtliche Wertordnung einfügt. Diesbezüglich stellte der obige Lösungsvorschlag folgende These[1] auf:

D. § 5 GmbHG sichert keine angemessene Kapitalausstattung der GmbH. Eine anderweitig pauschal freiheitsfördernde Wirkung des § 5 GmbHG ist nicht nachweisbar. Die durch § 5 GmbHG erlaubte Risikoverlagerung auf die Gläubiger ist deshalb verfassungswidrig, ihre Einschränkung durch § 39 Abs. 1 Nr. 5 InsO legitim.

II. Unterthesen D1 bis D9

Die Legitimation des § 5 GmbHG ist umfassend zu beleuchten. Als Orientierung können die von einer Gesetzesbegründung zu beantwortenden Fragen dienen:

1. Welche Deskriptionen, Evaluationen und Präskriptionen liegen dem Gesetz zugrunde?
2. Sind die Deskriptionen richtig?
3. Sind die Evaluationen und Präskriptionen gut?

Der Beantwortung von Frage 1 widmet sich § 12 der Arbeit. Ausgangspunkt sind die folgenden Unterthesen D1 und D2. Die Fragen 2 und 3 werden in §§ 13 und 14 der Arbeit beantwortet. Grundlage der Überlegungen sind insofern die Unterthesen D3 bis D9.

---

[1] Vgl. oben § 5 II.

D1. Präskriptives Ziel der Rechtsordnung ist das gute Leben der Rechtsunterworfenen. § 5 Abs. 1 GmbHG impliziert die Wertung, marktbasierter Wohlstand sei wesentlicher Bestandteil eines guten Lebens.

D2. Die Norm setzt auf deskriptiver Ebene voraus, das Haftungsprivileg würde den marktbasierten Wohlstand tatsächlich fördern. Zum ersten stärke es unternehmerischen Wagemut. Dadurch entstünden Anreize für wirtschaftlichen Wettbewerb und Wirtschaftswachstum. Wettbewerb und Wachstum wiederum würden den gesellschaftlichen Wohlstand mehren.

D3. Die pauschale Annahme, § 5 Abs. 1 GmbHG begünstige unternehmerischen Wagemut, ist abzulehnen. Vielmehr ist die niedrige Stammkapitalziffer ambivalent und hat sowohl fördernde als auch hemmende Wirkung auf unternehmerisches Handeln.

D4. Nicht haltbar ist die Annahme, die Haftungsbeschränkung führe zu mehr Wettbewerb und Wirtschaftswachstum. Der konkurrenzfördernde Wettbewerb wird durch die niedrige Stammkapitalziffer und andere Faktoren behindert, die Idee permanenten Wirtschaftswachstums ist utopisch.

D6. Das verfassungsrechtlich angestrebte Gemeinwohl wird durch § 5 Abs. 1 GmbHG weniger gefördert als vereitelt. Der Verstoß der Norm gegen den Grundsatz der Vertragsbindung entbehrt einer verfassungsrechtlichen Grundlage und ist deshalb verfassungswidrig.

D7. § 13 Abs. 2 GmbHG bedarf der Ergänzung durch Gläubigerschutzvorschriften. Am sinnvollsten erscheinen insofern zwei Maßnahmen, und zwar ein dem Geschäftsumfang angemessenes Eigenkapital für vertragliche Verbindlichkeiten sowie eine Pflichtversicherung für deliktische Verbindlichkeiten.

D8. Nicht richtig ist die Annahme, strengere Eigenkapitalvorschriften würden zwangsläufig ausländische Investoren verprellen. Ein geschäftsangemessenes Eigenkapital sichert die finanzielle Zuverlässigkeit, was für Geschäftsgläubiger von erheblicher Bedeutung ist. Die Gesellschaft wird eine andere Art von Investoren anziehen, nicht notwendigerweise weniger Investoren.

D9. § 39 Abs. 1 Nr. 5 InsO bildet ein wesensgleiches Minus zur angemessenen Kapitalausstattung der GmbH. Die Norm ist deshalb gerechtfertigt durch den Grundsatz der Vertragsbindung.

III. Vorgehensweise

Die Prüfung der These D erfolgt in folgenden Schritten: § 12 der Arbeit stellt die Begründungsansätze zu § 5 Abs. 1 GmbHG dar. Hierbei wird sich herausstellen, dass die Norm hauptsächlich auf volkswirtschaftlichen Überlegungen beruht (Thesen D1 und D2).

§ 13 und 14 der Arbeit prüfen detailliert die einzelnen Begründungsansätze. Hierbei wird sich zeigen, dass die Legitimation des § 5 Abs. 1 GmbHG wissenschaftlich überholt ist und keine verfassungsrechtliche Grundlage besitzt. Aufgrund des Verstoßes gegen den Grundsatz der Vertragsbindung wird die Norm als verfassungswidrig qualifiziert (Thesen D3 bis D7).

In § 15 der Arbeit wird ein Reformvorschlag zum Schutz der GmbH-Gläubiger unterbreitet. Hierfür werden bestehende Schutzinstrumente aufgegriffen und verfassungsrechtlich legitimiert. § 39 Abs. 1 Nr. 5 InsO wird als weniger weitreichende, aber legitime Maßnahme des Gläubigerschutzes qualifiziert. (Thesen D8 bis D10). Abschließend wird der Tatbestand des § 39 Abs.1 Nr. 5 InsO kurz beleuchtet.

§ 12 Legitimationsansätze zu § 5 Abs. 1 GmbHG

I. Einleitung

1. Zwischenziel: Bestimmung des Normzwecks des § 5 Abs. 1 GmbHG

§ 5 Abs. 1 GmbHG widerspricht dem Grundsatz der Vertragsbindung und ist rechtfertigungsbedürftig. Vorliegender § 12 der Arbeit wird die vorhandenen Legitimationsansätze zunächst darstellen. Erst in §§ 13 und 14 werden diese Ansätze detailliert erörtert. Zu prüfen sind vorliegend also die Unterthesen D1 und D2[1]:

D1. Präskriptives Ziel der Rechtsordnung ist das gute Leben der Rechtsunterworfenen. § 5 Abs. 1 GmbHG impliziert die Wertung, marktbasierter Wohlstand sei wesentlicher Bestandteil eines guten Lebens.

D2. Die Norm setzt auf deskriptiver Ebene voraus, das Haftungsprivileg würde den marktbasierten Wohlstand tatsächlich fördern. Zum ersten stärke es unternehmerischen Wagemut. Dadurch entstünden Anreize für wirtschaftlichen Wettbewerb und Wirtschaftswachstum. Wettbewerb und Wachstum wiederum würden den gesellschaftlichen Wohlstand mehren.

2. Weiteres Vorgehen

In der gebotenen Kürze darzustellen ist (II.) die Entstehung des Haftungsprivilegs. Anschließend (III.) werden die heutigen Legitimationsüberlegungen näher beleuchtet. Als letztlich ausschlaggebend wird die angeblich freiheitsfördernde Funktion des Haftungsprivilegs qualifiziert. Die Begründung wird zuletzt (IV.) in ihre deskriptiven, evaluativen und präskriptiven Bestandteile zerlegt. Hierauf kann dann unter § 12 Bezug genommen werden.

---

[1] Vgl. soeben Einführung und Thesen zu Kapitel D, II.

II. Historisch gewachsene Zwecksetzung: Förderung unternehmerischen Handelns

1. Handelscompagnien

Die ersten Vorläufer von Aktiengesellschaften entstanden zu Beginn des 17. Jahrhundert in Form der großen Handelscompagnien,[2] welche noch Merkmale von Branchenverbänden aufwiesen, die den Rahmen für unternehmerisches Handeln bieten, jedoch nicht selbst tätig werden.[3] Ihre Gründung erforderte einen hoheitlichen Oktroi, ein Gesellschaftervertrag war zwar nicht notwendig, aber durchaus üblich.[4] Diese heterogene Gruppe von Gesellschaften diente in erster Linie der Bildung eines selbständigen Sondervermögens zur Verfolgung strategisch langfristiger Ziele ohne Rücksicht auf wechselnde persönliche Interessen und Möglichkeiten der Gesellschafter.[5] Von Bedeutung war das ökonomisch vor allem in bestimmten Branchen wie dem Überseehandel, dem Bergbau, dem Hüttenwesen, dem Textilhandel und später dem Eisenbahnbau und politisch beim Aufbau der Kolonialreiche.[6]

Durch eine klare Trennung der Haftungsobjekte waren die Gesellschafter der Handelscompagnien nur teilweise privilegiert, vornehmlich ging es noch um Steuer- wie auch Zollvorteile sowie die Gewährung bestimmter Monopole.[7] Das in der vorliegenden Untersuchung interessierende Haftungsprivileg wurde dann verliehen, wenn ein politisch gewolltes Geschäft für die üblichen Finanzierungsmethoden zu riskant war.[8]

2. Haftungsbeschränkte Aktiengesellschaft

a) Code de commerce von 1807

Kodifiziert wurden Aktiengesellschaften zuerst im französischen code de commerce von 1807.[9] In jenen Gesellschaften war die Haftung der Gesellschafter bereits auf die Einlagen beschränkt, waren diese geleistet, so haftete den Gläubigern nur die Gesellschaft mit ihrem Vermögen.[10] An dieser Stelle wird deutlich, dass das Institut der Haftungsbeschränkung schon im-

---

[2] Zum Beispiel die Vereinigte Ostinidien Companie in den Niederlanden 1602.
[3] Vgl. *Bayer/Habersack/Cordes/Jahntz*, Aktienrecht im Wandel, 5.
[4] Vgl. *Bayer/Habersack/Cordes/Jahntz*, Aktienrecht im Wandel, 15 f.
[5] Vgl. *Bayer/Habersack/Cordes/Jahntz*, Aktienrecht im Wandel, 13.
[6] Vgl. *Bayer/Habersack/Cordes/Jahntz*, Aktienrecht im Wandel, 12.
[7] Vgl. *Bayer/Habersack/Cordes/Jahntz*, Aktienrecht im Wandel, 20.
[8] Vgl. *Bayer/Habersack/Deutsch*, Aktienrecht im Wandel, 63.
[9] Vgl. *Bayer/Habersack/Rothweiler/Geyer*, Aktienrecht im Wandel, 24.
[10] Art. 33 code de commerce von 1807, dazu *Bayer/Habersack/Rothweiler/Geyer*, Aktienrecht im Wandel, 40 sowie *Bayer/Habersack/Deutsch*, Aktienrecht im Wandel, 62.

mer ein Privileg der Gesellschafter[11] ist, nicht ein solches der Gesellschaft. Es war nach dem code de commerce von 1807 ferner kein Oktroi erforderlich, welcher zur Aufnahme der politisch gewünschten Tätigkeit berechtigte. Vielmehr wurde für die société anonyme eine staatliche Konzession benötigt. Im Gegensatz zum Oktroi beinhaltete sie automatisch die nun gesetzlich geregelte Haftungsbeschränkung. Die Konzession diente also vor allem der staatlichen Kontrolle, da die erhebliche Wirtschaftsmacht von Aktiengesellschaften in Verbindung mit ihrer haftungsmäßigen Privilegierung als potentiell monopolbildend, unkalkulierbar und riskant für das Marktgeschehen empfunden wurde.[12]

b) Preußisches ALR von 1794

Auch in Preußen hatte sich mit dem Allgemeinen Landrecht von 1794 die Bedeutung des für Aktiengesellschaften noch erforderlichen Oktrois gewandelt. Es ging zunehmend weniger um die Errichtung von Monopolen, sondern verstärkt um die körperschaftliche Verfassung der Gesellschaft einschließlich der Gewährung der Rechtsfähigkeit wie auch des Ausschlusses der persönlichen Haftung der Gesellschafter.[13] Letzterer musste nach § 91 ALR vom Oktroi erfasst sein, sonst hafteten die Mitglieder der Gesellschaft unbeschränkt.[14]

Nach anfänglicher Großzügigkeit wurde die Vergabe des Privilegs restriktiv gehandhabt, da dem Adel die dadurch neu entstehende Macht des Bürgertums bedrohlich erschien und die potentiell starke Marktstellung der neuen Gesellschaften auch wegen der Nachteile für die durch Gilden und Zünfte geprägten gewachsenen Strukturen abgelehnt wurde.[15] Die zurückhaltende Praxis der Vergabe von Konzessionen nur an gemeinnützige Gesellschaften wurde zu Beginn des neunzehnten Jahrhunderts zum Zweck der Förderung unterentwickelter Wirtschaftszweige aufgegeben. Das führte zum Erfordernis einer einheitlichen Regelung, welche mit dem preußischen Aktiengesetz von 1843 erging.[16]

---

[11] Vgl. oben § 10 II 1.
[12] Vgl. *Bayer/Habersack/Deutsch*, Aktienrecht im Wandel, 80 f.
[13] Vgl. *Bayer/Habersack/Kießling*, Aktienrecht im Wandel, 137.
[14] Vgl. *Bayer/Habersack/Kießling*, Aktienrecht im Wandel, 223.
[15] Vgl. *Bayer/Habersack/Kießling*, Aktienrecht im Wandel, 138.
[16] Vgl. *Bayer/Habersack/Kießling*, Aktienrecht im Wandel, 140 f.

c) Preußisches Aktiengesetz von 1843

Jene erste allgemeine Kodifizierung[17] der Aktiengesellschaft auf deutschem Gebiet[18] bejaht erstmals die eigenständige Rechtspersönlichkeit[19] und ordnet den Ausschluss der persönlichen Haftung der Gesellschafter an.[20] Das Haftungsprivileg musste im Gegensatz zu § 91 ALR nicht mehr in der weiterhin erforderlichen Konzession enthalten sein, es bestand vielmehr von Gesetzes wegen.[21]

Die Regelung war im Gesetzgebungsverfahren nicht unumstritten.[22] Gegen die pauschale Beschränkung der Gesellschafterhaftung auf die Einlage wurde vorgebracht, dass man so für die Fehler bei Geschäftsführung und Verwaltung der Gesellschaft ‚das Publikum büßen lasse', während eine persönliche Haftung ‚dem Hange zum Aktienspiele' entgegenwirke.[23]

Hierauf erwiderte die Gegenseite, wirtschaftliches Scheitern müsse nicht nur auf Fehlern bei der Geschäftsführung beruhen.[24] Ferner untergrabe die persönliche Haftung den Sinn und Zweck der Aktiengesellschaft in Form gleichmäßiger Risikoverteilung bei gleichen Gewinnchancen, der begüterte Aktionär trage bei persönlicher Haftung ein großes, der unvermögende nur ein geringes Risiko.[25] Die hauptsächliche Gefahr für das Publikum bestehe außerdem nicht im Ausschluss der persönlichen Haftung der Gesellschafter, sondern im Aktienspiel, also dem Erwerb einer hohen Zahl von Aktien und dem gewinnbringenden Weiterverkauf. Dieser sei nur deshalb so lohnenswert, weil beim Erwerb der Aktie nur ein geringer Betrag eingezahlt werden müsse, der damit verbundenen Gefahr insolventer Erwerber könne also durch die Verpflichtung zur vollständigen Einzahlung des Nominalbetrags begegnet werden.[26]

Wie gesehen entschied sich der damalige Gesetzgeber zugunsten der beschränkten Haftung, wodurch im Ergebnis die Grundsätze der realen Kapitalaufbringung und Kapitalerhaltung überhaupt erst erforderlich wurden.[27]

---

[17] Gesetz über die Aktiengesellschaften vom 9. November 1843, PreußGS, 341–346, abgedruckt in: *Baums* (Hrsg.), Gesetz über die Aktiengesellschaften, 213 ff.

[18] Dazu näher *Bayer/Habersack/Kießling*, Aktienrecht im Wandel, 193 ff.

[19] § 8 AktG.

[20] § 15 AktG.

[21] Vgl. auch *Bayer/Habersack/Kießling*, Aktienrecht im Wandel, 223.

[22] Zum Ganzen auch *Bayer/Habersack/Kießling*, Aktienrecht im Wandel, 223 ff.

[23] Motive des Entwurfs der Kommission für die Revision des Handelsrechts, abgedruckt bei *Baums* (Hrsg.), Gesetz über die Aktiengesellschaften, 54 ff., 67.

[24] Motive des Kommissionsentwurfs, abgedruckt bei *Baums* (Fn. 23), 68.

[25] Motive des Kommissionsentwurfs, abgedruckt bei *Baums*, (Fn. 23), 68.

[26] Motive des Kommissionsentwurfs, abgedruckt bei *Baums* (Fn. 23), 69.

[27] *Bayer/Habersack/Kießling*, Aktienrecht im Wandel, 225.

d) ADHGB von 1861

Über 10 Jahre nach dem unvollendeten Entwurf[28] für ein einheitliches deutsches Handelsgesetzbuch von 1849 gelang dem Deutschen Bund[29] das Vorhaben in Form des ADHGB von 1861.[30] Der genannte Entwurf sprach sich in Art. 74 für die Beibehaltung des preußischen Konzessionssystems aus.[31] Zum einen sollten so die ‚kleinen Gewerbe gegen die Übermacht des Capitals' geschützt werden,[32] zum anderen musste nach Auffassung der Autoren die fehlende persönliche Haftung der Gesellschafter durch die staatliche Kontrolle kompensiert werden.[33] Infolgedessen war die Möglichkeit vorgesehen, die Konzession aus überwiegenden Gründen des Gemeinwohls und gegen Entschädigung zurückzunehmen, Art. 79 des Entwurfs.[34]

Im ADHGB selbst wurde ebenfalls die beschränkte Haftung der Gesellschafter beibehalten, Art. 207 Abs. 1 ADHGB.[35] Man konnte sich jedoch aufgrund unterschiedlicher Positionen der Einzelstaaten[36] des Deutschen Bundes nicht auf eine allgemein verbindliche Konzessionspflicht einigen.[37] Bei der Beratung des ADHGB brachten vor allem die Vertreter der Stadt Hamburg vor, die staatliche Vorkontrolle würde zu unvorsichtigem Verhalten des Publikums führen und auf diese Weise betrügerischen Unternehmen eher Vorschub leisten, als sie zu verhindern.[38] In Art. 208 Abs. 1 ADHGB fand sich daher zwar die staatliche Genehmigung als grundsätzliche Voraussetzung für die Errichtung einer Aktiengesellschaft. Art. 249 Abs. 1 ADHGB stellte jedoch den Ländern anheim, von diesem Grundsatz Ausnahmen zuzulassen.[39] Abgesehen von den Hansestädten und Württemberg[40] sowie Baden[41] wurde das Konzessionssystem in den meisten Staaten bei-

---

[28] Vgl. *Baums*, Entwurf eines allgemeinen HGB für Deutschland, 41.

[29] Bis 1868 war das ADHGB in fast allen Staaten des (ehemaligen) Deutschen Bundes eingeführt, vgl. BuschsA 13 (1868), VII f.

[30] Näher *Bayer/Habersack/Pahlow*, Aktienrecht im Wandel, 241 ff.

[31] Vgl. Abdruck bei *Baums*, Entwurf eines allgemeinen HGB für Deutschland, 116; *Bayer/Habersack/Pahlow*, Aktienrecht im Wandel, 244.

[32] Vgl. *Baums*, Entwurf eines allgemeinen HGB für Deutschland, 153.

[33] Vgl. *Baums*, Entwurf eines allgemeinen HGB für Deutschland, 153 f.

[34] Vgl. *Baums*, Entwurf eines allgemeinen HGB für Deutschland, 117.

[35] Vgl. ADHGB, Neudruck 1973, 41.

[36] Vgl. *Lutz*, Protocolle der Kommission zur Berathung eines allgemeinen deutschen Handelsgesetzbuches, 315 ff.

[37] Vgl. auch *Bayer/Habersack/Pahlow*, Aktienrecht im Wandel, 260 ff.

[38] Vgl. *Lutz*, Protocolle der Kommission zur Berathung eines allgemeinen deutschen Handelsgesetzbuches, 319 ff.

[39] Vgl. ADHGB, Neudruck 1973, 51.

[40] Jene Staaten verzichteten auf die Konzessionierung, vgl. *Schubert*, ZGR 1981, 285, 287.

[41] Vgl. *Renaud*, Das Recht der Actiengesellschaften, 300.

behalten.[42] Daneben gab es auch ohne bzw. neben der Konzessionserteilung weitere Möglichkeiten staatlicher Aufsicht und Kontrolle,[43] auf die hier aber nicht näher eingegangen werden soll. Relevant ist die Tatsache, dass der bis dato praktizierte Schutz des Publikums durch staatliche Kontrolle nicht mehr allgemein konsensfähig war. Mit dem ADHGB zeichnet sich der Übergang vom Konzessions- zum Normativsystem ab bzw. wird in einigen Teilstaaten bereits vollzogen.

e) ADHGB-Novelle von 1870

Mit die ADHGB-Novelle[44] des Norddeutschen Bundes erfolgte der endgültige Übergang zum Normativsystem. Inwiefern der marktliberale Zeitgeist[45] ursächlich daran beteiligt war, mag dahinstehen.[46] Er lässt sich in den Regelungen jedenfalls wiederfinden.[47] Der geistigen Verknüpfung von Liberalismus und Haftungsbeschränkung wurde folgendermaßen der Weg bereitet:

Bereits nach Erlass des ADHGB gewannen die Stimmen an Bedeutung, welche das Konzessionsystem und die Kontrolle durch den Aufsichtsrat[48] für ungeeignet hielten, publikumsschädigenden Spekulationen vorzubeugen.[49] In der Tat waren die staatlichen Informations- und Eingriffsrechte schlicht unzureichend,[50] um betrügerische Gründungspraktiken und den florierenden Konzessionshandel[51] zu verhindern.

Der Anlegerschutz sollte daher vor allem durch die Vorsicht des Einzelnen gewährleistet werden. Untermauert wurde das durch entsprechende Informationsverpflichtungen[52] der Aktiengesellschaft.[53] Ferner hielt man

---

[42] Vgl. die Aufzählung bei *Renaud*, Das Recht der Actiengesellschaften, 300 f.

[43] Laut *Bayer/Habersack/Pahlow*, Aktienrecht im Wandel, 263 f., fehlen bislang systematische Untersuchungen hierzu.

[44] Gesetz, betreffend die Kommanditgesellschaften auf Aktien und die Aktiengesellschaften, BGBl. NdtB., 375 ff.

[45] Dazu näher *Grossfeld*, Die rechtspolitische Beurteilung der Aktiengesellschaft im 19. Jahrhundert, 236, 242 ff.

[46] Auslösend war wohl der wirtschaftliche Vorsprung Englands und Frankreichs. Der wiederum beruhte nicht maßgeblich auf der Einführung der Haftungsbeschränkung, vgl. *Meyer*, Haftungsbeschränkung im Recht der Handelsgesellschaften, 230 f., 247 f., 280.

[47] Dazu auch *Bayer/Habersack/Lieder*, Aktienrecht im Wandel, 325 f.

[48] *Hopt*, Ideelle und wirtschaftliche Grundlagen der Aktien-, Bank- und Börsenrechtsentwicklung im 19. Jahrhundert, 152 f.

[49] Vgl. *Bayer/Habersack/Pahlow*, Aktienrecht im Wandel, 280 f.

[50] Vgl. *Bayer/Habersack/Pahlow*, Aktienrecht im Wandel, 280.

[51] Vgl. die Reichstagsprotokolle zur Sitzung vom 4. April 1873, 1. Legislaturperiode, Session 1873, Band 1, 214.

[52] Vgl. die Reichstagsprotokolle zur Sitzung vom 4. April 1873, 1. Legislaturperiode, Session 1873, Band 1, 223.

die Bildung von Monopolen schon aufgrund der Selbstregulierung der Volkswirtschaft für nicht möglich.[54]

Zu nennen sind ferner die nach Art. 209 a I des Gesetzes nunmehr allgemeingültigen Regelungen zum Kapitalschutz. Sie wurden vornehmlich im Interesse der Kleinanleger eingeführt. Risiken der Gesellschaftsgläubiger standen aufgrund der damals noch üblichen Vorkasse[55] nicht im Vordergrund.[56]

f) Aktiengesetz von 1884

Auch das Aktiengesetz von 1884[57] konzentrierte sich vornehmlich auf den Schutz der Aktionäre, welcher als Rahmen zur Selbsthilfe verstanden werden kann.[58] Zu nennen ist zum einen die verstärkte Kontrolle des Vorstands durch den Aufsichtsrat,[59] die Zugehörigkeit einer Person zu beiden Organen war ausgeschlossen.[60] Zum zweiten wurden nunmehr alle Aktionäre an der Willensbildung der Gesellschaft im Rahmen der Generalversammlung gestärkt, indem jede Aktie ein Stimmrecht erhielt.[61]

Noch vor dieser „lebendige[n] Theilname und Kontrolle des einzelnen Aktionärs bezüglich der Vorgänge der Gesellschaft“ waren bestimmte Informationspflichten vorgesehen, um den Gründern eine „fachliche Prüfung und Entschließung“ zu ermöglichen.[62] Die Veröffentlichung des Gesellschaftsvertrags im Handelsregister[63] musste insbesondere Auskunft geben

---

[53] Vgl. *Schäffle*, Deutsche Vierteljahrs-Schrift 1856, Heft 4, 301; *Hopt*, Ideelle und wirtschaftliche Grundlagen der Aktien-, Bank- und Börsenrechtsentwicklung im 19. Jahrhundert, 154 f.

[54] Vielmehr ging man davon aus, das Kleingewerbe werde von der Großindustrie profitieren, vgl. *Schäffle*, Deutsche Vierteljahrs-Schrift 1856, Heft 4, 287 f.; näher dazu auch *Grossfeld*, Die rechtspolitische Beurteilung der Aktiengesellschaft im 19. Jahrhundert, 244 m.w.N.

[55] Auf die für Handwerker schwierge Umstellung auf die Vorratsproduktion und Lagerhaltung verweist *Pohl*, Einführung in die deutsche Bankengeschichte, 35, auf die Fundstelle verweisen auch *Bayer/Habersack*, 382 Fn.362.

[56] Vgl. *Bayer/Habersack/Lieder*, Aktienrecht im Wandel, 342.

[57] Gesetz, betreffend die Kommanditgesellschaften auf Aktien und die Aktiengesellschaften, RGBl., 123 ff.

[58] Vgl. *Bayer/Habersack/Hofer*, Aktienrecht im Wandel, 400 ff.

[59] Art. 225.

[60] Art. 225a.

[61] Art. 221 iVm 190; dazu näher *Bayer/Habersack/Hofer*, Aktienrecht im Wandel, 411 m.w.N.

[62] So die Begründung des Entwurfs eines Gesetzes betreffend die Kommanditgesellschaften auf Aktien und die Aktiengesellschaften, abgedruckt in: Stenographische Berichte über die Verhandlungen des Reichstages, 5. Legislaturperiode, Session 1884, Band 3, Anlage Nr. 21, 215 ff., 245.

[63] Art. 210.

über den Betrag der von den einzelnen Gründern übernommenen Aktien[64] sowie über etwaige Vorteile für einzelne Aktionäre[65] und den Betrag von Sacheinlagen.[66]

Die besonders von den Kleinanlegern in der Gründerkrise erlittenen Verluste führte der Gesetzgeber darauf zurück, dass gerade der kleine Kapitalist kaum in der Lage sei, „selbstständig die Lage des Aktienunternehmens zu beurtheilen oder seine Rechte als Aktionär zu vertreten".[67] Trotz der Informationsmöglichkeiten wurde der Mindestbetrag einer Aktie deshalb auf 1000 Mark festgelegt.[68]

3. GmbHG von 1892

Die GmbH war bei ihrer Einführung 1892[69] ein Novum ohne reales Vorbild.[70] Sie erwuchs aus dem Bedürfnis des Mittelstands, die Vorteile von Kapitalgesellschaften mit jenen von Personengesellschaften zu verknüpfen.[71] Die Aktiengesellschaft war nach dem Aktiengesetz von 1884 aufgrund des hohen Mindestbetrags je Aktie für kleinere Unternehmungen nicht mehr geeignet. Das führte aber nicht zu einer Abkehr von dieser Gesellschaftsform. Vielmehr blühten neue Gesetzesumgehungen.[72]

a) Ausdehnung der Haftungsbeschränkung auf Rechtsformen neben der AG

Die Idee einer neuen Gesellschaftsform mit beschränkter Haftung war bereits vor 1892 aufgekommen. Sie hatte bis dato lediglich zu einer Anpassung bereits vorhandener Typen geführt. Das geschah etwa im Rahmen der Kolonisierungsbestrebungen in Afrika. Deren Kapitalbedarf war anfangs unsicher und potentiell ständig steigend. Die Aktiengesellschaft mit ihren strengen Kapitalerhöhungsvorschriften war insofern ungeeignet.[73] Die sehr risikoreichen Unternehmungen verlangten jedoch nach einer Haftungsbegrenzung.[74] Das bestehende Recht wurde also modifiziert.[75] Zunächst qualifizierte man Kolonialgesellschaften als gemeinnützige Korporationen. So machte man sie der beschränkten Haftung nach dem Allgemeinen Land-

---

64 Art. 209 Abs. 1.
65 Art. 209b Abs. 1 iVm. Art. 210 Abs. 2 Nr.1.
66 Art. 209b Abs. 2 iVm Art. 210 Abs. 2 Nr. 1.
67 Gesetzesbegründung (Fn. 62), 248.
68 Art. 207a Abs. 1.
69 Gesetz vom 20.04.1892 (RGBl. I, 477).
70 *Kindler*, Grundkurs[5], § 9 Rn. 33.
71 Vgl. *Kindler*, Grundkurs[5], § 9 Rn. 33 und § 14 Rn. 1.
72 Vgl. *Esser*, Die Gesellschaft mit beschränkter Haftbarkeit, 8.
73 Vgl. *Fränkel*, Die Gesellschaft mit beschränkter Haftung, 7.
74 Vgl. *Kurtze*, Die Deutsch-Ostafrikanische Gesellschaft, 41.
75 Dazu näher *Bezler*, Die Bedeutung des Stammkapitals für die GmbH, 56 ff. m.w.N.

recht zugänglich.[76] Später wurde die Haftung unabhängig von der Gesellschaftsform infolge staatlicher Konzession beschränkt.[77]

Auch im Genossenschaftsrecht[78] wurde 1889 die Möglichkeit einer Haftungsbeschränkung eingeführt.[79] Die Ursache war eine andere als bei den Kolonialgesellschaften. In den Genossenschaften verunmöglichte die steigende Mitgliederzahl bald die Mitwirkungsmöglichkeiten. Eine unbeschränkte Haftung wurde vor diesem Hintergrund als ungerechtfertigt angesehen.[80]

b) Schaffung einer neuen Rechtsform

Die Anregungen zur Schaffung einer neuen Gesellschaftsform kamen vornehmlich aus Wirtschaftskreisen. Eine wissenschaftliche Diskussion wie im Aktienrecht fand nicht statt, kritische Stimmen wurden allenfalls am Rande berücksichtigt.[81] Hinweise auf den unzureichenden Gläubigerschutz[82] wurden übergangen.[83] Der geistige Hintergrund lässt sich mit den Worten *Meyers* folgendermaßen zusammenfassen:

> „Die Unternehmerinitiative wurde durch das allgemeine Wachstum, die vielfältigen technischen Neuerungen, ein Kapitalüberangebot und verschiedene weitere Faktoren wie die Reichseinheit oder die Einführung der Gewerbefreiheit gefördert. In dieser hochindustriellen Phase paarte sich liberales Gedankengut mit einem weitverbreiteten Vertrauen in den Fortschritt und praktisch unbegrenztes Wachstum. Insoweit erscheint es nicht als Zufall, daß wie bei den AG-Vorläufern auch bei der Entstehung der GmbH wiedererwachte Kolonialbestrebungen eine maßgebliche Rolle spielten."

Die GmbH war ursprüglich nicht als Modell für eine Vielzahl von Unternehmen konzipiert,[84] der Gesetzgeber orientierte sich vielmehr ganz an den Wünschen der Handelskammern.[85] Geplante Anwendungsfälle waren dementsprechend landwirtschaftliche Nebenerwerbsgesellschaften[86], Versuchs-

---

[76] Dazu *Koch*, Allgemeines Landrecht für die preußischen Staaten, 569.

[77] § 8 Gesetz wegen Abänderung des Gesetzes, betreffend die Rechtsverhältnisse der deutschen Schutzgebiete, vom 17. April 1886, (RGBl., 75), vom 15. März 1888, RGBl., 71, 73 f.

[78] Dazu näher *Bezler*, Die Bedeutung des Stammkapitals für die GmbH, 65 ff.

[79] § 2 Nr. 3 Gesetz betreffend die Erwerbs- und Wirtschaftsgenossenschaften vom 1. Mai 1889, RGBl., 55, 56.

[80] *Meyer*, Haftungsbeschränkung im Recht der Handelsgesellschaften, 569; ferner *Goldschmidt*, Erwerbs- und Wirtschaftsgenossenschaften.

[81] *Meyer*, Haftungsbeschränkung im Recht der Handelsgesellschaften, 303.

[82] Vorgebracht insbesondere von *Bähr*, Die Grenzboten 1892, 210, 223 f.

[83] *Meyer*, Haftungsbeschränkung im Recht der Handelsgesellschaften, 309.

[84] *Meyer*, Haftungsbeschränkung im Recht der Handelsgesellschaften, 308.

[85] *Meyer*, Haftungsbeschränkung im Recht der Handelsgesellschaften, 301, 308.

[86] Etwa Zuckerrübenfabriken, dazu *Meyer*, Haftungsbeschränkung im Recht der Handelsgesellschaften, 301: „Die Kammern stießen sich hier an der Rechtsprechung zur Un-

gesellschaften[87] sowie die Unternehmensfortführung durch Erben oder Gläubiger[88]. Dem Siegeszug der neuen Rechtsform stand das freilich nicht im Weg. Wie die AG wurde die GmbH von ganz anderen Unternehmen verwendet, als ursprünglich geplant.

4. *Zusammenfassung*

Geschichtlich findet sich die gesellschaftsrechtliche Haftungsbeschränkung erstmals bei Handelscompagnien und Aktiengesellschaften. Dort fungierte sie zunächst noch als wirtschaftspolitisches Steuerungsinstrument, d.h. als Anreiz für Kapitalanleger.[89] Der Staat förderte mit ihrer Hilfe konkrete Großprojekte[90] sowie ganze Wirtschafts- und Industriezweige.[91] Die erforderliche Konzession diente dem Schutz des etablierten Gewerbes sowie der Anleger und Gläubiger.[92] Mit dem Übergang vom Konzessions- zum Normativsystem rückte die staatliche Kontrolle in den Hintergrund. Durch die Schaffung der GmbH sollten besondere Unternehmensformen gefördert werden, in der Praxis weitete sich der Anwendungsbereich der Rechtsform aber schnell aus.

III. *Argumente für die Haftungsbeschränkung im Einzelnen*

Die zentralen Argumente zur Rechtfertigung des Haftungsprivilegs haben sich seit Erlass des GmbHG kaum verändert: Zum ersten soll es einen Ausgleich schaffen für mangelnde Mitwirkungsmöglichkeiten. Zum zweiten verteilt es die Verlustrisiken homogen auf die einzelnen Anteile. Zum dritten dient es ganz allgemein der Förderung des wirtschaftlichen Wachstums. Die Argumente wurden in der Folge freilich genauer ausdifferenziert. Die wichtigsten Ansatzpunkte werden deshalb nachfolgend konkretisiert.

---

wirksamkeit von Nebenleistungspflichten in der AG". Insofern war die Zielsetzung also nicht die (bereits bestehende) Haftungsbeschränkung, sondern die Umgehung AG-spezifischer Regelungen.

[87] Gesellschaft mit dem Zweck der Patentverwertung, insofern verweist *Meyer*, Haftungsbeschränkung im Recht der Handelsgesellschaften, 301, auf den fließenden Übergang zum Argument des erhöhten unternehmerischen Risikos.

[88] *Meyer*, Haftungsbeschränkung im Recht der Handelsgesellschaften, 301 f.

[89] *Leuering*, ZRP 2006, 201 f.

[90] Dies war die vorherrschende Zwecksetzung des Oktroi- wie auch des restriktiven Konzessionssystems, dazu oben 2.

[91] In diese Richtung bewegte sich vor allem die großzügige Konzessionsvergabe unter dem ALR, dazu oben 2 b.

[92] Vgl. *Bayer/Habersack/Pahlow*, Aktienrecht im Wandel, 276.

1. Ausgleich für internes Mitwirkungsdefizit

Das Mitwirkungsdefizit im Innenverhältnis wurde bereits erörtert.[93] Der Wille des Gesellschafters wird bei einigen Entscheidungen möglicherweise nicht berücksichtigt, wodurch es zu einem ungewollten Zugriff auf seine Ressourcen kommt. Dieser Verlaufsmöglichkeit hat der Gesellschafter allerdings im Gesellschaftsvertrag zugestimmt. Im Außenverhältnis muss er deshalb die Entscheidungen der Geschäftsführung gegen sich gelten lassen.[94] § 5 Abs. 1 GmbHG lässt sich deshalb nicht mit einem internen Mitwirkungsdefizit des Gesellschafters legitimieren.

2. Homogene Risikoverteilung im Innenverhältniss

Die homogene Verteilung der Verlustrisiken betrifft ebenfalls allein das Innenverhältnis der Gesellschafter. Im Außenverhältnis bleibt die Einschränkung der vertraglichen Gestaltungsmacht des Gläubigers weiter rechtfertigungsbedürftig. Auch insofern scheidet eine Legitimation des § 5 Abs. 1 GmbHG aus.

3. Anreizfunktion für Investitionen und unternehmerische Tätigkeit

Im Rahmen des konkreten Vertragsverhältnisses ist nach dem Gesagten nicht erklärbar, warum die vertragliche Gestaltungsmacht des Gläubigers beschränkt sein soll. Legitimieren ließe sich § 5 Abs. 1 GmbHG daher nur in einem über das konkrete Vertragsverhältnis hinausreichenden Zusammenhang. Behauptet wird insofern, die Haftungsbeschränkung sichere den wirtschaftlichen Fortschritt.[95] Insbesondere wird darauf hingewiesen, das Privileg fördere unternehmerischen Wagemut und Investitionsbereitschaft.[96] Diese Behauptung impliziert eine Reihe weiterer Aussagen, die nachfolgend (IV.) dargestellt werden.

IV. Die wohlstandsfördernde Anreizfunktion des Haftungsprivilegs

1. Unternehmerisches Handeln als gutes Handeln

a) Präskriptiv: Gutes Handeln und Leben als Ziele der Rechtsordnung

Erinnert sei zunächst an das übergeordnete präskriptive Ziel der Rechtsordnung. Erreicht werden soll ein gutes Handeln der sozialen Akteure. Ziel

---

[93] Vgl. oben § 10 IV 2 und 3 sowie § 11 III 2.

[94] Vgl. oben § 10 IV 4 und § 11 III 4.

[95] *Raiser*, ZGR 1995, 156, 165; *Haas*, Gutachten E zum 66. Deutschen Juristentag, 13; *Leuering*, ZRP 2006, 201, 202; *Scholz/Emmerich*, GmbH I[10], § 13 Rn. 55.

[96] MüKo/*Fleischer*, GmbHG[2010], Einleitung Rn. 283; *Wilhelm*, Kapitalgesellschaftsrecht[3], Rn. 23.

des guten Handelns wiederum ist ein gutes Leben der von der Rechtsordnung betroffenen Menschen.[97] Dieser abstrakten Zielsetzung wird im Rahmen gesellschaftsrechtlicher Überlegungen soweit ersichtlich nicht widersprochen.

b) Evaluativ: Risikoverlagerung auf die Gläubiger als gutes Handeln

Auf evaluativer Ebene impliziert die genannte Begründung des Haftungsprivilegs, unternehmerisches Handeln sei grundsätzlich gut und förderungswürdig. Soweit keine angemessene Kapitalausstattung gefordert wird, enthält das Haftungsprivileg eine weitere Wertung: Als gut gewertet wird dadurch die Abwälzung vertraglicher Erfüllungsrisiken auf die Gläubiger. Nach der obigen Vertragstheorie war es gut und freiheitsfördernd, wenn der Schuldner die vermögensmäßige Verantwortung für seine Verbindlichkeiten übernimmt. Im Personengesellschaftsrecht war es gut und freiheitsfördernd, wenn der Gesellschafter die Verantwortung für Gesellschaftsverbindlichkeiten trägt. Im kapitalgesellschaftsrechtlichen Zusammenhang wird nun behauptet, es sei besser, der Gesellschafter müsse diese Verantwortung nicht übernehmen.

Diese Wertung beruht auf einer tatsächlichen und eine weiteren wertenden Aussage.

c) Deskriptiv: Wohlstandsfördernde Wirkung des Haftungsprivilegs

§ 5 Abs. 1 GmbHG liegt die deskriptive Annahme zugrunde, das Haftungsprivileg fördere gesellschaftlichen Wohlstand.[98] Der Satz enthält eigentlich zwei Aussagen: Zum ersten begünstige das Haftungsprivileg unternehmerisches Handeln. Zum zweiten führe dieses unternehmerische Handeln zu mehr gesellschaftlichem Wohlstand.

aa) Die ‚unsichtbare Hand': Unternehmerisches Handeln als Wohlstandsbasis

Als Beleg für die wohlstandsfördernde Wirkung unternehmerischen Handelns wird regelmäßig *Adam Smith* zitiert. *Smith* behauptete, der Eigennutz des Einzelnen sei gesellschaftlich begrüßenswert:

„Aber gerade das Streben nach seinem eigenen Vorteil ist es, das ihn ganz von selbst oder vielmehr notwendigerweise dazu führt, sein Kapital dort einzusetzen, wo es auch dem ganzen

---

[97] Vgl. oben § 7 III.

[98] Vgl. *Bitter*, Konzernrechtliche Durchgriffshaftung, 150 f. m.w.N., K. Schmidt, GesR 4, 540 ff.; *Easterbrook/Fischel*, Economic Structure of Corporate Law, 41.

Land den größten Nutzen bringt. [...] Und er wird [...] von einer unsichtbaren Hand geleitet, um einen Zweck zu fördern, den zu erfüllen er in keiner Weise beabsichtigt hat."[99]

bb) Haftungsprivileg als Stütze unternehmerischen Handelns

§ 5 Abs. 1 GmbHG liegt die Annahme zugrunde, das Haftungsprivileg begünstige tatsächlich unternehmerisches Handeln. Angeführt wird hierfür insbesondere, dass der Unternehmer sein Risiko besser kalkulieren könne.[100]

cc) Wohlstand als materieller Wohlstand

Unternehmerisches Handeln dient stets der Erstellung von Leistungen, durch den Leistungsaustausch soll am Markt eine optimale Ressourcenverteilung erreicht werden. Gefördert werden soll durch das Haftungsprivileg also der private Leistungsaustausch am Markt. Ziel ist demzufolge die Mehrung des marktbasierten Wohlstands.

d) Evaluativ: Marktbasierter Wohlstand als Bestandteil eines guten Lebens

Die Rechtsordnung zielt auf ein gutes Leben der von ihr Betroffenen. Die rechtliche Anordnung des Haftungsprivilegs impliziert also, dass dessen tatsächliche Folgen als dem guten Leben förderlich angesehen werden. Das gute Leben wird nun nicht bei jeder Einzelnorm explizit als Zielsetzung benannt. Wenn allerdings der verfasungsgebundene Gesetzgeber im Rahmen des § 5 Abs. 1 GmbHG auf den volkswirtschaftlichen Wohlstandsbegriff Bezug nimmt, impliziert diese Rezeption notwendigerweise einen Bezug zum staatlich zu fördernden Gemeinwohl.[101] Gemeinwohl und gutes Leben meinen dasselbe.[102] Dementsprechend darf in § 5 Abs. 1 GmbHG die Wertung gesehen werden, der zu fördernde marktbasierte Wohlstand sei wesentlicher Bestandteil eines guten Lebens.

2. Wohlstandsmehrung durch wirtschaftlichen Wettbewerb

a) Deskriptiv: Wettbewerb als Wirkungsbasis der ‚unsichtbaren Hand'

Nach dem herrschenden ökonomischen Modell erfolgt die marktmäßige Wohlstandsmehrung wettbewerbsbasiert. Potentiell unbegrenzten mensch-

---

[99] *Smith*, Der Wohlstand der Nationen, 369, 371; zitiert wird diese Fundstelle etwa bei *Schäfer/Ott*, Lehrbuch der ökonomischen Analyse des Zivilrechts, 71. Bezug auf Smith nimmt auch Mankiw, Grundzüge der Volkswirtschaftslehre, 11.

[100] *Eckhold*, Materielle Unterkapitalisierung, 61 m.w.N.

[101] Denn die Förderung von Gemeinwohlvoraussetzungen ist letztlich die einzige Aufgabe des Gesetzgebers, vgl. oben § 7 III 5, V 2.

[102] Vgl. oben § 7 III 5 a.

lichen Bedürfnissen stünden begrenzte Ressourcen zur Verfügung.[103] Die produzierten Güter würden am Markt nachgefragt. Angebot und Nachfrage würden durch die Preisbildung am Markt reguliert. Auf dem vollkommenen Markt führe der Wettbewerb zu einem Gleichgewicht von Angebot und Nachfrage bei Vollbeschäftigung.[104] Die gehandelten Güter würden auf diese Weise am nutzbringendsten verteilt. Diese nutzenmaximierende Allokation vermehre den gesellschaftlichen Wohlstand.[105]

b) Deskriptiv: Haftungsbeschränkung als Wettbewerbsanreiz

Die Haftungsbeschränkung wird in diesem Zusammenhang als Wettbewerbsanreiz verstanden. Es fördere den unternehmerischen Wagemut[106] und damit den wirtschaftlichen Wettbewerb.[107]

3. Wohlstandsmehrung durch Wirtschaftswachstum

a) Deskriptiv: Ausreichendes Arbeitsangebot erfordert Wirtschaftswachstum

Als wohlstandsördernd wird der § 5 Abs. 1 GmbHG zugrunde liegenden Wirtschaftstheorie wirtschaftliches Wachstum angesehen. Im Zusammenhang mit § 5 Abs. 1 GmbHG wird diese Zielsetzung nicht explizit benannt, aber wie selbstverständlich mitgedacht, wenn das Haftungsprivileg als Instrument zur Sicherung des wirtschaflichen Fortschritts[108] bzw. zur Investitionsförderung[109] gekennzeichnet wird. Der wirtschaftspolitisch implizit vorausgesetzte Zusammenhang von Wachstum und Wohlstand zeigt sich etwa auf der Internetseite des Bundeswirtschaftsministeriums, welche mit dem Motto ‚Wirtschaft Wachstum Wohlstand' überschrieben ist. Dem Gesetzgeber des MoMiG darf daher die implizite Zielsetzung ‚Wohlstand durch Wachstum' unterstellt werden. Der wirtschaftstheoretische Kontext lässt sich wie folgt skizzieren:

---

[103] Vgl. etwa *Reef*, Theoretische Grundlagen der Wirtschaftspolitik, 17.

[104] *Kampmann/Walter*, Makroökonomie, 84.

[105] Vgl. etwa *Welfens*, Grundlagen der Wirtschaftspolitik, 132.

[106] Ausdrücklich *Raiser*, ZGR 1995, 156, 165.

[107] Als Wettbewerbsfaktor hervorgehoben wird das Haftungsprivileg insbesondere in der Gesetzesbegründung zum MoMiG, BT-Drucks.16/6140, 25. Die volkswirtschaftliche These des dynamischen Pionierunternehmers als Wettbewerbs- und Wachstumsmotor geht zurück auf *Schumpeters* Theorie der wirtschaftlichen Entwicklung, insb. 170 ff., 176, auf welche sich auch die Vertreter der heute vorherrschenden angebotsfördernde Wirtschaftspolitik berufen, vgl. etwa *Mussel/Pätzold*, Grundfragen der Wirtschaftspolitik, 169.

[108] *Raiser*, ZGR 1995, 156, 165.

[109] *Bitter*, Konzernrechtliche Durchgriffshaftung, 150.

Wirtschaftswachstum wird deshalb als erforderlich angesehen, weil der technologische Fortschritt Arbeitskräfte freisetzt. Die entstehende Arbeitslosigkeit müsse durch den Zuwachs der Gesamtproduktion kompensiert werden.[110] Allein das Wirtschaftswachstum könnne die allgemeinen Lebensverhältnisse der Menschen verbessern.[111] Als Wachstumsindikator gilt klassischerweise das Bruttosozialprodukt.[112]

b) Deskriptiv: Materieller Wohlstand des Einzelnen durch Erwerbsarbeit

Die genannten Überlegungen setzen wiederum voraus, dass individueller Wohlstand durch eigene Arbeit erworben werden muss. Wenn Wohlstand auf Arbeit beruht, so sind Wohlstandserhalt und Wohlstandsmehrung nur durch Erhalt und Schaffung von Arbeitsplätzen möglich. Diese Überlegung fasst etwa die Initiative Neue Soziale Marktwirtschaft mit dem Slogan zusammen: „Sozial ist, was Arbeit schafft."

c) Deskriptiv: Wachstumsförderung durch Investitionsförderung

Als Grundlage des geforderten Wirtschaftswachstums werden Innovationen und Investitionen angesehen. Innovationen sind produkt- oder produktionsbezogene Neuerungen.[113] Sie ermöglichen die Herstellung neuer und besserer Produkte.[114] Die Nachfrage hierfür entsteht aus volkswirtschaftlicher Sicht automatisch[115] bzw. ist zumindest staatlich steuerbar.[116]

d) Deskriptiv: Haftungsbeschränkung als Investitionsanreiz

Für § 5 Abs. 1 GmbHG wird nun legitimierend angeführt, das Privileg setze einen Investitionsanreiz.[117] Zum einen könne ein Investor durch die Freihaltung des Privatvermögens sein Risiko diversifizieren, also auf mehrere Projekte verteilen.[118] Zum anderen werde er auch eher bereit sein, riskante Unternehmungen zu finanzieren, als das bei persönlicher Vollhaftung der Fall wäre.[119] Im geschilderten Zusammenhang darf also unterstellt wer-

---

[110] Vgl. *Majer*, Wirtschaftswachstum, 69.

[111] *Mussel/Pätzold*, Grundfragen der Wirtschaftspolitik, 147.

[112] Vgl. *Majer*, Wirtschaftswachstum, 30.

[113] Vgl. *Sell*, Innovationen und weltwirtschaftliche Dynamik, 29 ff.; *Gutowski*, Innovation als Schlüsselfaktor eines erfolgreichen Wirtschaftsstandortes, 225 ff.

[114] Vgl. *Majer*, Wirtschaftswachstum, 46 f.

[115] So das Saysche Theorem, vgl. Gabler Wirtschaftslexikon[17], 2653.

[116] So insbesondere *Keynes*, General Theory, 320, 380.

[117] Vgl. oben a) sowie die Diskussion zum MoMiG im Bundestag, abgedruckt bei *Seibert* (Hrsg.), RWS-Dokumentation 23, 364 ff., 366.

[118] *Bitter*, Konzernrechtliche Durchgriffshaftung, 165.

[119] *Bitter*, Konzernrechtliche Durchgriffshaftung, 150 m.w.N.

den, § 5 Abs. 1 GmbHG solle den wirtschaftlichen Fortschritt bzw. Wohlstand durch die Förderung wirtschaftlichen Wachstums sichern, welches wiederum durch den mit dem Haftungsprivileg gesetzten Investitionsanreiz begünstigt werde.

V. Ergebnis

§ 5 Abs. 1 GmbHG setzt deskriptiv die Annahme voraus, das Haftungsprivileg fördere tatsächlich unternehmerischen Wagemut. Die Norm setzt ferner die Wertung voraus, unternehmerisches Handeln sei förderungswürdig.[120] Begründet wird das folgendermaßen: Als übergeordneter Wert vorausgesetzt wird der gesellschaftliche Wohlstand. Dann wird behauptet, das Haftungsprivileg fördere diesen Wohlstand. Diese Behauptung lässt sich mit zwei weiteren Aussagen konkretisieren:

Zum einen wird angenommen, die Wohlstandsmehrung beruhe auf dem Wirken der ‚unsichtbaren Hand' des Marktes, welche unter Wettbewerbsbedingungen zu einer optimalen Ressourcenverteilung führe. Der unternehmerische Wagemut verstärke den wirtschaftlichen Wettbewerb, damit trage er letztlich zum gesellschaftlichen Wohlstand bei.

Zum zweiten wird angenommen, der individuelle Zugang zu materiellen Ressourcen erfordere eine Erwerbsarbeit. Im Rahmen des technologischen Fortschritts gingen Arbeitsplätze verloren. Die Mehrung des gesellschaftlichen Wohlstands erfordere daher die Schaffung neuer Arbeitsplätze, was nur durch Wirtschaftswachstum zu bewerkstelligen sei. Hierfür wiederum seien Investitionen und Innovationen notwendig. Innovationen[121] und Investitionen[122] würden durch unternehmerischen Wagemut begünstigt.

Letztlich sei also das Haftungsprivileg deshalb wohlstandsfördernd, weil es Anreize für Wettbewerb und Wirtschaftswachstum setze.[123] Als bestätigt festhalten lassen sich damit die Thesen D1 und D2:

D1. Präskriptives Ziel der Rechtsordnung ist das gute Leben der Rechtsunterworfenen. § 5 Abs. 1 GmbHG impliziert die Wertung, marktbasierter Wohlstand sei wesentlicher Bestandteil eines guten Lebens.

---

[120] Vgl. *Bitter*, Konzernrechtliche Durchgriffshaftung 169.

[121] *Mussel/Pätzold*, Grundfragen der Wirtschaftspolitik, 184 unter Berufung auf Schumpeter, allerdings ohne Zitat, zum Unternehmer als konsequentem Umsetzer bereits vorhandener Möglichkeiten *Schumpeter*, Theorie der wirtschaftlichen Entwicklung, 177 ff.

[122] Vgl. *Majer*, Wirtschaftswachstum, 47; *Bitter*, Konzernrechtliche Durchgriffshaftung, 150 m.w.N.

[123] Vgl. oben IV 1c bis IV 3.

D2. Die Norm setzt auf deskriptiver Ebene voraus, das Haftungsprivileg würde den marktbasierten Wohlstand tatsächlich fördern. Zum ersten stärke es unternehmerischen Wagemut. Dadurch entstünden Anreize für wirtschaftlichen Wettbewerb und Wirtschaftswachstum. Wettbewerb und Wachstum wiederum würden den gesellschaftlichen Wohlstand mehren.

§ 13 Untersuchung der praktischen Auswirkungen des § 5 Abs. 1 GmbHG

I. Einleitung

1. Zwischenziel: Beurteilung der unmittelbaren Folgen des § 5 Abs. 1 GmbHG

Die theoretische Begründung des § 5 Abs. 1 GmbHG wurde soeben dargelegt. Der vorliegende § 13 der Arbeit widmet sich den deskriptiven Grundlagen dieser Begründung. Geprüft werden die Thesen D3 und D4[1]:

D3. Die pauschale Annahme, § 5 Abs. 1 GmbHG begünstige unternehmerischen Wagemut, ist abzulehnen. Vielmehr ist die niedrige Stammkapitalziffer ambivalent und hat sowohl fördernde als auch hemmende Wirkung auf unternehmerisches Handeln.

D4. Nicht haltbar ist die Annahme, die Haftungsbeschränkung führe zu mehr Wettbewerb und Wirtschaftswachstum. Der konkurrenzfördernde Wettbewerb wird durch die niedrige Stammkapitalziffer und andere Faktoren behindert, die Idee permanenten Wirtschaftswachstums ist utopisch.

2. Weiteres Vorgehen

Zunächst wird (II.) geprüft, ob § 5 Abs. 1 GmbHG tatsächlich den unternehmerischen Wagemut beflügelt. Sodann wird (III.) analysiert, ob die niedrige Stammkapitalziffer dem wirtschaftlichen Wettbewerb dient. Zuletzt wird (IV.) die Annahme untersucht, das Haftungsprivileg fördere das Wirtschaftswachstum.

II. Förderung unternehmerischen Handelns durch das Haftungsprivileg

1. Betragsmäßig verringertes Verlustrisiko

Behauptet wird, das Haftungsprivileg beflügle den unternehmerischen Wagemut, denn der Unternehmer könne sein Haftungsrisiko besser kalkulieren.[2] Im Bezug auf die Höhe potentieller Verluste ist dem zuzustimmen. Allerdings gibt es weitere Faktoren, welche in die unternehmerische Entscheidung einfließen, insbesondere die Wahrscheinlichkeit von Verlusten:

---

[1] Vgl. oben Einführung und Thesen zu Kapitel D, II.

[2] Vgl. bereits oben § 12 IV 1 c bb.

2. *Unkalkulierbare Verlustwahrscheinlichkeit*

Der Unternehmer kann zwar sein Privatvermögen vom eigenen Geschäftsrisiko freihalten. Allerdings erhöht sich im Gegenzug sein Risiko, in der Insolvenz eines Schuldners leer auszugehen, wenn dieser Schuldner eine Kapitalgesellschaft ist. Deren Jahresabschlüsse sind als Grundlage einer Risikokalkulation nur eingeschränkt geeignet. Zum einen sind sie im Moment ihrer Veröffentlichung bereits veraltet, die tatsächliche Lage kann sich bereits kurz darauf völlig anders darstellen. Zum zweiten geben sie die Lage zum Erstellungszeitpunkt nicht immer vollständig und richtig wieder. Freilich ist auch bei persönlich haftenden Schuldnern die Verlustwahrscheinlichkeit oft nicht berechenbar. Insofern bietet das Haftungsprivileg weder pauschale Vor- noch Nachteile.

3. *Herabgesetztes Erfolgsvertrauen des Unternehmers*

Zu beachten ist ferner der möglicherweise vertrauensverringernde Effekt des Haftungsprivilegs. Es vermindert die Haftungsmasse, auf welche der Unternehmer zur Befriedigung seiner Forderungen potentiell zugreifen kann. Dadurch trägt er vermehrt fremde Risiken, die zwar nicht mehr das Privatvermögen bedrohen, aber immerhin das eingesetzte Kapital. Diese Risiken kann der Unternehmer im Gegensatz zum eigenen Erfüllungsrisiko viel schlechter steuern. Hierunter kann das unternehmerische Vertrauen auf den eigenen Erfolg erheblich leiden. Fehlendes Vertrauen hemmt die Entscheidung zur unternehmerischen Tätigkeit, insbesondere erhöht es die Transaktionskosten.[3]

4. *Zwischenergebnis*

Letztlich trifft das Argument, das Haftungsprivileg beflügele unternehmerisches Handeln, vor allem den § 13 Abs. 2 GmbHG. Die niedrige Stammkapitalziffer des § 5 Abs. 1 führt hingegen zu einer erweiterten Risikoverlagerung, die bereits bestehende und gesunde Unternehmen empfindlich beeinträchtigen kann. Das durch § 5 Abs. 1 erhöhte Ausfallrisiko kann sich hemmend auf Unternehmensgründungen auswirken, indem es das notwendige Vertrauen auf einen möglichen Erfolg mindert. Eine pauschale Förderung unternehmerischen Handelns lässt sich der Norm daher nicht unterstellen.

---

[3] Vertrauen kann in Austauschbeziehungen auf Dauer die Transaktionskosten senken, vgl. *Ripperger*, Ökonomik des Vertrauens, 191 ff.

III. Haftungsbeschränkung als Wettbewerbsanreiz

Behauptet wird des Weiteren, der durch die Haftungsbeschränkung beflügelte unternehmerische Wagemut führe zu mehr Wettbewerb und Wirtschaftswachstum.[4] Die Aussage soll unabhängig von der weiteren Frage beantwortet werden, inwiefern Wettbewerb und Wachstum erstrebenswerte wirtschaftspolitische Ziele sind.

1. Wettbewerbshemmende Wirkung der niedrigen Stammkapitalziffer

a) Wettbewerb durch Konkurrenz

Behauptet wird, das Haftungsprivileg wirke wettbewerbsfördernd.[5] Vorliegend ist die Aussage nur hinsichtlich des § 5 Abs. 1 GmbHG zu prüfen. Fraglich ist also, ob die statische Stammkapitalziffer von 25.000 € zu mehr Wettbewerb führt. Die Funktion des Wettbewerbs ist insbesondere die ‚Lenkung der Produktionsfaktoren in ihre produktivsten Einsatzmöglichkeiten'[6]. Wirtschaftlicher Wettbewerb besteht, wenn am Markt mindestens zwei Anbieter oder Nachfrager ihre Zielsetzung jeweils zu Lasten des anderen verbessern wollen.[7] Mehr Wettbewerb meint also die Förderung wirtschaftlicher Konkurrenz. Vorliegend müsste also der § 5 Abs. 1 GmbHG dazu führen, dass möglichst viele Unternehmen am Markt als Anbieter oder Nachfrager auftreten können.

b) Risiko als Kostenfaktor

Unter Wettbewerbsbedingungen wird die Risikoverlagerung zum Zwang, denn die Bedienung von Verbindlichkeiten verursacht Kosten. Jeder vernünftige Unternehmer versucht daher, seine Risiken zu minimieren, indem er Privatvermögen und Betriebsvermögen so weit wie möglich dem Zugriff der Gläubiger entzieht.[8] Das Privatvermögen wird bereits durch § 13 Abs. 2 GmbHG gesichert. Die niedrige Stammkapitalziffer ermöglicht es ferner, Betriebsrisiken auf Tochtergesellschaften zu verlagern, etwa durch Aufspaltung in eine Betriebs- und eine Besitzgesellschaft. Nach außen agiert nur die Betriebsgesellschaft, die aber lediglich über das gesetzlich vorgeschriebene Mindestkapital verfügt. Die relevanten Vermögenswerte gehören der Besitzgesellschaft, sie werden von der Betriebsgesellschaft nur gepachtet und sind dem Zugriff deren Gläubiger entzogen.

---

[4] Vgl. oben § 12 IV 2 und 3.

[5] Vgl. oben § 12 IV 2.

[6] Gabler Wirtschaftslexikon[17], 3400.

[7] Gabler Wirtschaftslexikon[17], 3399.

[8] Vgl. *Bitter*, Konzernrechtliche Durchgriffshaftung, 183, mit Verweis auf *Adams*, Eigentum, 54, 82.

Zwar können auch kleinere Unternehmen ihre eigenen Risken verlagern, indem sie auf die Ltd. oder UG ausweichen. Vor den marktinhärenten Risiken können sie sich aber weiterhin nur schlecht schützen. Die Mechanismen der Risikoverlagerung führen deshalb regelmäßig zur strukturellen Unterlegenheit kleinerer und mittelständischer Unternehmen. Sie sind hinsichtlich der rechtlichen und insbesondere der steuerrechtlichen Gestaltung unflexibler und aufgrund der damit verbundenen Kosten oftmals auch schlechter beraten. Ferner können sie verspätete und ausgefallene Zahlungen schlechter abpuffern als größere Unternehmen. Die Behauptung, Gläubiger könnten ihr Ausfallrisiko diversifizieren,[9] gilt ebenfalls eher für größere Unternehmen. Je kleiner das Unternehmen ist, umso kleiner sind regelmäßig die Produktionskapazitäten und die Zahl der Zulieferer und Abnehmer.

Letztlich stärkt § 5 Abs. 1 GmbHG die Wettbewerbsfähigkeit einiger großer Unternehmen zu Lasten vieler kleiner. Es kann also nicht pauschal behauptet werden, die Norm fördere wirtschaftliche Konkurrenz.

2. Wettbewerb und Gemeinwohl

Befürworter einer niedrigen gesetzlichen Stammkapitalziffer der Kapitalgesellschaft argumentieren, es sei gesamtwirtschaftlich zu begrüßen, wenn jede Unternehmung mit positivem Erwartungswert durchgeführt werde.[10] Nun ist der wirtschaftliche Erwartungswert finanzschwacher Gesellschaftsgründungen empirisch betrachtet äußerst gering.[11] Zum anderen ergibt sich ein positiver Erwartungswert unter Wettbewerbsbedingungen oft erst, wenn man verschiedenste kostenverursachende Gemeinwohlinteressen unberücksichtigt lässt. Deutlich wird das am Beispiel des Denkmalschutzes. Der Neubau eines Einkaufszentrums anstelle eines alten Gemäuers kann wirtschaftlich außerordentlich lukrativ sein. Trotzdem schützt die Rechtsordnung das Gemäuer, weil dadurch kulturelle Werte und Wissen erhalten bleiben. Insofern ist allein der wirtschaftliche Erwartungswert kein hinreichendes Kriterium für die Frage, ob die Durchführung einer konkreten wirtschaftlichen Unternehmung wünschenswert ist. Ganz im Gegenteil kann eine positive ökonomische Prognose ein Indiz für gemeinwohlschädliche Tendenzen des geplanten Projekts sein. Ein positiver Erwartungswert ist also allenfalls ein Argument für die Durchführung einer Unternehmung, nicht aber das entscheidende und schon gar nicht das alleinige Kriterium.

---

[9] *Bitter*, Konzernrechtliche Durchgriffshaftung, 165 m.w.N.

[10] So etwa *Bitter*, Konzernrechtliche Durchgriffshaftung, 169.

[11] Selbst im Erfolgsfall sind die Margen geringer als bei Großunternehmen, weshalb sich die Banken zunehmend aus der Finanzierung von KMU zurückziehen, vgl. *Arens*, Bankinternes Rating, 2.

3. Wettbewerbshemmung abseits des Stammkapitals

Die wettbewerbsfördernde Wirkung des § 5 Abs. 1 GmbHG ist aus einem weiteren Grund zweifelhaft. Es gibt eine ganze Reihe von Faktoren, welche den Wettbewerb ganz allgemein oder branchenbezogen außer Kraft setzen. Hierzu zählen insbesondere staatliche Hilfen in Form von Subventionen, Beihilfen oder Zuschüssen. Zu nennen sind ferner die branchenspezifisch engen Vernetzungen von Politik und Wirtschaft. Nicht zuletzt besitzen international tätige Konzerne mittlerweile eine derartige Marktmacht, dass sie nationale Wettbewerbsregeln gezielt aushebeln können; teilweise werden gerade Konzernen bestimmte Privilegien verliehen, um im jeweiligen Sitzstaat Arbeitsplätze und internationale Wettbewerbsfähigkeit zu erhalten.

4. Haftungsbeschränkung als Innovationsanreiz

Teilweise wird darauf verwiesen, das Haftungsprivileg fördere den gesellschaftlichen Fortschritt. Der Hinweis ist reichlich vage, er bezieht sich wohl auf die innovative Funktion unternehmerischen Handelns. Erforderlich wäre dann, dass § 5 Abs. 1 GmbHG gerade dem innovativen Unternehmer zugute kommt. Die niedrige Stammkapitalziffer begünstigt vor allem größere Unternehmen, innovativ tätig sind aber nicht nur Großunternehmer. Es kann also jedenfalls nicht behauptet werden, ohne die niedrige Stammkapitalziffer gäbe es weniger gesellschaftlichen Fortschritt.

5. Haftungsbeschränkung und internationale Wettbewerbsfähigkeit

Einen wichtigen Hinweis auf die Funktion der niedrigen Stammkapitalziffer gibt der neue § 5a GmbHG, mit dem im Zuge des MoMiG die UG eingeführt wurde. Diese Mini-GmbH soll die internationale Wettbewerbsfähigkeit der deutschen GmbH sichern.[12] Insbesondere sollte die Zunahme der Limited-Gründungen eingedämmt werden, aufgrund derer in Deutschland wirtschaftliche Verluste befürchtet wurden. Auch insofern war die Zielsetzung also keine Förderung von Konkurrenz, vielmehr wird nun auch das nationale Recht als Gegenstand internationalen Verdrängungswettbewerbs angesehen.[13]

6. Zwischenergebnis

Ohne die genannten Mechanismen hier im Einzelnen zu bewerten, lässt sich feststellen: Selbst wenn man dem § 5 Abs. 1 eine Anreizwirkung für

---

[12] BT-Drucks. 16/6140, 1: „Die GmbH soll international wettbewerbsfähig sein".

[13] Grundlegend *Kieninger*, Wettbewerb der Rechtsordnungen.

unternehmerische Tätigkeit unterstellt, so spricht das nicht automatisch für dadurch entstehende Wettbewerbsanreize. Das niedrige Stammkapital hemmt neben anderen Faktoren einen als konkurrenzmehrend verstandenen Wettbewerb erheblich. Es fördert eher einen Verdrängungswettbewerb zugunsten weniger großer und zulasten vieler kleiner und mittelständischer Unternehmen. Dieser Verdrängungswettbewerb wird durch weitere wirtschaftsrechtliche Rahmenbedingungen verschärft.

IV. Haftungsbeschränkung als Wachstumsanreiz

1. Wachstum als Zunahme der volkswirtschaftlich verfügbaren Gütermenge

Behauptet wird, die Haftungsbeschränkung fördere gesellschaftlichen Fortschritt und wirtschaftliches Wachstum[14]:

> „Zunächst bedeutet ‚Wirtschaftliches Wachstum' die quantitative Zunahme [...] der verfügbaren Güter in einer Volkswirtschaft."[15] Wirtschaftspolitisches Ziel ist insofern die „andauernde wirtschaftliche Prosperität, d.h. die Steigerung der Produktion, die Erweiterung und Verbesserung der Dienstleistungen und damit weiter die Aufwärtsentwicklung des Sozialprodukts, der Produktivität und des Lebensstandards."[16]

Fraglich ist also, ob § 5 Abs. 1 GmbHG automatisch zu einem derartigen Wachstum beiträgt.

2. Haftungsbeschränkung in der Industrialisierung

Einer landläufigen Vorstellung zufolge hat das Haftungsprivileg den Übergang ins Industriezeitalter und das damit verbundene Wachstum überhaupt erst ermöglicht. Diese Vorstellung ist durch *Meyer* empirisch erheblich relativiert bzw. widerlegt worden: Insbesondere in Frankreich[17] und England[18], aber auch in Deutschland[19] breitete sich die Haftungsbeschränkung erst zur Zeit der Hochindustrialisierung vermehrt aus.[20] Den Anschub der Industrialisierung leisteten hingegen Unternehmen mit unbeschränkt haf-

---

[14] Vgl. oben § 12 IV.

[15] *Frenkel/Hemmer*, Grundlagen der Wachstumstheorie, 1.

[16] *Badura*, Wirtschaftsverfassung- und Wirtschaftsverwaltung^4, 119.

[17] *Meyer*, Haftungsbeschränkung, 230, 231: „[...] dürfen die Berichte über erfolgreiche Kapitalgesellschaften aber nicht darüber hinwegtäuschen, daß die Einzelunternehmen und Personengesellschaften nicht nur zahlenmäßig bei weitem überwogen, sondern auch den weitaus größten Teil des Bruttosozialprodukts erwirtschafteten.

[18] *Meyer*, Haftungsbeschränkung, 247: „Der immense industrielle Vorsprung Englands war [...] unter einer sehr restriktiven Politik entstanden, die die unbeschränkte partnership-Haftung auch in der privaten company betont hatte."

[19] *Meyer*, Haftungsbeschränkung, 286, 312.

[20] Rechtsvergleichend *Horn*, Hochindustrialisierung, 123 ff., auf den auch *Meyer*, Haftungsbeschränkung, 231 Bezug nimmt.

tendem Gesellschafterkreis.[21] Es lässt sich also keinesfalls mit Sicherheit sagen, die Industrialisierung wäre bei unbeschränkter Gesellschafterhaftung unmöglich gewesen. Ferner ist zu beachten, dass bei Einführung der GmbH das gesetzliche erforderliche Stammkapital selbst die heute erforderlichen 25.000 € weit überstieg.[22] Insofern ist die angebliche Notwendigkeit einer niedrigen Stammkapitalziffer historisch nicht belegt.

3. Voraussetzungen wirtschaftlichen Wachstums

Wirtschaftliches Wachstum hat nach der obigen Definition folgende Voraussetzungen: Erstens müssen hinreichend natürliche Ressourcen vorhanden sein, welche eine Leistungserstellung ermöglichen. Zweitens muss überhaupt ein Markt vorhanden sein, an dem Leistungen ausgetauscht werden können. Drittens bedarf die Leistungserstellung einer gewissen wirtschaftlichen Infrastruktur. Viertens und letztens müssen sich genügend Anbieter und Endabnehmer für die jeweils erstellten Leistungen finden.

4. § 5 Abs. 1 als angebotsorientierter Wachstumsanreiz

Die Steigerung des Sozialprodukts erfordert eine Zunahme der jährlich erstellten Leistungen.[23] Der Markt und die Infrastruktur für Leistungserstellung und Leistungsaustausch sind in Deutschland vorhanden, mit anderen Worten besteht ein hinreichender Rahmen für wirtschaftliche Tätigkeit. Staatliche Wachstumspolitik müsste demzufolge versuchen, Angebot oder Nachfrage oder beides zu steigern. Angebotsorientierte Wachstumspolitik müsste Anreize für die Leistungserstellung setzen. Eine derartige angebotsorientierte Wachstumspolitik verfolgen Deutschland, England und die USA seit Beginn der 80er Jahre.[24] Diese Politik beinhaltet vier zentralen Thesen: Bei funktionierendem Wettbewerb sei das Wirtschaftssystem stabil,[25] Urheber des Angebotszuwachses sei der von *Schumpeter* beschriebene pionierhafte Unternehmer,[26] jedes neue Angebot schaffe sich seine Nachfrage

---

[21] *Meyer*, Haftungsbeschränkung, 230 f., 247.

[22] Vgl. *Meyer*, Haftungsbeschränkung, 310.

[23] Vgl. oben 1.

[24] Eine angebotsorientierte Wachstumspolitik vertraten vor allem Helmut Kohl, Margaret Thatcher und Ronald Reagan, vgl. *Mussel/Pätzold*, Wirtschaftspolitik, 171 f., die ferner den Sachverständigenrat zur Begutachtung der gesamtwirtschaftlichen Entwicklung nennen, vgl. zur Entwicklung der angebotsorientierten Wirtschaftspolitik unter den genannten Akteuren auch Karrass, Die EU und der Rückzug des Staates.

[25] *Mussel/Pätzold*, Wirtschaftspolitik, 169, 171.

[26] *Mussel/Pätzold*, Wirtschaftspolitik, 169, 171.

selbst[27] und angebotshemmend wirke insbesondere eine zu hohe Einkommens- und Gewinnbesteuerung.[28]

§ 5 Abs. 1 GmbHG soll das Wachstum über die Förderung unternehmerischen Handelns ankurbeln, die Norm ist also Ausdruck der beschriebenen angebotsorientierten Wachstumspolitik. Problematisch ist nun, dass das wirtschaftliche Wachstum möglicherweise begrenzt ist. Dann wäre auch § 5 Abs. 1 GmbHG mit zunehmender Annäherung an diese Grenze immer weniger als Wachstumsanreiz geeignet. Begrenzt wäre das Wachstumspotential, wenn die Möglichkeiten weiterer Leistungserstellung begrenzt sind. In Betracht kommen Rückkoppelungen durch stagnierende Nachfrage[29] oder die Erschöpfung von Ressourcen[30]:

a) Nachfragegrenzen

Zwar werden bei der Wachstumsmessung auch Güter erfasst, die mangels Nachfrage entsorgt werden. Allerdings wird bei zu geringer Nachfrage die Produktion unrentabel, was letztlich zur Stagnation oder Verringerung der erstellten Leistungen führt. Die Möglichkeit wirtschaftlichen Wachstums wäre also dann begrenzt, wenn die Nachfrage nach Gütern begrenzt ist. Damit die Nachfrage in einer Volkswirtschaft steigt, muss entweder die Menge der pro Person nachgefragten Güter oder die Menge der nachfragenden Personen steigen:

b) Individuelle Sättigungstendenzen

Sollen die pro Kopf nachgefragten Güter steigen, erfordert das die potentielle Unendlichkeit menschlicher Konsumwünsche, damit keine Sättigungstendenzen auftreten. Von derart unbegrenzten Konsumwünschen geht die angebotsorientierte Wachstumspolitik offenbar aus, wenn sie meint, jedes Angebot schaffe sich seine Nachfrage selbst.[31] Richtig daran ist, dass bei vielen Menschen der Wunsch nach mehr Besitz vorhanden ist. Falsch wäre jedoch die Annahme, Sättigungstendenzen seien ausgeschlossen. Kein Mensch kauft jedes Jahr ein größeres Auto, einen neuen Computer, ein teureres Handy usw. Gemessen an der Gesamtbevölkerung sind Sättigungstendenzen daher sehr wohl denkbar.

Bedeutsam für das Wachstumspotential ist deshalb nicht zuletzt die gesamtgesellschaftliche Ausgangslage. Das Wirtschaftswunder der 1950er Jahre etwa beruhte nicht zuletzt darauf, dass Europa nach zwei Weltkrie-

---

[27] Saysches Theorem, vgl. *Mussel/Pätzold*, Wirtschaftspolitik, 169, 171.

[28] Laffer-Theorem, vgl. *Mussel/Pätzold*, Wirtschaftspolitik, 170, 171.

[29] Dazu sogleich unter a bis d.

[30] Dazu unter e und f.

[31] Saysches Theorem, vgl. soeben Fn 27.

gen in Schutt und Asche lag. In der Nachkriegszeit verlieh etwa eine Porzellanmanufaktur die umgangssprachliche ‚Lizenz zum Gelddrucken'. Anschließend ging die Nachfrage stark zurück. Stagnation oder gar Rückgang der Nachfrage sind auf verschiedenen Gütermärkten täglich zu beobachten. Weggeworfene Lebensmittel, Umsatzrückgänge im Einzelhandel und die Vielzahl von Unternehmensinsolvenzen sind nicht allein mit fehlender Kaufkraft zu erklären. Vielmehr muss man davon ausgehen, dass die Deutschen in vielerlei Hinsicht satt sind, zumindest satter als je zuvor.

c) Wachstum durch Innovationen

Von den angebotsorientierten Wachstumsbefürwortern werden sättigungsbedingte Zweifel am Wachstum als ‚Sättigungspessimismus' bezeichnet. Zwar bezweifeln sie nicht die Möglichkeit von Sättigungstendenzen, meinen aber, es enstünden ständig neue Wünsche, die befriedigt werden wollen: „Der wirtschaftliche Entwicklungsprozess ist dadurch gekennzeichnet, dass zwar alte Märkte stagnieren, gleichzeitig expandieren aber neue Märkte."[32] Dem ist insofern nicht zu widersprechen, als selbstverständlich immer wieder neue Produkte und Konsumwünsche auftauchen. Allerdings ist die Dauer einzelner Neuerungen wiederum sättigungsbedingt begrenzt.[33]

Für dauerhaftes Wachstum bedürfte es deshalb permanenter Neuerungen, deren Produktionsniveau den Produktionsrückgang bei anderen Produkten ausgleicht. Man muss nun kein Fortschrittspessimist sein,[34] um eine derartige dauerhafte Entwicklung zu bezweifeln. Denkbar ist im Gegenteil, dass neue Produkte neue Konsumwünsche wecken und befriedigen, ohne dass dadurch das Bruttosozialprodukt steigt. Mit anderen Worten heißt ‚neu' nicht automatisch ‚mehr'.

d) Wachstum durch Export

Werden vermehrt Güter ausgeführt, so werden die nachfragebedingten Grenzen des Wachstums nicht aufgehoben, sondern ins Ausland verlagert. Die im Ausland erhöhte Importquote wirkt dort nur dann nicht wachstumshemmend, wenn keine Pro-Kopf-Sättigung eingetreten ist oder die Bevölkerungszahl steigt. Bei Eintritt von Sättigungstendenzen stagnieren im Ausland entweder die Importe oder das Sozialprodukt. Auf einer Vielzahl ausländischer Märkte sind noch keine Sättigungstendenzen zu beobachten.

---

32 *Mussel/Pätzold*, Wirtschaftspolitik, 163.

33 Das sehen auch *Mussel/Pätzold*, Wirtschaftspolitik, 164.

34 So aber *Mussel/Pätzold*, Wirtschaftspolitik, 164.

Insofern erscheint ein exportbasiertes Wachstum möglich, allerdings ebenfalls nicht in unbegrenztem Ausmaß.

e) Wachstum durch Bevölkerungswachstum

Nachfragesteigernd wirkt die Erhöhung der Anzahl nachfragender Personen. Denkbar ist insofern die Erhöhung der Bevölkerungszahl. Sieht man die Hebung des Lebensstandards als letztendliches Ziel der Wachstumspolitik, so müsste sich das Wachstum auf das Sozialprodukt pro Kopf beziehen. Eine erhöhte Bevölkerungszahl steigert mit einiger Wahrscheinlichkeit die Gesamtnachfrage. Die dadurch beförderte Angebotsmehrung erhöht aber nicht notwendigerweise das Sozialprodukt pro Kopf. Eine Steigerung der Bevölkerungszahl wäre also kein zwingender Wachstumsanreiz. Viel wichtiger noch ist, dass eine wachsende Bevölkerungszahl die Problematik begrenzter Ressourcen verschärft.

f) Ressourcenbedingte Grenzen des Wachstums

Eine Produktion von mehr Gütern führt zum Verbrauch von mehr Ressourcen. Sind die Ressourcen aufgebraucht, können bestimme Güter nicht mehr hergestellt werden. Zwar kann das Verhältnis von Ressourceninput und Güteroutput optimiert werden. Wird aber jedes Jahr erneut ein erhöhter Output gefordert, so werden jedes Jahr erneut mehr Ressourcen benötigt. Allein die Produktivitätssteigerung garantiert keine Schonung der begrenzten natürlichen Ressourcen. Dauerhaftes Wachstum setzt voraus, dass der gesamte Wirtschaftskreislauf fast ausschließlich auf erneuerbare oder wiederverwertete Ressourcen zugreift. Aber selbst die Anlagen für erneuerbare Energien beanspruchen Flächen, die uns nicht unbegrenzt zur Verfügung stehen. In Anbetracht der Mengen an Energie und Natur, die wir jedes Jahr verbrauchen, ist die Vorstellung nachhaltigen Wachstums völlig utopisch.

5. Zwischenergebnis

Die pauschale Annahme, § 5 Abs. 1 GmbHG setze Wachstumsanreize, ist letztlich nicht haltbar. Dass das Haftungsprivileg an sich wachstumsförderliche Bedingungen verstärkt, ist aus historischer Perspektive nicht belegt.[35] Umso weniger belegt ist dieser Effekt für die statisch niedrige Stammkapitalziffer.[36] Dass die Haftungsbeschränkung nicht nur äußere Anreize verstärkt, sondern selbst einen Wachstumsanreiz setze, wird insbesondere von Vertretern angebotsorientierter Wachstumspolitik vertreten. Sie gehen davon aus, der Pionierunternehmer würde ständig neue „Märkte erschließen

[35] Dazu oben IV 2.
[36] Dazu oben IV 4.

und latent vorhandene Bedürfnisse wecken und befriedigen." Sobald auf bestimmten Märkten Sättigungstendenzen auftreten, wird das durch Innovationen jedoch nicht automatisch aufgefangen. Neben möglichen Sättigungseffekten setzt auch die endliche Menge natürlicher Ressourcen dem wirtschaftlichen Wachstum Grenzen. Die Idee unendlichen Wachstums ist also ganz unabhängig vom Innovationsprozess völlig utopisch. Deshalb kann auch der Pionierunternehmer kein unendliches Wachstum garantieren.

V. Ergebnis

Behauptet wird, dass das Haftungsprivileg des Kapitalgesellschafters unternehmerisches Handeln fördere. Die Annahme ist hinsichtlich des Trennungsprinzips des § 13 Abs. 2 GmbHG richtig, hinsichtlich der niedrigen Stammkapitalziffer des § 5 Abs. 1 GmbHG in dieser Pauschalität falsch. Vielmehr benachteiligt die statisch niedrige Stammkapitalziffer kleinere zugunsten größerer Unternehmen.[37] Deshalb wirkt die Norm auch nicht pauschal innovations- und fortschrittsfördernd.[38]

Ebenfalls unrichtig ist deshalb auch die pauschale Behauptung, das niedrige Stammkapital besitze eine Anreizfunktion für den wirtschaftlichen Wettbewerb. Durch die niedrige Stammkapitalziffer sind nun große Unternehmen systematisch im Vorteil. Mittel- und langfristig führt das zu privatwirtschaftlichen Machtagglomeraten bei Konzernen, Oligopolen und Monopolen sehr reale Folgen, wodurch der Wettbewerb nicht gefördert wird, sondern im Gegenteil aufgehoben. Genau das ist aber mit der verfassungsrechtlich garantierten Wettbewerbsfreiheit nicht gemeint, die das Bestreben der Verdrängung von Konkurrenten nur unter der Voraussetzung anerkennt, dass die Möglichkeit zur Marktteilnahme für potentielle Konkurrenten stets erhalten bleibt.[39]

Unhaltbar ist die Annahme, die Haftungsbeschränkung beinhalte einen pauschalen Wachstumsanreiz. Die Bedingungen wirtschaftlichen Wachstums sind gesamtgesellschaftlicher Natur. Hinsichtlich der Pro-Kopf-Nachfrage ist das wirtschaftliche Wachstum begrenzt durch die regelmäßig endlichen materiellen Bedürfnisse des Einzelnen. In Deutschland sind die Sättigungsgrenzen auf verschiedenen Märkten bereits erreicht oder zumindest absehbar. Dass diese Nachfragerückgänge durch neue Produkte ausgeglichen würden, ist keinesfalls belegt. Insofern ist wirtschaftliches Wachstum noch am ehesten durch eine erhöhte Exportquote zu erreichen.[40] Selbst der

[37] Vgl. oben III.

[38] Vgl. oben III 2 bis 4 und IV.

[39] Vgl. *Leisner*, Wettbewerb als Verfassungsprinzip, 71 ff., 74.

[40] Gerade in Deutschland hat der Export bekanntermaßen erheblichen Anteil am Sozialprodukt.

Pionierunternehmer ist deshalb kein Wachstumsgarant. Als bestätigt festhalten lassen sich damit die Thesen D3 und D4:

D3. Die pauschale Annahme, § 5 Abs. 1 GmbHG begünstige unternehmerischen Wagemut, ist abzulehnen. Vielmehr ist die niedrige Stammkapitalziffer ambivalent und hat sowohl fördernde als auch hemmende Wirkung auf unternehmerisches Handeln.

D4. Nicht haltbar ist die Annahme, die Haftungsbeschränkung führe zu mehr Wettbewerb und Wirtschaftswachstum. Der konkurrenzfördernde Wettbewerb wird durch die niedrige Stammkapitalziffer und andere Faktoren behindert, die Idee permanenten Wirtschaftswachstums ist utopisch.

§ 14 Würdigung der theoretischen Grundlagen des § 5 Abs. 1 GmbHG

I. Einleitung

1. Zwischenziel: Bewertung der wirtschaftstheoretischen Grundlagen des § 5 Abs. 1 GmbHG

§ 5 Abs. 1 GmbHG ist ein Mittel zum Zweck. Zweck der Norm ist wie gesehen die Förderung des unternehmerischen Handelns zur Förderung von Wettbewerb und Wirtschaftswachstum. In § 13 der Arbeit wurde festgestellt, dass die niedrige Stammkapitalziffer diesbezüglich ein wenig geeignetes Mittel darstellt. Hinsichtlich des Wettbewerbsziels eignet es sich zur Verschärfung des Verdrängungswettbewerbs, nicht hingegen zur Förderung der Konkurrenz. In Bezug auf wirtschaftliches Wachstum erscheinen gesamtwirtschaftliche Sättigungstendenzen auf Dauer als Wachstumsbremse.

Nachfolgend soll eine weitere Zweck-Mittel-Relation untersucht werden. § 5 Abs. 1 GmbHG rezipiert wirtschaftstheoretische Vorstellungen, die letztlich den gesellschaftlichen Wohlstand fördern sollen. Insofern sind Wettbewerb und Wachstum wiederum Mittel zum Zweck. Die vorliegende Vermutung ist nun, dass der von § 5 Abs. 1 GmbHG begünstigte Verdrängungswettbewerb zum gesellschaftlichen Wohlstand nicht beiträgt, sondern ihn eher vereitelt. Im Bezug auf das angestrebte wirtschaftliche Wachstum wird vermutet, dass es nicht als solches pauschal wohlstandshinderlich ist, als Zielsetzung aber wohlstandshinderliche Tendenzen unseres Wirtschaftssystems verklärt. Zwar wurde oben festgestellt, dass § 5 Abs. 1 GmbHG zur dauerhaften Wachstumssteigerung nicht geeignet ist. Vermutet wird aber, dass die Norm die durch das Wachstumsziel verdunkelten Probleme verstärkt.

Kern der folgenden Ausführungen sind also normative Auswirkungen auf den gesellschaftlichen Wohlstand. Fraglich ist, welcher Maßstab für den vagen Wohlstandsbegriff anzusetzen ist. Gefordert wurde für § 5 Abs. 1 GmbHG eine verfassungsrechtliche Legitimationsbasis.[1] Als Wohlstandsmaßstab wird deshalb der verfassungsrechtliche Gemeinwohlbegriff dienen, dem hierfür bereits Konturen verliehen wurden.[2] Zwar wurde darauf hingewiesen, dass das Gemeinwohl rechtlich nicht umfassend herzustellen sei. Das heißt aber nicht, die Rechtsordnung sei nicht auf das Gemeinwohl ausgerichtet. Sie schafft Gemeinwohlvoraussetzungen, indem sie die sozia-

---

[1] Vgl. oben § 11 V 2.

[2] Vgl. oben § 7 III 5 bis 7.

len Akteure zu gerechtem Handeln verpflichtet. Mit anderen Worten sichert sie nicht alle Interessen, sondern die wichtigen Interessen der Rechtsunterworfenen. Die wichtigsten Interessen sind aus verfassungsrechtlicher Sicht Würde und Leben der einzelnen Menschen sowie ihr Interesse an persönlicher Entfaltung. Verfassungsrechtlicher Letztzweck gesellschaftsrechtlicher Regelungen sind nicht primär Leben oder Würde der Betroffenen. Daher rückt wie im Vertragsrecht die Entfaltungsfreiheit in den Vordergrund. Als Wohlstandsmaßstab werden deshalb im Folgenden die beschriebenen[3] Entfaltungsvoraussetzungen angelegt. Zu prüfen ist dementsprechend die obige These D6:

D6. Das verfassungsrechtlich angestrebte Gemeinwohl wird durch § 5 Abs. 1 GmbHG weniger gefördert als vereitelt. Der Verstoß der Norm gegen den Grundsatz der Vertragsbindung entbehrt einer verfassungsrechtlichen Grundlage und ist deshalb verfassungswidrig.

2. Weiteres Vorgehen

Zunächst wird (II.) untersucht, welche Auswirkungen der Verdrängungswettbewerb auf individuelle Kompetenzen hat. Anschließend (III.) stellt sich die Frage, wie Wettbewerbs- und Wachstumspolitik die gesellschaftlichen Teilhabemöglichkeiten beeinflussen. Sodann werden (IV.) die Folgen für den individuellen Ressourcenzugang beleuchtet. Zuletzt (V.) werden philosophisch-ethische Grundbausteine streng marktliberaler und sozialstaatlicher Gemeinwohlentwürfe dargestellt und verglichen. Auf dieser Grundlage wird entschieden, inwiefern sich § 5 Abs. 1 GmbHG in eine an verfassungsrechtlichen Wertungen ausgerichtete Marktwirtschaft einfügt.

Eine vertiefte Auseinandersetzung mit den einzelnen Punkten ist vorliegend nicht beabsichtigt. Es soll lediglich darauf hingewiesen werden, dass die Frage nach der Haftung des Kapitalgesellschafters gesamtgesellschaftliche Fragestellungen berührt, die in den Nachbarwissenschaften sehr kontrovers diskutiert wird. Ziel dieser Vorgehensweise ist es, das vornehmlich an streng liberalen Wirtschaftstheorien ausgerichtete Gesellschaftsrecht ein Stück weiter als bisher für eine umfassendere interdisziplinäre Betrachtung zu öffnen. Sozusagen als kleinster gemeinsamer Nenner der verschiedenen Disziplinen bietet sich aus rechtlicher Perspektive das philosophisch fundierte Freiheitsverständnis unserer Verfassung an.

---

[3] Vgl. oben § 8 II und III.

II. Verdrängungswettbewerb und individuelle Handlungskompetenz

1. Sinkende Wertschätzung für schöpferische Potentiale in Bildung und Ausbildung

Eine Voraussetzung individueller Entfaltungsfreiheit ist der Erwerb von Handlungskompetenzen. Hierzu gehören sprachliche, wissenschaftliche, soziale, handwerkliche, wirtschaftliche Fähigkeiten und Kenntnisse usw. Gerade im Bildungssektor zeigt sich nun ein qualitativer Unterschied von konkurrenzförderndem und Verdrängungswettbewerb:

Grundlage individueller Selbstbestimmung ist das schöpferische Potential menschlichen Handelns, welches die Rechtsordnung axiomatisch voraussetzt. Es ist nun nicht so, dass dieses Potential politisch völlig übersehen wird. Problematisch ist jedoch die stark ökonomisierte Zielsetzung des Bildungssektors[4]. Andere als unmittelbar ökonomisch verwertbare Fähigkeiten werden zunehmend als überflüssig angesehen.[5] Eine freiheitsorientierte Erziehung würde verschiedenste Anlagen gleichermaßen fördern, da hierdurch erfolgversprechende Lösungsangebote hinsichtlich gesellschaftlicher Fragestellungen vervielfältigt werden.[6] Die zunehmende Akademisierung des Bildungssektors vernachlässigt hingegen wichtige praktische Fertigkeiten.[7] Je mehr sich Bildung, Ausbildung und Erziehung auf wirtschaftlichen Verdrängungswettbewerb ausrichten, umso wahrscheinlicher bleiben sozial Benachteiligte[8] sowie soziale und künstlerische Potentiale aller auf der Strecke.[9] Eine wohlstandssteigernde Wirkung des auf wirtschaftlichen Verdrängungswettbewerb ausgerichteten § 5 Abs. 1 GmbHG ist insofern äußerst fraglich.

2. Sinkende Wertschätzung für schöpferische Potentiale im Arbeitsprozess

Im wirtschaftlichen Produktionsprozess führt die Berücksichtigung verschiedenster Interessen zu erhöhten Kosten, etwa für Maßnahmen des Ge-

---

[4] Zum Beispiel erwähnt das Bildungsministerium auf seiner Homepage die Zukunfts- und Wettbewerbsfähigkeit junger Menschen als Ziele und Voraussetzung wirtschaftlichen Wachstums. Umfassend zu den Bildungsideologien der letzten Jahre Prisching, Bildungsideologien, zur momentan geläufigen Ideologie der wissensbasierten Gesellschaft ebenda, 120 ff.

[5] Zur latenten Bildungsfeindlichkeit einer ausschließlich betriebswirtschaftlichen Rationalität Negt, Arbeit und menschliche Würde, 355 ff.

[6] Bereichernd in dieser Richtung sind zum Beispiel die Erfahrungen der Montessori- und Waldorfschulen.

[7] *Bosch*, Echte oder gefühlte Akademikerlücke?, 20 ff., 21, 29.

[8] Vgl. IfS Dortmund/Bertelsmann Stiftung, Chancenspiegel 2012.

[9] Die Ausrichtung schulischen Lernens auf Wettbewerb und Leistungsdruck bezeichnet *Goleman*, Kreativität entdecken, 67 ff., 68, als ‚Kreativitätskiller'.

sundheitsschutzes. Im Rahmen des auch von § 5 Abs. 1 GmbHG geförderten Verdrängungswettbewerbs zeichnet sich nun eine schleichende Werterosion ab. Zu nennen ist etwa die Verdrängung handwerklicher Tätigkeit durch die Technisierung. Man muss kein Technikfeind[10] sein, um neben Vorteilen der Technisierung auch Nachteile zu sehen. Die Gesellschaft verliert hierdurch zunehmend wertvolle Fähigkeiten,[11] ferner die identitäts- und sinnstiftende Dimension des Handwerks[12] und nicht zuletzt bestimmte Produktqualitäten.[13] Ein weiterer Nachteil des Verdrängungswettbewerbs liegt im massiven Druck, die Lohnkosten zu senken. Zur vollen Entfaltung der eigenen Potentiale trägt eine schlechte Bezahlung sicher nicht bei. Ferner belastet die von § 5 Abs. 1 GmbHG erlaubte Risikoverlagerung ansonsten gesunde kleinere und mittlere Unternehmen mit lokaler Verwurzelung, die oft über Jahre hinweg vielfältige wirtschaftliche, soziale und kulturelle Verbindungen geknüpft haben, die also nicht nur durch ihre Produkte die Lebensqualität der Mitarbeiter und Kunden heben. Diese Art sozialer Kreativität wird durch den forcierten Verdrängungswettbewerb völlig vernachlässigt.

Der Verdrängungswettbewerb führt also nicht automatisch zu einer stärkeren Nutzung schöpferischer Potentiale, sondern verringert deren Wertschätzung in großem Ausmaß. Diese Entwicklung wird durch § 5

[10] Die Debatte wird oft polarisiert in technikfreundliche und technikfeindliche Standpunkte. Damit wird eine seriöse Auseinandersetzung bereits im Ansatz vereitelt. Die Zielsetzung muss es deshalb sein, neben den unbestreitbaren Vorteilen des technischen Fortschritts (z.B. Gesundheitsschutz, Präzisionsarbeit usw.) auch die potentiellen Nachteile in eine umfassende demokratische Abwägung einzubeziehen.

[11] *Sennet*, Handwerk, 65: „Wenn Hand und Kopf getrennt werden, leidet der Kopf".

[12] Zur persönlichkeitsformenden Wirkung handwerklicher Tätigkeit *Sennet*, Handwerk, 379 ff., *Hacker*, Arbeitspsychologie, 782 ff., sowie *Mikl-Horke*, Industrie- und Arbeitssoziologie, 237 ff, 239.

[13] *Sennet*, Handwerk, 58 ff., nennt das Beispiel des Architekten, der seine Häuser mittels der Software CAD ausschließlich am Computer entwirft. Dadurch erhält er keinerlei unmittelbaren Eindruck von den örtlichen Lichtverhältnissen und baut möglicherweise an Interessen der Nutzer vorbei. Ebenfalls im Bezug auf die Architektur weist der Filmemacher Dieter Wieland in seinen Filmen darauf hin, dass sich die Bauherren unserer Altstädte noch im Maßstab 1:1 verständigten und vor Ort Rücksicht nahmen auf Gelände, Umgebung und die vielfältigen sozialen Funktionen des Bauens. Hierdurch erhielten die Städte einen Charakter, den man bei heutigen Bauvorhaben oft vergeblich sucht. Ebenfalls nicht maschinell reproduzierbar ist zum Beispiel die Arbeit des Goldschlägers, der kleine Goldklumpen zu Blattgold schlägt. Je filigraner der Verwender arbeiten möchte, umso eher greift er auf handgeschlagenes Blattgold zurück, weil das maschinengeschlagene spröder und brüchiger ist und sich zum Beispiel auf Reliefbilder kaum auftragen lässt.

Abs. 1 GmbHG gefördert,[14] insofern ist eine wohlstandsfördernde Funktion der Norm nicht feststellbar.

3. Zwischenergebnis

Die Stammkapitalziffer des § 5 Abs. 1 GmbHG fördert wirtschaftlichen Verdrängungswettbewerb. Die Wertschätzung kreativer Potentiale richtet sich im Rahmen dieses Wettbewerbs fast ausschließlich nach ihrer kommerziellen Verwertbarkeit. Insofern ist die Behauptung, die Haftungsbeschränkung wirke wohlstandsfördernd, nicht belegt.

III. Wettbewerb, Wachstum und gesellschaftliche Teilhabe

Individuelle Gestaltungsmacht bedarf gesellschaftlicher Teilhabemöglichkeiten. Zu nennen sind insbesondere räumliche, soziale und materielle Teilhabe. Fraglich sind die diesbezüglichen Auswirkungen wirtschaftlichen Wachstums und des internationalen Verdrängungswettbewerbs.

1. Beschränkung räumlich-sozialer Teilhabe

Voraussetzung räumlicher Teilhabe ist der individuelle bzw. kollektive Zugang zu bestimmten Flächen. Im Rahmen wirtschaftlicher Wachstumsbestrebungen nimmt der Flächenbedarf beständig zu.[15] Die Kommunen privatisieren aufgrund klammer Kassen eine Vielzahl an Flächen, ehemals allen Bürger zugängliche Erholungsflächen gehen dabei ebenso verloren wie landwirtschaftliche Nutzflächen. Soziologen und Ethnologen diagnostizieren die Abnahme verschiedenster sozialer Funktionen von Bauvorhaben.[16]

---

[14] Mitursächlich sind hier die vielfältigen Wettbewerbsverzerrungen zugunsten von Großunternehmen. Sie sind zum Beispiel befreit von den Nutzungsgebühren für das Stromnetz und von der Kostenumlage zur Förderung erneuerbarer Energien, wodurch der energieintensive Maschinenpark erheblich rentabler wird; vgl. §§ 40 ff. EEG und § 19 StromNEV i.V.m. § 9 KWKG i.V.m. der Umlagefestsetzung der Bundesnetzagentur für 2012, veröffentlicht auf der Seite eines der Netzbetreiber: www.amprion.de.

[15] Vgl. für Deutschland *BUND* (Hrsg.) Gemeinsames Positionspapier der Umwelt- und Naturschutzverbände zum Thema „Reduzierung der Flächeninanspruchnahme", 1 f.; im globalen Maßstab geht räumliche Teilhabe vor allem durch das sog. Land Grabbing verloren, hierzu *Sibaud*, Opening Pandor's Box.

[16] Anschaulich bebildert und auf den Punkt gebracht bei Wieland/Bode/Disko, Grün kaputt, 6 f.: „Tag für Tag verliert das Auge. [...] Deutschland, aufgeräumt und ausgeräumt. [...] Nicht die Veränderung an sich ist es, die deprimiert. [...] Sondern der Abstieg ins Grelle und Banale. Der Verlust an Gestalt. An Geschmack und Qualität." Augé bezeichnet vor allem anonyme Orte wie Flughäfen, U-Bahnen, Supermärkte oder Hotelketten als ‚Nicht-Orte', vgl. Augé, Nicht-Orte, 104: „Der Raum des Nicht-Ortes schafft keine besondere Identität und keine besondere Relation [im Sinne von sozialen Beziehungen, A.d.V.], sondern Einsamkeit und Ähnlichkeit."

Der soziale Wohnungsbau verliert in Deutschland seit den 1980er Jahren stetig an Bedeutung bzw. kann den Bedarf nicht mehr annähernd decken.[17] Dadurch wird gerade den sozial Schwachen der Zugang zu erschwinglichem Wohnraum erschwert. Trotz wirtschaftlichen Wachstums haben sich also in den letzten Jahrzehnten räumlich-soziale Teilhabemöglichkeiten verringert.

2. Beschränkung materieller und sozialer Teilhabe durch Arbeitsorganisation

a) Erwerbsarbeit als Voraussetzung materieller Teilhabe

Wesentliche Voraussetzung materieller Teilhabe ist für den Normalbürger die Erwerbsarbeit. Volkswirtschaftlich wird Wachstum als Voraussetzung eines hinreichenden Angebots an Arbeitsplätzen gesehen. Der technologische Fortschritt erhöhe die Produktivität und vernichte somit Arbeitsplätze. Ein neues Angebot an Arbeitsplätzen entstehe auf zwei Wegen. Zum einen führe der technische Fortschritt zu neuen Produkten, deren Fertigung wiederum Arbeitsplätze schaffe. Zum anderen führe die Förderung von Unternehmensgründungen zur Entstehung neuer Arbeitsplätze im Dienstleistungssektor. Diese Umstrukturierung des Arbeitssektors führe auf Dauer zur Vollbeschäftigung. Die Argumentation ist jedoch wenig überzeugend:

b) Generierung von Arbeitsplätzen durch Wachstum

Im Produktionssektor enstehen statistisch betrachtet weniger Arbeitsplätze, als der technische Fortschritt vernichtet.[18] Eine Mehrung der Arbeitsplätze im Dienstleistungssektor erscheint möglich, ist aber nicht vorhersagbar. Zweifelhaft erscheint die Zunahme des Arbeitsplatzangebotes in beiden Sektoren aufgrund möglicher Sättigungstendenzen.[19] Insofern lässt sich die Arbeitslosenquote nicht pauschal mit einem Mangel an hochqualifizierten Arbeitskräften begründen. Deshalb ist die geforderte Akademisierung des Bildungssektors nicht zwingend erfolgversprechend. Solange das Arbeitsplatzangebot für Akademiker nicht wächst, führen „Verdrängungs- und

---

[17] Vgl. Eduard Pestel Institut, Bedarf an Sozialwohnungen in Deutschland: Die Studie diagnostiziert ein Defizit von 4 Millionen Sozialwohnungen mit steigender Tendenz. Bundesweit entfallen demnach jährlich durchschnittlich 100.000 Sozialwohnungen, die staatliche Förderung von Neubauten und Sanierungen betrifft jedoch lediglich 30.000 Wohnungen.

[18] Vgl. die Statistik bei *Geißler*, Entwicklung zur Dienstleistungsgesellschaft, 19.

[19] Dazu bereits oben § 13 IV 4.

Entwertungsprozesse […] zu einer Verschlechterung für (fast) alle."[20] Dieselbe Entwertung trifft auch andere Abschlüsse wie den Meister oder Facharbeiter.[21]

Bedacht werden muss ferner, dass das deutsche Wirtschaftswachstum in den letzten Jahrzehnten meist nicht mit einem Anstieg der Beschäftigung einherging.[22] Eine erkennbare Zunahme des Arbeitsplatzangebots trifft vornehmlich den Niedriglohnsektor,[23] in dem die Gegenleistung für eine Vollzeitarbeit teilweise hinter dem Sozialhilfesatz zurückbleibt. Wohlstandssteigernd ist diese Entwicklung ganz sicher nicht, teilweise wird die Situation prekär Beschäftigter bereits als menschenunwürdig angesehen.[24] Problematisch ist ferner, dass die Wachstumstheorie die Arbeit nicht mehr als Mittel zum Zweck darstellt, sondern als Selbstzweck.[25] Erst dadurch wird es möglich, negative Auswirkungen wachstumsorientierter Arbeitspolitik auszublenden:

c) Arbeit und soziale Bedürfnisse

Letztlich muss man sich vor Augen halten, dass die genaue Übereinstimmung von Angebot und Nachfrage im Bezug auf Arbeitsplätze historisch betrachtet eine Ausnahme ist. In Zeiten wirtschaftlicher Prosperität fehlen Arbeitskräfte, zu anderen Zeiten Arbeitsplätze. Die wachstumsorientierte Wirtschaftstheorie entkoppelt nun mit ihrer starren Ausrichtung auf Vollbeschäftigung den Arbeitsprozess von seinem eigentlichen Zweck, nämlich der Befriedigung menschlicher Bedürfnisse: Zwar haben sich die konkreten Bedürfnisse im Laufe der Zeit stets verändert. Das Verhältnis materieller und sozialer Grundbedürfnisse hat sich hingegen nicht gewandelt. Im Gegensatz zur Nachkriegszeit sind die zur Befriedigung materieller Grundbedürfnisse erforderlichen Rohstoffe und Güter heute nicht mehr knapp, sondern gerade in Deutschland reichlich vorhanden. Die Befriedigung sozialer Bedürfnisse wird für Arbeitslose und Erwerbstätige trotzdem gleichermaßen schwerer.[26] Dem Arbeitenden fehlt hierfür zunehmend die Zeit. Dem Arbeitslosen fehlen die hierfür erforderlichen Mittel sowie die ar-

---

[20] *Drexel*, Gesellschaftliche und politische Folgen von Akademisierung, 36, 49, mit dem Zusatz: „Eine solche allgemeine Verschlechterung ist aber wohl keine Form von sozialer Gerechtigkeit".

[21] *Drexel*, Gesellschaftliche und politische Folgen von Akademisierung, 36, 40 f.

[22] Vgl. *Schirwitz*, Wirtschaftswachstum und Beschäftigung.

[23] Näher zur unbehobenen Sockelarbeitslosigkeit *Negt*, Arbeit und menschliche Würde, 233 ff.

[24] So etwa bei *Görner*, JCSW 52, 21, 27.

[25] Vgl. *Riegler*, Die Faulen und die Fleißigen, 124, die auf die ähnliche Mythologisierung der Arbeit in der kommunistischen Planwirtschaft hinweist.

[26] Vgl. *Wolf*, Arbeitsglück, 189.

beitsvermittelte soziale Anerkennung.[27] Diese Entwicklung belastet ebenso die individuelle Gesundheit[28] wie die Stabilität sozialer Strukturen.[29] Die gesellschaftliche Lage hat sich also im Vergleich zur Hochzeit wirtschaftlichen Wachstums komplett umgekehrt, die Knappheit der Güter wurde abgelöst durch eine Knappheit der Arbeit, welche die wachstumsorientierte Wirtschaftspolitik nunmehr durch die zweckbefreite Förderung beliebiger Arbeitsangebote[30] lösen möchte.[31] Im Gegensatz zum Vertrauen auf wirtschaftliches Wachstum wird deshalb vorgeschlagen, entweder den vorhandenen materiellen Wohlstand und/oder die verfügbare Arbeit anders zu verteilen:[32]

d) Verteilung des erwirtschafteten Wohlstands

aa) Grundeinkommen als Subventionierung von Faulenzern

Das momentan populärste Modell gesellschaftlicher Wohlstandsverteilung ist das bedingungslose Grundeinkommen.[33] Dagegen wird vorgebracht, harte Arbeit solle nicht das süsse Leben der Faulenzer alimentieren. Hieraus spricht ein grundlegendes Misstrauen gegenüber den Empfängern von Sozialleistungen,[34] welches erst im 21. Jahrhundert politisch salonfähig wurde.[35] Problematisch ist, dass dabei die sozialen Begleitumstände ausgeblendet werden. Nachvollziehbar wäre die Aussage nämlich allenfalls bei einem hinreichenden Angebot an Arbeitsmöglichkeiten. In der Tat wird oft behauptet, wer arbeiten wolle, finde auch Arbeit. Damit wird die gesellschaftliche Realität jedoch verkürzt. In der zweiten Hälfte des letzten Jahrhunderts war es die Regel, dass mit zunehmendem Alter Gehalt und Urlaubsansprüche erhöht wurden, ferner stieg aufgrund der größeren Erfah-

---

[27] Zu sozialer Ausgrenzung und psychosozialen Folgen der Arbeitslosigkeit *Bosch*, Konsum und Exklusion, 234 ff.; 241 ff.

[28] Neben der Intensivierung der Arbeit wird als psychisch belastend die zunehmende Entkopplung von Arbeitsqualifikation und Anforderungen angeführt, näher dazu *Moldaschl*, Herrschaft durch Autonomie, 132, 143 ff.

[29] Vgl. *Keilig*, Deutschland in der Prekarisierungs-Falle, 60 ff.

[30] Bezeichnend hierfür ist der Slogen der Initiative Neue Soziale Marktwirtschaft: „Sozial ist, was Arbeit schafft.“, vgl. bereits oben § 12 IV 3 b.

[31] *Ulrich*, Integrative Wirtschaftsethik, 236.

[32] Eine greifbare Übersicht der Diskussion zur Arbeitsgesellschaft bietet *Nothelle-Wildfeuer*, Arbeit in der globalisierten Wissensgesellschaft, 229 ff.

[33] Ein weiteres Modell ist die negative Einkommenssteuer, hierzu *Friedman*, Kapitalismus und Freiheit, 227 ff..

[34] Zum entsprechenden Einstellungswandel in der neueren Bürgergeldkonzeption der FDP, welche sich als Fortentwicklung der Idee einer negativen Einkommenssteuer begreift, vgl. *Franzmann*, Demokratisierung der geistesaristokratischen Muße, 11, 89 f.

[35] Zur Einführung dieser Sichtweise auf politischer Ebene durch den ehemaligen Bundeskanzler Gerhard Schröder vgl. nur *Franzmann*, Demokratisierung der Muße, 11, 89 f.

rung die betriebsinterne Wertschätzung. Eine Festanstellung war für einen Menschen mit abgeschlossener Berufsausbildung fast mühelos erreichbar, vom Lohn einer 40-Stunden-Woche konnte eine Person eine vierköpfige Familie ernähren. All das hat sich grundlegend gewandelt.[36] Heute werden vielerorts Arbeitnehmer ab 50 Jahren entlassen, um jüngere und flexiblere Arbeitskräfte einzustellen, die über weniger familiäre und regionale Bindungen verfügen und geringere Gehaltsansprüche stellen. Ganz allgemein gehen die Unternehmen weniger Bindungen ein, mit politischer Förderung floriert die Leiharbeit als beliebtes Mittel zur Senkung der Lohnkosten. Arbeitslosigkeit und fehlende Arbeitsmotivation sind also auch sozial konstruiert,[37] im Einzelfall sind sie dem Betroffenen nur begrenzt vorwerfbar.

bb) Finanzierbarkeit des Grundeinkommens

Als problematisch wird hervorgehoben, dass ein bedingungsloses Grundeinkommen die Markteinkommen aus Kapital und Arbeit belasten würde. Hieraus könne eine geringere Leistungsbereitschaft am Markt entstehen, welche die Produktion hemmt.[38] Zuzustimmen ist dem insofern, als die Folgen eines derartigen Grundeinkommens nicht ohne weiteres absehbar sind.[39] Sinnvoll erscheint deshalb der Vorschlag, „durch kleinere Zwischenschritte […] Erfahrungen mit den Folgen zu sammeln."[40] Problematisch an der Kritik ist wiederum das implizite Misstrauen gegenüber der individuellen Arbeitsmotivation, wodurch die strukturellen Rahmenbedingungen dieser Motivation ausgeblendet werden.[41] Ob das Grundeinkommen einen ‚Erziehungsbeitrag zur Arbeitsscheu'[42] leistet, hängt ganz erheblich von den hiermit verknüpften weiteren Maßnahmen ab.

Entscheidend dürfte vor allem sein, welche Bedingungen die Erwerbsarbeit aufweist:

---

[36] Vgl. zur Wandlung der erwerbsbasierten individuellen Zukunftsaussichten *Gruber*, Arbeitsverhältnisse als Gesellschaftsverhältnisse, 15, 18 ff.

[37] Vgl. zu den verschiedenen Haltungen Erwerbsloser *Bescherer/Röbenack/Schierhorn*, Eigensinnige ‚Kunden', 145, 147 ff.

[38] *Kumpmann*, Das Problem der Finanzierung eines bedingungslosen Grundeinkommens, 369, 373 ff.

[39] *Kumpmann*, Das Problem der Finanzierung eines bedingungslosen Grundeinkommens, 369, 373 ff.; *Franzmann*, Demokratisierung der geistesaristokratischen Muße, 11, 77.

[40] *Kumpmann*, Das Problem der Finanzierung eines bedingungslosen Grundeinkommens, 369, 389.

[41] Vgl. dazu soeben unter aa.

[42] Das befürchtet *Zinn*, Das BGE, 135, 143.

e) Verbesserung der Rahmenbedingungen der Erwerbsarbeit

aa) Bedeutung der Arbeit

Bedeutsam erscheint neben einem materiellen Verteilungsmechanismus eine bessere Verteilung der vorhandenen Arbeit.[43] Die Arbeit weist engste Verbindungen zu menschlicher Würde und Persönlichkeitsentfaltung auf,[44] neben den materiellen Funktionen wirkt sie identäts- und sinnstiftend.[45] Kaum eine Institution integriert den Menschen so sehr in die Gesellschaft, kaum eine Institution ermöglicht ihm einen beständigeren Ausbau von Fähigkeiten.[46]

Aus der momentanen Arbeitsmarktpolitik wird diese intrinsische Motivationsebene weitgehend ausgeklammert,[47] wodurch hierauf bezogene Anreizstrukturen auch nicht als mögliche Lösung wahrgenommen werden können. Eine Wirtschaftspolitik, welche individuelle Sinnfragen nüchtern ausklammert, ignoriert deren fundamentale Bedeutung für das individuelle Wohlbefinden.[48] Im Blick auf Art. 4 GG ist das höchst problematisch. Diskutiert werden deshalb verschiedene strukturelle Reformen des Arbeitsmarkts:

bb) Verkürzung der Arbeitszeit

Denkbar ist eine andere Verteilung des Arbeitsvolumens durch Kürzung der Arbeitszeit. Dem halten Wirtschaftstheoretiker entgegen, dass Teilzeitmodelle wenig Anklang fänden, weil kaum jemand auf zusätzliche Einnah-

---

[43] In diese Richtung auch *Keilig*, Deutschland in der Prekarisierungs-Falle, 171.

[44] *Nothelle-Wildfeuer*, Arbeit in der globalisierten Wirtschaftsgesellschaft, 229, 233 m.w.N. sowie dem Hinweis: „Theologisch gesehen artikuliert sich in der menschlichen Arbeit auch die Gottebenbildlichkeit des Menschen, dessen Arbeit ihr Vorbild im göttlichen Schöpfungsakt hat".

[45] *Nüchter*, Bedeutung der Arbeit, 217 ff., 224, 239 ff. Beachtenswert ist diesbezüglich der Hinweis, dass die Arbeit heute den Wegfall anderer sinnstiftender Instanzen kompensieren soll, *Höfer/Straus*, Arbeitsorientierung und Identität, 83 ff., 103.

[46] Zur persönlichkeitsbildenden Wirkung der Arbeit *Hacker*, Arbeitspsychologie, 767 ff. Zu den entsprechend negativen Auswirkungen der Arbeitslosigkeit *Nüchter*, Bedeutung der Arbeit, 125 ff. m.w.N.

[47] *Franzmann*, Demokratisierung der Muße, 11, 89, 95, der darauf hinweist, dass der ‚aktivierende' Sozialstaat der Agenda 2010 Arbeitslose implizit als passiv und aktivierungsbedürftig deutet.

[48] Hierzu *Franzmann*, Demokratisierung der Muße, 11, 95: „Der verbetriebswirtschaftlichte Diskurs gibt sich in dieser Akzentuierung materieller, eigennütziger Interessen betont nüchtern und illusionslos. Vieles spricht jedoch dafür, dass dieser Diskurs darin bzw. im Hinblick auf die praktische Bedeutung intrinsischer Leistungsmotive und darunter insbesondere ‚religiöser' Sinnfragen in Wahrheit selbst hochgradig naiv und unaufgeklärt ist."

men verzichten wolle.[49] Das impliziert die Annahme, die bestehende Lohnstruktur sei naturgegeben. Faktisch sinken hingegen die Reallöhne, während die Unternehmensgewinne steigen. Insofern erscheinen pauschale Zweifel an der Möglichkeit attraktiver Teilzeitmodelle unberechtigt. Derartige Modelle sind vorhanden[50] und werden mit einigem Erfolg praktiziert, etwa in den Niederlanden.[51] Arbeitszeitverkürzungen sind sicher kein singuläres Allheilmittel,[52] aber in Verbindung mit weiteren Maßnahmen ein sinnvolles Instrument zum Ausgleich materieller und sozialer Interessen.[53]

f) Verändertes Verhältnis von Arbeit und Technik

aa) Technik und Wachstum

Mitursächlich für das sinkende Arbeitsangebot ist der technische Fortschritt. Bestritten wird diese These mit dem Hinweis, der Produktivitätsfortschritt der letzten Jahrhunderte habe das Angebot an Arbeitsplätzen nicht verringert.[54] Diese Gegenthese blendet die Bedeutung des durch Produktivitätssteigerungen sinkenden Arbeitsvolumens aus. Das sinkende Volumen führt nicht unmittelbar und zwangsläufig zu Arbeitslosigkeit, wird jedoch dann problematisch, wenn es nicht durch Arbeitszeitverkürzungen kompensiert wird,[55] oder wenn die trotz verkürzter Arbeitszeit ebenso produktive Arbeit nun schlechter entlohnt wird. In beiden Fällen verschlechtert der Produktivitätszuwachs die Arbeitsbedingungen und mindert die Menge *gut bezahlter* Arbeit. Technischer Fortschritt bedeutet also nicht automatisch sozialen Fortschritt.[56]

Wohlstandsfördernd könnte sich ein anderes Verhältnis von Arbeit und Technik auswirken. Die unbestreitbaren Vorteile der Technik muss und sollte man nicht aufgeben,[57] daher besteht die „emanzipatorische Heraus-

---

[49] In diese Richtung etwa *Mussel/Pätzold*, Grundfragen der Wirtschaftspolitik, 88.

[50] Vgl. *Ulich*, Beschäftigungswirksame Arbeitszeitmodelle, der sowohl auf realisierte als auch auf theoretische Modelle eingeht.

[51] *Ballendowitsch*, Strukturwandel im öffentlichen Dienst der Niederlande, 18 ff.; Eurostat, Statistik zur Quote teilzeitbeschäftigter Personen in Europa.

[52] *Wolf*, Arbeitsglück, 202 f.

[53] *Negt*, Arbeit und menschliche Würde, 158 ff.

[54] *Sinn*, Ist Deutschland noch zu retten, 132.

[55] Franzmann, Demokratisierung der Muße, 11, 21 ff., 31 ff., 33, 49 f.

[56] So das Fazit bei *Irrgang*, Homo Faber, 208, der sich umfassend mit den kultur-historisch-philosophischen Zusammenhängen von Arbeit und Technik beschäftigt.

[57] Völlig unzutreffend ist die Aussage von Hans Werner *Sinn* („Ist Deutschland noch zu retten, 133), wer einen Zusammenhang von technischem Fortschritt und Arbeitslosigkeit sehe, müsse zwangsläufig dafür plädieren, sofort jegliche Forschung und Entwicklung zu verbieten. Die polarisierende Unterstellung kritisiert *Franzmann* (Demokratisierung der geistesaristokratischen Muße, 11, 51) mit dem Hinweis, dass *Sinn* das mo-

forderung nicht im Kampf gegen die Maschine, sondern in der Arbeit mit ihr [...].“[58] Allerdings haben wir in weiten Teilen verlernt, die Vorteile händischer bzw. handwerklicher Tätigkeiten zu erkennen bzw. wertzuschätzen.[59] „Wir sind durch industrielle Gewohnheiten derart verbildet, daß wir es nicht mehr wagen, Fortschritt durch Des-Industrialisierung als Möglichkeit ins Auge zu fassen.“[60]

Eine kritische Betrachtung von Notwendigkeit und Nutzen einzelner technischer Produktionsprozesse könnte Arbeitsangebote erschließen, ohne dass ein Zuwachs des Sozialprodukts vonnöten wäre. Überlegungen in diese Richtung werden freilich im Keim erstickt, wenn man jegliche Veränderung mit Verweis auf den internationalen Wettbewerb für unmöglich erklärt:

bb) Technik und Wettbewerb

Im Rahmen des internationalen Wettbewerbs wird eine technische Neuerung mit Potential zur Kosteneinsparung als Notwendigkeit empfunden. Ihre Umsetzung mutiert so zum Sachzwang. Aus Sicht des in den Wirtschaftsprozess eingebundenen Unternehmers sind derartige Sachzwangargumente nachvollziehbar. Der Gesetzgeber kann sich hierauf aber nicht berufen. Ihm obliegt die Gestaltung gesellschaftlicher Rahmenbedingungen, er hat die Macht zur Linderung marktwirtschaftlicher Zwänge. In einer zunehmend auf Deregulierung angelegten Wirtschaftspolitik sinkt freilich das Bewusstsein für staatliche Gestaltungsmöglichkeiten. Verstärkt wird das politische Sachzwangdenken ferner durch technikimmanente Machtpotentiale.[61] Einer demokratischen Abwägung positiver und negativer Technikfolgen wird damit die Grundlage entzogen, die Technik wird zur Ideologie.[62] Eine passive Haltung des deutschen Gesetzgebers wird bestärkt durch Stimmen aus dem Büro für Technikfolgenabschätzung (TAB), welche die Bedarfsbestimmung für technische Neuerungen allein dem Markt

---

mentane Modell der Erwerbsarbeit implizit als ‚nicht zu hinterfragendes Heiligtum‘ darstellt.

[58] Ausführlich beschreibt die verschiedenen Haltungen gegenüber der Technik in Aufklärung und Romantik *Sennet*, 122 ff, 146 ff., der mit dem zitierten Fazit der aufgeklärten Haltung den Vorzug gibt; in diese Richtung argumentiert ferner *Illich*, Selbstbegrenzung, 33.

[59] Dazu bereits oben II 2.

[60] *Illich*, Selbstbegrenzung, 13.

[61] Vgl. im Bezug auf die verschiedenen Formen der Energiegewinnung *Radkau*, Natur und Macht, 334.

[62] Hierzu eingehend *Habermas*, Technik und Wissenschaft als Ideologie.

zuweisen möchten.[63] Mit anderen Worten: Entscheidend soll sein, was der Kunde will.

Der wiederum ist über die Herstellungsweise des Produkts regelmäßig nicht ansatzweise informiert. Er kennt nicht immer alternative Fertigungmöglichkeiten, deren Kosten oder Begleitprobleme. Wertschätzung für handwerkliche Tätigkeit ist vielfach vorhanden, aber für den Normalbürger teilweise schwer umzusetzen. Nicht jeder kann es sich leisten, seine Möbel beim Tischler oder Nahrung direkt beim Bauern zu beziehen. Mitursächlich ist hierfür auch und gerade die Gestaltung des Arbeitsmarktes, die breiten Schichten zunehmend die materielle Grundlage entzieht, sich für entsprechende Produkte zu entscheiden.

Handgefertigte Produkte werden deshalb oft aus Ländern bezogen, in denen Niedrigstlöhne, Kinderarbeit und fehlender Gesundheitsschutz an der Tagesordnung sind,[64] ohne dass das dem deutschen Verbraucher notwendigerweise bewusst ist. Nur so können die geringen Stückkosten der technischen Fertigung unterboten werden. Im Bezug auf Gesundheitsschutz und Kinderarbeit ist die Politik durchaus sensibel, im Bezug auf die gezahlten Löhne weniger. Ein gedeihliches Zusammenleben erfordert immer auch gegenseitige Wertschätzung. Wenn die Menschen nicht mehr bereit oder in der Lage sind, die Fähigkeiten und Leistungen anderer Menschen durch angemessene Bezahlung wertzuschätzen, dann muss man sich nicht wundern, wenn diese Geringschätzung auch auf andere Lebensbereiche durchschlägt und die individuelle Arbeitsmotivation sinkt. Insofern ist es geradezu blauäugig, den internationalen Wettbewerb pauschal als wohlstandsfördernd anzusehen.

3. Zwischenergebnis

Räumlich-soziale Teilhabemöglichkeiten werden durch Verdrängungswettbewerb und Wachstumsstreben tendenziell verringert. Materiell-soziale Teilhabe basiert zu einem Großteil auf der Erwerbsarbeit. Will die Arbeitsmarktpolitik materielle und soziale Teilhabe aller ermöglichen,[65] so muss

---

[63] Vgl. etwa *Hennen*, Technikfolgenabschätzung, 12: „Richtig […] ist auch die Feststellung einer begrenzten technischen Steuerungskompetenz des Staates in marktliberal verfaßten Gesellschaften. Forschung- und Technikentwicklung sind private und nicht in erster Linie öffentliche Aufgaben. Es ist in erster Line der Markt, der über sinnvolle und nicht sinnvolle, dem Bedarf entsprechende oder an diesem vorbei geplante Innovationen entscheidet und auf den sich die Kalküle technikentwickelnder Unternehmen richten".

[64] Beispielhaft genannt seien nur Kleidung und Stoffe aus Drittwelt- und Schwellenländern sowie Steine insbesondere aus indischen Steinbrüchen, vgl. *Balzer*, Gerechte Kleidung, 309 ff.; *Pennekamp*, Die Spur der Steine.

[65] Aus dem Sozialstaatsprinzip folgt insbesondere die staatliche Aufgabe, Arbeitslosigkeit zu mindern und zu beheben, BVerfGE 21, 245, 251.

sie die komplexen Auswirkungen ihrer Maßnahmen in jeder Hinsicht kritisch prüfen.[66] Wer soziale Bedürfnisse ausschließlich als Kostenfaktor, individuelle Sinnfragen als vernachlässigbar und Technisierung als quasinatürlichen Zwang ansieht, verschließt sich dabei a priori einer differenzierten Betrachtung.

Sozialwissenschaftlich diagnostizierte Exklusionstendenzen[67] sind aus der geschilderten wirtschaftstheoretischen Perspektive kaum noch als Folgen politischer Maßnahmen wahrnehmbar, sie wirken geradezu naturgegeben. Erst aus diesem verengten Blickwinkel heraus erhält das Wirtschaftswachstum seinen Nimbus als alleinseligmachendes wirtschaftspolitisches Heilmittel. Tatsächlich erscheinen die quasireligiösen Erwartungen potentiellen Dauerwachstums jedoch reichlich übertrieben. Nachvollziehbar sind sie vor allem in unterindustrialisierten Gesellschaften, zu denen im 18. Jh. und nach den Zerstörungen des 2. Weltkrieges auch die unsere zählte. Die technikgläubige Wachstumsidee der hochindustrialisierten Gesellschaft beinhaltet hingegen unübersehbare zerstörerische Tendenzen,[68] und zwar sowohl für den Einzelnen als auch für die Gesellschaft.[69] Insofern gibt es keine überzeugenden Belege für die pauschale Aussage, § 5 Abs. 1 GmbHG fördere über unternehmerischen Wagemut, Wettbewerb und Wirtschaftswachstum den gesellschaftlichen Wohlstand. Ganz im Gegenteil muss diese These zentrale Gemeinwohlaspekte ausblenden, so dass sie aus verfassungsrechtlicher Sicht nicht überzeugt.

IV. Wettbewerb, Wachstum und individueller Ressourcenzugang

Eine Voraussetzung individueller Gestaltungsmacht ist die Verfügbarkeit materieller Ressourcen. Der Zugang zu diesen Ressourcen ist nicht naturgegeben, er beruht auch nicht ausschließlich auf Erwerbsarbeit. Die Rahmenbedingungen des Ressourcenzugangs bestimmt der Staat. Behauptet wird im Rahmen von § 5 Abs. 1 GmbHG die wohlstandsfördernde Funkti-

---

[66] Freilich wird sich aus der differenzierten Betrachtung der Teilhaberechte nicht nur eine mögliche Lösung der Arbeitslosenproblematik ergeben, insofern besitzt der Gesetzgeber einen Gestaltungsspielraum, vgl. *Christen*, Arbeitsförderungsrecht und Arbeitsmarktökonomik, 108.

[67] Vgl. zu den verschiedenen Dimensionen sozialer Exklusion die Beiträge bei *Castel/Dörre* (Hrsg.), Prekarität, Abstieg, Ausgrenzung.

[68] Gerade deshalb ist die Idee ‚grünen' oder ‚nachhaltigen' Wachstums abzulehnen, denn damit wird versucht, systemimmanente Probleme mit den Mitteln zu beheben, welche die Problematik erst verursachen oder verstärken, vgl. *Riegler*, Die Faulen und die Fleißigen, 115, 130.

[69] Als Einstieg in die fast unübersehbare Fülle gemeinwohlorientierter arbeitspolitischer Konzepte eignen sich die häufig zitierten Werke von *Negt*, Arbeit und menschliche Würde; *Rifkin*, Das Ende der Arbeit; sowie *Gorz*, Arbeit zwischen Misere und Utopie.

on von Wettbewerb und Wirtschaftswachstum. Dann müsste die entsprechende Wirtschaftspolitik zur Folge haben, dass die Betroffenen einen hinreichenden Zugang zu materiellen Ressourcen erhalten, um ihre jeweiligen Potentiale frei zu entfalten.

1. Natürliche Ressourcen

Global wohlstandsfördernd wäre vor allem ein besserer Zugang aller Einzelnen zu natürlichen Ressourcen wie Boden und Wasser. Die auf Wettbewerb und Wachstum angelegte Art des Wirtschaftens zerstört oder beschädigt diese Ressourcen jedenfalls zurzeit in großem Umfang und nachhaltig. Es werden durch Flächenverbrauch und chemische Abfälle unzählige Ökosysteme und Arten vernichtet, ohne dass die komplexen Folgen dieser Entwicklung ansatzweise voraussehbar wären. Auch in Deutschland ist der industrielle und infrastrukturelle Flächenverbrauch selbst bei Berücksichtigung von Schwankungen konstant hoch.[70]Der Landwirtschaftssektor liegt weltweit und mit politischer Förderung[71] zunehmend in der Hand weniger multinationaler Großunternehmen, die in den weniger entwickelten Ländern Armut und Hunger oft verstärken, statt sie zu lindern.[72] Industrie und Landwirtschaft verbrauchen und zerstören Unmengen an Boden,[73] verbrauchen und verschmutzten Unmengen an Wasser[74] und zerstören insbesondere in ärmeren Ländern langfristig gewachsene und funktionsfähige Produktionsstrukturen.[75] Die mit diesen Prozessen verbundenen sozialen und ökologischen Probleme treffen unmittelbar[76] oder mittelbar auch Deutschland.[77]

Insofern ist eine pauschal wohlstandsfördernde Wirkung von Wettbewerb und Wachstum alles andere als belegt. Einen verbesserten individuel-

---

[70] Vgl. die empirische Analyse bei *Jörissen/Coenen*, Sparsame und schonende Flächennutzung, 33 ff.

[71] Zur sozialschädlichen Agrarpolitik der Weltbank vgl. *Forum für Umwelt und Entwicklung* (Hrsg.), Schöne neue Landwirtschaft.

[72] *Feyder*, Mordshunger, 263 ff.

[73] Insbesondere die Viehwirtschaft benötigt ständig neue Flächen, um den wachsenden Fleischhunger der Welt zu stillen.

[74] Hierzu *Greenpeace* (Hrsg.), Hidden Consequences.

[75] Auf globaler Ebene problematisch ist insbesondere die expansive Agrarpolitik der Industrienationen sowie das sog. ‚Land Grabbing', vgl. *Weingärtner/Trentmann*, Handbuch Welternährung, 71 ff., 76 ff.

[76] Zum Beispiel durch zunehmende Bodenunfruchtbarkeit, vgl. *Uekötter*, Die Wahrheit ist auf dem Feld, 198 ff., 307 ff., 357 ff., 391 ff.

[77] Vgl. *Jean-Claude Juncker*, in: *Feyder*, Mordshunger, Vorwort, 9 f.

len Zugang zu natürlichen Ressourcen versprechen vor allem Maßnahmen jenseits des Wachstumsparadigmas.[78]

2. Materieller Ressourcenzugang jenseits der Erwerbsarbeit

Zu den materiellen Entfaltungsressourcen zählen nicht nur die natürlichen Rohstoffe, sondern auch die hieraus gefertigten Güter sowie Geld. Zugang zu diesen Entfaltungsressourcen gewähren neben der Erwerbsarbeit Erbschaften und die Geldanlage:

a) Ressourcenzugang und Erbrecht

Gänzlich ohne eigenen Verdienst kann sich individuelles Vermögen durch eine Erbschaft vermehren.[79] Geschützt ist das Erbrecht durch Art. 14 GG. Verfassungsrechtlicher Letztzweck des Erbrechts ist die individuelle Entfaltungsfreiheit. Das ergibt sich aus dem engen funktionalen Bezug von Eigentum und Erbrecht zur Privatautonomie. Das Privateigentum sichert unter anderem die materielle Grundlage individueller Entfaltung,[80] durch das Erbrecht wird „das Eigentum in der Hand Privater perpetuiert".[81]

Will die Verfassung die Entfaltung aller Rechtsunterworfenen ermöglichen, so ist das Erbrecht ein zweischneidiges Schwert: Der Entfaltung von Erblasser und Erben ist es regelmäßig nützlich, problematisch erscheint insofern vornehmlich der Schutz des Erben vor der Testiermacht des Erblassers.[82] Wenig nützt das Erbrecht den Nachfahren der weniger Wohlhabenden und Besitzlosen. Erbschaften tragen dazu bei, eine ungleiche Ressourcenverteilung zu perpetuieren,[83] wodurch sich die Sozialstruktur tendenziell über Generationen verfestigt.[84] Damit wird nicht die Entfaltungsfreiheit aller Bürger gefördert, sondern vornehmlich die Entfaltungsfreiheit der Erben großer Vermögensmassen.

Selbstverständlich darf man die Bedeutung des Erbrechts für die ebenfalls grundrechtlich geschützten familiären Bindungen nicht unterschätzen.[85] Ferner kann gerade auch die Integrität großer Vermögensmasse volkswirtschaftlich wünschenswert sein, um etwa die Zerschlagung funkti-

---

[78] Vgl. die verschiedenen Reformvorschläge bei *Jörissen/Coenen*, Sparsame und schonende Flächennutzung, 93 ff.

[79] Rechtsvergleichend *Beckert*, Unverdientes Vermögen.

[80] Maunz/Dürig/Papier, GG[63], Art. 14 Rn. 1 f.; dazu bereits oben § 8 III b cc.

[81] Maunz/Dürig/Papier, GG[63], Art. 14 Rn. 295.

[82] Zum Problem der „Diktatur der kalten Hand" *Röthel*, Gutachten A zum 68. DJT, 29 f. m.w.N.

[83] *Beckert*, Verhandlungen des 68. DJT, II/1, L 10.

[84] *Beckert*, Verhandlungen des 68. DJT, II/1, L 13.

[85] *Röthel*, Gutachten A zum 68. DJT, 27 f.

onsfähiger Betriebe zu vermeiden. Nicht zuletzt stützt die über den Tod hinausgehende Gestaltungsmacht individuelle Sinnentwürfe, weshalb auch im Hinblick auf Art. 4 GG das Erbrecht bedeutsam ist. Auf der anderen Seite lässt sich ein grundlegender Konflikt von Erbrecht und Verteilungsgerechtigkeit nicht leugnen.[86] Fraglich ist also nicht ob, sondern wie und vor allem wie viel der Einzelne selbstbestimmt vererben können soll.

Die Frage muss vorliegend nicht erörtert werden,[87] bedeutsam ist allein die Feststellung des genannten Konflikts, und zwar aus folgendem Grund: Mit § 5 Abs. 1 GmbHG versucht man, über Wettbewerb und Wirtschaftswachstum den gesellschaftlichen Wohlstand zu vermehren. Aus verfassungsrechtlicher Sicht meint gesellschaftlicher Wohlstand den individuellen Wohlstand aller. Wettbewerb und Wachstum sind an Marktmechanismen ausgerichtete Mittel. Ein marktwirtschaftlich zu schaffender Wohlstand aller wird nun erheblich erschwert, wenn Verteilungsmechanismen abseits des Marktes ganze Bevölkerungsgruppen dauerhaft benachteiligen. Selbst wenn man von einer gemeinwohlfördernden Funktion des Marktes ausgeht, so wird sie durch das Erbrecht nicht unerheblich relativiert.

b) Ressourcenzugang durch Vermögen

aa) Zinseszins aus Bankguthaben

Eine Vermehrung der eigenen Ressourcen verspricht die Geldanlage. Während etwa der Aktionär von realwirtschaftlichen Risiken direkt betroffen ist, bleibt der Inhaber eines Bankguthabens regelmäßig davon verschont. Die durch § 355 HGB angeordnete Ausnahme vom Zinseszinsverbot führt zur Erwartung exponentiellen Vermögenswachstums. Der Zuwachs muss seitens der Bank erwirtschaftet werden, das exponentielle Wachstum der Zinsansprüche der Einleger zwingt die Bank zu stetig wachsenden Gewinnen. Die hierfür notwendige Kreditausweitung führt dazu, dass sich der Wachstumszwang selbst verstärkt und auf die Realwirtschaft durchschlägt.[88]

bb) Entkoppelung von Finanz- und Realwirtschaft

Dass in den letzten Jahrzehnten private Zinseinnahmen aus Bankguthaben dauerhaft steigen konnten, verdankt sich Mechanismen abseits der Realwirtschaft. Von deren Risiken bleibt das Bankgeschäft weitgehend verschont, wenn die Bank ihre Forderungen wie üblich besichert. Problema-

---

[86] Vgl. die empirischen Befunde bei Braun/Pfeiffer/Thomschke, Erben in Deutschland
[87] Denkbar wäre etwa eine progressive Erhöhung der Erbschaftssteuer je nach vererbter Masse.
[88] *Hirseland*, Schulden in der Konsumgesellschaft, 36.

tisch wird die Kreditvergabe an die Realwirtschaft deshalb erst bei mangelhafter Kreditwürdigkeitsprüfung. Gestützt werden die steigenden Zinseinnahmen vor allem durch die zunehmende Entkoppelung von Finanz- und Realwirtschaft. Hierdurch ließen sich exorbitante Gewinne ohne realen Gegenwert erzielen.

cc) Überproportionale Zunahme des Geldvermögens

Wenig überraschend ist im geschilderten Zusammenhang eine beständige Zunahme des Geldvermögens, welche den Wertzuwachs des Sachvermögens bei Weitem übertrifft.[89] Zudem ist in der Tendenz eine wachsende Ungleichverteilung des Gesamtvermögens festzustellen. Dieser relative Geldmengenzuwachs verschiebt auf Dauer ökonomische Macht zu den Inhabern großer Vermögen, die aufgrund der exponentiellen Ausdehnung schneller wachsen als kleine. Empirische Untersuchungen hierzu leiden oftmals daran, dass die am stärksten von ungleichen Verteilungstendenzen betroffenen Randgruppen der reichsten bzw. ärmsten Haushalte unberücksichtigt bleiben.[90] Werden diese Gruppen in die Betrachtung einbezogen, so ist eine zunehmende Ungleichverteilung klar erkennbar.[91]

dd) Vermögenseinnahmen als Gegenleistung

Zinseinnahmen aus Bankguthaben sind insofern ‚unverdient', als sie nicht durch eine realwirtschaftliche Leistungserstellung gedeckt sind. Eine vollständige Deckung ist dabei überhaupt nicht möglich. Mit dem exponentiellen Anstieg der Geldmenge kann die maximal linear wachsende Realwirtschaft unmöglich mithalten. Zinseszinsansprüche aus privaten Bankguthaben tragen so dazu bei, dass sich die Proportionen materieller Teilhabemöglichkeiten zulasten der Bevölkerungsmehrheit verschieben. Deutlich wird das Problem vor allem im Vergleich zu direkten Formen der Geldanlage, etwa dem Aktienerwerb. Dort partizipiert der Anleger nicht nur an

---

[89] Vgl. *Hirseland*, Schulden in der Konsumgesellschaft, 36 ff.

[90] So kommt etwa Ring, Die Verteilung der Vermögen in der BRD, 261 ff.; 395 zum Ergebnis, im Gegensatz zur Konzentration des Grund- und Gewerbevermögens lasse sich eine Konzentration des Geldvermögens nicht empirisch belegen, relativierend verweist er auf die jeweils dürftige Datenlage. Die bei *Ring* zugrunde gelegten Einkommens- und Verbrauchsstichproben nennt *Hirseland*, Schulden in der Konsumgesellschaft, 38 m.w.N. wenig aussagekräftig, weil sie die einkommens- und vermögensstärksten Haushalte überhaupt nicht erfassen.; in diese Richtung auch *Althammer*, Förderung der Vermögensbildung, 136 Fn. 24: „Dabei ist zu beachten, daß alle Aussagen über die Struktur der Vermögensverteilung in der Bundesrepublik Deutschland mit großen Unsicherheiten behaftet sind, da die verfügbaren amtlichen Statistiken in diesem Bereich nur bedingt aussagekräftig sind".

[91] *Frick/Grabka*, Gestiegene Vermögensungleichheit in Deutschland.

den wirtschaftlichen Chancen des Unternehmens, sondern auch an den Risiken. Am Aktienmarkt wird Vermögen auf Dauer nur dann belohnt, wenn mit seiner Hilfe realwirtschaftliche Leistungen neu erstellt und auch abgesetzt wurden. Ein quasinatürlich endloses Exponentialwachstum der Ansprüche des Aktieninhabers ist ausgeschlossen.

c) Ressourcenzugang und Staatsverschuldung

aa) Haushaltsbelastung durch Staatsverschuldung

Die Problematik der Staatsverschuldung ist derjenigen der privaten Zinseszinseinnahmen ähnlich. Die Bundesrepublik ist unfähig zur Rückzahlung ihres stetig wachsenden Schuldenbergs. Deshalb werden jährlich neue Kredite aufgenommen, um überhaupt die Zinsen der staatlich in Anspruch genommenen Darlehen zu tilgen. Das zur Zinstilgung notwendige Geld fehlt für die Erfüllung öffentlicher Aufgaben,[92] wofür wiederum verstärkt der Steuerzahler herangezogen wird.[93] Er finanziert mit seinen Steuern zu erheblichen Teilen nicht den eigenen, sondern den Wohlstand vorhergehender Generationen.[94]

bb) Erhoffte langfristige Lastenkompensation der Staatsverschuldung

Fraglich ist, ob eine derartige Vorgehensweise zu rechtfertigen ist. Aus normativ-individualistischer Perspektive legitimieren sich Rechtsnormen allein durch Rückgriff auf die Interessen der Betroffenen.[95] Hierzu zählen auch die zukünftig Betroffenen, also nachfolgende Generationen. Sie sind am Gesetzgebungsprozess nicht beteiligt, so dass der Gesetzgeber zumindest ihre mutmaßlichen Interessen berücksichtigen muss.[96] Als Rechtfertigung staatlicher Neuverschuldung ist dementsprechend allein eine „lastenkompensierende Zukunftsbegünstigung“[97] anerkannt.

---

[92] Vgl. zur desolaten Finanzlage der Gemeinden Bertelsmann-Stiftung, Gemeindefinanzen in Deutschland.

[93] Tendenziell zustimmend und mit breiter Darstellung der wirtschaftswissenschaftlichen Diskussion *Höfling*, Staatsschuldenrecht, 158 ff., 171.

[94] *Höfling*, Staatsschuldenrecht, 160, ist insofern zuzustimmen, als Rückzahlungsverpflichtungen auch kurzfristig entstehen und eine ‚Generation‘ immer eine willkürliche Bezeichnung darstellt. Diese formal richtige Betonung der intertemporalen statt der intergenerativen Perspektive wird dem Problem der Lastverschiebung jedoch inhaltlich nicht gerecht. Die Staatsverschuldung entfaltet langfristig schädlichere Wirkungen als kurzfristig, wenn wie seit Jahrzehnten keine Nettoschuldtilgung erfolgt. Insofern ist eine ‚intergenerative‘ Perspektive aussagekräftiger als eine ‚intertemporale‘.

[95] Vgl. oben § 7 III 3 a.

[96] Vgl. *von der Pfordten*, Normative Ethik, 74, insbesondere zur Staatsverschuldung ebenda, 379 f.

[97] MüKo/*Kube*, GG[63], Art. 115 Rn. 138.

cc) Tatsächlich langfristige Verschärfung der Belastung

Gerade das Vertrauen auf diese Begünstigungswirkung „sollte aber durch die Entwicklung der letzten Jahrzehnte nachhaltig erschüttert worden sein.“[98] Eine Nettoschuldentilgung ist seit 1969 faktisch nicht erfolgt[99] und realwirtschaftlich selbst in Wachstumsphasen nicht mehr zu leisten.[100] Mit anderen Worten wirkt die Staatsverschuldung langfristig und in der Breite wohlstandmindernd. Weitere staatliche Kreditaufnahmen sind daher zurzeit verfassungsrechtlich nicht zu rechtfertigen.[101]

dd) Machtpolitische Nebeneffekte

Der Verschuldungsprozess ist umso bedenklicher, als die Auswirkungen der Kreditaufnahme der demokratischen Kontrolle entzogen sind.[102] Das gilt insbesondere auch deshalb, weil die Gläubiger des Staates dem Steuerzahler völlig unbekannt sind. Er finanziert also jährlich steigende Zinseinnahmen anonymer Personen, deren ökonomische und politische Gestaltungsmacht hierdurch zulasten der Bevölkerungsmehrheit wächst.

Die Beendigung der Staatsverschuldung[103] hätte außerdem den gewichtigen Vorteil, die Kosten staatlicher Leistungen für den Steuerzahler transparenter zu gestalten, wodurch er besser als zuvor für oder gegen haushaltspolitische Maßnahmen votieren könnte.[104]

---

[98] MüKo/*Kube*, GG[63], Art. 115 Rn. 145.

[99] So bereits der Befund bei Höfling, Staatsschuldenrecht, 160, *Koemm*, Eine Bremse für die Staatsverschuldung, 6 Fn. 21 m.w.N.

[100] Kritik am Wachstumsdogma übt deshalb auch *Kirchhof*, Rückbesinnung auf ein Grundrecht, 7, 15 f.

[101] MüKo/*Kube*, GG63, Art. 115 Rn. 140 ff., 142 m.w.N., vgl. auch *von der Pfordten*, Normative Ethik, 379 f.

[102] *Neidhardt*, Staatsverschuldung und Verfassung, 254.

[103] Eine ausführliche Diskussion möglicher Instrumente bietet *Kratzmann*, Verschuldungsverbot und Grundrechtsinterpretation, 160 ff. Grundsätzliche Zweifel an der dem Gesetzgeber verbliebenen Gestaltungsmacht äußert *Neidhardt*, Staatsverschuldung und Verfassung, 415. „Erhebliche Zweifel an der dauerhaften Wirksamkeit“ der neuen Verschuldungsregelungen hat ebenfalls *Neidhardt*, Staatsverschuldung und Verfassung, 408, die deshalb dafür plädiert, die komplexen Folgen staatlicher Kreditaufnahme transparent zu machen und so zu einer veränderten ‚Kultur des Schuldenmachens‘ beizutragen. Ähnlich ist das Urteil zu Staatsschulden und neuem Staatsschuldenrecht bei *Koemm*, Eine Bremse für die Staatsverschuldung, 393 ff., die punktuelle Vorteile gegenüber dem alten Recht betont, aber ebenfalls einen grundlegenden Bewusstseinswandel für notwendig hält.

[104] *Kratzmann*, Verschuldungsverbot und Grundrechtsinterpretation, 122.

d) Ressourcenzugang und private Verschuldung

aa) Fehlende Finanzkompetenz als Ursache privater Verschuldung

Unmittelbarer als die Staatsverschuldung wirkt sich die private Verschuldung auf individuelle Teilhabemöglichkeiten aus. Die Fähigkeit zum Umgang mit Geld ist nicht angeboren, „gerade für junge Menschen besteht die Gefahr des Eintritts in lange Überschuldungskarrieren."[105] Ein diesbezüglicher Erziehungsauftrag von Staat und Familie wird soweit ersichtlich nicht bestritten. Neben reinem Wissen sind Bewältigungskompetenzen erforderlich,[106] die je nach sozialem Umfeld nicht zwingend vermittelt werden. Insofern darf der Staat seine Bürger nicht vernachlässigen, muss diese Fähigkeiten also präventiv fördern und im Problemfall Hilfe anbieten. Letzteres leisten mit einigem Erfolg staatliche Schuldnerberatungsstellen, die Prävention führt hingegen im wachstumstheoretischen Kontext zu erheblichen Widersprüchen.

bb) Konsum als notwendige Wachstumsvoraussetzung

Die Wachstumspolitik ist darauf angewiesen, dass jährlich mehr volkswirtschaftlich erstellte Leistungen auch Abnehmer finden. Entgegen dem Sayschen Theorem[107] ist das nicht automatisch der Fall. Die angebotsorientierte Wachstumstheorie lehnt eine keynesianische Wachstumsförderung mittels Nachfrageerhöhung durch den Staat ab.[108] Fundamentale Voraussetzung des Wachstums ist dann privater Konsum, seine Stimulation ein willkommenes Mittel angebotsorientierter Wachstumspolitik. Konsumanreize schafft der Staat durch verschiedene Maßnahmen selbst.[109]

Andererseits sind ihm private Anreize willkommen, welche vor allem die Werbung setzt.

cc) Werbung als Konsumanreiz

Problematisch ist, dass Werbung regelmäßig emotionale Konnotationen statt sachlicher Informationen liefert. Emotionen und Affekte werden me-

---

[105] *Bender/Breuer*, Junge Menschen und frühe Schulden, 45.

[106] *Bender/Breuer*, Junge Menschen und frühe Schulden, 48 nennen aus der Resilienzforschung bekannte Voraussetzungen autonomen Handelns, insbesondere ein positives Selbstbild, internale Kontrollüberzeugungen, vielfältige Interessen, konstruktive Problemlösefähigkeiten, materielle Ressourcen und soziale Kompetenzen.

[107] Vgl. oben § 13 Fn 27.

[108] *Mussel/Pätzold*, Grundfragen der Wirtschaftspolitik, 166 f.

[109] Zu nennen ist zum Beispiel die Anfang 2009 in Deutschland beschlossene Abwrackprämie. Ein weiteres Mittel sind ausdrückliche Aufforderungen zum Konsum, wie etwa durch George W. Bush an die US-Amerikaner nach den Anschlägen des 11.9.2001: „Geht einkaufen".

dial auf das Produkt projiziert,[110] vor allem Kinder können sich den suggestiven Aussagen nicht durch Reflektion entziehen. Das Angebot von Produkten als Ersatzbefriedigung wird auch angenommen, Konsum wirkt zunehmend identitätsstiftend.[111] Diese Tendenz ist jedenfalls mit Blick auf Kinder und Jugendliche nicht hinnehmbar, da die Werbung ihnen gegenüber die Grenze zur vorsätzlichen Manipulation klar überschreitet, die verfassungsrechtlich garantierte Selbstbestimmung durch den Versuch früher Produktbindung also vorsätzlich zu vereiteln sucht.

dd) Konsum als Voraussetzung sozialer Teilhabe Jugendlicher

Beachtung verdient ferner der als Mitursache der Verschuldung anzusehende Wunsch nach sozialer Teilhabe. Die von Jugendlichen erworbenen Konsumgüter sind vornehmlich Kleidung, Handy, PC und Fernseher, Auto und Motorrad.[112] Diese Gegenstände sind aus ihrer Sicht gleichzeitig unabdingbare Voraussetzungen sozialer Zugehörigkeit.[113] Bei begrenzten Mitteln besteht insofern ein Konflikt zwischen materieller und sozialer Teilhabe, der sich seitens der Jugendlichen nur durch Verzicht oder Verschuldung lösen lässt. Der Verzicht als mögliche Vermeidungsstrategie kann staatlich nicht gefördert werden, ohne damit die wachstumsnotwendige Nachfrage zu dämpfen. Eine Verzichtsforderung wäre ferner nicht überzeugend, wenn erst durch die Wirtschaftspolitik eigentlich vorhandene Teilhabepotentiale vereitelt werden. Das trifft vor allem den ländlichen Raum, dessen Bewohnern ursprünglich selbstverständliche staatliche Leistungen nun vorenthalten werden. Zu nennen sind insbesondere die Ausdünnung des Postnetzes sowie die stetige Schließung regionaler Bahnstrecken im Namen der internationalen Wettbewerbsfähigkeit. Genannt werden müssen aber auch die Kommunen, welche in den Privatisierungswellen der letzten Jahrzehnte ihre Einnahmequellen aus der Hand gaben und nun Schwimmbäder, Bibliotheken, Museen, Jugendzentren usw. schließen müssen. Hierdurch erlangen insbesondere Handy, Computer, Fernseher und das eigene Transportmittel eine stark erhöhte Bedeutung für die soziale Teilhabe Jugendlicher. Will man soziale Teilhabe Jugendlicher ermöglichen, ohne sie in die Verschuldung zu treiben, so wird man also die staatlichen Leistungen zugunsten Jugendlicher wieder erheblich ausbauen müssen.

---

[110] Zur historischen Entwicklung der Werbepsychologie in Deutschland *Borscheid*, Agenten des Konsums, 79, 85 ff.

[111] *Bosch*, Konsum und Exklusion, 163 ff.; Vgl. auch *Fromm*, Haben oder Sein, der dieselbe Diagnose stellt, dessen präskriptiver Ausrichtung auf einen ‚neuen Menschen' hier aber nicht gefolgt wird.

[112] *Lange*, Jugendkonsum im 21. Jahrhundert, 93 ff.

[113] Ausführlich *Bosch*, Konsum und Exklusion, 366 ff., 403 ff.; vgl. auch *Hirseland*, Schulden in der Konsumgesellschaft, 71 ff., 75ff.

ee) Fazit

Private Verschuldung ist langfristig ein erhebliches Hemmnis individueller sozioökonomischer Teilhabe, die neben den individuellen auch gesellschaftliche Ursachen hat.[114] Gerade letztere lassen sich schwerlich vermeiden oder lösen, ohne dabei mit wachstums- und wettbewerbstheoretischen Zielvorgaben in Konflikt zu geraten. Auch insofern ist die wohlstandsfördernde Wirkung der § 5 Abs. 1 GmbHG zugrunde liegenden wirtschaftstheoretischen Vorstellungen äußerst fragwürdig.

e) Ressourcenzugang und Schulden privater Unternehmen

Der niedrigen Eigenkapitalquote von Unternehmen entspricht eine hohe Fremdkapitalquote. Diese Finanzierung durch Schulden wird mit Zinsen bezahlt, welche sich auf den Preis von Konsumgütern niederschlagen.[115] Der Endabnehmer zahlt also nicht nur für die ihm zustehende Gegenleistung, sondern zusätzlich für fremde Zinseinnahmen. Je weniger der Einzelne besitzt, umso weniger werden diese erhöhten Kosten durch Vermögenseinnahmen ausgeglichen. Mit anderen Worten: Besitzlose werden durch die niedrige Eigenkapitalausstattung der Unternehmen ökonomisch diskriminiert.

f) Ressourcenzugang und Geldwertstabilität

Als freiheitsfördernd wurde die Möglichkeit zum Austausch individueller Ressourcen dargestellt.[116] Erleichtert wird der Ressourcentausch durch ein universelles Tauschmittel, nämlich das Geld. Die Eignung als Tauschmittel beruht auf der Anerkennung als Wertrepräsentant.[117] Diese Anerkennung würde leiden, wenn das „Verhältnis zwischen Werteinheiten und Realwerten aus den Fugen geriete. Geld kann nur sein, was knapp ist bzw. knapp gehalten werden kann und wird."[118] Fundamentale Voraussetzung eines dauerhaft funktionsfähigen Geldsystems ist daher die Geldwertstabilität.[119] Einwirkungen von Geldwertveränderungen auf privatrechtliche Ansprüche

---

[114] *Hirseland*, Schulden in der Konsumgesellschaft, 15 ff.

[115] *Hirseland*, Schulden in der Konsumgesellschaft, 37.

[116] Vgl. oben.

[117] *Herrmann*, Währungshoheit, Währungsverfassung und subjektive Rechte, 74 ff.

[118] *Herrmann*, Währungshoheit, Währungsverfassung und subjektive Rechte, 78; vgl. auch *Schimansky/Bunte/Lwowski/Haug*, Bankrechtshandbuch[4], § 123 Rn. 43.

[119] *Wittreck*, Geld als Instrument der Gerechtigkeit, 220 unter Berufung auf Aristoteles, hierzu ferner *Herrmann*, Währungshoheit, Währungsverfassung und subjektive Rechte, 25; aus historischer Sicht *Walker*, Geld in der Geschichte, 166 ff.

sind denkbar.[120] Inwiefern der Staat den Geldwert schützen muss, ist umstritten.[121] Individualansprüche lassen sich aus der Verfassung und insbesondere aus Art. 14 GG wohl nicht herleiten.[122] Objektiv-rechtlich ergibt sich hingegen ein Verfassungsauftrag an Bund und Länder zum Schutz der Geldwertstabilität, welche Voraussetzung des von Art. 109 Abs. 2 GG angestrebten gesamtwirtschaftlichen Gleichgewichts[123] ist.[124] Dieselbe objektiv-rechtliche Zielsetzung findet sich in Art. 3 Abs. 3 EUV.

Als weitere Voraussetzungen des gesamtwirtschaftlichen Gleichgewichts werden ein hoher Beschäftigungsgrad, ein außenwirtschaftliches Gleichgewicht und ein angemessenes Wirtschaftswachstum angesehen.[125] Keines der Ziele sei vorrangig, weshalb der Gesetzgeber einen weiten wirtschaftspolitischen Spielraum habe.[126] Gerade im Hinblick auf das Wachstumsziel ist diese Aussage fragwürdig. Die staatliche und private Schuldenkultur ist wesentlich mitursächlich für Inflationstendenzen, die quasinatürlich wachsenden Zinseszinseinnahmen erzwingen geradezu realwirtschaftliches Wachstum. Hierdurch verschiebt sich schleichend sozioökonomische und politische Gestaltungsmacht von der Bevölkerungsmehrheit auf einen kleinen Teil besonders vermögender Personen. Eine Abkehr von der Schuldenkultur würde den Wachstumszwang mindern und damit eine Voraussetzung für die gleichmäßigere Verteilung gesellschaftlicher Gestaltungsmacht schaffen. Insofern kann wirtschaftlichem Wachstum keinesfalls dasselbe Gewicht zugemessen werden wie einem stabilen Geldwert.

Unter Wettbewerbsbedingungen wird die niedrige Eigenkapitalausstattung der Unternehmen zum Zwang, § 5 Abs. 1 GmbHG trägt also erheblich zur Ausweitung des Kreditgeschäfts bei. Diese Ausweitung begünstigt wiederum die fortschreitende Destabilisierung des Geldwerts. Auch deshalb ist eine statisch niedrige Stammkapitalziffer der Unternehmen abzulehnen.

---

[120] Hierzu *Schmalz*, Die Stabilität des Geldwertes als Problem des Privatrechts, 244: „Angesichts der herrschenden Vorstellung vom Nominalwertprinzip gibt es bei Geldwertveränderungen nur vier Lösungswege: Die schlichte Anwendung des § 242 BGB , die Lösung über den Wegfall der Geschäftsgrundlage, die Anwendung eines allgemeinen Vertrauensgrundsatzes (die im Endeffekt zu einer Lösung wie bei § 242 BGB führt) oder die Heranziehung des § 607 BGB mit der Auslegung, daß Güte im Sinne dieser Vorschrift durch den Geldwert gegeben sei."

[121] Näher *Herrmann*, Währungshoheit, Währungsverfassung und subjektive Rechte, 184 ff.

[122] *Weikart*, Geldwert und Eigentumsgarantie, 205 ff.

[123] Näher zur verfassungstheoretischen Einordnung *Hänsch*, Gesamtwirtschaftliche Stabilität als Verfassungsprinzip, 142 ff.

[124] *Hahn/Häde*, Währungsrecht, 66.

[125] *Hahn/Häde*, Währungsrecht, 66 f. sowie bereits dem Wortlaut nach Art. 3 Abs. 3 EUV.

[126] *Hahn/Häde*, Währungsrecht, 66.

3. Zwischenergebnis

a) Ungleichverteilung von Teilhabechancen

Materielle Teilhabe bezieht sich vornehmlich auf natürliche Ressourcen, Produktionsgüter und Geld. Die uns umgebende Natur wird in einer Geschwindigkeit und einem Ausmaß verbraucht und zerstört, welche den Terminus ‚Teilhabe' zunehmend als gegenstandslos erscheinen lassen. Andere materielle Teilhabemöglichkeiten sind aufgrund historischer Bedingungen ungleich verteilt. Will eine Rechtsordnung allen Rechtsunterworfenen gleichwertige Lebenschancen bieten, so dürfen sich unterschiedliche Zugangsbedingungen zu den erforderlichen Ressourcen nicht selbständig zementieren.[127] Genau das ist in unserer Gesellschaft aber der Fall, wozu unter anderem das Erbrecht sowie die staatliche und private Schuldenkultur erheblich beitragen. Der ‚unverdiente' Zugang zu Ressourcen ist nur den Vermögenden möglich. Der Besitzlose hingegen erlangt materielle Teilhabe nur durch Erwerbsarbeit, die zunehmend schwerer bzw. unter immer schlechteren Bedingungen verfügbar ist.

b) Mögliche praktische Konsequenzen

In Anbetracht der ineinander verwobenen Problemlagen bedürften praktische Konsequenzen weiterer Diskussion, für die Zwecke der vorliegenden Arbeit genügt das bereits Gesagte. Denn hieraus lässt sich die Richtung ableiten, welche der Gesetzgeber tendenziell einschlagen müsste, um den Vorwurf zu verhindern, er würde zahlreiche sozioökonomische Teilhabemöglichkeiten strukturell vereiteln:[128]

Sättigungstendenzen privater Nachfrage müssen anerkannt werden, materielle Teilhabechancen durch Erwerbsarbeit anders verteilt. Erforderlich ist diesbezüglich eine umfassende Auseinandersetzung mit Vor- und Nachteilen konkreter technischer Fertigungsprozesse, wobei das Hauptproblem

---

[127] Vgl. auch *Althammer*, Förderung der Vermögensbildung, 133 f. „Darüber hinaus sind wirtschaftliche, soziale oder politische Machtpositionen, die sich aus einer Konzentration des Vermögens in den Händen Weniger ergeben, sowie die daraus resultierenden ungleichen Startchancen mit einem auf dem Wettbewerbs beruhenden marktwirtschaftlichen System unvereinbar", ebenda, 136: „Die [...] Vermögensverteilung in der Bundesrepublik Deutschland gilt [...] als änderungsbedürftig, da [...] die Ursachen der Vemögenskonzentration in der extrem dynamischen wirtschaftlichen Entwicklung der Nachkriegsjahre zu suchen sind, deren Erträge insbesondere von den damaligen Besitzern erwerbswirtschaftlich genutzten Vermögens zur Wiederanlage in Vermögenstiteln genutzt werden konnte und insofern ihre Wurzeln in den ungleichen Startbedingungen der Wiederaufbauphase hat".

[128] Nach dem Gesagten darf der Staat den Einzelnen zwar nicht bevormunden, aber auch nicht vernachlässigen, vgl. oben § 7 VI 6.

die ideologische Polarisierung der Debatte sein dürfte. Jenseits der Thematik der Erwerbsarbeit erscheint die Rückkoppelung von Zinseinnahmen an realwirtschaftliche Chancen und Risiken sinnvoll.[129] Vermuten lässt sich die wohlstandsfördernde Breitenwirkung einer erhöhten Erbschaftssteuer, wobei jedoch die genannten wünschenswerten Effekte des Erbrechts zu berücksichtigen wären.[130] Bedeutsam ist die Abkehr von der staatlichen und privaten Schuldenkultur, welche potenzielle Belastungen auf die Zukunft und die Allgemeinheit verlagert, ohne Rücksicht auf vorhersehbare Belastungsgrenzen zu nehmen. Eine vornehmlich schuldenbasierte Wirtschaftsordnung ist insbesondere aufgrund historischer Erfahrungen abzulehnen.[131] Damit steht der Kredit nicht als solcher in der Kritik, sondern als Regelfall staatlicher und privater Leistungsfinanzierung. Der Kredit ersetzt das Prinzip Leistung durch das Prinzip Hoffnung. Diese Hoffnung sollte aber hinreichend begründet sein und nicht völlig vage.[132] Gerade in dieser Hinsicht wäre eine angemessene Kapitalausstattung von Unternehmen außerordentlich sinnvoll.

Diese Lösung wird im nachfolgenden § 14 näher konkretisiert. Der Vielzahl der skizzierten weiteren Fragen muss vorliegend nicht nachgegangen werden. Sie verdeutlichen jedoch, dass § 5 Abs. 1 GmbHG ein eher kleiner Baustein einer aus verfassungsrechtlicher Sicht umfassend kritikwürdigen Wirtschaftspolitik ist. Deshalb darf man sich von einer angemessenen Kapitalausstattung der Unternehmen keine Wunder erhoffen.

c) Ergebnis: keine wissenschaftliche Rechtfertigung für § 5 Abs. 1 GmbHG

Ziel des vorliegenden Untersuchungsabschnitts war es, die wirtschaftstheoretischen Grundlagen des § 5 Abs. 1 GmbHG auf ihre Vereinbarkeit mit verfassungsrechtlichen Zielvorgaben zu prüfen. Der Norm liegt der Glaube

---

[129] Angreifbar ist insofern der von der Realwirtschaft losgelöste Finanzsektor, vgl. hierzu auch Kindler, NJW 2010, 2465 ff. Angreifbar ist ferner § 355 HGB als Ausnahme vom Zinseszinsverbot. Das quasinatürliche Exponentialwachstum von Zinsansprüchen ist mit einer auf Stabilität ausgerichteten Wirtschaftsordnung kaum vereinbar; vgl. etwa *Berg*, Vom Gelde, das dem Leben dient, 123.

[130] Denkbar erscheinen Untergrenzen, unter denen keine Besteuerung stattfindet, sowie Ausnahmen, um etwa von den Erben bewohnte Häuser oder funktionsfähige Betriebe nicht der Veräußerung oder Zerschlagung preiszugeben.

[131] *Walker*, Geld in der Geschichte, 9 ff., 13; 52 ff., 58; 134 ff., 137; 140 ff.; 173 ff.; *Tilly*, Geld und Kredit in der Wirtschaftsgeschichte, 79 ff.; 114 f.; 176 ff.; speziell zur Weltwirtschaftskrise *North*, Kleine Geschichte des Geldes, 194 ff. allgemein und mit zahlreichen Nachweisen zur Bedeutung der kulturhistorischen Perspektive für die Geldpolitik *Löffler*, Währungsgeschichte als Kulturgeschichte.

[132] Notwendige strukturelle Reformen werden mittlerweile zaghaft versucht, insbesondere will die Politik die als Krisenverstärker angesehene niedrige Stammkapitalziffer der Kreditinstitute anheben.

an wohlstandsfördernde Konsequenzen von Verdrängungswettbewerb und Wirtschaftswachstum zugrunde. Dieser pauschale Glaube erscheint geradezu blauäugig, empirisch ist er völlig unbelegt,[133] unternehmerischer Pioniergeist ist auch im besten Fall kein Garant für ein volkswirtschaftliches perpetuum mobile. Die entsprechenden wirtschaftstheoretischen Entwürfe stehen im erwiesenen Gegensatz zu verfassungsrechtlichen Zielvorgaben. Die volkswirtschaftliche Begründung des § 5 Abs. 1 GmbHG ist wissenschaftlich nicht haltbar. Die Abweichung der Norm vom Grundsatz der Vertragsbindung ist deshalb nicht zu rechtfertigen.

Eine unkritische Rezeption der entsprechenden Wirtschaftstheorie durch die Rechtswissenschaft ist abzulehnen. Freilich sind wirtschaftswissenschaftliche Erkenntnisse für die Beurteilung von Gesetzen äußerst bedeutsam, dasselbe gilt aber auch für sozial- und geisteswissenschaftliche Erkenntnisse. Wirtschaftliches Handeln ist stets menschliches Handeln, weshalb der Gesetzgeber alle Wissenschaften zu berücksichtigen hat, die sich mit menschlichem Handeln befassen.

Nachfolgend (V.) soll deshalb der gesamtwissenschaftliche Kontext der dargestellten Wirtschaftstheorie aufgezeigt werden. Hierfür sollen das verfassungsrechtlich-interdisziplinäre und das entsprechende wirtschaftswissenschaftliche Verständis von Eigennutz und Gemeinwohl näher beleuchtet werden:

V. Die Ambivalenz von Eigennutz und ‚unsichtbarer Hand‘

1. Mehrdeutigkeit von Eigennutz und Gemeinwohl

Sowohl die Verfassung als auch die liberale Wirtschaftstheorie beinhalten bestimmte Vorstellungen von Eigennutz und Gemeinwohl, die nachfolgend kurz skizziert werden. Im Interesse erhöhter Trennschärfe wird zudem das entsprechende Leitbild totalitärer bzw. dogmatistischer Systeme veranschaulicht. Die verallgemeinernde Darstellung bleibt notwendigerweise holzschnittartig, für die vorliegenden Zwecke ist sie ausreichend. Sie wird zeigen, dass 5 Abs. 1 GmbHG Ausdruck einer Geisteshaltung ist, die von derjenigen unserer Verfassung erheblich abweicht.

---

133 Wohlstandsfördernde Wirkungen wirtschaftlichen Wachstums hängen wie gezeigt hauptsächlich von weiteren Faktoren ab, die in der westlichen hochindustrialisierten Gesellschaft gerade nicht gegeben sind.

2. Sozialer Rechtsstaat: gemeinwohlverträglicher Eigennutz

a) Absoluter Wert eines jeden einzelnen Menschen

Wertungsmäßige Grundlage unserer Rechtsordnung ist die Würde als absolut gesetzter Wert des einzelnen Menschen. Die Würde kommt einem jeden Menschen qua seines Menschseins zu, muss also weder durch persönliche Eigenschaften noch Leistungen eigens erworben werden. Aus diesem Grundwert erwächst eine Ethik gemeinwohlverträglichen Eigennutzes. Danach ist jeder Rechtsunterworfene ein willkommenes Mitglied der Gesellschaft, muss aber gleichzeitig die Willkommenheit aller anderen akzeptieren.

b) Gerechtigkeit als rechtlich zu sichernde Basis des Gemeinwohls

Die Gemeinwohldefinition beinhaltet eine Wertung, in welche im Rahmen der Verfassung notwendigerweise die menschliche Würde als Grundwert einfließt. Gemeinwohl respektive gutes Leben meinen dann ein Leben, welches mit allen Interessen aller Menschen übereinstimmt. Dieses umfassende gute Leben lässt sich rechtlich nicht herstellen, weshalb die Rechtsordnung die vom Gesetzgeber zu berücksichtigenden Interessen auf bestimmte wichtige Interessen reduziert.[134] Ziel unserer Rechtsordnung ist dementsprechend ein gerechtes Handeln der sozialen Akteure, also ein Handeln im Einklang mit allen wichtigen Interessen aller Menschen. Als wichtigste Interessen qualifiziert das Grundgesetz das Interesse am eigenen Leben und der selbstbestimmten Persönlichkeitsentfaltung.

c) Menschenbild

aa) Kein individueller Anspruch auf objektive Wahrheit

Das Menschenbild unserer Rechtsordnung beinhaltet eine erkenntnistheoretische und eine metaphysische Grundannahme. Erkenntnistheoretisch vorausgesetzt ist die Annahme, es gebe keinen privilegierten Zugang zur Wahrheit. Was als wahr zu gelten hat, ist deshalb diskursoffen. Das zeigt sich etwa am herausgehobenen Schutz der freien Meinungsäußerung und der individuellen Weltanschauung durch Art. 4 und 5 GG.[135]

---

[134] Vgl. oben § 7 III 5 b.

[135] Aus anthropologischer Perspektive ist die weltanschauliche Orientierung ein menschliches Grundbedürfnis, vgl. *Maunz/Dürig/Herzog*, GG[63], Art. 4 Rn. 13.

bb) Freier Wille als eine Determinante menschlichen Handelns

Als wissenschaftlich weder be- noch widerlegbare Determinante menschlichen Handelns ist der freie Wille axiomatisch gesetzt.[136] Als schöpferische Kraft ermöglicht er dem Menschen, über Zwecke und Mittel des eigenen Handelns frei zu entscheiden. Das bedeutet nicht, dass weitere innere und äußere Umstände als Determinanten menschlichen Handelns irrelevant seien. Der Mensch ist jedoch nie ihr Sklave.[137]

Die verfassungsrechtlich vorausgesetzte ‚Natur des Menschen' ist dementsprechend vielseitig.[138] Der Mensch ist nach Ansicht unserer Rechtsordnung fähig zu eigennützigem wie selbstschädigendem, zu fremdnützigem wie fremdschädigendem Verhalten. Mit anderen Worten besteht die Möglichkeit, dass menschliches Verhalten wichtige eigene oder fremde Interessen schädigt. Derartige eigen- oder fremdschädigende Verhaltensweisen wären einem auf Individualinteressen beruhenden Gemeinwohl abträglich, weshalb die Rechtsordnung versucht, zu ihrer Vermeidung beizutragen:

d) Eigennutz durch Eigenverantwortung

Mit dem Recht zur freien Entfaltung verbindet sich implizit die Erlaubnis eigennützigen Verhaltens. Mit dieser Freiheit einher geht grundsätzlich die individuelle Verantwortung für die eigenen Interessen. Dem Staat obliegt aber die Gewährleistung, dass der Einzelne die hierfür erforderlichen Kompetenzen erwerben kann.[139] Weitergehende Verantwortung für individuelle Interessen übernimmt der Staat, soweit die individuellen Kompetenzen natürlich begrenzt sind, etwa im Fall geistig Behinderter. Dasselbe gilt, wenn individuelles Handeln allein zur Wahrung der eigenen Interessen nicht ausreicht, insbesondere zur Sicherung äußerer Rahmenbedingungen individueller Entfaltung.[140] Für Individualinteressen verantwortlich ist der

---

[136] Vgl. oben & 6 IV.

[137] Vgl. oben § 6 IV 2 b.

[138] Vgl. nur *Häberle*, Menschenbild im Verfassungsstaat, 43 f.; *Fezer*, JuS 1991, 889 ff., 894, argumentiert, die Menschen- und Grundrechte seien der Rahmen für das rechtsverbindlich festzulegende Menschenbild. Nach vorliegender Auffassung ist abweichend davon das (deskriptive) Menschenbild jenes des mit freiem Willen ausgestatteten Menschen, während die Menschen- und Grundrechte sich erst aus dem absoluten Wert ergeben, den die Verfassung dem Menschen zuschreibt, diese Wertzuschreibung ist allerdings keine zwingende Folge des verfassungsrechtlichen Menschenbildes, freilich aber mit diesem kompatibel.

[139] *Maunz/Dürig/Badura*, GG[63], Art. 6 Rn. 96, Art. 7 Rn. 5.
vgl. bereits oben § 8 III 2 b.

[140] Zu nennen wären etwa Frieden und die Intaktheit der natürlichen Lebensgrundlagen, aber auch die bauplanungsrechtliche Sicherung einer ausreichenden Infrastruktur für Wasser, Strom, Güter- und Personentransport, vgl. oben § 8 III 1.

Staat nicht zuletzt, wenn ihnen strukturelle innergesellschaftliche Hindernisse gegenüberstehen.[141]

Mit anderen Worten erkennt die Rechtsordnung nicht nur die potentielle Eigennützigkeit menschlichen Verhaltens an, sie beauftragt vielmehr Staat, Gesellschaft und Familie mit der Erziehung von Bürger, Mitmensch und Kind zur eigennützigen und eigenverantwortlichen Wahrnehmung eigener Interessen. Wo eigenverantwortliches Handeln zur Wahrung rechtlich als wertvoll erachteter Individualinteressen nicht ausreicht, wird der Staat tätig.

e) Verbot der Fremdschädigung

Das von Art. 2 Abs. 1 garantierte Recht auf freie Entfaltung weist die Entscheidung über die Wichtigkeit individueller Interessen grundsätzlich dem einzelnen Menschen selbst zu. Insbesondere im Rahmen der Grundrechte statuiert die Verfassung jedoch besonders wichtige Interessen, die für die freie Entfaltung typischerweise von hervorgehobener Bedeutung sind. Diese Interessen werden absolut[142] oder vorbehaltlich der Zustimmung des Betroffenen[143] der Einwirkung Dritter entzogen. Dem grundsätzlich erlaubten und erwünschten eigennützigen Verhalten werden mithin Grenzen gesetzt, wo es fremdschädigende Auswirkungen haben kann.

3. Egoismus und Gemeinnutz in totalitären/autoritären Systemen

a) Elitäre Gemeinnutzdefinition

Will man die Ethik totalitärer und autoritärer Systeme[144] auf einen gemeinsamen Nenner bringen, so kann man das mit der Formel ‚Gemeinnutz geht vor Eigennutz‘. Was als gemeinnützig zu gelten hat, bestimmen dabei nicht die Betroffenen, sondern die jeweilige Führungselite. Das gilt für die faschistischen[145] und kommunistischen[146] Diktaturen des letzten Jahrhunderts

---

[141] Ein klassisches Beispiel ist die Gewährung von Arbeitslosengeld aufgrund volkswirtschaftlicher Unterbeschäftigung.

[142] Hierzu zählt etwa die körperliche Unversehrtheit, wenn man von Heilbehandlungen absieht.

[143] Hierzu zählt insbesondere das Eigentum.

[144] Die politikwissenschaftliche Differenzierung muss hier im Einzelnen nicht nachvollzogen werden.

[145] Zur Formel „Gemeinnutz geht vor Eigennutz“ als geistiger Grundlage des nationalsozialistischen Totalitätsanspruchs *Fest*, Hitler, Eine Biographie, 197; Niederschlag in der Gesetzgebung fand die Formel etwa in der Präambel der Deutschen Gemeindeordnung vom 30. Januar 1935 (zitiert nach *Buschmann*, Nationalsozialistische Weltanschauung und Gesetzgebung 1933–1945; II, 58): „[…] Erreichung des Staatszieles: in einem einheitlichen, von nationalem Willen durchdrungenen Volke die Gemeinschaft wieder vor das Einzelschicksal zu stellen, Gemeinnutz vor Eigennutz zu setzen und unter Führung

wie auch für eine ganze Reihe fundamentalistisch-religiöser Hoheitsmächte in Vergangenheit und Gegenwart.

b) Privilegierter Wahrheitszugang der Führungselite

Gemeinsam ist den unterschiedlichen weltanschaulichen Grundlagen der genannten Systeme, dass die jeweilige Führungselite sie jeweils als objektiv belegte Wahrheit darstellt. Faschismus und Kommunismus beriefen sich jeweils auf angeblich wissenschaftliche Erkenntnisse,[147] die im Nationalsozialismus teilweise in eine religiöse Erlösungstheorie eingebettet wur-

---

der Besten des Volkes die wahre Volksgemeinschaft zu schaffen, in der auch der letzte willige Volksgenosse das Gefühl der Zusammengehörigkeit findet [...]"; zu Gemeinwohlformeln im Rahmen des Aktienrechts zwischen 1933 und 1945 *Thiessen*, Eine Association von Capitalien, H II 1.

[146] Zielsetzung war die persönliche Entfaltung, allerdings im anderen Sinne als dem des Grundgesetzes, denn entfalten sollte sich nur die ‚sozialistische Persönlichkeit'. Deutlich wird das bei *Gussejnow* u.a., Marxistisch-leninistische Ethik, 184 f: „In der sozialistischen Gesellschaft setzen sich die kommunistische Weltanschauung und folglich die wissenschaftlichen Vorstellungen vom Sinn des Lebens, vom Ideal und vom Glück immer mehr durch. Die von der Richtigkeit und der historischen Notwendigkeit der kommunistischen Ideale überzeugte sozialistische Persönlichkeit sieht die Bestimmung und den Sinn ihrer Lebenstätigkeit ganz wesentlich im Kampf für den Sieg dieser Ideale und findet darin die höchste Befriedigung des Lebens. [...] Die [...] Erkenntnis der Gesetze der sozialen Entwicklung [...] gewährleistet eine allgemein progressive Richtung der Zielsetzung und der praktischen Tätigkeit der Menschen [...]. Mit der wachsenden Rolle des subjektiven Faktors im gesellschaftlichen Leben erhöht sich auch die Bedeutung der wertend-orientierenden weltanschaulichen Vorstellungen. Der Widerspruch zwischen dem Ideal und der Praxis [...] wird überwunden." Mit anderen Worten: Erst die im Sinne des Sozialismus denkenden Menschen sollen sich frei entfalten können, alle anderen darf der Staat bevormunden, vgl. hierzu auch *Buhr/Kosing*, Kleines Wörterbuch der marxistisch-leninistischen Philosophie, 339: „Unter sozialistischen Bedingungen entwickelt sich die Weltanschauung des Marxismus-Leninismus zur vorherrschenden Weltanschauung, sie trägt ihren völligen Sieg als wissenschaftliche Weltanschauung in dem Maße davon, in dem sich die Volksmassen – durch die bewußte Tätigkeit der marxistisch-leninistischen Partei und des sozialistischen Staates in ständig wachsendem Maße geleitet – im Prozeß ihrer eigenen gesellschaftlichen Tätigkeit anhand der Praxis des Aufbaus der neuen Gesellschaft nach allen weltanschaulichen Aspekten hin von ihrer Überlegenheit überzeugen." Beispielhaft ist auch die Aussage *Walter Ulbrichts* auf der Babelsberger Konferenz im Jahr 1958 (zitiert nach *Dietrich*, Angriffe auf den Rechtsstaat, 179): „Unsere Juristen müssen begreifen, dass der Staat und das von ihm geschaffene Recht dazu dienen, die Politik von Partei und Regierung durchzusetzen".

[147] Diese Rolle spielte im Nationalsozialismus vor allem die Rassenkunde, im Kommunismus die materialistische Geschichtsanschauung. Widerstrebende Interessen von Individuum und Gesellschaft wurden im Kommunismus als Folge der gesellschaftlichen Verhältnisse gesehen, vgl. *Konstantinov* u.a., Grundlagen der marxistisch-leninistischen Philosophie, 508 f. Erst hieraus ergab sich die vermeintliche Möglichkeit und Notwendigkeit, Menschen durch Veränderung dieser Verhältnisse zu ihrem Glück ‚zu zwingen.'

den.[148] Theokratische Systeme berufen sich auf göttliche Offenbarungen als Letztbegründung von Normen.

c) Gemeinnutz als Rechtfertigung staatlicher Schädigung individueller Interessen

Der Unterschied diktatorischer Systeme zum Rechtsstaat liegt nicht darin begründet, dass dem Einzelnen vom Staat Vorschriften gemacht werden können. Der Unterschied liegt darin, dass der Einzelne die privilegierte ‚objektive' Wahrheit nicht kritisieren darf, ihm im Bezug auf die politischen Ziele faktisch keine Gestaltungsmacht zusteht. Im sozialen Rechtsstaat ist es dem Einzelnen lediglich untersagt, bestimmte wichtige Interessen Einzelner bzw. aller zu verletzen. Im diktatorischen System ist es hierüber hinaus seine Pflicht, den ‚objektiv' bestimmten Kollektivinteressen in Denken und Handeln zu entsprechen.

Die jeweilige ‚objektive' Gesellschaftstheorie wird zur Rechtfertigung weitreichender Eingriffe in individuelle Interessen herangezogen, die dem Betroffenen eine freie Entfaltung faktisch verunmöglichen und bis hin zu seiner Tötung reichen können. Trauriger Höhepunkt ist die Vernichtung ‚unwerten Lebens' oder Andersdenkender in Konzentrationslagern und Gulags. Zu nennen wären ferner die kommunistischen Umerziehungsbestrebungen und inquisitorische Foltermaßnahmen des Mittelalters.

Totalitäre und autoritäre Systeme beruhen also auf drei zentralen Annahmen: Man könne erstens den Inhalt des Gemeinwohls objektiv abschließend bestimmen. Das Gemeinwohl lasse sich zweitens durch bestimmte politische Maßnahmen vollständig herstellen. Drittens rechtfertige das Gemeinwohlziel die Opferung individueller Interessen. Die dritte Annahme trifft in geringerem Ausmaß auch auf den sozialen Rechtsstaat zu, die ersten beiden Annahmen hingegen muss er ablehnen. Eine abschließende Bestimmung des Gemeinwohls ist vor dem Hintergrund des Selbstbestimmungsgedankens gerade nicht möglich. Der soziale Rechtsstaat sichert die grundlegenden Voraussetzungen für das individuelle Wohl aller, abschließend herstellen kann und will er es aber nicht. Erlösungsverheißungen für die Zukunft oder das Jenseits weichen hier der Verpflichtung, den absoluten Wert gegenwärtigen und zukünftigen menschlichen Lebens zu achten und zu schützen. Ein derart verstandenes Gemeinwohl rechtfertigt die Opferung von einzelnen Interessen, nicht jedoch die Opferung von Menschen.

---

[148] Vgl. *Bärsch*, Die politische Religion des Nationalsozialismus.

4. Eigennutz und Wohlstand im liberalen Minimalstaat

a) Utilitaristische Gemeinwohldefinition

An der Wiege liberaler Wirtschaftspolitik steht der Utilitarismus.[149] Nach ihm richtet der Mensch sein Handeln an zwei Prinzipien aus: Freude und Schmerz. Der Mensch sei glücklich, wenn er Freude erfahren und Schmerz vermeiden kann. Hieraus schlussfolgern Utilitaristen einen ethischen Hedonismus:[150]

> „Nature has placed mankind under the governance of two sovereign masters, pain and pleasure. It is for them alone to point out what we ought to do, as well as to determine what we shall do."[151]

Das Glück der Gemeinschaft wird als Summe des jeweiligen Glücks ihrer Mitglieder definiert.[152] Sodann lautet die grundlegende Präskription des Utilitarismus: Eine Handlung muss in ihrer Tendenz das Glück der Betroffenen mehr erhöhen als mindern.[153] Die Handlungsfolgen seien erst individuell und dann kollektiv zu saldieren.[154] Auf die entsprechende ‚Gemeinnützigkeit' seien die Individuen gesetzlich zu verpflichten.[155] Der hedonistische Kalkül[156] solle insgesamt Grundlage der Gesetzgebung sein.[157]

b) Reine Eigennutzethik

Die Ethik der wettbewerbs- und wachstumsorientierten Wirtschaftstheorie lässt sich als rein utilitaristische Eigennutzethik qualifizieren. Sie glaubt, das als Summe von Individualinteressen verstandene Gemeinwohl tatsächlich herstellen zu können. Diese Glücksverheißung bezieht sich auf den geschilderten materiell verkürzten Wohlstandsbegriff.[158] Sie wurzelt vor allem in der Annahme, eigennütziges Handeln diene unter Wettbewerbsbedingungen automatisch dem Wohl aller. Deshalb sei es am besten, die Menschen zu möglichst eigennützigem Handeln anzuhalten.

---

[149] Zum Folgenden näher *Eidenmüller*, Effizienz als Rechtsprinzip, 21 ff., von dem auch die Zitate *Benthams* stammen.

[150] *Eidenmüller*, Effizienz als Rechtsprinzip, 24 ff.

[151] *Bentham*, principles of morals and legislation, I 1 (11); zum darin enthaltenen naturalistischen Fehlschluss vgl. oben § 6 V 2.

[152] *Bentham*, principles of morals and legislation, I 4 (12).

[153] *Bentham*, principles of morals and legislation, I 6 (12 f.).

[154] *Bentham*, principles of morals and legislation, IV 5 (40).

[155] *Bentham*, principles of morals and legislation, III (34 ff.).

[156] Dazu *Eidenmüller*, Effizienz als Rechtsprinzip, 24 ff.

[157] *Bentham*, principles of morals and legislation, I 7 (13).

[158] Vgl. oben § 12 IV 1 c cc.

c) Die ‚unsichtbare Hand' als gerechter Verteilungsmechanismus

Die Gemeinwohlförderung durch eigennütziges Handeln ist aus verfassungsrechtlicher Sicht kein Automatismus, denn eigennütziges Verhalten kann potentiell zur Schädigung verfassungsrechtlich garantierter Drittinteressen beitragen. Potentiell gemeinwohlschädigende Effekte des Eigennutzes werden von der Wirtschaftstheorie zwar nicht völlig übersehen. Sie werden allerdings tendenziell als Ausnahme behandelt, zum Beispiel werden materielle Verteilungsprobleme hauptsächlich als Folge von Marktversagen qualifiziert. Daran ist nicht die Annahme falsch, dass der Markt nicht alle Güter optimal zuteilen könne, denn hierüber besteht selbst in den Wirtschaftswissenschaften Einigkeit. Das Problem betrifft die grundlegende Sicht der Marktprozesse: Der negative Begriff ‚Versagen' impliziert eine positive ‚Kompetenz', die im Versagensfall eben nur nicht zum Tragen kommt. Mit anderen Worten schreibt der Begriff ‚Marktversagen' dem Markt die grundsätzliche Fähigkeit gerechter Ressourcenallokation zu. Das ist es, was die Metapher von der ‚unsichtbaren Hand' im Grunde ausdrücken soll, nämlich die Gerechtigkeit des Ausgleichs von Angebot und Nachfrage durch den Preismechanismus. Der Markt wäre damit eine naturgegeben gerechte Institution.

d) Problemstellung: Die Wertblindheit der ‚unsichtbaren Hand'

Nach der hier vertretenen Ansicht ist der Markt selbst wertblind, also nicht per se gerecht. Marktprozesse werden determiniert durch Angebot und Nachfrage und die damit verbundenen Kosten. Angebot und Nachfrage sind menschliche Handlungen, die auch auf individuellen Wertentscheidungen beruhen. Entscheidungen trifft nicht der Markt selbst, sondern der anbietende oder nachfragende Marktteilnehmer, genauer der allein oder in Verbindung mit anderen handelnde Mensch.[159] Der Markt ist also eine institutionalisierte Zusammenführung von menschlichen Entscheidungen und Handlungen.

Es ist ferner möglich und geschieht nicht selten, dass individuelle Wertentscheidungen den verfassungsrechtlichen Wertentscheidungen zuwiderlaufen. Besonders deutlich und konsensfähig ist das im Bezug auf die Rechtsgüter Leben und Gesundheit. Der Sinn hierauf bezogener Schutzvorschriften wird auch von der Wirtschaftstheorie nicht ernsthaft bestritten. Im Bezug auf materielle Teilhaberechte akzeptiert sie solche Schutzvorschriften jedoch nur in ganz begrenztem Ausmaß, denn aus wirtschaftsthe-

---

[159] Einbezogen sind damit neben Einzelpersonen auch Entscheider in Unternehmen und Staat.

oretischer Sicht ist die marktwirtschaftliche Güterallokation grundsätzlich gerecht und bedarf keiner Korrektur durch gesetzliche Verhaltensregeln.

Dieser Sicht kann nicht gefolgt werden. Ist der Markt nur die Bündelung individueller Entscheidungen und können individuelle Entscheidungen verfassungsrechtlichen Wertentscheidungen zuwiderlaufen, so können auch Marktprozesse verfassungsrechtlichen Wertentscheidungen zuwiderlaufen. Marktprozesse sind deshalb nie per se gerecht, sondern nur dann, wenn die Marktteilnehmer sich gerecht verhalten. Das gilt ganz unabhängig davon, wie man Gerechtigkeit definiert.

5. *Menschenbild der liberalen Wirtschaftstheorie*

Dass die liberale Wirtschaftstheorie eigennütziges Verhalten pauschal als wünschenswert qualifiziert, beruht auf dem Zusammenspiel dreier Annahmen: Sie hält erstens eigennütziges Handeln grundsätzlich für gemeinwohlfördernd.[160] Zweitens sieht sie eigennütziges Handeln als natürliche menschliche Verhaltensweise.[161] Drittens und letztens geht sie davon aus, unmittelbar fremdschädigende Folgen eigennützigen Verhaltens lägen in der Natur der Dinge und seien nicht zu vermeiden.[162]

a) Plausibilität der Marktgläubigkeit bei optimistischem Menschenbild

Als Beleg für die quasinatürlich wohlstandsförderliche Funktion des Marktes wird üblicherweise *Adam Smith* zitiert, welcher meinte:

> „Der einzelne ist stets darauf bedacht, herauszufinden, wo er sein Kapital [...] so vorteilhaft wie möglich einsetzen kann. Und tatsächlich hat er dabei den eigenen Vorteil im Auge und nicht etwa den der Volkswirtschaft. Aber gerade das Streben nach seinem eigenen Vorteil ist es, das ihn ganz von selbst oder vielmehr notwendigerweise dazu führt, sein Kapital dort einzusetzen, wo es auch dem ganzen Land den größten Nutzen bringt."[163]

Bedenken muss man hierbei, dass Adam Smith als Moralphilosoph ein recht optimistisches Menschenbild hatte. Er ging davon aus, dass die von ihm verinnerlichte protestantische Ethik quasi zur menschlichen Natur gehöre.[164] Vor diesem geistigen Hintergrund erscheinen gemeinwohlförderliche Folgen eigennützigen Verhaltens durchaus plausibel.

---

[160] Dazu unter a und b.

[161] Dazu unter c.

[162] Dazu unter d und e.

[163] *Smith*, Der Wohlstand der Nation, 369.

[164] *Smith* geht in seiner seiner Abhandlung über Systeme, welche jede sittliche Bindung aufheben, Theorie der ethischen Gefühle, 500 ff., ausdrücklich auf *Mandeville* (sogleich unter bb) ein und versucht, dessen Ansichten zu widerlegen, was *Schäfer/Ott*, Ökonomische Analyse des Zivilrechts, 71 freilich nicht daran hindert, Smith und Mandeville als Verfechter derselben These darzustellen. Zu weiteren Gegnern *Mandevilles* vgl.

b) Inkonsequenz der Marktgläubigkeit bei ambivalentem Menschenbild

aa) Wirtschaftstheoretische Reduktion des Menschenbildes von Adam Smith

Problematisch ist, dass die wettbewerbs- und wachstumsorientierte Wirtschaftstheorie das von *Adam Smith* zugrunde gelegte Menschenbild nicht teilt, wohl aber die aus diesem Bild sich ergebenden Schlussfolgerungen. Das legt den Schluss nahe, dass Adam Smith zwar häufig zitiert, aber nur selten gelesen wird.[165] Geht man vom verfassungsrechtlich ambivalenten Menschenbild aus, so kann eigennütziges Verhalten potentiell fremdnützig und potentiell fremdschädigend wirken. Warum auch fremdschädigendes Verhalten der Marktteilnehmer automatisch dem Wohl aller dienen solle, bleibt in der Wirtschaftstheorie unbeantwortet.

Verbreitet ist die realitätsferne Meinung, wirtschaftlicher Eigennutz habe historisch betrachtet ausschließlich Nutzen gestiftet. Die durch rücksichtsloses wirtschaftliches Verhalten verursachten Schäden für die Umwelt, für individuelle Entwicklungsmöglichkeiten und soziale Beziehungen sind jedoch weltweit derart umfangreich, dass aus verfassungsrechtlicher Sicht von Gemeinwohlförderung nicht gesprochen werden kann. Eine realistischere Zusammenfassung der Folgen liberaler Eigennutzethik liefert *Bernard Mandevilles* Bienenfabel:

bb) Folgen ethisch unbegrenzten Eigennutzes: Bernard Mandevilles Bienenfabel

Mandeville geht davon aus, dass gerade die menschlichen Laster die Gesellschaft voranbringen: „Private Laster, öffentliche Vorteile“[166]. Sein Menschenbild lässt keinen Platz für eine schöpferische Willensfreiheit. Letztursache menschlichen Handelns sind ihm zufolge immer Triebe und

---

Euchner, Versuch über Mandevilles Bienenfabel, 7, 14; zum positiven Menschenbild bei *Smith* ferner *Ulrich*, Integrative Wirtschaftsethik, 65 ff.; 68. *Bendixen*, Die Unsichtbare Hand, 25, weist darauf hin, dass die ökonomischen Überlegungen im Wohlstand der Nationen nicht im Widerspruch standen zur Moralphilosophie in der Theorie der ethischen Gefühle, sondern beide Werke auf der Annahme einer gottgegebenen höheren Ordnung beruhten.

[165] *Bendixen*, Die Unsichtbare Hand, 26, zitiert *Mankiw*, Grundzüge der Volkswirtschaftslehre, 11, welcher behauptet, *Smith* beschreibe, ‚wie‘ die unsichtbare Hand des Marktes den Wohlstand fördere, dieses ‚wie‘ beschreibt Smith aber keineswegs, er nutzt lediglich eine Metapher, die wiederum den Glauben „an eine über allem herrschende, unübertreffliche Weltordnung des Universums“ widerspiegelt, *Bendixen*, ebenda, 27. Zu den oft übersehenen politischen Implikationenen des „Wohlstands der Nationen“ vgl. HB Wirtschaftsethik/*Krüsselberg*, Band 1.2, 425; *Ulrich*, Integrative Wirtschaftsethik, 65.

[166] So der Alternativtitel der Bienenfabel.

Leidenschaften.[167] Wertbezogene Tugenden wären demnach lediglich Rationalisierungen eigennütziger Motive.[168]

Fremdschädigungstendenzen hält *Mandeville* zwar vordergründig für unerwünscht. Tatsächlich sieht er sie aber als Motor des Wirtschaftskreislaufs. Ihm zufolge besteht „der sicherste Reichtum in einer großen Menge schwer arbeitender Armer.“[169] Die Diagnose dürfte global betrachtet der heutigen Situation etwas näher kommen[170] als das von Adam Smith prognostizierte Gemeinwohl als natürliche Folge eigennützigen Handelns.[171]

c) Eigennütziges Handeln als natürliche Verhaltensweise

Das wirtschaftsliberale Eigennutztheorem wird üblicherweise mit dem Argument verteidigt, der Mensch sei nun einmal eigennützig, man könne ihn nicht besser machen als er sei.[172] Zitiert wird in diesem Zusammenhang wiederum Adam Smith:

---

[167] Vgl. *Mandeville*, Die Bienenfabel, 93: „Ich [...] bin der Ansicht, daß der Mensch [...] ein Gemisch von verschiedenen Neigungen und Gefühlen darstellt, die ihn alle [...] abwechselnd und unabhängig von seinem Willen beherrschen.“

[168] Vgl. *Mandeville*, Die Bienenfabel, 363: „Denn wir drängen unser Denken jederzeit in die Richtung, in die es von unseren Gefühlen gezogen wird. Die Selbstliebe vertritt bei allen Menschen die Sache ihrer Sonderinteressen, indem sie jedem Individuum Argumente zur Rechtfertigung gerade *seiner* persönlichen Neigungen liefert.“, dazu *Euchner*, Versuch über Mandevilles Bienenfabel, 19 ff.

[169] *Mandeville*, Die Bienenfabel, 319.

[170] Vgl. zu den „Symptomen einer sinnverkehrenden Realität“ *Ulrich*, Integrative Wirtschaftsethik, 235 f., der darauf hinweist, dass trotz des Wirtschaftswachstums eine immer größere Knappheit selbst im Bereich der elementaren Lebensgrundlagen spürbar wird.

[171] Geht man wie die Verfassung und auch die Wirtschaftswissenschaften im Gegensatz zu Adam Smith nicht von einer Ordnung aus, in der jedwede eigennützige Handlung stets auch allen anderen dienlich sei, so fehlt der These von der ‚unsichtbaren Hand‘ jegliche Grundlage. Als metaphysisches Element bedürfte ihre Einführung in die juristische Normbegründung aber der Rechtfertigung, so wie auch die axiomatische Setzung der Willensfreiheit rechtfertigungsbedürftig ist. Eine derartige Rechtfertigung wird durch die Vertreter der These von der ‚unsichtbaren Hand‘ aber nicht geliefert.

[172] So etwa bei *Schäfer/Ott*, Ökonomische Analyse des Zivilrechts, 71. Um den Unterschied von verfassungsrechtlichem Menschenbild und homo oeconomicus zu verdeutlichen, muss man klar unterscheiden zwischen dem deskriptiven Menschenbild, also der Vorstellung davon, wie der Mensch von Natur aus beschaffen *IST*, und den normativ geprägten Vorstellungen vom Menschen, also wie er *ZU SEIN* oder sich *ZU VERHALTEN HABE*. In der juristischen Literatur wird die normative Vorstellung regelmäßig überbetont, etwa bei Fezer, JuS 1991, 889 ff., oder zumindest nicht klar vom deskriptiven Menschenbild getrennt. Das Argument der Verteidiger des homo oeconomicus, man müsse den Menschen sehen, wie er ist (nämlich als rationalen Nutzenmaximierer) muss hingegen auf deskriptiver Ebene entkräftet werden. Dem homo oeconomicus ist die ganze Welt Mittel zum (bereits festgelegten) Zweck, fremdnützig verhält er sich allein aus ei-

„Nicht vom Wohlwollen des Metzgers, Brauers und Bäckers erwarten wir das, was wir zum Essen brauchen, sondern davon, dass sie ihre eigenen Interessen wahrnehmen.“[173]

Die Argumentation greift ohne weiteres gegenüber totalitaristischen Theorien, die stets als Gegner liberalen Gedankenguts auftraten. In heutigen Debatten setzt sich diese historische Polarisierung fort, lenkt damit aber vom eigentlichen Problem ab. Denn das Grundgesetz lässt sich keinesfalls als antiliberal einstufen. Dass der Mensch regelmäßig eigenen Interessen folgt, ist aus Sicht unserer Rechtsordnung konsensfähig und auch erwünscht.[174] Sie erlaubt eigennütziges Verhalten nur nicht uneingeschränkt, sofern es wichtige entfaltungsrelevante Interessen Dritter gefährdet oder verletzt. Genau diese ethisch begründete Einschränkung wird von Wirtschaftstheoretikern oft nicht geteilt:

d) Fremdschädigung als natürliche Verhaltensweise

Aus Sicht der liberalen Wirtschaftstheorie ist eigenützziges Verhalten regelmäßig ummittelbar fremdschädigend. Die gesamte Wirtschaftstheorie fußt auf der Annahme knapper Güter. Knappe Güter kennzeichnen sich dadurch, dass ihr Konsum durch eine Person andere Personen vom Konsum ausschließt. Hieraus ergibt sich ein Knappheitsparadigma, demzufolge die Mittel für die Erreichung menschlicher Ziele stets begrenzt sind. Das führt zu unlösbaren Konflikten, wenn man dem Einzelnen einen unstillbaren Hunger nach materiellen Gütern zuschreibt. Denn dann führt die natürliche Tendenz zu eigennützigem Verhalten automatisch zu einer Schädigung von Fremdinteressen. Eine dementsprechende Gier und Rücksichtslosigkeit

gennütziger Überlegung heraus, vgl. *Schäfer/Ott*, Ökonomische Analyse des Zivilrechts, 61. Der aus Sicht der Verfassung freie Mensch (vgl. oben 2 c bb) kennt auch Zwecke außerhalb seiner selbst, Gebote, welche den eigenen Interessen diametral entgegenstehen, den Schluss von Freundschaften aus Empathie statt aus rationaler Nutzenkalkulation, selbstzweckhafte Tätigkeiten wie das Spiel, das Streben nach Erkenntnis usw. Wenig überzeugend ist es, wenn *Schäfer/Ott*, Ökonomische Analyse des Zivilrechts, 65, ihr angeblich realistisches Menschenbild ausgerechnet mit einem Zitat von Spinoza verteidigen. Spinoza schwebte das Bild eines unvollkommenen, von Natur aus weder guten noch schlechten Menschen vor, der erst durch Erkenntnis und Entwicklung überhaupt (über-) leben kann, deshalb sein eigenes Dasein und seinen Platz in der Welt immer wieder neu verorten muss und nur durch stetig neue Selbstgestaltung seinem „Sein als Werdendem“ (*Fuchs*, Spinoza, 47, 55) gerecht zu werden vermag. Mit rationaler Nutzenmaximierung hat dieses transzendental geprägte Bild menschlichen Handelns nichts gemein.

[173] *Smith*, Der Wohlstand der Nationen, 17, zitiert etwa von *Schäfer/Ott*, Ökonomische Analyse des Zivilrechts, 71.

[174] Vgl. oben § 7 III 7. Ein vom homo oeonomicus abweichendes Menschenbild führt also entgegen der Vorstellung von *Schäfer/Ott*, Ökonomische Analyse des Zivilrechts, 71, keinesfalls zwangsläufig zu politischen Institutionen, welche den Menschen zum steten Handeln wider die eigenen Interessen zwingen.

wird häufig als Wesen des Menschen propagiert, insbesondere unter Bezugnahme auf *Charles Darwin*:

aa) Sozialdarwinismus als biologistische Rechtfertigung

Der Sozialdarwinismus deutet Lebewesen als Vehikel egoistischer Gene. Das Motto sei fressen oder gefressen werden.[175] Auch menschliches Verhalten unterliege dieser objektiven Teleologie der Gene.[176] Eigennütziges Verhalten ist aus dieser Sicht tendenziell fremdschädigend.[177] Dieser Tristesse wird die vage Hoffnung entgegengehalten, auf Dauer gäbe es evolutorische Vorteile fremdnützigen Verhaltens.[178] Die Berufung auf Darwin geht jedoch fehl, denn *Darwin* postulierte keine derartige objektive Teleologie der Gene:

bb) Widersprüceh sozialdarwinistischer Ideen zu Darwins Evolutionstheorie

Darwin sprach zwar von einem Kampf ums Dasein,[179] romantisierte die Natur also nicht. Er schrieb den Genen aber auch keinen antropomorphen Willen zu und stilisierte den Kampf nicht zum letzten Zweck oder zur Absicht der Evolution. Er skizzierte allein, wie sich seiner Meinung nach die

---

[175] Vgl. *Dawkins*, Das egoistische Gen, 102 f.: „Die Überlebensmaschinen begannen als passive Gefäße für die Gene […] Die Selektion hat Gene begünstigt, die mit anderen zusammenarbeiten. In der Auseinandersetzung um knappe Ressourcen, im schonungslosen Kampf darum, andere Überlebensmaschinen zu fressen und zu verhindern, selbst gefressen zu werden, muß es eine Belohnung für die zentrale Koordination innerhalb des gemeinschaftlichen Körpers gegeben haben, nicht für Anarchie. Heutzutage ist die verwickelte, sich wechselseitig beeinflussende gemeinsame Evolution von Genen so weit fortgeschritten, daß die gemeinschaftliche Natur einer individuellen Überlebensmaschine nicht mehr zu erkennen ist. In der Tat erkennen viele Biologen sie nicht und werden mir nicht zustimmen".

[176] Vgl. *Dawkins*, Das egoistische Gen, 103: „In der Praxis ist es gewöhnlich zweckmäßig, den einzelnen Körper annäherungsweise als ein Subjekt zu betrachten, das die Zahl aller seiner Gene in zukünftigen Generationen zu vergrößern sucht".

[177] Dieser quasinatürliche Gegensatz schwingt mit bei *Dawkins*, Das egoistische Gen, 39 f.: „Ein Organismus […] gilt als altruistisch, wenn er sich so verhält, daß er das Wohlergehen eines anderen, gleichartigen Organismus auf Kosten seines eigenen Wohlergehens steigert. Egoistisches Verhalten hat genau die entgegengesetzte Wirkung. […] Es ist wichtig, sich darüber klar zu werden, daß die […] Definitionen […] sich am objektiven Verhalten orientieren und nicht an Intentionen. Ich diskutiere nicht darüber, ob Leute, die sich selbstlos verhalten, dies ‚in Wirklichkeit' aus insgeheim oder unbewußt selbstsüchtigen Motiven tun. Vielleicht ist es so, vielleicht auch nicht, und vielleicht werden wir diese Frage niemals entscheiden können".

[178] Vgl. *Dawkins*, Das egoistische Gen, 382: „[…] daß – selbst mit egoistischen Genen am Ruder – nette Kerle zuerst ans Ziel gelangen können".

[179] *Darwin*, Die Entstehung der Arten, 94 ff.

Evolution vollzog, nämlich die Fortpflanzung der am besten an ihre Umwelt angepassten Lebensform.[180] Er wies zwar auf die dadurch entstehende Vervollkommnung der Lebewesen hin.[181] Als umfassende Erklärung organischer Wechselbeziehungen sah Darwin seine Theorie aber nicht.[182]

Aus diesem begrenzten Deutungsanspruch ergaben sich bedeutsame Implikationen für sein Weltbild. *Darwin* bettete die Evolutionstheorie zunächst ein in die religiöse Schöpfungsidee.[183]

Trotz späterer Zweifel hieran hielt er seine Theorie nicht für eine wissenschaftliche Widerlegung der Existenz Gottes.[184] Er versuchte nicht, letztbegründete Tatsachen zu postulieren. Seine Theorie ließ auch Platz für die menschliche Willensfreiheit. Diesbezüglich finden sich bei *Darwin* einige Andeutungen: Bereits bei Tieren erkennt er Abweichungen in unerlernten instinktiven Verhaltensweisen.[185] Daraus schlussfolgert er eine rudimentäre Intentionalität tierischen Verhaltens.[186] Eine aktive Rolle in der

---

[180] *Darwin*, Die Entstehung der Arten, 112 ff.; zum merkantilistischen Zeitgeist als Grundlage des Erfolges dieser Evolutionstheorie im europäischen Raum *Reichholf*, Der schöpferische Impuls, 230 ff.

[181] *Darwin*, Die Entstehung der Arten, 168.

[182] Vgl. *Darwin*, Die Entstehung der Arten, 111: „Es ist ganz gut, in dieser Weise einmal in Gedanken zu versuchen, irgendeiner Form einen Vorteil über andere zu verschaffen. Wahrscheinlich wüssten wir nicht in einem einzigen Fall, was wir zu tun hätten, um Erfolg zu haben. Dies sollte uns die Überzeugung von unserer Unwissenheit über die Wechselbeziehungen zwischen allen organischen Wesen aufdrängen: eine Überzeugung, welche ebenso notwendig als schwer zu erlangen ist".

[183] *Darwin*, Die Entstehung der Arten, 583: „Es ist wahrlich eine großartige Ansicht, dass der Schöpfer den Keim alles Lebens, das uns umgibt, nur wenigen oder nur einer einzigen Form eingehaucht hat, und dass, während unser Planet den strengsten Gesetzen der Schwerkraft folgend sich im Kreise bewegte, aus so einfachem Anfang sich eine endlose Reihe der schönsten und wundervollsten Formen entwickelt hat und noch immer entwickelt".

[184] Vgl. den Brief an Asa Gray, abgedruckt in *Darwin, Francis* (Hrsg.), Leben und Briefe Charles Darwin´s, II, 304: „Ich kann mich nicht dazu überreden, dass ein wohlwollender und allmächtiger Gott mit vorbedachter Absicht die Ichneumoniden oder Schlupfwespen erschaffen haben würde mit der ausdrücklichen Bestimmung sich innerhalb des Körpers lebender Raupen zu ernähren […] Auf der anderen Seite kann ich mich doch in keinerlei Weise damit befriedigt fühlen, dieses wunderbare Universum, und besonders die menschliche Natur zu betrachten und zu folgern, dass Alles nur das Ergebnis der rohen Kraft ist.[…] Ich fühle auf's Allertiefste, daß der ganze Gegenstand zu tief ist für den menschlichen Intellect".

[185] *Darwin*, Die Entstehung der Arten, 298 f.

[186] *Darwin*, Die Entstehung der Arten, 299: „Eine kleine Dosis von Urteil oder Verstand […] kommt oft mit ins Spiel, selbst bei Tieren, welche sehr tief auf der Stufenleiter der Natur stehen".

Evolution wurde dann von anderen Denkern gerade auch menschlichem Verhalten zugestanden.[187]

Der späte *Darwin* zweifelte zwar ebenso am freien Willen wie an Gott.[188] Aber auch diesbezüglich machte er aus seiner Theorie kein Dogma,[189] respektierte also die Grenzen menschlicher Erkenntnisfähigkeit.[190] Darin liegt der entscheidende und hier relevante Unterschied zum Sozialdarwinismus:

cc) Problematisches Welt- und Menschenbild des Sozialdarwinismus

Die Sozialdarwinisten glauben im Gegensatz zu Darwin, die Schöpfungsidee mithilfe der Evolutionstheorie widerlegt zu haben.[191] Sie sehen die Evolution als letzte und alleinige Ursache des Lebens und verwischen so die Unterscheidung von ursprünglicher Entstehung und fortwährender Veränderung.[192] Eine solche Theorie bietet keinerlei Platz mehr für irrationale Bestandteile, sie hält Welt und Mensch für wissenschaftlich endgültig erklärt. Das ist aus verfassungsrechtlicher Perspektive unzulässig,[193] auch die Biologie vermag die Frage nach der menschlichen Willensfreiheit nicht letztgültig zu beantworten.[194] Der Sozialdarwinismus ist deshalb abzulehnen.

---

[187] Vgl. dazu *Baldus*, Zeitschrift für Soziologie 2002, 316, 322.

[188] Vgl. *Baldus*, Zeitschrift für Soziologie 2002, 316, 322.

[189] Vgl. oben Fn. 186 und 189.

[190] Vgl. oben § 6 III und IV.

[191] So etwa *Dawkins* (Fn. 178); *Sommer*, Darwinisch denken, 134: „Sünde und Leid also trotz eines gelungenen Schöpfungswerkes! Hatte Gott, als er den Menschen schuf, vielleicht lediglich einen schlechten Tag? […] Keinem Ingenieur wäre derlei Dilettantismus unterlaufen".

[192] Vgl. *Spaemann*, Einführung, in: *Spaemann/Löw/Koslowski* (Hrsg.), Evolutionismus und Christentum, 3: „Die evolutionäre Weltanschauung ist keineswegs harmlos. Schon die Deutung des sukzessiven Auftretens verschiedener Formen des Lebendigen mit Hilfe der Metapher der ‚Entwicklung' enthält eine schwerwiegende Vorentscheidung. Denn dieses Wort bezeichnet ursprünglich die Stadienfolge innerhalb des einzelnen Organismus. In der Anwendung auf die Sukzession von Formen des Lebens erscheint so der Weltprozeß als Ganzer als eine Art große einheitliche Substanz mit wechselnden Zuständen. Die aristotelische Unterscheidung zwischen Genesis und Alloiosis, zwischen Entstehung und Veränderung wird so eingeebnet".

[193] Vg. oben § 6 III und IV.

[194] Vgl. auch *Lindner*, Biologie, 456: „Willensfreiheit und Sinn des Seins vermag die Biologie nicht zu deuten. Aus dem Wissen um diese Grenze erwächst die Haltung, die in dem Wort Goethes zum Ausdruck kommt: „Das schönste Glück des denkenden Menschen ist, das Erforschliche erforscht zu haben und das Unerforschliche ruhig zu verehren".

dd) Sozialdarwinismus als geistige Grundlage des homo oeconomicus

Der ökonomische Liberalismus deutet menschliches Verhalten mithilfe des Modells des homo oeconomicus. Demzufolge handle der Mensch rational, eigennützig und nutzenmaximierend.[195] Zwar stünden nie alle entscheidungsrelevanten Informationen zur Verfügung, aber innerhalb erkannter Handlungsoptionen entscheide sich der Einzelne für die ihm nützlichste.[196] Das Glück des Einzelnen hänge nun von der Menge konsumierter Güter ab. Diese müssten nicht marktfähig sein. Es könnten auch Freizeit oder das Glück anderer dazu gehören.[197] Altruistische Handlungen erfolgten aber ausschließlich oder wenigstens regelmäßig im Eigeninteresse.[198] Anders gewendet: „Präferenzen sind ein Ausdruck der Wohlfahrt."[199]

Ebenso wie der Sozialdarwinismus wird hier ein Mensch geschildert, für den die Berücksichtigung von Fremdinteressen nie Selbstzweck sein kann. Dieser Mensch verfügt nicht zwingend über die sozialdarwinistische Rücksichtslosigkeit, ist aber bestenfalls emotionslos. Andere Menschen sind für ihn uninteressant oder Mittel zum Zweck. Gerade diese Deutung eigennützigen Verhaltens wird als hinreichend realitätsnah angesehen, um sinnvolle Grundlage gesellschaftlicher Gestaltungsmaßnahmen zu sein.[200] Gegen rechtsethische Erwägungen ergeben sich deshalb dieselben oder zumindest ähnliche Argumente wie von Seiten des Sozialdarwinismus.

e) Respekt vor fremden Interessen als Überforderung des Menschen

Die Willensfreiheit wird von Sozialdarwinisten teilweise vollständig negiert.[201] Soweit sie anerkannt wird, scheint sie wie der Schöpfergott der inneren Logik der Welt zu widersprechen.[202] Fremdschädigendes Verhalten

---

195 Vgl. *Schäfer/Ott*, Lehrbuch der ökonomischen Analyse des Zivilrechts, 60 f.; *Kirchgässner*, Homo oeconomicus, 45 ff.

196 Vgl. *Kirchgässner*, Homo oeconomicus, 13 f.

197 Vgl. *Reef*, Theoretische Grundlagen der Wirtschaftspolitik, 44.

198 *Schäfer/Ott*, Ökonomische Analyse des Zivilrechts, 61 f., in diese Richtung auch *Kirchgässner*, Homo oeconomicus, 57 ff.

199 *Breyer*, Mikroökonomik, 198.

200 Vgl. *Schäfer/Ott*, Lehrbuch der ökonomischen Analyse des Zivilrechts, 71.

201 Vgl. *Sommer*, Darwinisch denken, 136: „Die Annahme einer Willensfreiheit ist also weiterhin sehr problematisch. Gleichwohl gehört sie in die Trickkiste vieler Theologeleien. […] Die Theologie braucht stets eine Weile, bis sie die unverhofft einherhopsende Kröte schluckt – und behauptet nach einer Weile, daß sie eigentlich ganz gut schmeckt. Das war so hinsichtlich zahlreicher Erkenntnisse, ob nun die Erde älter ist als 6000 Jahre, ob sich die Erde um die Sonne dreht oder ob Menschen vom Affen abstammen".

202 Vgl. dazu *Spaemann*, Einführung, in: *Spaemann/Löw/Koslowski*, Evolutionismus und Christentum, 3: „Es ist klar, daß auf dem Hintergrund dieser Sicht die christliche Lehre von der unmittelbaren Erschaffung der Einzelseele durch Gott zu einem seltsamen

ist aus dieser Sicht nicht genetisch determiniert, aber als vorherrschende Disposition im Menschen angelegt.[203] Der Respekt vor fremden Interessen verlangt dann übernatürliche Anstrengungen, die dem Wesen des Menschen zuwiderlaufen.[204] Bei Zugrundelegung des homo oeconomicus ergeben sich ganz ähnlich gelagerte Bedenken.

Ethisch begründeten Einschränkungen eigennützigen Verhaltens könnte man dann entgegengehalten, sie würden den Menschen überfordern, man könne den Menschen nicht besser machen, als er sei.[205] Von diesem Argument ist es nur ein kleiner Schritt hin zur Rechtfertigung sozialschädlichen Handelns.[206] Die scheinbare Vorausberechenbarkeit menschlichen Verhaltens[207] suggeriert die Berechenbarkeit von Marktprozessen.[208] Diese angebliche Naturgesetzmäßigkeit betrifft auch soziale Missstände, auf diese Weise wird Kulturpessimismus als wissenschaftliche Erkenntnis verbrämt.[209]

---

mirakulösen Fremdkörper wird. Aber das heißt ja philosophisch nur, daß das Selbstverständnis des Menschen als einer individuellen, freien, verantwortlichen Person sich nicht mehr mit dem, was man über die Welt im Ganzen denkt, vermitteln kann. Dies wiederum hat ganz konkrete Folgen für unsere Zivilisation und für das, was man ‚religiöse Sozialisation' nennt. Religionslehrer können ein Lied davon singen, wie ihre Schüler, wenn von Gott und Schöpfung die Rede ist, erkennen lassen, daß sie über das Zustandekommen des Menschen inzwischen so Bescheid wissen, daß dieses Wissen zugleich auch die Wahrheit darüber enthält, was der Mensch ist. Die Rede von Gott wird auf diese Weise zu einem Rad, bei dessen Drehung sich nichts mehr mitdreht, zu einem Organ, das im Ganzen des Organismus funktionslos wird, und deshalb atrophiert und sich zurückbildet".

203 Näher *Wolters*, Darwinistische Menschenbilder, 107 ff., 109.

204 Vgl. *Dawkins*, Das egoistische Gen, 38: „Ich selbst bin der Meinung, daß eine menschliche Gesellschaft, die lediglich auf dem Gesetz des universellen, rücksichtslosen Gen-Egoismus beruhte, eine Gesellschaft wäre, in der es sich sehr unangenehm lebte. Unglücklicherweise jedoch hört etwas, das wir beklagen, und sei es auch noch so sehr, deshalb nicht auf, wahr zu sein. [...] Wenn der Leser [...] eine Gesellschaft aufbauen möchte, in der die einzelnen großzügig und selbstlos zugunsten eines gemeinsamen Wohlergehens zusammenarbeiten, kann er wenig Hilfe von der biologischen Natur erwarten. Laßt uns versuchen, Großzügigkeit und Selbstlosigkeit zu lehren, denn wir sind egoistisch geboren".

205 *Schäfer/Ott*, Lehrbuch der ökonomischen Analyse des Zivilrechts, 71; *Kirchgässner*, Homo oeconomicus, 46 f., vgl. bereits oben 2 c und 5 c, Fn. 173.

206 Vgl. *Rüthers/Fischer*, Rechtstheorie, 189.

207 Diese Berechenbarkeit ist bei einem als willensfrei gedachten Menschen in keiner Weise vorhanden, man kann lediglich im Nachhinein bestimmte Handlungsmotive oder Entscheidungsdeterminanten deuten, gegen die Interpretation des Menschen als berechenbaren Mechanismus wendet sich *Weizenbaum*, Die Macht der Computer und die Ohnmacht der Vernunft, 337 ff.

208 So verweist etwa *Munk*, Insolvenzprophylaxe für Deutschland, 378 f., ganz ungeniert auf angebliche „Naturgesetze der internationalen Kapitalverkehrsströme".

209 Vgl. etwa die Ausführungen des früheren britischen Diplomaten *Jay*, Das Streben nach Wohlstand, 431: „[Keynes] konnte [...] an einen begrenzten Wohlstand glauben, der deutlich über dem Existenzminimum liegen und der Menschheit die Freiheit geben

6. *Verfassungsrechtliche Erziehung zum Respekt vor fremden Interessen*

Jede rechtliche Verhaltensvorgabe hat erzieherische Wirkung, denn sie verengt das tatsächliche Können auf das rechtliche Dürfen. Sieht man nun menschliches Verhalten als naturgemäß eigennützig und fremdschädigend, so widerspricht die Beachtung von Fremdinteressen dem Wesen des Menschen. Eine entsprechende rechtliche Verpflichtung ließe sich dann immer als Umerziehungsmaßnahme einordnen. Aus wirtschaftsliberaler Sicht gibt es deshalb keine klare Grenze zwischen totalitärem Staat und Rechtsstaat. Das Problem ist keinesweigs rein theoretisch, die diffuse Abneigung gegen ethische Verhaltenvorgaben ist unter Wirtschaftswissenschaftlern durchaus verbreitet.

Der liberale Minimalstaat überlässt den Menschen der Willkür seiner Mitmenschen. Die Verletzung entfaltungsrelevanter Interessen ist dann zwar nicht zwingend, aber rechtlich nicht vermeidbar. Der einzelne Mensch wird zu größtmöglicher Flexibilität und Mobilität faktisch gezwungen, um im freien Spiel der Marktkräfte bestehen zu können. Die sozialdarwinistische Untermauerung dieser quasipräskriptiven Vorgaben suggeriert ihre naturgegebene Notwendigkeit. Bei Zugrundelegung des abweichenden verfassungsrechtlichen Menschenbildes[210] sind derartige marktinhärente Sachzwänge lediglich die Folge von Denkzwängen,[211] deren Rezeption durch die Rechtswissenschaft abzulehnen ist. Die Forderung nach immer mehr Flexibilität und Mobilität lässt soziale Beziehungen verarmen und vereitelt identitäts- und sinnstiftende Lebensbedingungen.

Geht man also vom verfassungsrechtlichen Menschenbild aus, so stellt sich die Lage anders dar: Der Mensch ist zu fremdschädigendem Verhalten fähig, aber er kann sich auch eigennützig verhalten, ohne dass das mit Fremdschädigungen verbunden wäre. Deshalb stellt es keine Überforderung dar, ihm fremdschädigendes Verhalten zu untersagen. Was als fremdschädigend zu qualifizieren ist, bemisst sich an politisch legitimierten rechtlichen Vorgaben, in unserer Rechtsordnung an den zu schützenden sozialen, räumlichen und materiellen Teilhabepotentialen. Wo entfaltungsre-

---

würde, ‚zu einigen der sichersten und gewissesten Grundsätze der Religion und herkömmlichen Tugenden zurückzukehren: dass Geiz ein Laster ist, das Verlangen von Wucherzinsen ein Vergehen […] Wir werden die Zwecke wieder höher werten als die Mittel und werden das Gute dem Nützlichen vorziehen.' Von einer solchen Welt können wir nur träumen. Wir mögen uns nach ihr sehnen, aber wir können nicht an sie glauben. Keynes hat die Rechnung ohne Darwin und auch ohne Adam Smith gemacht." Noch deutlicher wird das zugrundeliegende Menschenbild auf S. 10 desselben Werks: „Nach der Befriedigung des Sexualtriebs ist Geld das wichtigste Objekt der menschlichen Begierde. An dritter Stelle kommt die Erkenntnis".

[210] Vgl. bereits oben 2 c.

[211] Vgl. *Ulrich*, Integrative Wirtschaftsethik, 159 ff.

levante Interessen unmittelbar oder strukturell vereitelt werden, darf der Verfassungsstaat die hierfür ursächlichen Handlungen unterbinden bzw. die Verursacher zur Kompensation verpflichten. Das gilt gleichermaßen für die Körperverletzung wie für fremdschädigendes wirtschaftliches Handeln. An einer wirtschaftspolitischen Ausrichtung auf internationalen Verdrängungswettbewerb problematisch ist dann, dass sie Rücksichtslosigkeit belohnt.[212] Der rücksichtsvoll Handelnde ist in einem solchen Umfeld stets der Dumme.[213] Unter diesen Umständen muss man sich nicht wundern, wenn Menschen sich rücksichtslos verhalten. Derartiges Verhalten ist bei einem als willensfrei gedachten Menschen zwar möglich, aber keineswegs naturgegeben.

7. Fazit

Die hinter § 5 Abs. 1 GmbHG stehenden wirtschaftstheoretischen Grundannahmen sind wissenschaftlich nicht haltbar. Aus verfassungsrechtlicher Sicht abzulehnen ist die utilitaristisch fundierte und an mathematischer Berechenbarkeit ausgerichtete materiell verkürzte Gemeinwohldefinition. In keiner Weise belegt sind die vorgeblich pauschal gemeinwohlförderlichen Folgen eigennützigen Handelns. Die innere Unstimmigkeit der liberalen Eigennutzethik zeigt sich ferner daran, dass sie ihre präskriptiven Vorgaben fast ausschließlich unter Rückgriff auf Adam Smith begründet. Adam Smith ging allerdings von einem gänzlich anderen Menschenbild aus als heutige wirtschaftsliberale Theoretiker. Trotzdem ist es gerade ihr pessimistisches Menschenbild, welches eine Abkehr von der strikten Eigennutzethik verunmöglicht. Dieses sozialdarwinistisch geprägte Bild hat mit demjenigen des Grundgesetzes wenig gemein. Es hält den Menschen für unfähig, auf andere Rücksicht zu nehmen, weshalb die Verpflichtung zur Rücksicht stets als Bevormundung wahrgenommen wird.

Letztlich ist § 5 Abs. 1 GmbHG Ausdruck einer fundamentalen kulturellen Frage, nämlich der Frage nach der Legitimation der Erziehung der Menschen durch das Recht. Der totalitäre Staat bezweckt die Erziehung zum ‚neuen Menschen', der von den elitär vorgegebenen Gedanken beseelt ist. Der liberale Minimalstaat bezweckt keine derartige Züchtung von Gesinnungsklonen. Er erzieht jedoch die Bevölkerungsmehrheit zur Rück-

---

[212] Deshalb sind nach der hier vertretenen Auffassung die Erfolgsaussichten der Unternehmensethik begrenzt. Denn wie soll der einzelne Unternehmer letztlich gemeinwohlkompatibel agieren, wenn ihn die (sozial konstruierten) strukturellen Bedingungen seiner Tätigkeit zu sozialschädlichem Verhalten mittlerweile geradezu zwingen? Vgl. *Ulrich*, Integrative Wirtschaftsethik, 437 ff.

[213] Wer heutzutage etwa Software oder Musik auf legalem Weg erwirbt, wird von nicht wenigen Menschen bestenfalls gütig belächelt.

sichtslosigkeit,[214] wodurch eine Vielzahl entfaltungsrelevanter Interessen preisgegeben wird. Als Rechtfertigung hierfür dienen angeblich naturgegebene Notwendigkeiten im Sinne eines Wettbewerbs aller gegen alle, der bei genauer Betrachtung ein sozial konstruierter[215] Strukturmangel ist,[216] wenn man das Grundrecht auf freie Entfaltung eines jeden Bürgers noch irgendwie ernst zu nehmen bereit ist. Der verabsolutierte Wettbewerbsgedanke mag dem medial propagierten Zeitgeist entsprechen, hat aber mit den grundlegenen Annahmen unserer Rechtsordnung wenig gemein.[217]

Das Grundgesetz teilt weder die Menschenverachtung totalitärer Theorien noch den Kulturpessimismus der liberalen Wirtschaftstheorien, nach denen dem unbegrenzt bedürftigen Menschen immer etwas fehlt und allein der Markt ihn beglücken kann. Dem Grundgesetz geht es nicht darum, die Menschen glücklich zu machen. Es benennt schlicht eine Reihe von Interessen, deren Wahrung bzw. Befriedigung zu einem erfüllten Leben gehört. Die Rechtsordnung als Ganze erzieht die Menschen zur gegenseitigen Achtung dieser Interessen. Die zwangsweise Erziehung zu einer dementsprechenden wohlwollenden Gesinnung ist nicht Zweck des Rechts. Das heißt nicht, dass das Grundgesetz zwischenmenschliches Wohlwollen als Grundlage eines friedlichen Zusammenlebens als irrelevant ansieht. Es verhält sich letztlich so, dass der Rechtsstaat auch auf das Ethos seiner Bürger im Sinne der Akzeptanz grundgesetzlicher Wertentscheidungen angewiesen ist,[218] welches er lediglich fördern, nicht aber durchsetzen kann. Diese Erkenntnis ist „kein Grund zur Resignation, sondern Ansporn zum Handeln."[219] Man darf sich das vorstellen wie beim Theater: Hier sagt man den Schauspielern „Mach die Geste, das Gefühl kommt nach." Genauso darf die Rechtsordnung hoffen, dass normativ verbindlicher gegenseitiger Respekt zwischenmenschliches Wohlwollen fördert.

---

[214] Vgl. hierzu auch *Michalitsch*, Die neoliberale Domestizierung des Subjekts.

[215] Zur gesellschaftlichen Wirklichkeit als geistigem Konstrukt vgl. *Berger/Luckmann*, Konstruktion gesellschaftlicher Wirklichkeit, insb. 139 ff.

[216] Auf globalpolitischer Ebene spiegelt sich diese Erkenntnis bei *Sen*, Die Identitätsfalle, der den insbesondere von *Huntington* in dessen gleichnamigem Buch behaupteten Kampf der Kulturen als eindimensionale Realitätsverkürzung darstellt.

[217] Die weitgehende politische Unfähigkeit zur Einsicht in die soziale Konstruiertheit des Marktgeschehens und damit auch des Wettbewerbs lässt sich als ‚Lernpathologie' kennzeichnen, welche nach *Jachtenfuchs*, Ideen und Interessen, 22, die „Unfahigkeit eines Handlungssystems kennzeichnet, bestimmte Dinge zu wissen, sie zu wollen, oder sie als objektiv erreichbar anzusehen."

[218] Vgl. *Isensee*, HB Staatsrecht IX^3, § 190 Rn. 208.

[219] So in Anbetracht der Bedingtheit aller rechtlichen Lösungen und der Unbedingtheit ethischer Forderungen *Isensee*, Zeitlicher Anfang des Rechts auf Leben, 42.

VI. Ergebnis

§ 5 Abs. 1 GmbHG ist ein Instrument angebotsorientierter Wachstumspolitik. Diese Politik geht davon aus, jedes Leistungsangebot schaffe seine Nachfrage am Markt selbst, eigennütziges wirtschaftliches Handeln fördere das Gemeinwohl, ferner sei bei funktionierendem Wettbewerb das Wirtschaftssystem stabil.[220]. Keine dieser Annahmen ist empirisch auch nur ansatzweise belegt.[221]

Die behauptete gemeinwohlförderliche Funktion des Marktes impliziert dessen strukturelle Eigengesetzlichkeit, welche ihn von Entscheidungen der Marktteilnehmer entkoppelt. Deutlich wird das an der Metapher von der ‚unsichtbaren Hand' des Marktes. Diese Deutung steht im Widerspruch zur verfassungsrechtlich vorausgesetzten Willensfreiheit. Nicht der Markt schützt Werte, sondern der Mensch schützt Werte, indem er sie bei seinem wirtschaftlichen Handeln berücksichtigt.

Die Wettbewerbsförderung bezweckte ursprünglich eine ressourcenschonende Produktionsweise, welche die Nachteile der Planwirtschaft vermeiden sollte. Mittlerweile dient die Wettbewerbsförderung der Teilnahme am sozialdarwinistisch gedeuteten internationalen Verdrängungswettbewerb. Zielsetzung ist dabei nicht das Wohl aller Marktteilnehmer, sondern die Sicherung des Verbleibs der deutschen Volkswirtschaft auf der Seite der globalen ökonomischen Gewinner.

Diese Einteilung der Welt in Gewinner und Verlierer beruht letztlich auf der Überstrapazierung des ökonomischen Knappheitsparadigmas. Wenn nicht genug Ressourcen für alle vorhanden sind, lohnt auch nicht der Versuch einer gerechten Verteilung. Versteht man das Gemeinwohl hingegen wie das Grundgesetz nicht ausschließlich materiell, so wirkt die Knappheit materieller Güter nicht zwingend gemeinwohlhindernd. Dann handelt es sich beim Verdrängungswettbewerb um ein Strukturproblem, zu dessen Lösung Staat und Individuum beitragen können, indem sie fremden Individualinteressen auch auf internationaler Ebene wieder mehr Wertschätzung entgegenbringen.[222]

Die mit dem internationalen Wettbewerb verbundene schleichende Erosion ethischer Verhaltensmaßstäbe ist jedenfalls nicht hinnehmbar. Der Staat ist verpflichtet, Würde und grundrechtlich garantierte Interessen seiner Bürger zu schützen. Wenn er der Meinung ist, dass das auf internatio-

---

[220] Vgl. oben § 12 IV.

[221] Das von *Engel*, FS Hopt, 2733 ff. konstatierte schwindende Vertrauen in die Marktwirtschaft dürfte nicht zuletzt an dieser Realitätsferne der von der Politik vertretenen Wirtschaftstheorie liegen; die ideologische Empirieferne wirtschaftstheoretischer Entwürfe kritisiert auch *von der Vring*, Welche Politik schafft Arbeitsplätze, 166 ff.

[222] Für den Einzelnen bedeutet das vor allem, eigene Konsumentscheidungen zu reflektieren, soweit es der Geldbeutel erlaubt.

naler Ebene rein wirtschaftlich nicht mehr möglich ist, so müssen politische Lösungen gesucht werden, nicht die Grundrechte verwässert.

Soweit sich eine Wirtschaftstheorie diesen nachbarwissenschaftlichen Aspekten verschließt und jede Handlungsmotivation ökonomisch beschreiben und vorschreiben zu können glaubt, verdient sie keine Anerkennung. Wer meint, er hätte Mensch und Welt entzaubert, kann den irrationalen Komponenten menschlichen Handelns kaum gerecht werden. Dem durch § 5 Abs. 1 GmbHG rezipierten wirtschaftstheoretischen Vokabular fehlen zahlreiche Konnotationsgehalte, mit denen sich verfassungsrechtliche Zielsetzungen und insbesondere die angestrebten Teilhabemöglichkeiten überhaupt erst sinnvoll benennen und theoretisch integrieren lassen. Unkenntnis oder Geringschätzung von geistes- und sozialwissenschaftlichen Fragestellungen ist geradezu Voraussetzung für die Anerkennung einer auf Wachstum und Verdrängungswettbewerb ausgerichteten Wirtschaftstheorie.

Das vorliegende Nein zur genannten Wirtschaftstheorie ist also ein Ja zu nachbarwissenschaftlichen Annahmen, welche die kulturelle Grundlage unserer Verfassung bilden. Eine ‚Belehrung' der Rechtswissenschaft durch einzelne Wirtschaftstheorien ist abzulehnen.[223] Notwendig ist vielmehr ein Dialog von Natur-, Geistes-, Sozial- und Wirtschaftswissenschaften, der wiederum eine hinreichende interdisziplinäre Kompetenz voraussetzt.

Aus den genannten Gründen sind die § 5 Abs. 1 GmbHG zugrunde liegenden Annahmen abzulehnen. Eine freiheitsfördernde Funktion der Norm ist nicht belegt, deshalb ist sie als Einschränkung des Grundsatzes der Vertragsbindung nicht zu rechtfertigen. Bestätigt ist somit auch die Unterthese D6[224]:

D6. Das verfassungsrechtlich angestrebte Gemeinwohl wird durch § 5 Abs. 1 GmbHG weniger gefördert als vereitelt. Der Verstoß der Norm gegen den Grundsatz der Vertragsbindung entbehrt einer verfassungsrechtlichen Grundlage und ist deshalb verfassungswidrig.

---

[223] *Engert*, ZGR 2004, 816 Fn. 11 und 14 mit Verweisen auf R.H. Schmidt, Betriebswirtschaftslehre und Rechtspolitik, 57 ff., 73.

[224] Vgl. oben Einführung und Thesen zu Kapitel D, II.

§ 15 Eigenkapital als Grundlage wirtschaftlicher Gestaltungsmacht

I. Einleitung

1. Zwischenziel: Praktische Konkordanz von Vertragsbindung und Vereinigungsfreiheit

Der Grundsatz der Vertragsbindung ist als Voraussetzung individueller Entfaltungsfreiheit in Art. 2 GG verankert. Er gebietet eine Ausstattung des GmbH-Gläubigers mit vertraglicher Gestaltungsmacht. §§ 13 Abs. 2 und 5 Abs. 1 GmbHG widersprechen diesem Grundsatz, mangels verfassungsrechtlicher Legitimationsgrundlage ist § 5 Abs. 1 GmbHG verfassungswidrig. § 13 Abs. 2 GmbHG hingegen ist legitimiert durch die Vereinigungsfreiheit aus Art. 9 GG. Die widerstreitenden Grundrechtspositionen von Gesellschafter und Gläubiger sind im Wege der praktischen Konkordanz[1] auszugleichen. Bereits festgestellt wurde, dass jedenfalls bei angemessener Kapitalausstattung die durch die Vertragsbindung gebotene Gestaltungsmacht der Gesellschaftsgläubiger gewahrt ist. Fraglich bleibt, ob die angemessene Kapitalausstattung auch das beste Mittel ist, um Vertragsbindung und Vereinigungsfreiheit im Wege praktischer Konkordanz auszugleichen. Zu prüfen sind deshalb die nachfolgenden Thesen D8 und D9[2]:

D8. § 13 Abs. 2 GmbHG bedarf der Ergänzung durch Gläubigerschutzvorschriften. Am sinnvollsten erscheint insofern die Kombination von vier Maßnahmen, und zwar einer geschäftsangemessenen Eigenkapitalausstattung in Verbindung mit vierteljährlichen Rücklagepflichten, einer liquiditätsorientierten Ausschüttungssperre sowie der Pflichtversicherung deliktischer Gesellschaftsverbindlichkeiten.

D9. § 39 Abs. 1 Nr. 5 InsO dient der Gestaltungsmacht der GmbH-Gläubiger, stellt im Hinblick auf das Schutzniveau aber ein wesensgleiches Minus zur angemessenen Kapitalausstattung der GmbH dar. Deshalb ist § 39 Abs. 1 Nr. 5 InsO erst recht durch den Grundsatz der Vertragsbindung gerechtfertigt.

---

[1] Vgl. oben § 11 Fn. 33 und 34.

[2] Vgl. Einführung und Thesen zu Kapitel D, II.

2. Weiteres Vorgehen

Zunächst wird (II.) die angemessene Kapitalausstattung der GmbH mit anderen Gläubigerschutzmaßnahmen verglichen. Dabei wird festgestellt, dass eine angemessene Kapitalausstattung sowohl dem Grundsatz der Vertragsbindung als auch der Vereinigungsfreiheit am besten entspricht. Sodann wird (III.) ein Vorschlag unterbreitet, wie diese angemessene Kapitalausstattung ausgestaltet werden könnte. Der Vorschlag konzentriert sich vor allem auf den Ausbau bestehender Schutzinstrumente. Der Vorschlag verweist auf zwei weitere Bedingungen, unter denen eine Verschärfung der Kapitalisierungspflichten erst sinnvoll wäre. Das ist zum einen eine behutsame und zeitlich gestaffelte Einführung, welche bestehende Unternehmen nicht überfordert. Zum anderen ist es die Einbettung verschärfter Eigenkapitalvorschriften in ein wirtschaftsrechtliches Gesamtkonzept, das deskriptiv am Stand der Wissenschaft und evaluativ an der verfassungsrechtlichen Wertordnung ausgerichtet ist. Anschließend (IV.) wird zu zeigen sein, dass § 39 Abs. 1 Nr. 5 InsO ein wesensgleiches Minus zur angemessenen Kapitalausstattung ist und demnach gerechtfertigt durch den Grundsatz der Vertragsbindung. Zuletzt (V.) wird die erarbeitete Normbegründung auf drei Anwendungsbeispiele übertragen.

II. Gestaltungsmacht durch angemessene Kapitalausstattung

1. Gläubigerschutz durch persönliche Haftung

Dem Gläubiger der Personengesellschaft haften Gesellschaft und Gesellschafter mit ihrem jeweiligen Vermögen. Erst die persönliche Gesellschafterhaftung nach § 128 HGB sichert dem Gläubiger der Personengesellschaft vertragliche Gestaltungsmacht, die Norm ist dort mangels anderer gleichwertiger Gläubigerschutzkonzepte notwendige Folge der Vertragsbindung.[3] In der GmbH hat der Gläubiger lediglich Zugriff auf das Gesellschaftsvermögen, § 13 Abs. 2 GmbHG. Rechtfertigungsgrundlage hierfür ist die Vereinigungfreiheit aus Art. 9 GG. Soll die Vereinigungsfreiheit gewahrt bleiben, so scheidet eine persönliche Haftung des GmbH-Gesellschafters regelmäßig aus.[4]

Durch eine persönliche Gesellschafterhaftung entsprechend § 128 HGB lässt sich die Gestaltungsmacht des GmbH-Gläubigers also nicht sichern. Die grundrechtliche Verankerung der Vertragsbindung gebietet jedoch,

---

[3] Vgl. oben § 10.

[4] Durchgriffstatbestände sind Ausnahmen vom Privileg der Haftungsbeschränkung, die auf einer hiervon nicht mehr legitimierten Risikoverlagerung beruhen, vgl. bereits oben § 4 IV 5 b.

dass der Gläubiger vertragliche Gestaltungsmacht erhält. Sie muss deshalb auf anderem Weg als durch die persönliche Haftung hergestellt werden.

2. Gläubigerschutz durch Informationspflichten

Informationspflichten der Gesellschaft dienen hauptsächlich dem vorvertraglichen Gläubigerschutz. Zwar sind die Jahresabschlüsse kaum aktuell, besitzen aber Aussagekraft hinsichtlich der Größe und des Finanzierungskonzepts des Unternehmens. Dem Gläubiger kann diese Information die Entscheidungsfindung erleichtern. Gestaltungsmacht verleiht sie ihm nicht, denn nach dem Vertragsschluss kann er seine Forderung mithilfe der Information nicht durchsetzen.[5]

3. Gläubigerschutz durch Sicherheiten

a) Dingliche Sicherungsinstrumente

Ein klassisches Gläubigerschutzinstrument ist die dingliche Besicherung von Forderungen. Ist wie heute üblich lediglich ein Drittel des Gesellschaftsvermögens eigenkapitalfinanziert, so steht auch höchstens ein Drittel des Vermögens als Sicherungsgegenstand zur Verfügung. Es lassen sich dann nicht alle Verbindlichkeiten dinglich absichern. Dingliche Sicherungsinstrumente benachteiligen in der Insolvenz Gläubiger, deren Forderungen ungesichert sind. Für viele Kleingläubiger wäre die Besicherung zu kostenintensiv, oft würde sie ohnehin an der fehlenden Verhandlungsmacht scheitern. Das gilt umso mehr für unfreiwillige Gläubiger. Will man *allen* Gläubigern Gestaltungsmacht verleihen, so erscheinen dingliche Sicherungsinstrumente nicht als geeignetes Mittel.

b) Schuldrechtliche Sicherungsinstrumente

aa) Personalsicherheiten

Gläubigerschutz kann auch auf schuldrechtlichen Sicherungsmitteln beruhen. Typischstes Beispiel sind Personalsicherheiten, insbesondere Bürgschaft und Patronatserklärung. Sie erfordern die zusätzliche vertragliche Verpflichtung eines Dritten, wodurch sie meist ausscheiden, denn ein einstandsbereiter Dritter lässt sich in vielen Fällen nicht finden. Die Personalsicherheit benachteiligt zwar die ungesicherten Gläubiger nicht, denn im Gegensatz zur dinglichen Sicherheit erweitert sie die Insolvenzmasse, statt sie zu schmälern. Allerdings sichert die Personalsicherheit wie die dingliche Sicherheit nur bestimmte Forderungen einzelner Gläubiger. Ein hinrei-

---

[5] Dazu bereits oben § 11 II 5.

chendes Schutzniveau für alle Gläubiger können Personalsicherheiten daher nicht gewährleisten.

bb) Covenants

Zunehmende Bedeutung gewinnen sogenannte Covenants. Dabei handelt es sich um Nebenabreden zu einem Finanzierungsvertrag, welche dem Gläubiger Einfluss auf die Geschäftsführung der finanzierten Gesellschaft gewähren.[6] Allerdings gilt hier dasselbe wie für andere Kreditsicherungsmittel:

> „Nicht jeder Gläubiger ist willens und in der Lage, sich die Vorteile eines Covenant-unterlegten Finanzierungsvertrages zu Nutze zu machen. Kleinen Lieferanten, Abnehmern, Deliktsgeschädigten und Arbeitnehmern ist das Aushandeln solcher Regelungen, ihre Überwachung und Anspassung an geänderte Umstände zu kostpielig oder gar unmöglich."[7]

Zwar können Covenants insbesondere im Vergleich zu den geltenden Kapitalschutzregeln das Gläubigerschutzniveau anheben.[8] Wie dingliche Sicherheiten gefährden sie jedoch potentiell die nicht Covenant-besicherten Gläubiger,[9] denn die Einflussnahme kann den Interessen einflussloser Gläubiger diametral entgegenstehen.[10] Sie führt auch nicht automatisch zu besseren Geschäftsergebnissen. Denn zum einen kann der einflussnehmende Kreditgeber Fehlentscheidungen treffen, zum anderen kann er nicht alle externen Risiken vorhersehen. Covenants heben deshalb keinesfalls zwingend das Schutzniveau für alle Gläubiger.[11]

c) Zwischenergebnis

Die genannten Sicherungsinstrumente können für den einzelnen Gläubiger äußerst nützlich sein, im Einzelfall auch für alle Gläubiger. Bis auf Personalsicherheiten benachteiligen vertraglich ausgehandelte Sicherungsmaßnahmen jedoch regelmäßig die ungesicherten Gläubiger.

---

[6] *Servatius*, Covenants, 33.

[7] *Servatius*, Gläubigerschutz durch Covenants, 593.

[8] *Heinrich*, Covenants 143 ff., 429

[9] *Servatius*, Covenants, 90; *Heinrich*, Covenants, 429.

[10] *Servatius*, Covenants, 84 f., weist zum Beispiel darauf hin, dass bestimmte Gläubiger in der Krise einen ‚längeren Atem' haben und ggf. größere Risiken eingehen können, während andere an der baldigen Einleitung des Insolvenzverfahrens interessiert sind; vgl. auch *T. Bezzenberger*, Das Kapital der Aktiengesellschaft, 117 m.w.N.

[11] So aber tendenziell *Heinrich*, Covenants, 143, in dessen äußerst positiver Beurteilung auch die oben in § 14 abgelehnte Annahme mitschwingt, der Markt sei als „selbstregulative Einheit grundsätzlich am besten geeignet, effiziente Ergebnisse hervorzubringen", so *Heinrich*, Covenants, 38.

Zudem verursacht jede vertragliche Sicherungsvereinbarung Kosten, welche auch den gesicherten Gläubiger zusätzlich belasten.

4. Gläubigerschutz durch Vermögensschutz

a) Insolvenzanfechtung

Insolvenzrechtliche Anfechtungsregeln sorgen dafür, dass bestimmte dem Unternehmen entzogene Vermögenswerte zur Insolvenzmasse zurückgewährt werden, § 143 Abs. 1 InsO. Der Vermögenswert muss dafür bereits Teil des schuldnerischen Vermögens gewesen sein. Eine ursprünglich unzureichende Vermögensausstattung vermögen die Anfechtungsregeln nicht zu verhindern. Insofern wird das Gläubigerschutzniveau durch die Insolvenzanfechtung nicht gehoben. Es wird lediglich sichergestellt, dass es vor der Insolvenz nicht zu Lasten der Gläubigermehrheit sinkt.

b) Keine Gestaltungsmacht durch geltende Kapitalschutzregeln

Die gläubigerschützende Wirkung der geltenden Kapitalschutzregeln ist bekanntermaßen gering.[12] Selbst die als Seriositätsschwelle bezeichnete[13] Grenze von 25.000 € darf nun unterschritten werden, § 5 a GmbHG. Das erhöht die Risiken in der Gründungsphase erheblich. Aber auch nach einigen Jahren Geschäftsbetrieb liegt die übliche Eigenkapitalausstattung deutscher Unternehmen typischerweise bei weniger als einem Drittel der Bilanzsumme.[14] Ist das Eigenkapital durch Verluste aufgezehrt, so besteht für Gläubiger die Gefahr hochspekulativen Verhaltens der Gesellschafter.[15]

c) Hemmung der Vereinigungsfreiheit durch pauschal hohe Stammkapitalziffer

Die geringe gläubigerschützende Wirkung der bestehenden Kapitalschutzregeln könnte dazu verleiten, diese Regeln pauschal zu verschärfen. Eine pauschal hohe Stammkapitalziffer könnte aber selbst wirtschaftlich aussichtsreiche Gesellschaftsgründungen erheblich erschweren. Damit würde die grundrechtlich gesicherte Vereinigungsfreiheit stark eingeschränkt. Deshalb ist auch eine pauschal angesetzte sehr hohe Stammkapitalziffer abzulehnen.

---

[12] Vgl. statt aller *Scholz/Winter/Westermann*, GmbHG I[10], § 5 Rn. 10.

[13] *Lutter/Hommelhoff/Bayer*, GmbHG[17], § 5 Rn. 1; *Vetter*, ZGR 2005, 800 m.w.N. in Fn. 31.

[14] Vgl. oben § 11 Fn. 2.

[15] *Vetter*, ZGR 2005, 801.

d) Gläubigerschutz durch angemessenes dynamisches Stammkapital

Der Ausschluss der persönlichen Gesellschafterhaftung ist verfassungsrechtlich legitimiert durch Art. 9 GG. Er betrifft die Vermögenshaftung ex post, mit § 13 Abs. 2 GmbHG unvereinbar wären weshalb zum Beispiel Nachschusspflichten der Gesellschafter.

Gläubigerschutz durch Vermögenshaftung ist deshalb nur im Wege ex ante wirkender Kapitalaufbringungsregeln möglich. Die Idee eines pauschalen Mindestkapitals ist nach dem Gesagten aber abzulehnen. Je nach Gesellschaftsgröße ist es entweder zu niedrig, um gläubigerschützende Wirkung zu entfalten, oder es erschwert mit zunehmender Höhe den Marktzugang. Mit anderen Worten verletzt ein pauschales Mindestkapitalerfordernis regelmäßig entweder den Grundsatz der Vertragsbindung oder den der Vereinigungsfreiheit. Somit ist die Festlegung einer pauschalen Stammkapitalziffer nicht vom Spielraum des grundrechtsgebundenen Gesetzgebers umfasst.[16]

Eine verfassungskonforme Kapitalausstattung der GmbH ist folglich nur mit Blick auf das einzelne Unternehmen möglich. Die Angemessenheit des Eigenkapitalstocks beurteilt sich dann notwendigerweise durch sein relatives Verhältnis zu bilanziellen oder anderen betriebswirtschaftlichen Kennziffern. Man könnte einwenden, auch eine angemessene Kapitalausstattung könne Insolvenzen letztlich nicht verhindern. Jedoch ist Gläubigerschutz nicht allein durch Insolvenzvermeidung möglich, sondern durch die Zuweisung des wirtschaftlichen Risikos an den Schuldner. Genau das leistet eine angemessene Kapitalausstattung der GmbH. Fraglich ist, ob eine derartige Vorgehensweise die Vereinigungsfreiheit beschränkt:

e) Gesellschafterschutz durch angemessenes dynamisches Stammkapital

Will man die Gesellschaftsgläubiger effektiv schützen, so muss das Gründungskapital wenigstens den Gründungsaufwand decken sowie die Verbindlichkeiten in den ersten zwei bis sechs Monaten des Geschäftsbetriebs, die sich voraussichtlich noch nicht aus Geschäftseinnahmen bedienen lassen. Je nach geplanter Unternehmensgröße dürfte diese Ziffer minimal bei 2.000 bis 3.000 Euro liegen, könnte diesen Betrag aber auch erheblich überschreiten. Eine angemessene Kapitalausstattung wäre also in jedem Fall höher als der Betrag von 1 €, den § 5a GmbHG für die Gründung einer UG verlangt. Während des Geschäftsverlaufs verhält es sich ähnlich, hier würden vor allem Expansionsbestrebungen zur obligatorischen Erhöhung des Mindestkapitals führen. Die notwendige Kapitalziffer könnte dabei erheblich höher liegen als in § 5 GmbHG festgeschrieben. Gründung und Ex-

---

[16] So aber *Bitter*, Konzernrechtliche Durchgriffshaftung, 201.

pansion der GmbH würden also erschwert. Das wäre ein Argument gegen die angemessene Kapitalausstattung, wenn hierdurch der Grundsatz der Vereinigungsfreiheit beeinträchtigt würde.

aa) Gesellschafterschutz durch Disziplinierung

Die Verpflichtung zur angemessenen Kapitalausstattung hätte zum einen disziplinierende Wirkung. Gesellschafter müssten jeweils genau kalkulieren, wieviel Kapital effektiv benötigt wird. Das ist keineswegs üblich, wie die Vielzahl an masselosen Insolvenzen belegt.[17] Für eine niedrige Stammkapitalziffer spricht deshalb auch nicht das teilweise angeführte Argument, alle Gründungen mit positivem Erwartungswert sollten durchgeführt werden.[18] Denn der Erwartungswert ist bei den meisten kapitalschwachen Gründungen äußerst gering.[19] Während sich die Gründungsgesellschafter oft übertriebenen Hoffnungen hingeben, ist der kreditgebenden Bank aufgrund der vorhandenen Sicherheiten nicht zwingend an einer Risikominimierung gelegen. Die Verpflichtung zur angemessenen Kapitalausstattung der GmbH könnte dazu beitragen, dass aussichtslose Gründungen oder Expansionsversuche zukünftig unterbleiben. Insofern hätte die angemessene Kapitalausstattung auch gesellschafterschützende Wirkung.

bb) Gesellschafterschutz durch Gläubigerschutz

Für Gesellschafter mit einem soliden Finanzierungs- und Geschäftsmodell hätte das Modell fast ausschließlich Vorteile. Momentan werden eigenkapitalbasierte Geschäftsmodelle bestraft, denn deren Gesellschafter tragen über das Eigenkapital nicht nur die eigenen Risiken, sie tragen auch die Risiken der hauptsächlich fremdfinanzierten Gläubiger. Ist eine angemessene Kapitalausstattung verbindlich, so ist eine derartige Querverlagerung von Risiken zumindest nicht mehr im selben Ausmaß möglich. In ihrer Breitenwirkung wäre eine angemessene Kapitalausstattung also gesellschafterfreundlich, sie würde dem Grundsatz der Vereinigungsfreiheit sogar besser entsprechen als eine pauschale Mindestkapitalziffer.

---

[17] Im ersten Halbjahr 2012 wurde etwa ein Viertel aller Verfahren mangels Masse eingestellt, *Statistisches Bundesamt*, Fachserie 2 Reihe 4.1, 07/2012, 14.

[18] *Bitter*, Konzernrechtliche Durchgriffshaftung, 169.

[19] In den Reden zur 2. und 3. Lesung des MoMiG im Bundestag führte diese Erkenntnis zur seltenen Einigkeit von FDP und Die Linke, wobei auf die hohe Insolvenzquote der für die GmbH angeblich so gefährlichen Ltd. hingewiesen wurde, vgl. *Seibert* (Hrsg.), RWS-Dokumentation 23, 365 ff.

cc) Zwischenergebnis

Eine verpflichtende angemessene Kapitalausstattung der GmbH verhindert finanzschwache Gründungen und Expansionsbestrebungen. Das wäre aus Gläubigerschutzgründen hinzunehmen. Es ist nicht ersichtlich, warum ausgerechnet die nicht anpassungsfähigen[20] Gläubiger die wirtschaftlichen Aufstiegschancen eines Unternehmens garantieren sollten. Die Expansion leistungsstarker Unternehmen würde im Gegenzug begünstigt, denn die eigene Leistungsfähigkeit würde viel weniger mit den Geschäftsrisiken finanzschwacher Gläubiger belastet. Es würde also nicht die unternehmerische Tätigkeit als solche erschwert. Es würde lediglich eine andere Art unternehmerischer Tätigkeit begünstigt, nämlich gerade die hauptsächlich eigenkapitalfinanzierte Tätigkeit.

Der häufige Verweis auf die Risikoaversität[21] der Gesellschafter wäre kein Argument gegen eine angemessene Kapitalausstattung. Ganz im Gegenteil würde sie die Risikokalkulation erheblich vereinfachen. Die Verpflichtung gilt lediglich ex ante, wäre also für die Gesellschafter im Voraus kalkulierbar. Während des Geschäftsverlaufs könnten sie die zu tragenden Risiken hauptsächlich den eigenen Geschäftsbüchern entnehmen, anstatt ständig unbekannte wirtschaftliche Schwierigkeiten der Gläubiger fürchten zu müssen.

Im Ergebnis verstieße die Verpflichtung zur angemessenen Kapitalausstattung der GmbH nicht gegen Art. 9 GG.

f) Gesamtwirtschaftliche Auswirkungen auf das Investitionsverhalten

aa) Vorteile einer partiell investitionshemmenden Wirkung

Gegen strengere Eigenkapitalvorschriften könnte man vorbringen, dass sie investitionshemmende Wirkung besitzen. Tatsächlich verringert würden die maximale Fremdkapitalquote und folglich das potentielle Ausmaß von Fremdfinanzierungsmaßnahmen. Ein finanzielles Engagement über die maximale Fremdkapitalquote hinaus nähme notwendigerweise am unternehmerischen Risiko teil. Ferner würden die strengeren Eigenkapitalvorschriften die Möglichkeiten kurzfristiger Gewinnausschüttung schmälern, insbesondere in der Gründungs- und Expansionsphase. Gehemmt würden also vor allem Investoren, die kurzfristig hohe Gewinnerwartungen bei geringem Risiko anstreben.

---

[20] Denn nur sie tragen letztlich das wirtschaftliche Risiko des Schuldners, während vor allem die institutionellen Kreditgeber durch die zu bestellenden Sicherheiten geschützt sind.

[21] Vgl. etwa *Bitter*, Konzernrechtliche Durchgriffshaftung, 168.

Das wäre aus zwei Gründen volkswirtschaftlich nicht nachteilig. Zum einen würden vor allem besonders riskante Maßnahmen unterbleiben, die nur aufgrund der möglichen Risikoverlagerung auf die Gläubiger überhaupt durchgeführt werden. Es ist überhaupt nicht ersichtlich, warum ausgerechnet die Gläubiger das Risiko eines Vorhabens tragen sollten, wenn Unternehmer und Kapitalgeber selbst nicht an die Erfolgsaussichten glauben.[22] Zum anderen würde die als äußerst schädlich erkannte[23] Kreditausweitung eingedämmt. Diese schädliche Tendenz wurde der Kreditausweitung allerdings nur soweit unterstellt, als sie die Eigenkapitalfinanzierung fast gänzlich verdrängt.[24] Ein Argument gegen strengere Eigenkapitalvorschriften könnte also höchstens sein, dass die Fremdfinanzierung hierdurch gänzlich unattraktiv wird:

bb) Verschiebung der Investitionsanreize

Die Pflicht zur angemessenen Kapitalausstattung schmälert zumindest kurzfristig die Möglichkeit der Gewinnausschüttung. Nicht jeder Investor knüpft sein Engagement an utopische Aussichten auf jährliche 20% oder mehr Rendite, an geringeren Gewinnerwartungen müssten Investitionen also nicht zwingend scheitern. Scheitern könnten sie aufgrund einer erschwerten Risikokalkulation. Die wäre bei verpflichtender angemessener Kapitalausstattung der Unternehmen jedoch letztlich sehr viel einfacher. Zurzeit müssen Investoren stets die Querverlagerung wirtschaftlicher Risiken mitbedenken, können also ihr wirtschaftliches Risiko je nach Tätigkeitsbereich schlecht bis gar nicht kalkulieren. Ist aufgrund der angemessenen Kapitalausstattung der Gläubigerunternehmen die Risikoverlagerung eingedämmt, so lässt sich das Investitionsrisiko weitgehend aus dem zu finanzierenden Geschäftsmodell ersehen. Das gilt auch für die Gewinnerwartung. Damit hätten Investoren eine langfristig viel sicherere Kalkulationsgrundlage als nach geltendem Recht. Diese Argumente sind freilich nur vollends überzeugend, wenn die angemessene Kapitalausstattung für alle Kapitalgesellschaften verbindlich ist.

Ein weiteres Argument spricht auch dann für eine investitionsfördernde Wirkung strengerer Eigenkapitalvorschriften, wenn sie allein die GmbH treffen. Die Attraktivität eines potentiellen Vertragspartners steigt mit zunehmender Produktqualität und wirtschaftlicher Zuverlässigkeit. Je mehr Eigenkapital ein Unternehmen aufweist, desto sicherer kann der potentielle Gläubiger auf die Erfüllung seiner Forderung vertrauen. Eine angemessene Kapitalausstattung steigert also die Attraktivität der GmbH als Vertrags-

---

22 So *Wiedemann*, Gesellschaftsrecht I, 572.

23 Vgl. oben § 14 IV 2.

24 Vgl. oben § 14 IV 3 b.

partner. Darin läge ein Wettbewerbsvorteil, der die Rechtsform auch für Investoren attraktiver macht.

Strengere Eigenkapitalvorschriften würden letztlich nicht zwingend weniger, sondern vor allem andere Investitionsanreize bieten. Begünstigt würden langfristig denkende Investoren, welche den nötigen Sachverstand für das zu finanzierende Unternehmen besitzen und ihre Gewinnerwartungen den realwirtschaftlichen Möglichkeiten anpassen.

5. Zwischenergebnis

Will der Gesetzgeber die Haftung für Verbindlichkeiten der GmbH verfassungskonform regeln, so muss er widerstreitende grundrechtlich geschützte Positionen aus Art. 2 und Art. 9 GG beachten. Die Regelung erfordert daher einen Ausgleich dieser Positionen im Wege praktischer Konkordanz. Es muss sowohl der Vertragsbindung als auch der Vereinigungsfreiheit zu bestmöglicher Geltung verholfen werden.

Die persönliche Haftung der GmbH-Gesellschafter für Gesellschaftsverbindlichkeiten verstieße gegen § 13 Abs. 2 GmbHG, welcher durch die Vereinigungsfreiheit legitimiert ist. Die niedrige Stammkapitalziffer in § 5 Abs. 1 GmbHG hingegen missachtet den Grundsatz der Vertragsbindung und ist deshalb verfassungswidrig. Dasselbe würde für andere pauschale Mindestkapitalerfordernisse gelten. Denn sie würden entweder den Marktzugang unter Verstoß gegen Art. 9 GG pauschal erschweren oder den Gläubigerschutz unter Verstoß gegen Art. 2 GG missachten. Informationspflichten verleihen keine Gestaltungsmacht nach Vertragsschluss, sondern schützen die Selbstbestimmung bei Vertragsschluss. Sicherungsmaßnahmen gewähren Gestaltungsmacht für einzelne Gläubiger, nicht aber für alle Gläubiger.

Gestaltungsmacht für alle Gläubiger böte die angemessene Kapitalausstattung der GmbH. Eine dynamische Eigenkapitalquote würde auch nicht gegen die Vereinigungsfreiheit verstoßen, sondern diese in verschiedener Hinsicht sogar fördern. Gesamtwirtschaftlich würden sich hierdurch Investitionsanreize verschieben, gemindert würden vor allem volkswirtschaftlich nachteilige Anreize für hochriskante Geschäfte zu Lasten der Gläubiger.

Eine dynamisch am Geschäftsumfang ausgerichtete angemessene Kapitalausstattung der GmbH wäre deshalb diejenige Maßnahme, welche sowohl der Vereinigungsfreiheit als auch dem Grundsatz der Vertragsbindung am besten gerecht wird. Fraglich bleibt, wie sich eine angemessene Kapitalausstattung berechnen und umsetzen lässt:

III. Angemessene Kapitalausstattung (de lege ferenda)

1. Was ist angemessen?

Will man das Trennungsprinzip nicht unterlaufen, so müssen Nachschusspflichten der GmbH-Gesellschafter für bestehende Verbindlichkeiten ausgeschlossen sein. Die Gestaltungsmacht der Vertragsgläubiger muss also vor Vertragsschluss sichergestellt sein. Gestaltungsmacht des Gläubigers beruht vornehmlich auf der verfügbaren Haftungsmasse beim Schuldner. Diese Haftungsmasse müsste angemessen sein, und zwar hinsichtlich zukünftiger Verbindlichkeiten.

Angemessen wäre also eine Kapitalausstattung, die zum einen Krise und Insolvenz vorbeugt, zum anderen selbst in diesen Fällen die Befriedigung der Gesellschaftsgläubiger so gut wie möglich sichert. Nun kann die Gesellschaft nicht für alle unvorhersehbaren Eventualitäten vorsorgen. Es kann also nur darum gehen, vorhersehbaren Forderungsausfällen der Gläubiger vorzubeugen. Erreichen ließe sich dieses Ziel durch den Ausbau bestehender Gläubigerschutzmaßnahmen:

2. Herstellung und Sicherung der Haftungsmasse im Innenverhältnis

a) Bilanzorientierte Eigenkapitalquote von mindestens 50 – 70%

Fraglich ist, wie hoch die Stammkapitalziffer sein sollte. Heute verfügen die meisten Gesellschaften mbH über eine Eigenkapitalquote von unter 30%.[25] Dieser Kapitalpuffer ist bei Eintritt der Insolvenzreife regelmäßig aufgezehrt. Will man die Gläubiger effektiv schützen, das wirtschaftliche Risiko vornehmlich dem Gesellschafter zuweisen und der volkswirtschaftlich schädlichen Kreditausweitung entgegenwirken, so müsste der Eigenkapitalbetrag erheblich höher ausfallen. Angestrebt werden sollte deshalb zunächst eine Eigenkapitalquote von 50 –70% der Bilanzsumme.[26] Bei der Gründung kann man hierfür den geplanten Geschäftsumfang heranziehen.

b) Kapitalaufbringung durch vierteljährliche Rücklagenbildung

Während des Geschäftsverlaufs können gesetzliche Rücklagen dafür sorgen, dass die relative Kapitalquote nicht unterschritten wird. Die Verwendung der Rücklagen müsste ebenfalls geregelt werden. Eine Hälfte sollte der Vorbeugung und dem Ausgleich von Krisen dienen, Vorbild könnte insofern § 5a Abs. 2 GmbHG sein. Die andere Hälfte sollte als Insolvenzpuf-

---

[25] Vgl. oben § 11 Fn. 2.

[26] Für eine rücklagenbasierte Erhöhung der Stammkapitalquote bis zu einem Deckelbetrag von 50.000–100.000 € *Schärtl*, Die Doppelfunktion des Stammkapitals, 189.

fer zur Verfügung stehen, etwa über ein Sonderkonto, welches dem normalen Geschäftsbetrieb entzogen ist.

Ein realitätsnahes Berechnungsintervall müsste jedenfalls kürzer ausfallen als ein Jahr. Sinnvoll erscheint eine vierteljährliche Rücklagenbildung. Hierfür wären Vereinfachungen des Bilanz- und Steuerrechts erforderlich, welche zur Akzeptanz einer Neuregelung erheblich beitragen würden. Der Höhe nach sollten die Rücklagen die Hälfte des vierteljährlichen Überschusses betragen. Läge nach vollständiger Ausschüttung des Überschusses eine Eigenkapitalquote von $\geq$ 70% vor, so müsste keine Rücklage gebildet werden.

c) Kapitalerhalt durch liquiditätsorientierte Ausschüttungssperren

Flankierend zum bilanzorientierten Stammkapital bietet sich eine liquiditätsorientierte Ausschüttungssperre an, um kurzfristige Schieflagen zu verhindern.[27] Zeitlicher Maßstab sollte auch hier ein dreimonatiger Zeitraum sein, in welchem trotz der Ausschüttung die Liquidität gewährleistet sein muss.

3. Massesicherung vor dem Zugriff Dritter

a) Insolvenzanfechtung

Will man vertragliche Gestaltungmacht der GmbH-Gläubiger sichern, so muss die Haftungsmasse auch ihnen vorbehalten sein. Diesem Zweck dient die Insolvenzanfechtung, die aus vorliegender Sicht keiner Änderungen bedürfte.

b) Versicherung deliktischer Haftungsrisiken

Problematisch erscheint die potentielle Belastung der Haftungsmasse durch deliktische Forderungen gegen die Gesellschaft, etwa nach §§ 823 Abs. 1, 31 BGB. Die Entstehung deliktischer Verbindlichkeiten ist nicht vorhersehbar, kann also bei der Geschäftsführung nicht sinnvoll berücksichtigt werden. Deshalb sollte den Deliktsgläubigern der Zugriff auf die Haftungsmasse verwehrt sein. Stattdessen sollte eine Pflichtversicherung eingeführt werden, welche die deliktischen Verbindlichkeiten der GmbH unabhängig vom Verursacher abdeckt.

---

[27] Derartige solvenzorientierte Ausschüttungssperren werden auch im Aktienrecht diskutiert, vgl. nur *Lutter*, Das Kapital der Aktiengesellschaft in Europa, 11.

4. Umsetzung ohne existenzgefährdende Beeinträchtigung bestehender Gesellschaften

a) Angemessene Kapitalausstattung als Zielsetzung

Die soeben (2. und 3.) genannten Maßnahmen könnten Grundlage einer soliden Unternehmensfinanzierung sein, welche das wirtschaftliche Risiko vornehmlich demjenigen zuweist, der sich durch die Geschäftstätigkeit wirtschaftliche Chancen eröffnet.

Beachtet werden muss allerdings das bestehende wirtschaftliche Umfeld. Eine schnelle und unbedingte Umsetzung könnte den zu erreichenden Zielen auch abträglich sein. Abrupte Maßnahmen stoßen selten auf Akzeptanz. Wenig akzeptiert werden auch bruchstückhafte Regelungen, die dem unternehmerisch Tätigen letztlich mehr Aufwand als Nutzen bringen. Diesen Bedenken muss bei der Wahl der Mittel Rechnung getragen werden:

b) Schlüssiges Gesamtkonzept

Die genannten Maßnahmen sind Vorschläge. Die Ausgestaltung der angemessenen Kapitalausstattung im Einzelnen bedürfte weiterer theoretischer Forschungsanstrengungen. Denkbar wäre eine regelmäßige Anpassung der Kennziffern durch den Gesetzgeber, der so die praktische Erfahrung zeitnah nutzen könnte. Vor allem bedürfte die angemessene Kapitalausstattung der Einbettung in ein schlüssiges Gesamtkonzept, welches der Entfaltungsfreiheit aller Menschen auch im wirtschaftlichen Bereich umfassend Rechnung trägt.

c) Stufenweise Einführung

Gesellschafter bestehender Gesellschaften sollten dadurch geschützt werden, dass die Eigenkapitalquote nur langsam angehoben wird. Denken könnte man etwa an eine verbindliche Stammkapitalziffer von zunächst 30%, welche die meisten Gesellschaften annähernd erreicht haben. Sodann könnte die erforderliche Quote alle drei Jahre um je 10% angehoben werden, so dass sie innerhalb von 12 Jahren auf 70% steigt.

5. Ausweitung auf ausländische Kapitalgesellschaften

Auf ausländische Kapitalgesellschaften wären die genannten Pflichten nicht unmittelbar übertragbar. Möglich ist nach der Rechtsprechung des EuGH aber eine Hinterlegungspflicht, die der Höhe nach dem zu sichernden Stammkapital entspricht.[28] Eine derartige Verpflichtung für ausländische Gesellschaften mbH müsste eingeführt werden, damit die deutsche

[28] Vgl. oben § 1 Fn. 11.

GmbH zumindest im Inland keine höheren Risiken trägt als ausländische. Umgekehrt könnten die Kapitalvorschriften im Bezug auf das Auslandsgeschäft gelockert werden, um auch insofern keinen unmittelbaren Wettbewerbsnachteil zu kreieren. Letztlich wäre es am sinnvollsten, auch auf europäischer bzw. internationaler Ebene für eine angemessene Kapitalausstattung von Unternehmen zu werben. Freilich erscheint das zumindest kurzfristig wenig aussichtsreich, die fortgesetzte Preisgabe grundrechtlich geschützter Gläubigerinteressen ist allerdings keine vorzugswürdige Alternative.

6. Zusammenfassung

Eine angemessene Kapitalausstattung der GmbH könnte durch folgendes Maßnahmenpaket gewährleistet werden: Die verpflichtende Eigenkapitalquote wird zunächst festgesetzt auf 30% der Bilanzsumme.[29] Sie wird schrittweise angehoben um 10% alle drei Jahre, bis sie 70% beträgt. Es sind gesetzliche Rücklagen in Höhe der Hälfte des vierteljährlichen Überschusses zu bilden, bis die notwendige Eigenkapitalquote erreicht ist. Ausschüttungen sind untersagt, wenn hierdurch die Liquidität in den folgenden drei Monaten erheblich gefährdet wird. Es wird eine Pflichtversicherung für die deliktischen Haftungsrisiken der GmbH eingeführt.

IV. § 39 Abs. 1 Nr. 5 InsO als wesensgleiches Minus

Im Vergleich zur angemessenen Kapitalausstattung der GmbH ist § 39 Abs. 1 Nr. 5 InsO ein wesensgleiches Minus. Bereits die Darlehensgewährung sichert regelmäßig keine angemessene Kapitalausstattung. Auf Dauer ist das Darlehen im Gegensatz zu Rücklagepflichten überhaupt nicht in der Lage, eine angemessene Kapitalausstattung zu gewährleisten. Deshalb bleibt das Schutzniveau von § 39 Abs. 1 Nr. 5 InsO in jedem Fall hinter dem einer angemessenen Kapitalausstattung zurück. Da die Verpflichtung des Gesellschafters zur angemessenen Kapitalausstattung der GmbH verfassungsrechtlich legitimiert ist,[30] gilt das erst recht für § 39 Abs. 1 Nr. 5 InsO.

V. Einzelfragen zu § 39 Abs. 1 Nr. 5 InsO

Abschließend soll der Tatbestand des § 39 Abs. 1 Nr. 5 InsO anhand dreier Beispiele beleuchtet werden.

---

[29] Damit wäre im Vergleich zur jetzigen Lage noch keine große Veränderung verbunden, vgl. oben 2 a und § 11 Fn. 2.

[30] Vgl. oben II 5.

1. Persönlicher Anwendungsbereich: Aktionäre

Nach dem Willen des Gesetzgebers ist § 39 Abs. 1 Nr. 5 InsO rechtsformneutral ausgestaltet,[31] erfasst also auch Aktiengesellschaften.[32] Fraglich ist, ob das durch die vorliegend erarbeitete Normbegründung getragen wird. Das ist dann der Fall, wenn auch die Aktionäre zur angemessenen Kapitalausstattung der AG verpflichtet werden könnten. Dafür müsste § 1 Abs. 2 AktG eine Ausnahme vom Grundsatz der Vertragsbindung darstellen, diese Ausnahme dürfte nicht verfassungsrechtlich gerechtfertigt sein durch die Vereinigungsfreiheit.

a) Begrenzte Gestaltungsmacht der Gesellschaftsgläubiger, § 1 Abs. 2 AktG

Der Grundsatz der Vertragsbindung verschafft dem Vertragsgläubiger Gestaltungsmacht, indem er den Haftungszugriff auf das Privatvermögen des Schuldners ermöglicht. In der Personengesellschaft ist § 128 HGB Ausdruck des Grundsatzes der Vertragsbindung.

Wirtschaftlich betrachtet ist die Lage in der Aktiengesellschaft ähnlich wie in der GmbH. Die Aktionäre sind diejenigen, denen die Geschäftstätigkeit der Aktiengesellschaft wirtschaftliche Chancen eröffnet, ihnen gebührt der Bilanzgewinn nach § 58 Abs. IV AktG. Die Gestaltungsmacht der Gesellschaftsgläubiger wird im Gegensatz zu § 128 HGB durch § 1 Abs. 2 AktG begrenzt, das Privatvermögen der Gesellschafter ihrem Zugriff entzogen.

b) Keine Fremdbestimmung des Aktionärs durch persönliche Haftung

Vertragstheoretisch gerechtfertigt wäre die Begrenzung des Haftungszugriffs, wenn die persönliche Haftung des Aktionärs ein fremdbestimmter Eingriff in seine Ressourcen wäre, wenn sich also die Verbindlichkeit der Aktiengesellschaft nicht auf den Willen des Aktionärs zurückführen lässt.[33] Die Erklärung zum Vertragsschluss stammt vom Vorstand, nicht vom Aktionär, § 77 AktG. Fraglich ist also, ob die Willenserklärung des Vorstands dem Aktionär zurechenbar ist. Bei Fremdbestimmung im Rahmen der

---

[31] BT-Drucks. 16/6140, 26.

[32] *Scholz/ K. Schmidt*, GmbHG III[10], Nachtrag §§ 32a/b a.F. Rn. 19.

[33] Keine Rolle spielt hier wiederum, ob der Aktionär mit der persönlichen Haftung als solcher einverstanden ist oder nicht. Denn die Perspektive ist vorliegend diejenige des Gesetzgebers, der erst noch zu entscheiden hat, ob der Aktionär persönlich haften muss. Mit anderen Worten darf das Haftungsprivileg aus § 1 Abs. 2 AktG im Rahmen seiner Rechtfertigung nicht schon vorausgesetzt werden.

Zeichnung kommt es letztlich nicht zur Haftung,[34] insofern muss vorliegend von einer selbstbestimmten Aktienzeichnung ausgegangen werden.

aa) Ordnungsgemäße Geschäftsführung

Zwar herrscht in der Aktiengesellschaft keine Satzungsautonomie[35] wie in der GmbH. Bei Zeichnung der Aktien ist dem Aktionär jedoch bewusst, dass sein Einfluss auf die Geschäftsführung nur ein mittelbarer ist, zum anderen durch den Einfluss der anderen Aktionäre erheblich relativiert wird, §§ 84, 101 Abs. 1, 119 Abs. 1, 133, 134 AktG. Damit erklärt sich der Aktionär bei Zeichnung der Aktien konkludent einverstanden. Deshalb sind jedenfalls Vertragsschlüsse im Rahmen der ordnungsgemäßen Geschäftsführung dem Aktionär zurechenbar.

bb) Nicht ordnungsgemäße Geschäftsführung

Auch außerhalb der ordnungsgemäßen Geschäftsführung wird die AG vom Vorstand wirksam vertreten, § 82 Abs. 1 AktG. Vom Willen des Aktionärs ist die Erklärung zwar nicht mehr gedeckt, wie in der GmbH sprechen verschiedene Erwägungen trotzdem für eine Zurechnung. Der Aktionär nimmt die Reichweite der Vertretungsmacht willentlich in Kauf, um Aufwand zu sparen und der Geschäftsführung den notwendigen Entscheidungsspielraum zu gewähren.[36]

Das Risiko nicht ordnungsgemäßer Geschäftsführungshandlungen ist durch die Aktionäre kontrollierbar, § 84 Abs. 3 Satz 2 AktG, für den Gesellschaftsgläubiger hingegen nicht. Werden die Interessen des Aktionärs im Innenverhältnis grob verletzt, so wird ihm ein Rücktrittsrecht aus wichtigem Grund zustehen.[37] All das spricht dafür, dem Aktionär alle Erklärungen des Vorstands zuzurechnen.

Eine Ausnahme muss auch hier gemacht werden, wenn der Gläubiger nicht schutzwürdig ist, also bei offensichtlicher Pflichtwidrigkeit oder anderweitiger tatsächlicher Kenntnis des Gläubigers von der fehlenden Geschäftsführungsbefugnis.[38]

cc) Zwischenergebnis: Ausnahme vom Grundsatz der Vertragsbindung

Die Erklärungen der Gesellschaft sind dem Aktionär zurechenbar, in der persönlichen Haftung läge also keine Fremdbestimmung. Deshalb stellt § 1

---

[34] Der Zeichner kann dann regelmäßig anfechten, vgl. oben § 9 III a cc.

[35] Dazu näher *Zöllner*, Inhaltsfreiheit bei Gesellschaftsverträgen, 88 ff., 89.

[36] Vgl. oben § 11 III 2 b.

[37] *Raiser/Veil*, Kapitalgesellschaften[4], 119.

[38] Dazu bereits oben § 11 III 2 b ee.

Abs. 2 AktG eine Ausnahme vom Grundsatz der Vertragsbindung dar. Mangels vertragstheoretischer Rechtfertigung bedürfte es einer anderen verfassungsrechtlichen Legitimationsgrundlage, welche sich nur aus der Vereinigungsfreiheit des Art. 9 GG ergeben könnte.

c) Begrenzte Rechtfertigung durch Vereinigungsfreiheit

aa) Rechtfertigung von § 1 Abs. 2 AktG bei angemessener Kapitalausstattung

Das Trennungsprinzip ist im Innnenverhältnis durch das Interesse an einer homogenen Verteilung der Verlustrisiken gerechtfertigt. Im Außenverhältnis bedürfte es eines Ausgleichs von Vereinigungsfreiheit und Vertragsbindung im Wege der praktischen Konkordanz. Deshalb ist auch § 1 Abs. 2 AktG jedenfalls dann gerechtfertigt, wenn die Aktiengesellschaft mit einem geschäftsangemessenen Eigenkapital ausgestattet ist.

bb) Keine Rechtfertigung von § 7 AktG

Die statische Stammkapitalziffer des § 7 AktG ist zwar etwas höher als in § 5 Abs. 1 GmbHG, aber für den Gläubigerschutz regelmäßig völlig unzureichend. Gefördert werden soll wiederum unternehmerisches Handeln durch die Schaffung eines Investitionsanreizes. Die dahinter stehenden wirtschaftstheoretischen Vorstellungen sind dieselben wie bei der GmbH, insofern kann vollumfänglich auf das bereits Gesagte verwiesen werden.[39] Eine statische Stammkapitalziffer ist auch hier nicht zu rechtfertigen.[40]

cc) Ergebnis: Anwendbarkeit des § 39 Abs. 1 Nr. 5 InsO

Eine praktische Konkordanz von Vertrags- und Vereinigungsfreiheit wäre am besten erreichbar, indem eine angemessene Kapitalausstattung der AG verbindlich vorgeschrieben wird. Solange dies nicht geschieht, ist der insolvenzrechtliche Nachrang von Aktionärsdarlehen als wesensgleiches Minus verfassungsrechtlich gerechtfertigt.

2. Persönlicher Anwendungsbereich: Covenant-gesicherter Gläubiger

a) Planwidrige Regelungslücke

Diskutiert wird die Subsumtion Covenant-gesicherter Gläubiger unter § 39 Abs. 1 Nr. 5 InsO.[41] Gläubiger sind vom Wortlaut des § 39 Abs. 1 Nr. 5

---

[39] Vgl. oben §§ 12 und 13.
[40] Vgl. oben § 14.
[41] Im Ergebnis befürwortet diese Lösung *Servatius*, Covenants, 588.

InsO nicht erfasst, deshalb müssten die Analogievoraussetzungen erfüllt sein. Es besteht eine Regelungslücke, da das Gesetz zur insolvenzrechtlichen Stellung Covenant-gesicherter Gläubiger nichts aussagt. Die Lücke wäre planwidrig, wenn die Konstellation „regelungsbedürftig ist und nicht angenommen werden kann, daß der Gesetzgeber den Fall bewußt ohne Rechtsfolge lassen wollte."[42] Ein Regelungsbedürfnis ergibt sich aus dem Fehlen eindeutiger gesetzlicher Aussagen zur rechtlichen Bewertung von Covenants. Die insolvenzrechtliche Stellung Covenant-gesicherter Gläubiger wurde vom Gesetzgeber des § 39 Abs. 1 Nr. 5 InsO nicht diskutiert. Der Wortlaut der Norm spiegelt lediglich die typische Konstellation, über die der Gesetzgeber zu entscheiden hatte, nämlich die insolvenzrechtliche Stellung des Gesellschafters. Eine bewusste Entscheidung des Gesetzgebers gegen eine Einbeziehung Covenant-besicherter Gläubiger liegt deshalb nicht vor. Die Lücke ist somit planwidrig.

b) Keine vergleichbare Interessenlage

Erforderlich wäre eine vergleichbare Interessenlage. Man könnte meinen, Fremdkapitalgeber mit Einfluss auf die Geschäftsführung seien als Gesellschaftsorgan anzusehen.[43] Allerdings handelt der Gläubiger im Eigeninteresse, während Gesellschaftsorgane im Interesse der Gesellschaft handeln müssen.[44] Die zulässige Intensität der Einflussnahme lässt sich deshalb kaum bestimmen, kann je nach Vereinbarung aber stark abweichen.[45] Als Gesellschaftsorgan kann der Covenant-gesicherte Gläubiger deshalb nur im Einzelfall angesehen werden.

Mit einem Gesellschafter wäre er dann vergleichbar, wenn er ähnliche wirtschaftliche Chancen innehat und ihm die übrigen Vertragsschlüsse der Gesellschaft zurechenbar wären. Wirtschaftliche Chancen ergeben sich für den Covenant-gesicherten Gläubiger allein durch den Erhalt der Gegenleistung, nicht bereits aus der Gewährung des Darlehens. Insofern entspricht seine Stellung derjenigen der übrigen Gläubiger, nicht der eines Gesellschafters.[46]

Auch die Zurechnung der Geschäftsführungsmaßnahmen der Gesellschaft ist abzulehnen. Ein allgemeines Einverständnis mit den Maßnahmen der Geschäftsführung ist gerade nicht erkennbar. Die konkrete Einflussintensität darf ebenfalls nicht überschätzt werden, sie kann im Einzelfall

---

[42] *Schmalz*, Methodenlehre[4], 127.
[43] Vgl. hierzu die ablehnende Stellungnahme bei *Servatius*, Covenants, 368 ff.
[44] *Servatius*, Covenants, 370.
[45] *Servatius*, Covenants, 371.
[46] In diese Richtung auch *Heinrich*, Covenants, 344.

recht gering sein.[47] Deshalb muss eine Zurechnung ausscheiden, der Covenant-gesicherte Gläubiger hat keine dem Gesellschafter vergleichbare Stellung inne.

c) Fehlende Praktikabilität

Eine nachrangige Befriedigung wäre nur dann gerechtfertigt, wenn tatsächlich eine Einflussnahme erfolgt ist oder zumindest möglich war. Die Forderung des Covenant-gesicherten Gläubigers wäre daher nur denjenigen Forderungen gegenüber nachrangig, die zeitlich nach der Covenantvereinbarung entstanden sind. Hierdurch würde die Anwendung des § 39 Abs. 1 Nr. 5 auch praktisch erheblich erschwert.

d) Ergebnis

Auf Forderungen Covenant-gesicherter Gläubiger ist § 39 Abs. 1 Nr. 5 InsO nicht anwendbar, eine Organhaftung kommt nur in Einzelfällen in Betracht. Sieht man die materielle Unterkapitalisierung der Kapitalgesellschaft als unlösbares Problem an,[48] so muss die Benachteiligung ungesicherter Gläubiger hingenommen werden. Durch eine erhöhte Verantwortung der gesicherten Gläubiger lässt sich der Schutz ungesicherter Gläubiger nach geltendem Recht nicht verbessern. Auch insofern erscheint eine angemessene Kapitalausstattung der Kapitalgesellschaften vorzugswürdig.

3. Sachlicher Anwendungsbereich: Nutzungsüberlassung, § 135 Abs. 3 InsO

Bei der Nutzungsüberlassung liegt die Leistung des Gesellschafters in der Gewährung des Nutzungsrechts, in der Regel an einem Grundstück oder auch einem Betrieb. Als Gegenleistung erhält er den Miet- bzw. Pachtzins. Die wirtschaftlichen Chancen und Risiken für den Gesellschafter entsprechen hierbei denen der Darlehensgewährung.

Der Grundsatz der Vertragsbindung gebietet eine angemessene Kapitalausstattung der Kapitalgesellschaft, die anfallende Gegenleistung für Nutzungsrechte wäre als Verbindlichkeit bilanziell zu berücksichtigen. Vor diesem Hintergrund macht es keinen Unterschied, ob der Gesellschafter ein Darlehen gewährt, mit dem ein Nutzungsrecht erworben wird, oder ob er selbst der Gesellschaft das Nutzungsrecht überlässt.

Ist die Gesellschaft nicht mit einem angemessenen Eigenkapital ausgestattet, so wäre es deshalb gerechtfertigt, das Nutzungsrecht für die Dauer

---

47 Vgl. *Heinrich*, Covenants, 345.

48 So ausdrücklich *Servatius*, Covenants, 574.

des Insolvenzverfahrens dem Verwalter zuzusprechen,[49] ohne dass hierfür Miet- oder Pachtzins anfallen. § 135 Abs. 3 InsO ist für den Gesellschafter weit weniger nachteilig, er macht das Nutzungsrecht des Insolvenzverwalters von einer erheblichen Bedeutung für die Unternehmensfortführung abhängig. Ferner gesteht er dem Gesellschafter auch während des Insolvenzverfahrens eine Gegenleistung zu. Diese weniger weitreichende Risikozuweisung des Gesellschafters ist also erst recht legitimiert durch den Grundsatz der Vertragsbindung.

VI. Ergebnis

Der Gleichlauf von Chancen und Risiken ist auch im Gesellschaftsrecht ein allgemeiner Rechtsgrundsatz, dessen Grundlage nicht allein die Austausch- oder Verteilungsgerechtigkeit ist,[50] sondern vornehmlich die Teilhabegerechtigkeit im Sinne gleicher Entfaltungschancen. Diese Chancengleichheit erfordert ein Mindestmaß an Ressourcen, welche dem Einzelnen als Grundlage seiner gesellschaftlichen Gestaltungsmacht zur Verfügung stehen. Ebenso wichtig ist, dass sich vorhandene ungleich verteilte Machtpotentiale nicht von selbst verstärken, dass also der wirtschaftlich Starke nicht dem wirtschaftlich Schwachen die Bedingungen des Vertragsschlusses aufoktroyieren kann. Genau das ist aber der Fall, wenn gerade der wirtschaftlich Starke seine Risiken auf seine Gläubiger abwälzen kann, wie es heute der Fall ist. Deshalb ist der Gläubigerschutz notwendiges Korrelat der Haftungsbeschränkung.[51]

Ein Stützpfeiler der Teilhabegerechtigkeit ist der Grundsatz der Vertragsbindung. Er erfordert, dass ein Vertrag dem Gläubiger Gestaltungsmacht gewährt, dieser seine Forderung notfalls gegenüber dem leistungsunwilligen oder -unfähigen Schuldner durchsetzen kann. Schuldnerin ist bei Verträgen mit der GmbH zwar die Gesellschaft selbst. Chancen eröffnet der Vertragsschluss aber nicht ihr selbst, sondern ihren Gesellschaftern. Daher sind sie es, die die Risiken des Geschäfts tragen müssen. Folge des alleinigen Abstellens auf den Grundsatz der Vertragsbindung wäre deshalb die persönliche Haftung des GmbH-Gesellschafters für Gesellschaftsverbindlichkeiten. Die ist jedoch durch § 13 Abs. 2 GmbHG ausgeschlossen, welcher wiederum durch die Vereinigungsfreiheit aus Art. 9 GG legitimiert ist. Erforderlich ist deshalb der Ausgleich der beiden grundrechtlich geschützten Positionen im Wege praktischer Konkordanz. Erforderlich sind

[49] In dieser Nutzungsüberlassung läge wiederum ein wesensgleiches Minus zur Verpflichtung zu einer angemessenen Kapitalausstattung, vgl. oben IV.

[50] Hierauf abstellend *T. Bezzenberger*, Das Kapital der Aktiengesellschaft, 88 m.w.N.

[51] So auch *T. Bezzenberger*, ebenda, 89 in Bezug auf die AG.

deshalb Gläubigerschutzregeln abseits der persönlichen Gesellschafterhaftung.

Informationspflichten bieten keine Gestaltungsmacht, Sicherheiten keine Gestaltungsmacht für alle Gläubiger. Die geeignetste unter den zulässigen Gläubigerschutzmaßnahmen ist daher die Bereitstellung eines angemessenen Haftungsvermögens. Die deutlich weniger weitreichende Gläubigerschutzregel des § 39 Abs. 1 Nr. 5 InsO ist erst recht legitimiert durch den Grundsatz der Vertragsbindung.

Ein angemessenes Haftungsvermögen müsste im Interesse der Gläubiger erheblich größer sein als das von § 5 Abs. 2 GmbHG vorgeschriebene Stammkapital. Vorgeschlagen wird von der vorliegenden Arbeit eine verpflichtende Eigenkapitalquote von 50 bis 70% der Bilanzsumme, die durch vierteljährliche Rücklagepflichten gesichert und durch liquiditätsorientierte Ausschüttungssperren flankiert wird. Gleichzeitig muss der Haftungsfonds dem Zugriff etwaiger Deliktsgläubiger entzogen werden, wofür sich eine entsprechende Pflichtversicherung am besten eignet. Die Einführung derartiger Regelungen müsste allerdings behutsam erfolgen, um bestehende Gesellschaften nicht zu überfordern. Eine Neuregelung bedürfte der Einbettung in ein wirtschaftspolitisches Gesamtkonzept, welches räumliche, soziale, materielle und spirituelle Bedürfnisse gleichermaßen berücksichtigt.

Die Norm ist nach der vorliegenden Begründung auf Aktionäre anwendbar, nicht jedoch auf Covenant-gesicherte Gläubiger. Ebenfalls gerechtfertigt durch den Grundsatz der Vertragsbindung ist die Parallelregelung zur Nutzungsüberlassung in § 135 Abs. 3 InsO.

Bestätigt sind somit die Unterthesen D8 und D9:

D8. § 13 Abs. 2 GmbHG bedarf der Ergänzung durch Gläubigerschutzvorschriften. Am sinnvollsten erscheint insofern die Kombination von vier Maßnahmen, und zwar einer geschäftsangemessenen Eigenkapitalausstattung in Verbindung mit vierteljährlichen Rücklagepflichten, einer liquiditätsorientierten Ausschüttungssperre sowie der Pflichtversicherung deliktischer Gesellschaftsverbindlichkeiten.

D9. § 39 Abs. 1 Nr. 5 InsO dient der Gestaltungsmacht der GmbH-Gläubiger, stellt im Hinblick auf das Schutzniveau aber ein wesensgleiches Minus zur angemessenen Kapitalausstattung der GmbH dar. Deshalb ist § 39 Abs. 1 Nr. 5 InsO erst recht durch den Grundsatz der Vertragsbindung gerechtfertigt.

Ergebnis des Kapitels D

Die beschränkte Haftung des GmbH-Gesellschafters statuiert eine Ausnahme vom Grundsatz der Vertragsbindung. Verfassungsrechtliche Legitimationsgrundlage kann Art. 9 GG sein, Vertragsbindung und Vereinigungsfreiheit müssen dann im Wege praktischer Konkordanz zur jeweils bestmöglichen Geltung gelangen. Das Trennungsprinzip aus § 13 Abs. 2 GmbHG ist deshalb jedenfalls dann gerechtfertigt, wenn die GmbH mit einem angemessenen Eigenkapital ausgestattet ist.

Fraglich war, inwiefern § 5 Abs. 1 GmbHG verfassungsrechtlich zu legitimieren ist. Die Norm beruht auf den wirtschaftstheoretischen Annahmen, dass eine niedrige Stammkapitalziffer unternehmerisches Handeln und Investitionen fördere, wodurch wiederum Wirtschaftswachstum und-Wettbewerb beflügelt würden und sich der gesamtgesellschaftliche Wohlstand mehre.

Problematisch ist an diesen Annahmen vor allem die implizite Zwecksetzung. Der wirtschaftswissenschaftliche Wohlstandsbegriff ist sehr viel enger als der verfassungsrechtliche Begriff des Gemeinwohls. Maßstab der vorliegenden Untersuchung ist notwendigerweise der verfassungsrechtliche Begriff. Festgestellt wurde, dass die Rechtsordnung nicht das Gemeinwohl, sondern Gerechtigkeit herzustellen versucht, indem sie Leben und Würde des Einzelnen schützt und Voraussetzungen für die freie Entfaltung aller schafft. Die Voraussetzungen freier Entfaltung erfassen neben materiellen auch soziale und spirituelle Bedürfnisse.

Diese Bedürfnisse werden durch § 5 Abs. 1 GmbHG eher missachtet als gefördert. Insbesondere fördert § 5 GmbHG nicht die wirtschaftliche Konkurrenz, sondern deren Verdrängung. Die Möglichkeiten weiteren wirtschaftlichen Wachstums sind unter den gegebenen Bedingungen sehr fraglich, auf Dauer völlig utopisch. Während der Verdrängungswettbewerb die sozialen Grundpfeiler der Gesellschaft stetig schleift, führt das Festhalten am Wachstumsparadigma zu stetig wachsendem Naturverbrauch. Von einer Förderung menschlicher Freiheit oder auch nur des materiellen Wohlstands kann auf Dauer keine Rede sein. Die hinter § 5 Abs. 1 GmbHG stehenden Annahmen sind falsch.

Zu kritisieren ist insofern vor allem die einseitige Rezeptionsbereitschaft der Juristen. Eine sinnvolle Normbegründung erfordert mehr als die unkritische Übernahme wirtschaftstheoretischer Modellentwürfe. Das kann man nur dann ignorieren, wenn man sich über deren interdisziplinäre Implikationen nicht im Klaren ist.

Bestätigt ist damit die These D des obigen Lösungsvorschlags:

D. § 5 GmbHG sichert keine angemessene Kapitalausstattung der GmbH. Eine anderweitig pauschal freiheitsfördernde Wirkung des § 5 GmbHG ist nicht nachweisbar. Die durch § 5 GmbHG erlaubte Risikoverlagerung auf die Gläubiger ist deshalb verfassungswidrig, ihre Einschränkung durch § 39 Abs. 1 Nr. 5 InsO legitim.

E.

Schlussteil

§ 16 Ergebnisse der Untersuchung

Die Thesen und Unterthesen seien abschließend kurz zusammengefasst:

A. *§ 39 Abs. 1 Nr. 5 InsO ist aus folgenden Gründen legitimer Ausdruck des Grundsatzes der Vertragsbindung:*

B. *Die Vertragsbindung ist notwendige Voraussetzung der verfassungsrechtlich garantierten Entfaltungsfreiheit und hat deshalb Verfassungsrang.*

B1. Gesetzesbegründungen beinhalten deskriptive, evaluative und präskriptive Sätze. Bestimmte Sätze werden der Rechtsordnung durch die Verfassung axiomatisch vorgegeben.

B2. Als Tatsache gesetzt ist die menschliche Willensfreiheit.

B3. Als Wert gesetzt ist die menschliche Würde, welche den Wert des menschlichen Lebens und den Wert schöpferischer Selbstentfaltung beinhaltet. Präskriptiv gesetzt sind die Bindung aller staatlichen Gewalt an die menschliche Würde und die daraus folgenden Rechte der Rechtsunterworfenen auf Leben und freie Entfaltung ihrer Persönlichkeit.

B4. Staatliches Handeln ist nur im Hinblick auf diese präskriptiven Letztzwecke gerechtfertigt, Aufgabe des Staates ist demzufolge der Schutz von Würde und Leben sowie die Herstellung notwendiger Entfaltungsvoraussetzungen, sofern der Bürger sie nicht selbst herstellen kann. Diese Letztzwecke sind die Grundlage der verfassungsrechtlichen Wertordnung.

B5. Entfaltungsfreiheit bedeutet positive Macht zur Gestaltung des eigenen Lebens und hat drei Voraussetzungen, nämlich a) Ein hinreichendes Maß an Entfaltungsressourcen in Form von Rechtsgütern, b) die Freiheit der eigenen Gütersphäre von Fremdbestimmung und c) die Kompetenz zu selbstbestimmtem Handeln.

B6. Als freiheitsfördernd anerkannt ist die Möglichkeit, zur Anpassung der eigenen Ressourcen an die eigenen Bedürfnisse auf fremde Ressourcen zuzugreifen.

B7. Die fremde Gütersphäre muss dabei frei sein von Fremdbestimmung, weshalb eine selbstbestimmte konsensuale Erklärung des betroffenen Rechtsgutsinhabers erforderlich ist.

B8. Das bedeutsamste Mittel zur Konsensherstellung ist die vertragliche Vereinbarung.

B9. Gestaltungsmacht gewährt sie dem Gläubiger erst durch die Verbindlichkeit und gerichtliche Durchsetzbarkeit vertraglicher Pflichten sowie die Vermögenshaftung des Schuldners. Die Vertragsbindung des Schuldners hat deshalb als notwendige Entfaltungsvoraussetzung Verfassungsrang.

B10. Die Vertragsbindung entfällt mangels selbstbestimmt konsensualer Erklärung bei fremdbestimmten Erklärungen und bei beschränkter Selbstbestimmungskompetenz des Erklärenden.

C. In der Personengesellschaft erfordert die Vertragsbindung die persönliche Gesellschafterhaftung für vertragliche Verbindlichkeiten der Gesellschaft. In der Kapitalgesellschaft ist dem Grundsatz der Vertragsbindung jedenfalls dann genügt, wenn die Kapitalgesellschaft mit einem dem Geschäftsumfang angemessenenen Eigenkapital ausgestattet ist.

C1. Bezüglich vertraglicher Verbindlichkeiten der Personengesellschaft ist die akzessorische Gesellschafterhaftung nach § 128 HGB notwendige Folge der Vertragsbindung.

C2. Die beschränkte Haftung des Kapitalgesellschafters ist eine Ausnahme vom Grundsatz der Vertragsbindung.

C3. Diese Ausnahme beruht nicht auf der Fremdbestimmung oder einer gestörten Selbstbestimmungskompetenz des Gesellschafters.

C1. Die Ausnahme ist jedenfalls dann gerechtfertigt, wenn die Kapitalgesellschaft mit einem dem Geschäftsumfang angemessenen Eigenkapital ausgestattet ist.

D. § 5 GmbHG sichert keine angemessene Kapitalausstattung der GmbH. Eine anderweitig pauschal freiheitsfördernde Wirkung des § 5 GmbHG ist nicht nachweisbar. Die durch § 5 GmbHG erlaubte Risikoverlagerung auf die Gläubiger ist deshalb verfassungswidrig, ihre Einschränkung durch § 39 Abs. 1 Nr. 5 InsO legitim.

D1. Präskriptives Ziel der Rechtsordnung ist das gute Leben der Rechtsunterworfenen. § 5 Abs. 1 GmbHG impliziert die Wertung, marktbasierter Wohlstand sei wesentlicher Bestandteil eines guten Lebens.

D2. Die Norm setzt auf deskriptiver Ebene voraus, das Haftungsprivileg würde den marktbasierten Wohlstand tatsächlich fördern. Zum ersten stärke es unternehmerischen Wagemut. Dadurch entstünden Anreize für wirtschaftlichen Wettbewerb und Wirtschaftswachstum. Wettbewerb und Wachstum wiederum würden den gesellschaftlichen Wohlstand mehren.

D3. Die pauschale Annahme, § 5 Abs. 1 GmbHG begünstige unternehmerischen Wagemut, ist abzulehnen. Vielmehr ist die niedrige Stammkapitalziffer ambivalent und hat sowohl fördernde als auch hemmende Wirkung auf unternehmerisches Handeln.

D4. Nicht haltbar ist die Annahme, die Haftungsbeschränkung führe zu mehr Wettbewerb und Wirtschaftswachstum. Der konkurrenzfördernde Wettbewerb wird durch die niedrige Stammkapitalziffer und andere Faktoren behindert, die Idee permanenten Wirtschaftswachstums ist utopisch.

D6. Das verfassungsrechtlich angestrebte Gemeinwohl wird durch § 5 Abs. 1 GmbHG weniger gefördert als vereitelt. Der Verstoß der Norm gegen den Grundsatz der Vertragsbindung entbehrt einer verfassungsrechtlichen Grundlage und ist deshalb verfassungswidrig.

D7. § 13 Abs. 2 GmbHG bedarf der Ergänzung durch Gläubigerschutzvorschriften. Am sinnvollsten erscheinen insofern zwei Maßnahmen, und zwar ein dem Geschäftsumfang angemessenes Eigenkapital für vertragliche Verbindlichkeiten sowie eine Pflichtversicherung für deliktische Verbindlichkeiten.

D8. Nicht richtig ist die Annahme, strengere Eigenkapitalvorschriften würden zwangsläufig ausländische Investoren verprellen. Ein geschäftsangemessenes Eigenkapital sichert die finanzielle Zuverlässigkeit, was für Geschäftsgläubiger von erheblicher Bedeutung ist. Die Gesellschaft wird eine andere Art von Investoren anziehen, nicht notwendigerweise weniger Investoren.

D9. § 39 Abs. 1 Nr. 5 InsO bildet ein wesensgleiches Minus zur angemessenen Kapitalausstattung der GmbH. Die Norm ist deshalb gerechtfertigt durch den Grundsatz der Vertragsbindung.

Literaturverzeichnis

Aufsätze, Urteilsanmerkungen, Beiträge

Adam, Roman F.: Insolvenzrecht und Grundgesetz, DZWIR 2009, 441 ff.

Althammer, Jörg: Förderung der Vermögensbildung als Instrument zur Erhöhung materialer Freiheit, in: *Lampert* (Hrsg.), Freiheit als zentraler Grundwert demokratischer Gesellschaften, 127–153

Altmeppen, Holger: Das neue Recht der Gesellschafterdarlehen in der Praxis, NJW 2008, 3601–3607

Bähr, Otto: Gesellschaften mit beschränkter Haftung, Die Grenzboten 1882, 210 ff.

Baldus, Bernd: Darwin und die Soziologie, Zeitschrift für Soziologie, 2002, 316–322

Bangha-Szabo, Attila: Zur Anfechtbarkeit der Rückzahlung von Gesellschafterdarlehen wegen vorsätzlicher Gläubigerbenachteiligung, ZIP 2013, 1058 ff.

Bäuml, Swen O.: Die Ausstrahlungswirkung des MoMiG auf das Steuerrecht, GmbHR-Sonderheft Oktober 2008, 93–98

Bender, Nina/ Breuer, Klaus: Junge Menschen und frühe Schulden – Finanzielle Handlungskompetenz im Fokus wirtschaftspädagogischer Forschung, in: *Hergenröder* (Hrsg.), Krisen und Schulden, 45–62

Benisch, Werner: Die Kartellrechtspraxis zum ‚Geheimwettbewerb', in: *Baur* (Hrsg.), FS Steindorff^{1990}, 937 ff.

Bescherer, Peter / Röbenack, Silke / Schierhorn, Karen: Eigensinnige ‚Kunden' – Wie Hartz IV wirkt ... und wie nicht; in: *Castel/Dörre (Hrsg.),* Prekarität, Abstieg, Ausgrenzung, 145 – 156

Bezzenberger, Tilman: Kapitalersetzende Darlehen im Recht der GmbH, in: *Westermann/Mock*, FS G. Bezzenberger^{2000}, 23 ff.

Boetticher, Axel: „Raus aus dem Richterstaat, rein in den Neuro-Staat" – Der Angriff der Neurowissenschaften auf das Schuldstrafrecht, in: *Stompe/Schanda* (Hrsg.), Der freie Wille und die Schuldfähigkeit in Recht, Psychiatrie und Neurowissenschaften, 187 ff.

Bork, Reinhard: Abschaffung des Kapitalersatzrechts zugunsten des Insolvenzrechts?, ZGR 2007, 250 ff.

Borscheid, Peter: Agenten des Konsums: Werbung und Marketing, in: *Haupt/Torp* (Hrsg.), Die Konsumgesellschaft in Deutschland, 79–96

Bosch, Gerhard: Gefährdung der Wettbewerbsfähigkeit durch zu wenige Akademiker: Echte oder gefühlte Akademikerlücke?, in: *Kuda/Strauß/Spöttl/Kaßebaum* (Hrsg.), Akademisierung der Arbeitswelt?, 20–35

Caemmerer, Ernst von: Reformprobleme der Haftung für Hilfspersonen, (österreichische) Zeitschrift für Rechtsvergleichung 1973, 241–261

Dahl, Michael/Schmitz, Jan: Probleme von Überschuldung und Zahlungsunfähigkeit nach FMStG und MoMiG, NZG 2009, 567 ff.

Dauner-Lieb, Barbara: Das Ende der BGB-Gesellschaft mit beschränkter Haftung – was nun?, DStR 1999, 1992–1998

Desch, Wolfram/Bunnemann, Jan: Urteilsbesprechung zu OLG München vom 6.5.2010, BB 2010, 1881

Drexel, Ingrid: Gesellschaftliche und politische Folgen von Akademisierung, in: *Kuda/Strauß/Spöttl/Kaßebaum* (Hrsg.), Akademisierung der Arbeitswelt?, 36–51
Eidenmüller, Horst: Gesellschafterdarlehen in der Insolvenz, in: *Koller/Prölss/Petersen/et al.*, FS Canaris[2007], 49 ff.
Engel, Christoph: Das schwindende Vertrauen in die Marktwirtschaft und die Folgen für das Recht, in: *Grundmann* (Hrsg.), FS Hopt[2010], 2733 ff.
Engert, Andreas: Die ökonomische Begründung der Grundsätze ordnungsgemäßer Unternehmensfinanzierung, ZGR 2004, 813 ff.
Euchner, Walter: Versuch über Mandevilles Bienenfabel, in: *Mandeville*, Die Bienenfabel, 7–55
Fastrich, Lorenz: Ketzerisches zur sogenannten Finanzierungsfolgenverantwortung, in: *Lieb/Noack/Westermann* (Hrsg.), FS Zöllner[1998], 143 ff.
-: Optimierung des Gläubigerschutzes – Praktikabilität und Effizienz, DStR 2006, 656 ff.
Fezer, Karl-Heinz: Homo constitutionis – Über das Verhältnis von Wirtschaft und Verfassung, JuS 1991, 889 – 896
Fleischer, Holger: 100 Jahre GmbH-Reform und 100 Jahre GmbH-Rundschau, GmbHR 2009, 1 ff.
Franzmann, Manuel: Kulturelle Abwehrformation gegen die „Krise der Arbeitsgesellschaft" und ihre Lösung: Die Demokratisierung der geistesaristokratischen Muße, in: *Franzmann* (Hrsg.), Bedingungsloses Grundeinkommen, 11–103
Fuchs, Irmgard: Benedictus de Spinoza – Gefühlsentwicklung als ein Akt der Revolte, in: *Fuchs* (Hrsg.), Tiefenpsychologie und Revolte, 47–70
Gehrlein, Markus: Die Behandlung von Gesellschafterdarlehen durch das MoMiG, BB 2008, 846–854
Geißler, Rainer: Entwicklung zur Dienstleistungsgesellschaft, Informationen zur politischen Bildung 269 (2000), 19 ff.
Görner, Regina: „…eine Sünde, die zum Himmel schreit…" – *Rerum novarum* im Zeitalter der prekären Beschäftigung, in: *Heimbach-Steins* (Hrsg.), Jahrbuch für Christliche Sozialwissenschaften 52 (2011), 21 ff.
Grossfeld, Bernhard: Die rechtspolitische Beurteilung der Aktiengesellschaft im 19. Jahrhundert, in: *Coing/Wilhelm*, Wissenschaft und Kodifikation des Privatrechts im 19. Jahrhundert, Band IV, 1979, 236 ff.
Gruber, Sabine: Arbeitsverhältnisse als Gesellschaftsverhältnisse, in: *Gruber/Haug/Krull* (Hrsg.), Arbeiten wie noch nie!?, 15–35
Gutowski, Achim: Innovation als Schlüsselfaktor eines erfolgreichen Wirtschaftsstandortes – nationale und regionale Innovationssysteme im globalen Wettbewerb, in: *Staroske/Wiegand-Kottisch/Wohlmuth (Hrsg.)*, Innovation als Schlüsselfaktor eines erfolgreichen Wirtschaftsstandortes, 225 ff.
Haas, Ulrich: Der Normzweck des Eigenkapitalersatzrechts, NZI 2001, 1 ff.
-: Eigenkapitalersatz und Übergangsrecht, DStR 2009, 976 ff.
-: Aktuelle Fragen zur Krisenhaftung des GmbH-Geschäftsführers nach § 64 GmbHG, GmbHR 2010, 1 ff.
Habersack, Mathias: Gesellschafterdarlehen nach dem MoMiG: Anwendungsbereich, Tatbestand und Rechtsfolgen der Neuregelung, ZIP 2007, 2145 ff.
-: Die Erstreckung des Gesellschafterdarlehensrechts auf Dritte, ZIP 2008, 2385 ff.
Hartleb, Torsten: Der neue § 14 III LuftSiG und das Grundrecht auf Leben, NJW 2005, 1397–1401
Heun, Werner: Die grundgesetzliche Autonomie des Einzelnen im Lichte der Neurowissenschaften, in: *Lampe/Pauen/Roth* (Hrsg.), Willensfreiheit und rechtliche Ordnung, 276 ff.

Hillgruber, Christian: Das Prinzip der Selbstverantwortung – Verfassungsrechtliche Grundlagen und Grenzen, in: *Riesenhuber*, Karl (Hrsg.), Das Prinzip der Selbstverantwortung, 165 ff.

Höfer, Renate /Straus, Florian: Arbeitsorientierung und Identität: die veränderte Bedeutung von Erwerbsarbeit für die Identitätsarbeit am Beispiel benachteiligter Jugendlicher/junger Erwachsener, in: Lutz (Hrsg.), Entwicklungsperspektiven von Arbeit, 83–105

Hommelhoff, Peter: Das Gesellschafterdarlehen als Beispiel institutioneller Rechtsfortbildung, ZGR 1988, 460 ff.

Hommelhoff, Peter, Kleindiek, Detlef: Flexible Finanzierungsinstrumente im GmbH-Recht, in: *Lutter/Ulmer/Zöllner*, FS GmbHG[1992], 421–445

Hopt, Klaus J.: Ideelle und wirtschaftliche Grundlagen der Aktien-, Bank- und Börsenrechtsentwicklung im 19. Jahrhundert, in: *Coing/Wilhelm*, Wissenschaft und Kodifikation des Privatrechts im 19. Jahrhundert, Band V, 128 ff.

Horn, Norbert: Aktienrechtliche Unternehmensorganisation in der Hochindustrialisierung (1860–1920), in: *Horn/Kocka* (Hrsg.), Recht und Entwicklung der Großunternehmen, 123–181

Hottmann, Jürgen: Abzinsung von Gesellschafterdarlehen und Rückstellungen, SteuK 2010, 377 ff.

Huber, Ulrich: Finanzierungsfolgenverantwortung de lege lata und de lege ferenda, in: *Hommelhoff/Altmeppen (Hrsg.)*, FS Priester[2007], 259 ff.

Huber, Ulrich/ Habersack, Mathias: GmbH-Reform: Zwölf Thesen zu einer möglichen Reform des Rechts der kapitalersetzenden Gesellschafterdarlehen, BB 2006, 1–6

-: Kapitalersetzende Gesellschafterdarlehen, in: *Lutter* (Hrsg.), Das Kapital der Aktiengesellschaft in Europa, 370–433

Hübner, Heinz: Rechtsgeschäftslehre und Verbraucherschutz, in: *Baur/Müller-Graff/Zuleeg* (Hrsg.), FS Börner[1992], 717–728

Hufen, Friedhelm: Berufsfreiheit – Erinnerung an ein Grundrecht, NJW 1994, 2913–2922

Immenga, Ulrich: Kapitalersetzende Aktionärsdarlehen als Haftkapital?, ZIP 1983, 1405 ff.

Isensee, Josef: Grundrechtsvoraussetzungen und Verfassungserwartungen an die Grundrechtsausübung, in: *Isensee/Kirchhof* (Hrsg.), Handbuch des Staatsrechts, § 190

-: Zeitlicher Anfang des Rechts auf Leben – Der grundrechtliche Status des Embryos, in: *Isensee*, Recht als Grenze – Grenze des Rechts, 33–66

Kallmeyer, Harald: Das Eigenkapitalersatzrecht vor dem Hintergrund von Centros und Überseering, GmbHR 2003, R 93

Keilig,Thomas: Deutschland in der Prekarisierungs-Falle, Marburg 2009

Kindler, Peter: Grundzüge des neuen Kapitalgesellschaftsrechts – Das Gesetz zu Modernisierung des GmbH-Rechts und zur Bekämpfung von Missbräuchen (MoMiG), NJW 2008, 3249 ff.

-: Auf dem Weg zur Europäischen Briefkastengesellschaft? Die ‚Überseering'-Entscheidung des EuGH und das internationale Privatrecht, NJW 2003, 1073 ff.

-: Gesellschaftsrechtliche Grenzen der Emittentenhaftung am Kapitalmarkt, in: *Kindler/Koch/Ulmer/Winter*, FS Hüffer[2010], 417 ff.

-: Finanzkrise und Finanzmarktregulierung – Ein Zwischenruf zum 68. Deutschen Juristentag, NJW 2010, 2465–2469

-: Kapitalgesellschaftsrechtliche Durchgriffshaftung, in: *Joost/Oetker/Paschke* (Hrsg.), FS Säcker[2011], 393–402

-: Urteilsbesprechung zu BGH vom 15.11.2011 – II ZR 6/11 (abgedruckt in NZG 2012, 194 ff.), KTS 2012, 228–231

Kirchhof, Paul: Rückbesinnung auf ein Grundrecht – Eigentum als Schule von Freiheit und Risiko, in: *Depenheuer* (Hrsg.), Eigentumsverfassung und Finanzkrise, 7–18
Koppensteiner, Hans-Georg: Kritik des ‚Eigenkapitalersatzrechts', AG 1998, 308 ff.
Kramer, Ernst A.: Objektive Zurechnung im Delikts- und Vertragsrecht, AcP 171 (1971), 422 ff.
Kumpmann, Ingmar: Das Problem der Finanzierung eines bedingungslosen Grundeinkommens, in: Franzmann (Hrsg.), Bedingungsloses Grundeinkommen, 369–391
Lampe, Ernst-Joachim: Rechtsgut, kultureller Wert und individuelles Bedürfnis, in: *Stratenwerth u.a.* (Hrsg.), FS Welzel[1974], 151–165
Lampert, Heinz: Freiheit als Ziel der Gesellschafts- und Wirtschaftspolitik in der Bundesrepublik Deutschland, in: *Lampert* (Hrsg.), Freiheit als zentraler Grundwert demokratischer Gesellschaften, 19–48
Leuering, Dieter: Die GmbH und der internationale Wettbewerb der Rechtsformen, ZRP 2006, 201 ff.
Löffler, Bernhard: Währungsgeschichte als Kulturgeschichte, in: *Löffler* (Hrsg.), Die kulturelle Seite der Währung, 3–35
Lutter, Marcus: Das Kapital der Aktiengesellschaft in Europa, in: *Lutter* (Hrsg.), Das Kapital der Aktiengesellschaft in Europa, 1–14
Majer, Helge: Wirtschaftswachstum, Wien 1992
Martens, Klaus-Peter: Rechtsgeschäft und Drittinteressen, AcP 1977, 113 ff.
Meyer, Herbert: Zum Ursprung der Vermögenshaftung im deutschen Recht, in: *Gierke/Obermann u.a.* (Hrsg.), FS Gierke[1911], 973–1005
Mittelstraß, Jürgen: Bildung und ethische Maße, in: *Killius/Kluge/Reisch* (Hrsg.), Die Zukunft der Bildung, 151–170
Moldaschl, Manfred: Herrschaft durch Autonomie – Dezentralisierung und widersprüchliche Arbeitsanforderungen, in: *Lutz (Hrsg.)*, Entwicklungsperspektiven von Arbeit, 132–182
Neumann, Volker: Menschenwürde und Existenzminimum, NVwZ 1995, 426–432
Neurath, Otto u.a.: Wissenschaftliche Weltauffassung. Der Wiener Kreis, in: *Haller/Rutte*, Otto Neurath, Gesammelte Schriften, 299 ff.
Nothelle-Wildfeuer, Ursula: Arbeit in der globaliserten Wirtschaftsgesellschaft, in: *Heimbach-Steins* (Hrsg.), Jahrbuch für Christliche Sozialwissenschaften 52 (2011), 229–255
Ortmann-Babel, Martina/ Bolik, Andreas/ Gageur, Patrick: Aktuelle Beratungsschwerpunkte bei der Bilanzierung von Gesellschafterdarlehen, BB 2009, 2414 ff.
Ott, Walter: Das Verhältnis von Sein und Sollen in logischer, genetischer und funktioneller Hinsicht, Zeitschrift für Schweizerisches Recht ZSR 1984, 345–367
Paulus, Christoph G./ Zenker, Wolfgang: Grenzen der Privatautonomie, JuS 2001, 1 ff.
Pentz, Andreas: Zum neuen Recht der Gesellschafterdarlehen, in: *Kindler/Koch/Ulmer/Winter* (Hrsg.), FS Hüffer[2010], 1 ff.
Raiser, Thomas: Konzernhaftung und Unterkapitalisierung, ZGR 1995, 156–169
Rath, Jürgen: Normativer Individualismus – und die Legitimation?, JZ 2006, 5665–667
Reiner, Günther: Der deliktische Charakter der ‚Finanzierungsverantwortung' des Gesellschafters: Zu den Ungereimtheiten der Lehre vom Kapitalersatz, in: *Ebenroth/Hesselberger/Rinne* (Hrsg.), FS Boujong[1996], 415 ff.
Riegler, Johanna: Die Faulen und die Fleißigen, in: *Gruber/Haug/Krull* (Hrsg.), Arbeiten wie noch nie!?, 115–133
Rodewald, Jörg: Alte und neue Haftungsrisiken für GmbH-Geschäftsführer vor und in der Krise oder Insolvenz, GmbHR 2009, 1301 ff.

Sangiovanni, Valerio: Darlehen der Gesellschafter und Insolvenz der GmbH im italienischen Recht, ZInsO 2008, 298 ff.
Schäffle, Albert: Das heutige Aktienwesen im Zusammenhang mit der neueren Entwicklung der Volkswirthschaft, Deutsche Vierteljahresschrift 1856, Heft 4, 256 ff.
Schmidt, Karsten: Das Insolvenzrisiko der Banken zwischen ökonomischer Vernunft und Rechtssicherheit, WM 1983, 490 ff.
Schmidt, Reinhard H.: Betriebswirtschaftslehre und Rechtspolitik, in: *Sadowski/Czap/Wächter* (Hrsg.), Regulierung und Unternehmenspolitik, 51–80
Schubert, Werner: Die Abschaffung des Konzessionssystems durch die Aktienrechtsnovelle 1870, ZGR 1981, 285 ff.
Schulte, Martin: Gefahrenabwehr durch private Sicherheitskräfte im Lichte des staatlichen Gewaltmonopols, DVBl 1995, 130–136
Seer, Roman: Die Besteuerung der GmbH im Spiegel der Zeit, GmbHR 2009, 1036
Sell, Axel: Innovationen und weltwirtschaftliche Dynamik – Der Beitrag der Innovationsforschung nach Schumpeter, in: *Staroske/Wiegand-Kottisch/Wohlmuth (Hrsg.)*, Innovation als Schlüsselfaktor eines erfolgreichen Wirtschaftsstandortes, 29 ff.
Spliedt, Jürgen D.: MoMiG in der Insolvenz – ein Sanierungsversuch, ZIP 2009, 149 ff.
Stratenwerth, Günter: Zum Begriff des ‚Rechtsgutes', in: *Eser/Schittenhelm/Schumann* (Hrsg.), FS Lenckner^{1998}, 377–391
Thiessen, Jan: Zur Neuregelung der Verjährung im Handels- und Gesellschaftsrecht, ZHR 2004, 503–541
Tress, Wolfgang: Entscheidungsfreiheit und Psychoanalyse, in: *Tress/Heinz* (Hrsg.), Willensfreiheit zwischen Philosophie, Psychoanalyse und Neurobiologie, 94 ff.
Trigg, Roger: Die Grenzen der Wissenschaft, in: *Duerr* (Hrsg.), Der Wissenschaftler und das Irrationale, Band 2, 69–90
Ulich, Eberhard: Beschäftigungswirksame Arbeitszeitmodelle, in: *Wieland/Scherrer* (Hrsg.), Arbeitswelten von morgen, 64–76
Ulmer, Peter: Der Gläubigerschutz im faktischen GmbH-Konzern beim Fehlen von Minderheitsgesellschaftern, ZHR 1984, 391–427
Veil, Rüdiger: Die Unternehmergesellschaft im System der Kapitalgesellschaften, ZGR 2009, 623 ff.
Vetter, Jochen: Grundlinien der GmbH-Gesellschafterhaftung, ZGR 2005, 788 ff.
Von der Pfordten, Dietmar: Vorüberlegungen zu einer Dreizonentheorie politischer Gerechtigkeit, in: *Koller/Puhl* (Hrsg.) Aktuelle Fragen politischer Philosophie, 84–98
-: Normativer Individualismus, Zeitschrift für philosophische Forschung 2004, 321–346
-: Normativer Individualismus und das Recht, JZ 2005, 1069–1080
-: Zur Frage der Rechtfertigung des normativen Individualismus, JZ 2006, 667–668
-: Rechtsethische Rechtfertigung – material oder prozedural?, in: *Schulz* (Hrsg.), Verantwortung zwischen materialer und prozeduraler Zurechnung, 17–44
Weber, Theodor: Ökonomische Sachzwänge und unternehmerisches Handeln, Bamberg 1998
Wiedemann, Herbert: Eigenkapital und Fremdkapital – Eine gesellschaftsrechtliche Zwischenbilanz, in: *Beisse/Lutter/Närger* (Hrsg.), FS Beusch^{1993}, 893–914
Wohlrab-Saar, Monika: Das stabile Drittel jenseits der Religiosität, in: *Bertelsmann Stiftung* (Hrsg.), Religionsmonitor 2008, 95 ff.
Wolters, Gereon: Darwinistische Menschenbilder, in: *Reichardt/Kubli*, Menschenbilder, 95 ff.
Zahrte, Kai: § 39 Abs. 1 Nr. 5 InsO – Auf seine Art inspirierend?, ZInsO 2009, 223–231

Zinn, Karl Georg: Das bedingungslose Grundeinkommen – eine ‚Verharmlosung' von Arbeitslosigkeit und Arbeit, in: *Neuendorff/Peter/Wolf* (Hrsg.), Arbeit und Freiheit im Widerspruch?, 135–144

Zöllner, Wolfgang: Inhaltsfreiheit bei Gesellschaftsverträgen, in: *Lutter/Ulmer/Zöllner*, FS GmbHG[1992], 85 ff.

Kommentare und Handbücher

Bauer, Thomas u.a.: Gemeindeordnung für den Freistaat Bayern, Kommentar, Reihe Praxis der Kommunalverwaltung Wiesbaden, Stand November 2012

Baumbach, Adolf/ Hueck, Alfred (Begr.): GmbHG, Kommentar, 19. Auflage, München 2010

Bork, Reinhard/Schäfer, Carsten (Hrsg.): GmbH-Gesetz, Kommentar, Köln 2010 (zit. *Schäfer/Bork/Bearbeiter*)

Braun, Eberhard: Insolvenzordnung, Kommentar, 4. Auflage, München 2010

Dreier, Horst (Hrsg.): Grundgesetz, Kommentar, 2. Auflage, Band I, Tübingen 2004 (zit. *Dreier/Bearbeiter*)

Epping, Volker/ Hillgruber, Christian: Grundgesetz, Beck'scher Online-Kommentar, Edition 14, München 2012

Hachenburg, Max/ Ulmer, Peter (Hrsg.): GmbH-Gesetz, Großkommentar: Band 1, 8. Auflage, Berlin 1992

Hopt, Klaus J. / Merkt, Hanno / Roth, Markus: Beck'scher Kurzkommentar zum Handelsgesetzbuch, 35. Auflage, München 2012 (zit. *Baumbach/Hopt/Bearbeiter*)

Isensee, Josef /Kirchhof, Paul (Hrsg.): Handbuch des Staatsrechts, Band IX, Allgemeine Grundrechtslehren, 3. Auflage, Heidelberg 2011

Jauernig, Othmar (Hrsg.): Bürgerliches Gesetzbuch, Kommentar, 13. Auflage, München 2009 (zit. *Jauernig/Bearbeiter*)

Kindler, Peter/ Nachmann, Josef (Hrsg.): Handbuch Insolvenzrecht in Europa, München 2010

Kirchhof, Hans-Peter/ Lwowski, Hans-Jürgen/ Stürner, Rolf (Hrsg.): Münchener Kommentar zur Insolvenzordnung:
- Band 1, §§ 1–102, 2. Auflage, München 2007;
- Band 2, §§ 103–269, 2. Auflage, München 2008

Korff, Wilhelm u.a. (Hrsg.): Handbuch der Wirtschaftsethik, Berlin 2009

Lutter, Marcus/ Hommelhoff, Peter: GmbH-Gesetz, Kommentar, 15. Auflage, Köln 2000; 16. Auflage, Köln 2004; 17. Auflage, Köln 2009

Maunz, Theodor/ Dürig, Günter (Begr.)/ Herzog, Roman/ Herdegen, Matthias/ Scholz, Rupert/ Klein, Hans H. (Hrsg.): Grundgesetz, Kommentar, 63. Ergänzungslieferung, München 2011 (zit. *Maunz/Dürig/Bearbeiter*)

Mentzel, Franz/ Kuhn, Georg/ Uhlenbruck, Wilhelm: Konkursordnung, 9. Auflage, München 1979

Michalski, Lutz: GmbHG, Kommentar, 2. Auflage, München 2010

Nerlich, Jörg/ Römermann, Volker (Hrsg.): Insolvenzordnung, Kommentar, 23. EL; München 2012

Palandt, Otto: Bürgerliches Gesetzbuch, 68. Auflage, München 2009

Rauscher, Thomas/ Wax, Peter/ Wenzel, Joachim (Hrsg.): Münchener Kommentar zur Zivilprozessordnung mit Gerichtsverfassungsgesetz und Nebengesetzen, Band 2, 3. Auflage, München 2007

Rebmann, Kurt/ Säcker, Franz Jürgen/ Rixecker, Roland (Hrsg.): Münchener Kommentar zum Bürgerlichen Gesetzbuch,
- Band 1/1, 5. Auflage, München 2007
- Band 2, 5. Auflage, München 2007
- Band 3, 5. Auflage, München 2008
- Band 5, 5. Auflage, München 2009
- Band 11, 5. Auflage, München 2010

Roth, Günter H./Altmeppen, Holger: GmbHG, Kommentar, 5. Aufl., München 2005; 6. Aufl., München 2009 (zit. *Roth/Altmeppen*/Bearbeiter)

Schimansky, Herbert/ Bunte, Hermann-Josef/ Lwowski, Hans-Jürgen (Hrsg.): Bankrechts-Handbuch, 4. Auflage, München 2011

Schmolke, Klaus Ulrich: Kapitalerhaltung in der GmbH nach dem MoMiG, Kommentierung zu §§ 30 und 31 GmbHG, München 2009 (zit. *Schmolke*, Kapitalerhaltung)

Scholz, Franz: GmbH-Gesetz, Kommentar,
- Band I, §§ 1–34, 10. Auflage, Köln 2006
- Band III, §§ 53–85, Nachtrag MoMiG, 10. Auflage, Köln 2010

Staudinger, Julius von: Kommentar zum Bürgerlichen Gesetzbuch mit Einführungsgesetz und Nebengesetzen,
- Band I-1, Einleitung zum Bürgerlichen Gesetzbuch, §§ 1–14; Neubearbeitung 2004
- Band I-4, §§ 90–124; §§ 130–133 (Allgemeiner Teil 3), Neubearbeitung 2011
- Band II-1, Einleitung zu §§ 241 ff.; §§ 241–243 – Neubearbeitung 2009
- Band II-27, §§ 657–704 (Geschäftsbesorgung), Neubearbeitung 2006
- Band II-35, §§ 826–829, ProdHaftG – Neubearbeitung 2009
- Band V-1, Einleitung zum Erbrecht, §§ 1922–1966, Neubearbeitung 2008
- Eckpfeiler:Eckpfeiler des Zivilrechts, Neubearbeitung 2008.

Tröndle, Herbert/ Fischer, Thomas: Strafgesetzbuch, Kommentar, 59. Auflage, München 2012

Uhlenbruck, Wilhelm/Hirte, Heribert/Vallender, Heinz (Hrsg.): Insolvenzordnung, Kommentar, 13. Auflage, München 2010 (zit. *Uhlenbruck/Bearbeiter*)

Ulmer, Peter/ Habersack, Mathias/ Winter, Martin: GmbHG, Großkommentar,
- Band I, §§ 1–28, 1. Auflage, Tübingen 2005
- Band II, §§ 29–52, 1. Auflage, Tübingen 2006

(zit. Großkomm/*Bearbeiter*)

von Gerkan, Hartwin/ Hommelhoff, Peter: Handbuch des Kapitalersatzrechts, 2. Auflage, Köln 2002

Festschriften

Baur, Jürgen F. (Hrsg.): Festschrift für Ernst Steindorff zum 70. Geburtstag, Berlin, New York 1990

Baur, Jürgen F./ Müller-Graff, Peter-Christian/ Zuleeg, Manfred (Hrsg.): Europarecht Energierecht Wirtschaftsrecht, Festschrift für Bodo Börner zum 70. Geburtstag, Köln, Berlin, Bonn, München 1992

Beisse, Heinrich/ Lutter, Marcus/ Närger, Heribald (Hrsg.): Festschrift für Karl Beusch zum 68. Geburtstag, Berlin, New York 1993

Berger, Klaus Peter/ Borges, Georg/ Herrmann, Harald/ Schlüter, Andreas/ Wackerbarth, Ulrich (Hrsg.): Zivil- und Wirtschaftsrecht im Europäischen und Globalen Kontext, Festschrift für Norbert Horn zum 70. Geburtstag, Berlin 2006

Ebenroth, Carsten Thomas/ Hesselberger, Dieter/ Rinne, Manfred Eberhard (Hrsg.): Verantwortung und Gestaltung. Festschrift für Karlheinz Boujong zum 65. Geburtstag, München 1996

Eser, Albin/ Schittenhelm, Ulrike/ Schumann, Heribert (Hrsg.): Festschrift für Theodor Lenckner zum 70. Geburtstag, München 1998

Gierke, Otto von/ Obermann, Paul u.a.: Festschrift Otto Gierke zum 70. Geburtstag, dargebracht von Freunden, Schülern und Verehrern, Weimar 1911

Grundmann, Stefan (Hrsg.): Unternehmen, Markt, Verantwortung. Festschrift für Klaus J. Hopt zum 70. Geburtstag, Berlin 2010

Hommelhoff, Peter/ Altmeppen, Holger (Hrsg.): Festschrift für Hans-Joachim Priester zum 70. Geburtstag, Köln 2007

Joost, Detlev/ Oetker, Hartmut/ Paschke, Marian (Hrsg.): Festschrift für Franz Jürgen Säcker zum 70. Geburtstag, München 2011

Kindler, Peter/ Koch, Jens/ Ulmer, Peter/ Winter, Martin (Hrsg.): Festschrift für Uwe Hüffer zum 70. Geburtstag, München 2010

Koller, Ingo/ Prölss, Jürgen/ Petersen Jens/ et al.: Festschrift für Claus-Wilhelm Canaris zum 70. Geburtstag, München 2007

Lieb, Manfred/ Noack, Ulrich/Westermann, Harm Peter (Hrsg.): Festschrift für Wolfgang Zöllner zum 70. Geburtstag, Band I, Köln, Berlin, Bonn, München 1998

Lutter, Marcus/ Ulmer, Peter/Zöllner, Wolfgang (Hrsg.): Festschrift 100 Jahre GmbH-Gesetz, Köln 1992

Stratenwerth, Günther u.a. (Hrsg.): Festschrift für Hans Welzel zum 70. Geburtstag, Berlin, New York, 1974

Westermann, Harm Peter/ Mock, Klaus (Hrsg.): Festschrift für Gerold Bezzenberger zum 70. Geburtstag, Berlin, New York, 2000

Bücher und Sammelbände

Adams, Michael: Eigentum, Kontrolle und Beschränkte Haftung, Baden-Baden 1991

Adolphs, Ulrich (Hrsg.): Wahrig Synonymwörterbuch, 6. Auflage, Gütersloh, München 2008

Albert, Hans: Traktat über kritische Vernunft, 3. Auflage, Tübingen 1975

-*:* Die Wissenschaft und die Fehlbarkeit der Vernunft, Tübingen 1982

Arens, Marc: Bankinternes Rating leistungswirtschaftlicher Risiken bei kleinen und mittleren Unternehmen, München 2007

Augé, Marc: Nicht-Orte, München 2010

Azara, Dennis S.: Das Eigenkapitalersatzrecht der GmbH nach dem Gesetz zur Modernisierung des GmbH-Rechts und zur Bekämpfung von Missbräuchen, Jena 2010

Badura, Peter: Wirtschaftsverfassung und Wirtschaftsverwaltung, 4. Auflage 2011

Balzer, Monika: Gerechte Kleidung, Stuttgart 2000

Bärsch, Claus-Ekkehard: Die politische Religion des Nationalsozialismus, 2. Auflage, München 2002

Baums, Theodor (Hrsg.): Gesetz über die Aktiengesellschaften für die königlich preußischen Staaten vom 9. November 1843, Aalen 1981

Baums, Theodor (Hrsg.): Entwurf eines allgemeinen Handelsgesetzbuches für Deutschland (1848/1849)

Bayer, Walter/ Habersack, Mathias (Hrsg.): Aktienrecht im Wandel, Band I, Tübingen 2007

Beckert, Jens: Unverdientes Vermögen – Soziologie des Erbrechts, Frankfurt a.M. 2004

Bendixen, Peter: Die Unsichtbare Hand, die Freiheit und der Markt – Das weite Feld ökonomischen Denkens, Berlin 2009
Bentham, Jeremy: An Introduction to the Principles of Morals and Legislation, Oxford 1996
Berg, Helmut: Vom Gelde, das dem Leben dient, Frankfurt a.M. 2011
Berger, Peter L./ Luckmann, Thomas: Die gesellschaftliche Konstruktion der Wirklichkeit, 21. Auflage, Frankfurt a.M. 2007
Berlin, Isaiah: Four Essays on Liberty, Oxford 1969
Bertelsmann Stiftung (Hrsg.): Religionsmonitor 2008, 2. Auflage, Gütersloh 2008
Bezler, Evelyn: Die Bedeutung des Stammkapitals für die GmbH, Berlin 2009
Bezzenberger, Tilman: Das Kapital der Aktiengesellschaft, Köln 2005
Bitter, Georg: Konzernrechtliche Durchgriffshaftung bei Personengesellschaften, Köln, Berlin, Bonn, München 2000
Bochenski, Joseph M.: Marxismus-Leninismus. Wissenschaft oder Glaube, München 1973
Bork, Reinhard: Allgemeiner Teil des Bürgerlichen Gesetzbuchs, 2. Auflage, Tübingen 2006 (zit. *Bork*, Allgemeiner Teil des BGB)
Bormann, Michael: Eigenkapitalersetzende Gesellschafterleistungen in der Jahres- und Überschuldungsbilanz, Heidelberg 2001
Bosch, Aida: Konsum und Exklusion, Bielefeld 2010
Böttigheimer, Christoph: Der Mensch im Spannungsfeld von Sünde und Freiheit, München 1993
Braun, Reiner/ Pfeiffer, Ulrich/ Thomschke, Lorenz: Erben in Deutschland, Köln 2011
Breyer, Friedrich: Mikroökonomik, Berlin, Heidelberg 2008
Bröhmer, Jürgen: Transparenz als Verfassungsprinzip, Tübingen 2004
Buck, Christian: Die Kritik am Eigenkapitalersatzgedanken, Konstanz 2005
Bühler, Karl: Sprachtheorie, 3. Auflage, Stuttgart 1999
Buhr, Manfred/ Kosing, Alfred: Kleines Wörterbuch der marxistisch-leninistischen Philosophie, Berlin 1979
Buschmann, Arno: Nationalsozialistische Weltanschauung und Gesetzgebung 1933–1945, Band II, Wien 2000
*Canaris, Claus Wilhelm:*Die Vertrauenshaftung im deutschen Privatrecht, München 1971
Castel, Robert/ Dörre, Klaus (Hrsg.): Prekarität, Abstieg, Ausgrenzung, Frankfurt am Main 2009
Christen, Torsten G.: Arbeitsförderungsrecht und Arbeitsmarktökonomik, Köln 2001
Coing, Helmut/ Wilhelm, Walter (Hrsg.): Wissenschaft und Kodifikation des Privatrechts im 19. Jahrhundert,
- Band IV, Frankfurt am Main 1979
- Band V, Frankfurt am Main 1980

Darwin, Charles: Die Entstehung der Arten, Hamburg 2008
Darwin, Francis (Hrsg.): Leben und Briefe Charles Darwin's, Band II, 2. Auflage, Stuttgart 1899
Dawkins, Richard: Das egoistische Gen, Heidelberg 2010
Dedek, Helge: Negative Haftung, Tübingen 2007
Dietrich, Eckhart: Angriffe auf den Rechtsstaat, Norderstedt 2009
Dreher, Eduard: Die Willensfreiheit, München 1987
Dreier, Ralf: Was ist und wozu Allgemeine Rechtstheorie?, Tübingen 1975
Duerr, Hans Peter (Hrsg.): Der Wissenschaftler und das Irrationale, Band 2, Frankfurt am Main 1981

Easterbrook, Frank H./Fischel, Daniel R.: The economic structure of corporate law, Cambridge (Mass.) 1991
Eckhold, Thomas: Materielle Unterkapitalisierung, Köln 2002
Enders, Christoph: Die Menschenwürde in der Verfassungsordnung, Tübingen 1997
Eidenmüller, Horst: Effizienz als Rechtsprinzip, 3. Auflage, Tübingen 2005
Esser, Robert: Die Gesellschaft mit beschränkter Haftbarkeit, Berlin 1886
Eucken, Walter: Grundsätze der Wirtschaftspolitik, 5. Auflage, Tübingen 1975
Fest, Joachim: Hitler, Eine Biographie, 11. Auflage 2010
Feyder, Jean: Mordshunger – Wer profitiert vom Elend der armen Ländern?, München 2010
Feyerabend, Paul: Erkenntnis für freie Menschen, 1. Auflage, Frankfurt am Main 1980
Fleischer, Holger: Informationsasymmetrie im Vertragsrecht, München 2001
Flume, Werner: Allgemeiner Teil des Bürgerlichen Rechts, Band II, Das Rechtsgeschäft, 4. Auflage, Berlin, Heidelberg, New York, 1992
Fränkel, Franz: Die Gesellschaft mit beschränkter Haftung, Tübingen 1915
Franzmann, Manuel (Hrsg.): Bedingungsloses Grundeinkommen als Antwort auf die Krise der Arbeitsgesellschaft, Weilerswist 2010
Frenkel, Michael/Hemmer, Hans-Rimbert: Grundlagen der Wachstumstheorie, München 1999
Freud, Sigmund: Neue Folgen der Vorlesungen zur Einführung in die Psychoanalyse, Frankfurt am Main 1978
Fried, Charles: Contract as a Promise, Cambridge (Mass.) 1981
Friedman, Milton: Kapitalismus und Freiheit, 3. Auflage, München 2006
Fritz, Alexis: Der naturalistische Fehlschluss, Fribourg 2009
Fromm, Erich: Die Furcht vor der Freiheit, Stuttgart 1983
-: Haben oder Sein, 15. Auflage, Stuttgart 1986
Fuchs, Irmgard: Tiefenpsychologie und Revolte, Würzburg 2005
Gehrlein, Markus: Das neue GmbH-Recht, Köln, München 2009
Geißendörfer, Sylke Edith: Die Selbstbestimmung des Entscheidungsunfähigen an den Grenzen des Rechts, Berlin 2009
Goette, Wulf/Habersack, Mathias (Hrsg.): Das MoMiG in Wissenschaft und Praxis, Köln 2009
Goldschmidt, Levin: Erwerbs- und Wirtschaftsgenossenschaften, Stuttgart, 1882
Goleman, Daniel: Kreativität entdecken, 3. Auflage, München 2003
Gorz, André: Arbeit zwischen Misere und Utopie, Frankfurt am Main 2000
Gruber, Sabine /Haug, Frigga /Krull, Stephan (Hrsg.): Arbeiten wie noch nie!?, Hamburg 2010
Gussejnow, A.A., u.a.: Marxistisch-leninistische Ethik, Berlin 1979
Haas, Ulrich: Reform des gesellschaftsrechtlichen Gläubigerschutzes, Band I, Gutachten E zum 66. Deutschen Juristentag, München 2006
Häberle, Peter: Das Menschenbild im Verfassungsstaat, Berlin 2008
Habermas, Jürgen: Moralbewusstsein und kommunikatives Handeln, Frankfurt am Main 1983
Hacker, Winfried: Allgemeine Arbeitspsychologie, 2. Auflage, Bern 2005
Hahn, Hugo J. /Häde, Ulrich: Währungsrecht, München 2010
Hahne, Klaus D./Lenz, Thomas: Jahressteuergesetz 2008: Neuerungen bei Gesellschafterdarlehen, BC 2008, 98–102
Haller, Rudolf/Rutte, Heiner (Hrsg.): Otto Neurath, Gesammelte philosophische und methodologische Schriften, Band 1, Wien 1981

Hänsch, Hans-Martin: Gesamtwirtschaftliche Stabilität als Verfassungsprinzip, Berlin 2002
Hartmann, Nicolai: Ethik, 4. Auflage, Berlin 1962
Haupt, Heinz-Gerhard/Torp, Claudius (Hrsg.): Die Konsumgesellschaft in Deutschland 1890–1990, Frankfurt a.M. 2009
Heimbach-Steins, Marianne (Hrsg.): Ethik der Arbeitsgesellschaft, Jahrbuch für Christliche Sozialwissenschaften 52, Münster 2011
Heinhold, Michael/Hüsing, Silke/Kühnel, Mirko/Streif, Dominik: Die Besteuerung der Gesellschaften, 2. Auflage, Herne 2010
Heinrich, Stefan: Covenants als Alternative zum institutionellen Gläubigerschutz, Berlin 2009
Henssler, Martin: Risiko als Vertragsgegenstand, Tübingen 1994
Hergenröder, Curt Wolfgang (Hrsg.): Krisen und Schulden, Wiesbaden 2011
Herrmann, Christoph: Währungshoheit, Währungsverfassung und subjektive Rechte, Tübingen 2010
Hirseland, Andreas: Schulden in der Konsumgesellschaft, Amsterdam 1999
Höfling, Wolfram: Vertragsfreiheit, Heidelberg 1991
-.: Staatsschuldenrecht, Heidelberg 1993
Holl, Jann: Historische und systematische Untersuchungen zum Bedingungsverhältnis von Freiheit und Verantwortlichkeit, Meisenheim 1980
Hönn, Günther: Kompensation gestörter Vertragsparität, München 1982
Horn, Norber/ Kocka, Jürgen (Hrsg.): Recht und Entwicklung der Großunternehmen im 19. und frühen 20. Jahrhundert, Göttingen 1979
Hubmann, Heinrich: Wertung und Abwägung im Recht, Köln, Berlin, Bonn, München 1977
Huntington, Samuel: Kampf der Kulturen, Hamburg 2006
Illich, Ivan: Selbstbegrenzung. Eine politische Kritik der Technik, Hamburg 1975
Immenga,Ulrich: Die personalistische Kapitalgesellschaft, Bad Homburg 1970
Institut für Schulentwicklungsforschung Dortmund/ Bertelsmann Stiftung (Hrsg.): Chancenspiegel. Zur Chancengerechtigkeit und Leistungsfähigkeit deutscher Schulsysteme, 2. Auflage 2012
Irrgang, Bernhard: Homo Faber, Würzburg 2010
Isensee, Josef: Recht als Grenze – Grenze des Rechts, Texte 1979–2009; Bonn 2009
Jay, Peter: Das Streben nach Wohlstand, Düsseldorf 2006
Jhering, Rudolf von: Der Zweck im Recht, Band I, Leipzig 1877
Jörissen, Juliane/ Coenen, Reinhard: Sparsame und schonende Flächennutzung, Berlin 2007
Kampmann, Ricarda/ Walter, Johanna: Makroökonomie, München 2010
Karrass, Anne: Die EU und der Rückzug des Staates, Bielefeld 2009
Keil, Geert: Willensfreiheit, Berlin, New York 2007
Keynes, John Maynard: The General Theory of Employment, Interest and Money, London 1936
Kieninger, Eva Maria: Wettbewerb der Rechtsordnungen, Tübingen 2002
Killius, Nelson/ Kluge, Jürgen/ Reisch, Linda: Die Zukunft der Bildung, Frankfurt am Main 2002
Kindler, Peter: Grundkurs Handels- und Gesellschaftsrecht, 5. Auflage, München 2010 (zit. *Kindler*, GK Handels- und Gesellschaftsrecht)
Kirchgässner, Gebhard: Homo oeconomicus, Tübingen 1991
Köbler, Gerhard: Juristisches Wörterbuch, 9. Auflage, München 1999

Koch, Christian Friedrich: Allgemeines Landrecht für die preußischen Staaten unter Weglassung der obsoleten oder aufgehobenen Vorschriften und Einschaltung der jüngeren noch geltenden Bestimmungen, Berlin 1870
Koemm, Maxi: Eine Bremse für die Staatsverschuldung?, Tübingen 2011
Koller, Peter/ Puhl, Klaus (Hrsg.): Aktuelle Fragen politischer Philosophie: Gerechtigkeit in Gesellschaft und Weltordnung, Wien 1997
Konstantinov, F. W., u.a.: Grundlagen der marxistisch-leninistischen Philosophie, Berlin 1972
Kratzmann, Horst: Verschuldungsverbot und Grundrechtsinterpretation, Berlin 2000
Kuda, Eva/ Strauß, Jürgen/ Spöttl, Georg/ Kaßebaum, Bernd (Hrsg.): Akademisierung der Arbeitswelt?, Hamburg 2012
Kübler, Friedrich: Medien, Menschenrechte und Demokratie – Das Recht der Massenkommunikation, Heidelberg 2008
Kurtze, Bruno: Die Deutsch-Ostafrikanische Gesellschaft, Jena 1913
Lampe, Ernst-Joachim/ Pauen, Michael/ Roth, Gerhard: Willensfreiheit und rechtliche Ordnung , Frankfurt am Main 2008
Lampert, Heinz (Hrsg.): Freiheit als zentraler Grundwert demokratischer Gesellschaften, St. Ottilien 1992
Lange, Elmar: Jugendkonsum im 21. Jahrhundert, Wiesbaden 2004
Larenz, Karl: Richtiges Recht, Grundzüge einer Rechtsethik, München 1979
Larenz, Karl/ Wolf, Manfred: Allgemeiner Teil des Bürgerlichen Rechts, 9. Auflage, München 2004
Leisner, Walter: Wettbewerb als Verfassungsprinzip, Berlin 2012
Levy, Leopold: Konkursrecht, Berlin 1926
Lindner, Hermann (Begr.): Biologie, 21. Auflage, Hannover 1998
Löffler, Bernhard (Hrsg.): Die kulturelle Seite der Währung, München 2010
Lübbe, Christine: Grenzen der Rückwirkung bei Rechtsprechungsänderungen, Augsburg 1997 (zit. *Lübbe*, Grenzen der Rückwirkung)
Luhmann, Niklas: Rechtssoziologie, Opladen 1983
Lüneborg, Cäcilie: Das neue Recht der Gesellschafterdarlehen, Frankfurt am Main 2010
Lutter, Marcus (Hrsg.): Das Kapital der Aktiengesellschaft in Europa, Berlin 2006
Lutz, Burkart (Hrsg.): Entwicklungsperspektiven von Arbeit, Berlin 2001
Lutz, Johann von (Hrsg.): Protokolle der Kommission zur Berathung eines allgemeinen deutschen Handelsgesetzbuches, I. Theil, Protokoll I–XLV, Würzburg 1858
Majer, Helge: Wirtschaftswachstum, München, Wien 1992
Mandeville, Bernard: Die Bienenfabel, 2. Auflage, Frankfurt am Main 1980
Mankiw, Nicholas G.: Grundzüge der Volkswirtschaftslehre, 3. Auflage, Stuttgart 2004
Maurer, Hartmut: Staatsrecht, Band I., 5. Auflage, Konstanz 2007
Meyer, Justus: Haftungsbeschränkung im Recht der Handelsgesellschaften, Berlin, Heidelberg, New York 2000
Michalitsch, Gabriele: Die neoliberale Domestizierung des Subjekts, Frankfurt a.M. 2006
Mikl-Horke, Gertraude: Industrie- und Arbeitssoziologie, 6. Auflage, München 2007
Möller, Christian: Die materiell unterkapitalisierte GmbH, München 2005
Munk, Nicole: Insolvenzprophylaxe für Deutschland, Wiesbaden 2004
Münkler, Herfried/ Fischer, Karsten (Hrsg.): Gemeinwohl und Gemeinsinn, Berlin 2002
Mussel, Gerhard/ Pätzold, Jürgen: Grundfragen der Wirtschaftspolitik, München 2008
Negt, Oskar: Arbeit und menschliche Würde, Göttingen 2008
Neidhardt, Hilde: Staatsverschuldung und Verfassung, Tübingen 2010

Neuendorff, Hartmut/ Peter, Gerd/Wolf, Frieder O. (Hrsg.): Arbeit und Freiheit im Widerspruch?, Hamburg 2009
Neuner, Jörg: Privatrecht und Sozialstaat, München 1997
North, Michael: Kleine Geschichte des Geldes, München 2009
Nüchter, Norbert: Über die Bedeutung der Arbeit für das menschliche Leben, Marburg 2009
Pauen, Michael/ Roth, Gerhard: Freiheit, Schuld und Verantwortung. Grundzüge einer naturalistischen Theorie der Willensfreiheit, Frankfurt am Main 2008
Paulus, Christoph G.: Insolvenzrecht, Frankfurt am Main 2007
Pentz, Andreas/ Priester, Hans-Joachim/ Schwanna, André: Bar- und Sachkapitalaufbringung bei Gründung und Kapitalerhöhung, in: *Lutter* (Hrsg.), Das Kapital der Aktiengesellschaft in Europa, 42–90
Pieroth, Bodo/ Schlink, Bernhard: Grundrechte, Staatsrecht II, 25. Auflage, Heidelberg 2009
Pohl, Manfred: Einführung in die deutsche Bankengeschichte, Frankfurt a.M. 1976
Pothast, Ulrich: Die Unzulänglichkeit der Freiheitsbeweise, 1. Auflage, Frankfurt am Main, 1980
Prisching, Manfred: Bildungsideologien, Wiesbaden 2008
Popper, Karl Raimund: Die beiden Grundprobleme der Erkenntnistheorie, Tübingen 1979
Quante, Andreas: Sanktionsmöglichkeiten gegen juristische Personen und Personenvereinigungen, Frankfurt am Main 2005 (zit. *Quante*, Sanktionsmöglichkeiten gegen Personenvereinigungen)
Radkau, Joachim: Natur und Macht, München 2000
Raiser, Thomas/ Veil, Rüdiger: Recht der Kapitalgesellschaften, 4. Auflage, München 2006
Ratschow, Carl Heinz (Hrsg.): Ethik der Religionen, Ein Handbuch, Stuttgart 1980
Reef, Bernd: Theoretische Grundlagen der Wirtschaftspolitik, Marburg 2010
Reichart, Anna Katharina/ Kubli, Eric (Hrsg.): Menschenbilder, Bern 1999
Reichholf, Josef H.: Der schöpferische Impuls, Stuttgart 1992
Remien, Oliver: Zwingendes Vertragsrecht und Grundfreiheiten des EG-Vertrages, Tübingen 2003
Renaud, Achilles: Das Recht der Actiengesellschaften, Leipzig 1863
Riehm, Thomas: Abwägungsentscheidungen in der praktischen Rechtsanwendung, München 2006
Riesenhuber, Karl (Hrsg.): Das Prinzip Selbstverantwortung, Tübingen 2011
*Rifkin, Jeremy:*Das Ende der Arbeit und ihre Zukunft, aktualisierte Neuausgabe, New York 2004
Ring, Alexander Michael: Die Verteilung der Vermögen in der Bundesrepublik Deutschland, Frankfurt a.M. 2000
Ripperger, Tanja: Ökonomik des Vertrauens, Tübingen 1998
Röhl, Klaus F./ Röhl, Hans Christian: Allgemeine Rechtslehre, 3. Auflage, München 2008
Roth, Gerhard: Fühlen, Denken, Handeln, Wie das Gehirn unser Verhalten steuert, Frankfurt am Main 2003
Röthel, Anne: Ist unser Erbrecht noch zeitgemäß, Verhandlungen des 68. Deutschen Juristentages, Band I Gutachten A, 1. Auflage, München 2010
Ruffert, Matthias: Vorrang der Verfassung und Eigenständigkeit des Privatrechts, Tübingen 2001
Rüthers, Bernd/ Fischer, Christian: Rechtstheorie, 5. Auflage, München 2010

Sadowski, Dieter/ Czap, Hans/ Wächter, Hartmus (Hrsg.): Regulierung und Unternehmenspolitik, Wiesbaden 1996

Schäfer, Hans-Bernd/ Ott, Claus: Ökonomische Analyse des Zivilrechts, 4. Auflage, Berlin 2005

Schärtl, Christoph: Die Doppelfunktion des Stammkapitals im europäischen Wettbewerb, Baden-Baden 2006

Schaumann, Michael: Reform des Eigenkapitalersatzrechts im System der Gesellschafterhaftung, Frankfurt am Main 2009 (zit. *Schaumann*, Reform des Eigenkapitalersatzrechts)

Schmalz, Dieter: Methodenlehre für das juristische Studium, 4. Auflage, Baden-Baden 1998

Schmalz, Ernst Werner: Die Stabilität des Geldwertes als Problem des Privatrechts, München 1985

Schmidt, Karsten/ Uhlenbruck, Wilhelm (Hrsg.): Die GmbH in Krise, Sanierung und Insolvenz, Köln 2009 (zit. *K. Schmidt/Uhlenbruck/Bearbeiter*, Die GmbH)

Schubert, Werner (Hrsg.): Protocolle der Commission zur Berathung eines allgemeinen deutschen Handelsgesetz-Buches, Band 1, Frankfurt am Main 1984

Schulz, Lorenz (Hrsg.): Verantwortung zwischen materialer und prozeduraler Zurechnung, ARSP Beiheft Nr. 75, Stuttgart 2000

Schumpeter, Joseph Alois: Theorie der wirtschaftlichen Entwicklung, Nachdruck der 1. Auflage von 1912, Berlin 2006, mit einer Einführung von *Jochen Röpke* und *Olaf Stiller*

Schweitzer, Albert: Die Ehrfurcht vor dem Leben, 9. Auflage, Nördlingen 2008

Seibert, Ulrich (Hrsg.): RWS-Dokumentation 23, Gesetz zur Modernisierung des GmbH-Rechts und zur Bekämpfung von Missbräuchen – MoMiG, Köln 2008

Sen, Amartya: Die Identitätsfalle – Warum es keinen Krieg der Kulturen gibt, München 2007

Sennet, Richard: Handwerk, Berlin 2008

Servatius, Wolfgang: Gläubigereinfluss durch Covenants, Tübingen 2008

Siesel, Martin: Das Strafrecht, Die Neurophysiologie und die Willensfreiheit, Hamburg 2009

Sinn, Hans-Werner: Ist Deutschland noch zu retten?, Berlin 2005

Smith, Adam: Der Wohlstand der Nationen, München 1974

Sommer, Volker: Darwinisch denken, Stuttgart 2007

Spaemann, Robert/ Löw, Reinhard/ Koslowski, Peter (Hrsg.): Evolutionismus und Christentum, Weinheim 1986

Spann, Michael: Der Haftungszugriff auf den Schuldner zwischen Personal- und Vermögensvollstreckung, Münster 2004

Ständige Deputation des Deutschen Juristentages (Hrsg.): Verhandlungen des 68. Deutschen Juristentages, Band II 1, München 2011

Staroske, Uwe/ Wiegand-Kottisch, Maren/ Wohlmuth, Karl (Hrsg.): Innovation als Schlüsselfaktor eines erfolgreichen Wirtschaftsstandortes, Münster 2000

Stompe, Thomas/ Schanda, Hans (Hrsg.): Der freie Wille und die Schuldfähigkeit in Recht, Psychiatrie und Neurowissenschaften, Berlin 2010

Stürner, Rolf: Markt und Wettbewerb über alles?, München 2007

Teubner, Gunther: Recht als autopoietisches System, Frankfurt am Main 1987

Teutsch, Gotthard M.: Die Würde der Kreatur. Erläuterungen zu einem neuen Verfassungsbegriff am Beispiel des Tieres, Bern, Stuttgart, Wien 1995

Thiessen, Jan: Eine Association von Capitalien, im Erscheinen

Tillmann, Bert/ Schiffers, Joachim/ Wälzholz, Eckhard: Die GmbH im Gesellschafts- und Steuerrecht, 5. Auflage, Köln 2009
Tilly, Richard: Geld und Kredit in der Wirtschaftsgeschichte, Stuttgart 2003
Töpfer, Armin: Erfolgreich Forschen, 2. Auflage, Berlin, Heidelberg 2010
Tress, Wolfgang/Heinz, Rudolf (Hrsg.): Willensfreiheit zwischen Philosophie, Psychoanalyse und Neurobiologie, Göttingen 2007
Uekötter, Frank: Die Wahrheit ist auf dem Feld, Göttingen 2011
Ulich, Eberhard: Beschäftigungswirksame Arbeitszeitmodelle, Zürich 2001
Ulrich, Peter: Integrative Wirtschaftsethik, 4. Auflage, Bern, Stuttgart, Wien 2008
Unberath, Hannes: Die Vertragsverletzung, Tübingen 2007
Von der Pfordten, Dietmar: Deskription, Evaluation, Präskription. Trialismus und Trifunktionalismus als sprachliche Grundlagen von Ethik und Recht, Berlin 1993
-: Normative Ethik, Berlin 2010
-: Suche nach Einsicht, Hamburg 2010
-: Rechtsethik, 2. Auflage, München 2011
Walker, Karl: Geld in der Geschichte, Hamburg 2009
Walter, Henrik: Neurophilosophie der Willensfreiheit, Paderborn, München, Wien, Zürich 1998
Weber, Christoph: Privatautonomie und Außeneinfluß im Gesellschaftsrecht, Tübingen 2000
Wehr, Gerhard: Die sieben Weltreligionen, München 2002
Weingärtner, Lioba/ Trentmann, Claudia: Handbuch Welternährung, Frankfurt a.M. 2011
Weikart, Thomas: Geldwert und Eigentumsgarantie, Baden-Baden 1993
Weizenbaum, Joseph: Die Macht der Computer und die Ohnmacht der Vernunft, Frankfurt am Main 1978
Welfens, Paul: Grundlagen der Wirtschaftspolitik, Heidelberg 2008
Weller, Marc-Philippe: Die Vertragstreue, Tübingen 2009
Wiedemann, Herbert: Gesellschaftsrecht, Band I, München 1980
Wieland, Rainer/ Scherrer, Karin (Hrsg.): Arbeitswelten von morgen, Wiesbaden 2000
Wilhelm, Jan: Kapitalgesellschaftsrecht, 3. Auflage, Berlin 2009
Windisch, Florian: Jurisprudenz und Ethik, Berlin 2010
Wintrich, Josef M.: Zur Problematik der Grundrechte, Köln 1957
Wittreck, Fabian: Geld als Instrument der Gerechtigkeit. Die Geldrechtslehre des hl. Thomas von Aquin in ihrem interkulturellen Kontext, Paderborn, München, Wien, Zürich 2002
Wolf, Manfred: Rechtsgeschäftliche Entscheidungsfreiheit und vertraglicher Interessenausgleich, Tübingen 1970
Wolf, Manfred/ Neuner, Jörg: Allgemeiner Teil des Bürgerlichen Rechts, 10. Auflage, München 2012
Wolf, Frieder Otto: Arbeitsglück: Untersuchungen zur Politik der Arbeit, Münster 2005
Zunke, Christine: Kritik der Hirnforschung, Berlin 2008
o.V.: Neudrucke privatrechtlicher Kodifikationen und Entwürfe des 19. Jahrhunderts, Band 1, Allgemeines Deutsches Handelsgesetzbuch mit WO, Ahlen 1973 (zit. ADHGB, Neudruck 1973)
o.V.: Gabler Wirtschaftslexikon, 17. Auflage 2010

Internetquellen und Beiträge aus der Presse

Ballendowitsch: Strukturwandel im öffentlichen Dienst der Niederlande, Arbeitspapier 80/2004 des Mannheimer Zentrums für Europäische Sozialforschung MZES, www.mzes.uni-mannheim.de/publications/wp/wp-80.pdf

Bertelsmann-Stiftung: Gemeindefinanzen in Deutschland – Die strukturelle Finanzkrise der Städte und Gemeinden, Berlin 2006, www.bertelsmann-stiftung.de/cps/rde/xbcr/SID-FDEDB45E-5E4D5AB4/bst/A-Finanzlage.pdf

BUND (Hrsg.): Gemeinsames Positionspapier der Umwelt- und Naturschutzverbände zum Thema „Reduzierung der Flächeninanspruchnahme", Januar 2006, www.bund.net/fileadmin/bundnet/pdfs/verkehr/planungsrecht/20060500_verkehr_flaechenverbrauch_pospapier.pdf

DIW (Hrsg.): Wochenberichte des DIW zu aktuellen wirtschaftspolitischen Fragen, www.diw.de/de/diw_01.c.100404.de/publikationen_veranstaltungen/publikationen/wochenbericht/wochenbericht.html

Eduard Pestel Institut: Bedarf an Sozialwohnungen in Deutschland, Hannover 2012, www.pestel-institut.de/images/18/Studie%20Sozialer-Wohnungsbau%2008-2012.pdf

*Eurostat:*Statistik zur Quote teilzeitbeschäftigter Personen in Europa, http://epp.eurostat.ec.europa.eu/tgm/table.do?tab=table&init=1&language=de&pcode=tps00159&plugin=0

Forum für Umwelt und Entwicklung (Hrsg.): „Schöne neue Landwirtschaft" – Der Weltentwicklungsbericht 2008 der Weltbank, www.fian.de/online/index.php?option=com_remository&Itemid=160&func=fileinfo&id=322

Frick, Joachim/ Grabka, Markus: Gestiegene Vermögensungleichheit in Deutschland, in: DIW Wochenbericht 4/2009, 54–68, http://www.diw.de/documents/publikationen/73/93785/09-4-1.pdf

Greenpeace (Hrsg.): Hidden Consequences – The costs of industrial water pollution on people, planet and profit, Mai 2011, www.greenpeace.org/eu-unit/Global/eu-unit/reports-briefings/2011%20pubs/5/Hidden%20Consequences.pdf

Hennen, Leonhard: Technikfolgenabschätzung – „Zu spät"?, in: TA-Konzepte, Technikfolgenabschätzung und ihre Geschichte, TAB-Brief Nr. 17, Dezember 1999, 12-15, www.tab-beim-bundestag.de/de/pdf/publikationen/tab-brief/TAB-Brief-017.pdf

Institut für Mittelstandsforschung Bonn: Eigenkapitalquoten deutscher Unternehmen, www.ifm-bonn.org/index.php?id=560

Institut für Mittelstandsforschung Bonn: Gründungen, Liquidationen, Insolvenzen in Deutschland 2010, überarbeitete Fassung vom Februar 2012, www.ifm-bonn.org/assets/documents/Daten-und-Fakten-1-2011.pdf

Jachtenfuchs, Markus: Ideen und Interessen: Weltbilder als Kategorien der politischen Analyse, Arbeitspapier III/Nr.2/1993 des Mannheimer Zentrums für Europäische Sozialforschung MZES, www.mzes.uni-mannheim.de/publications/wp/wp3-02.pdf

Pennekamp, Johannes: Die Spur der Steine, Kinderarbeit in Indien, Spiegel Online vom 23.03.2012, www.spiegel.de/wirtschaft/kinder-in-indien-klopfen-steine-fuer-deutschland-a-823128.html

Schirwitz, Beate: Wirtschaftswachstum und Beschäftigung – Die Beschäftigungsschwelle, in: Ifo Dresden berichtet 3/2005, 34 ff., www.cesifo-group.de/portal/page/portal/ifoContent/Deleted/ZS-IFODR-container/IFO_DRESDEN_BERICHTET_2005/ ifodb_2005_3_34-37.pdf

Sibaud, Philippe: Opening Pandora's Box, London, 2012, www.gaiafoundation.org/sites/default/files/Pandorasboxlowres.pdf

*Statistisches Bundesamt (Hrsg.):*Fachserie 2 Reihe 4.1, 03/2012 und 07/2012, www.destatis.de

o.V.: Buschs Archiv für Theorie und Praxis des Allgemeinen deutschen Handelsrechts, Band 13, http://dlib-zs.mpier.mpg.de/mj/kleioc/0010/exec/bigpage/%222084636_13%2b1868_0001%22

Sachregister

Studien zum Privatrecht

Die Schriftenreihe *Jus Privatum. Beiträge zum Privatrecht* wurde im Jahr 1991 gegründet, vor allem um den Habilitationsschriften, aber auch den Monographien der Ordinarien, aus dem Bereich des Privatrechts eine ansprechende Heimstatt zu geben. Sie ist im In- und Ausland schon bald zu einem Begriff geworden.

Für Dissertationen war und ist diese Reihe nicht offen, und das ist für herausragende Arbeiten oft bedauert worden. Diese Lücke zu schließen, ist Aufgabe der neu begründeten Schriftenreihe Studien zum Privatrecht.

Wie die Reihe *Jus Privatum* soll auch diese Reihe sämtliche Fächer des Privatrechts abdecken, das Bürgerliche Recht, das Handels- und Gesellschaftsrecht, das Wirtschaftsrecht, das Arbeitsrecht und das Verfahrensrecht. Fächerübergreifende und fachgebietsübergreifende Themenstellungen sind dabei nicht ausgeschlossen, solange der Schwerpunkt der Arbeit im Privatrecht einschließlich seiner europarechtlichen beziehungsweise internationalrechtlichen Implikationen zu finden ist.

Lieferbare Bände:

1 *Bömer, Guido:* Besitzmittlungswille und mittelbarer Besitz. 2009. XXV, 282 Seiten. Leinen.

2 *Kirsten, Stefan:* Verschuldensunabhängige Schadensersatzhaftung für Sachmängel beim Warenkauf? 2009. XXVI, 441 Seiten. Leinen.

3 *Müller, Therese:* Besitzschutz in Europa. Eine rechtsvergleichende Untersuchung über den zivilrechtlichen Schutz der tatsächlichen Sachherrschaft. 2010. XXI, 297 Seiten. Leinen.

4 *Uffmann, Katharina:* Das Verbot der geltungserhaltenden Reduktion. 2010. XVII, 317 Seiten. Leinen

5 *Cziupka, Johannes:* Dispositives Vertragsrecht. Funktionsweise und Qualitätsmerkmale gesetzlicher Regelungsmuster. 2010. XXII, 552 Seiten. Leinen.

6 *Miethaner, Tobias:* AGB-Kontrolle versus Individualvereinbarung. Zweck und Grenzen der Inhaltskontrolle vorformulierter Klauseln. 2010. XVI, 289 Seiten. Fadengeheftete Broschur.

7 *Schramm, Annina:* Haftung für Tötung. Eine vergleichende Untersuchung des englischen, französischen und deutschen Rechts zur Fortentwicklung des deutschen Haftungsrechts in Tötungsfällen. 2010. XXI, 535 Seiten. Fadengeheftete Broschur.

8 *Wall, Fabian:* Das Valutaverhältnis des Vertrags zugunsten Dritter auf den Todesfall – ein Forderungsvermächtnis. Neubetrachtungen im Anschluss an die „Jahrhundert-Entscheidung“ BGHZ 156, 350 ff. und an das „Gesetz

zum Pfändungsschutz der Altersvorsorge". 2010. XLI, 854 Seiten. Fadengeheftete Broschur.

9 *Wagenknecht, Christopher:* Das System der rechtlichen Kontrolle von Eheverträgen. 2010. XIX, 270 Seiten. Leinen.

10 *Korth, Ulrich:* Minderung beim Kauf. 2010. XVIII, 222 Seiten. Leinen.

11 *Hedderich, Katharina S.:* Pflichtversicherung. 2011. XXVIII, 497 Seiten. Fadengeheftete Broschur.

12 *Blomberg, Eva M.:* Freiheit und Bindung des Erblassers. Eine Untersuchung erbrechtlicher Verwirkungsklauseln. 2011. XVI, 321 Seiten. Leinen.

13 *Döll, Yves:* Rückgewährstörungen beim Rücktritt. 2011. XXVI, 476 Seiten. Leinen.

14 *Siepmann, Hildrun:* Selbstbehalt bei Verbriefungen. Institutionenökonomische Analyse, rechtliche Rezeption und effektive Umsetzung. 2011. XXVI, 295 Seiten. Leinen.

15 *Röck, Sarah:* Die Rechtsfolgen der Existenzvernichtungshaftung. Indisponibilität – Gläubigerbezug – Schadensberechnung. 2011. XIII, 197 Seiten. Leinen.

16 *Picker, Christian:* Die betriebliche Übung. 2011. XXI, 489 Seiten. Leinen.

17 *Fischinger, Philipp S.:* Kürzungsregelungen bei Haftungshöchstsummen. Eine kritische Analyse de lege lata und de lege ferenda. 2012. XIII, 124 Seiten. Leinen.

18 *Gregor, Stephan:* Das Bereicherungsverbot. Ausdruck der Trennung von Schaden und Haftung. 2012. XVII, 273 Seiten. Fadengeheftete Broschur.

19 *Becker, Eric:* Schadensersatz nach Fristsetzung im Eigentümer-Besitzer-Verhältnis. 2012. XII, 242 Seiten. Leinen.

20 *Richter, Stefan:* Schadenszurechnung bei deliktischer Haftung für fehlerhafte Sekundärmarktinformation. 2012. XXI, 385 Seiten. Leinen.

21 *Sedlmeier, Kathleen:* Rechtsgeschäftliche Selbstbestimmung im Verbrauchervertrag. 2012. XX, 582 Seiten. Leinen.

22 *Matz, Christoph:* Die Konkretisierung des Werks durch den Besteller. 2012. XVII, 241 Seiten. Leinen.

23 *Thomale, Chris:* Leistung als Freiheit. Erfüllungsautonomie im Bereicherungsrecht. 2012. XXXVI, 467 Seiten. Leinen.

24 *Fröde, Christian:* Willenserklärung, Rechtsgeschäft und Geschäftsfähigkeit. 2012. XIII, 304 Seiten. Leinen.

25 *Samhat, Abbas:* Die Abgrenzung der Wahlschuld von der elektiven Konkurrenz nach dem BGB. 2012. XXIX, 463 Seiten. Leinen.

26 *Fischinger, Philipp S.:* Die Beschränkung der Erbenhaftung in der Insolvenz. 2012. XXII, 171 Seiten. Leinen.

27 *Becker, Maximilian:* Absurde Verträge. 2013. XVI, 354 Seiten. Fadengeheftete Broschur.

28 *Zwanzger, Michael:* Der mehrseitige Vertrag. Grundstrukturen, Vertragsschluss, Leistungsstörungen. 2013. XVIII, 464 Seiten. Leinen.

29 *Beckhaus, Gesa Kim:* Die Rechtsnatur der Erfüllung. Eine kritische Betrachtung der Erfüllungstheorien unter besonderer Berücksichtigung der Schuldrechtsmodernisierung. 2013. XX, 421 Seiten. Leinen.

30 *Ehlgen, Christopher Bolko:* Probabilistische Proportionalhaftung und Haftung für den Verlust von Chancen. 2013. XXV, 445 Seiten. Leinen.

31 *Schramm, Henrik:* Ungewisse und diffuse Diskriminierung. Gründe privater Willenserklärungen vor den Diskriminierungsverboten des AGG. 2013. XIV, 404 Seiten. Fadengeheftete Broschur.

32 *Lehnen, Christof:* Vom Grundsatz der komplementärgleichen Kommanditistenhaftung. 2013. XXXI, 375 Seiten. Leinen.

33 *Lippstreu, Constanze:* Wege der Rechtsangleichung im Vertragsrecht. 2014. XXIV, 377 Seiten. Fadengeheftete Broschur.

34 *Wagner, Christof:* Die „registrierte" Gesellschaft bürgerlichen Rechts. 2014. XVIII, 214 Seiten. Leinen.

35 *Preisner, Mareike:* Das gesetzliche mittreuhänderische. Schuldverhältnis kraft gemeinsamer Elternschaft. Ein Beitrag zur gegenwärtigen Dogmatik des Familienrechts. 2014. XXII, 340 Seiten. Leinen.

36 *Schollmeyer, Mario:* Selbstverantwortung und Geschäftsgrundlage. 2014. XXII, 491 Seiten. Leinen.

37 *Götz, Andreas:* Der Schutz von Betriebs- und Geschäftsgeheimnissen im Zivilverfahren. 2014. LII, 651 Seiten. Leinen.

38 *Koch, Anncathrin:* Die Kollision von gesellschaftsvertraglicher Abfindungsbeschränkung und Pflichtteilslast in der Person des Gesellschafter-Erben. 2014. XXII, 312 Seiten. Leinen.

39 *Riewert, Ina:* Die Rückabwicklung erbrachter Leistungen bei der Kumulation von Rücktritt und Schadensersatz nach § 325 BGB. 2014. XXIII, 454 Seiten. Leinen.

40 *Korves, Robert:* Eigentumsunfähige Sachen? 2014. XI, 167 Seiten. Leinen.

41 *Jahn, Christian H.:* Der Bereicherungsausgleich im Mehrpersonenverhältnis – dargestellt anhand der Rückabwicklung von Werk- und Dienstleistungen. 2015. XII, 248. Seiten. Leinen.

42 *Korch, Stefan:* Haftung und Verhalten. Eine ökonomische Untersuchung des Haftungsrechts unter Berücksichtigung begrenzter Rationalität und komplexer Präferenzen. 2014. XIV, 293 Seiten. Leinen.

43 *Brand, Marco:* Der Organbesitz. 2015. XV, 245 Seiten. Leinen.

44 *Conow, Andreas:* Vertragsbindung als Freiheitsvoraussetzung. Grundlagen privater Vertragshaftung und Anwendung auf das Gesellschafterdarlehensrecht sowie die Kapitalausstattungspflicht in der GmbH. 2015. XXXI, 306 Seiten. Leinen.

Mohr Siebeck, Postfach 2040, D-72010 Tübingen.
Neueste Informationen im Internet unter www.mohr.de